Christian Neef

Schattenregime

Propyläen wurde 1919 durch die Verlegerfamilie Ullstein als Verlag für hochwertige Editionen gegründet. Der Verlagsname geht zurück auf den monumentalen Torbau zum heiligen Bezirk der Athener Akropolis aus dem 5. Jh. v. Chr. Heute steht der Propyläen-Verlag für anspruchsvolle und fundierte Bücher aus Geschichte, Zeitgeschichte, Politik und Kultur.

Christian Neef

Das Schattenregime

Wie der sowjetische Geheimdienst nach 1945 Deutschland terrorisierte

Propyläen

Wir verpflichten uns zu Nachhaltigkeit
• Papiere aus nachhaltiger Waldwirtschaft und anderen kontrollierten Quellen
• Druckfarben auf pflanzlicher Basis
• ullstein.de/nachhaltigkeit

Soweit nicht anders gekennzeichnet, wurden russischsprachige Originaltexte vom Autor übersetzt.

Abbildungen:
S. 27, 45 u. 59: Privatarchiv Vera Serowa Moskau
S. 33 u. 260: Landesarchiv Sachsen-Anhalt Dessau u. Merseburg
S. 104: Russisches Staatsarchiv für sozialpolitische Geschichte Moskau
S. 105 u. 106: Landesarchiv Mecklenburg-Vorpommern Schwerin
S. 124: Bundesarchiv Berlin
S. 196: Deutsches Historisches Museum Berlin
S. 234: Christian Neef
S. 289: Privatbesitz Wladimir Usolzew

MIX
Papier | Fördert gute Waldnutzung
FSC® C014496

Propyläen ist ein Verlag der Ullstein Buchverlage GmbH

ISBN 978-3-549-10077-6

Lektorat: Ludger Ikas
Gesetzt aus der Kepler
Satz: Pinkuin Satz und Datentechnik, Berlin
Druck und Bindearbeiten: GGP Media GmbH, Pößneck
Printed in Germany

Dieses Buch ist jenen in Russland gewidmet, die sich der Verfälschung der Geschichte widersetzen.

Inhalt

»Die Deutschen hassen uns. Gorbatschow oder irgendwer anderes hat unsere Truppen von dort zurückgezogen. Man hätte sie als Verräter verurteilen müssen, man hätte dort bleiben müssen, wo wir waren, damit sie [die Deutschen] ihren Platz verstehen. Wir müssen dorthin zurückkehren, das ist unser Territorium, wir müssen die falsche Entscheidung der damaligen Führung revidieren.«

Ramsan Kadyrow, von Putin eingesetztes Oberhaupt der russischen Teilrepublik Tschetschenien, am 13. Februar 2023

»Scholz, Baerbock, Pistorius – das deutsche Volk wird sehen, welche Nazi-Führer es wieder groß gemacht und an die Macht gebracht hat.«

Wladimir Solowjow, Moderator des russischen Staatsfernsehens Rossija 1, am 24. Januar 2023

1

Die Tragödie der Nachkriegszeit

Ich bin mit einer Mauer aufgewachsen. Nicht in Berlin, wo es sie zu der Zeit noch gar nicht gab, sondern in einer kleinen Stadt im Brandenburgischen. Bei meiner Geburt war der Krieg fast sieben Jahre vorbei. Mein Heimatort ist eine ehemalige Hansestadt, sie liegt malerisch auf einer Flussinsel: überall Fachwerk, das prächtige Rathaus, ein Werk der Berliner Architekten Carl und August Stüler, selbstbewusst vor die gotische Kirche gestellt, den Markt bewacht ein stattlicher Roland. Eine fast 800 Jahre alte Idylle.

Wenige Schritte vom alten Zentrum entfernt jedoch, in einem Villenviertel aus der Gründerzeit, stand eine Mauer. Man hatte sie nur grob hochgezogen und nachlässig verputzt, um Schönheit ging es hier nicht. Hinübersehen war unmöglich und auch nicht erwünscht.

Als Kind hielt ich diese Mauer für ganz selbstverständlich, näher über sie nachgedacht habe ich nicht. Dabei zog sie sich mehrere Kilometer durch die Stadt, von den Kasernen des ehemaligen Kurmärkischen Feldartillerieregiments Nr. 39 am Amtsgericht und dem Gemeindehaus der Evangelischen Kirche vorbei bis zum Gelände einer alten Brauerei. Hinter der Mauer, das wusste man, wohnten »die Russen«, jene Rotarmisten, die 1945 in die Stadt gekommen und in ihr geblieben waren. Sehr zum Entsetzen der Einwohner – die von ihnen herbeigesehnten Amerikaner waren wenige Kilometer vor der Stadt stehen geblieben.

Die Russen übernahmen die früheren Kasernen und ließen die Häuser und Villen in den angrenzenden Vierteln räumen. Es waren weit über hundert. Eine Parallelwelt entstand, die fast fünfzig Jahre lang existieren sollte. Auf die Mauern der Russen stieß man auch außerhalb der Stadt: am Flugplatz, den sie für die Einrichtung eines weiteren Militärstädtchens beschlagnahmt hatten, und im schier endlosen Kiefernwald auf der anderen Seite der Fernverkehrsstraße, die Richtung Elbe führte. Dort betrieben sie einen Schießplatz nebst Panzerrollbahn.

Damals fiel mir auf, dass meine Mutter in zwei Zeitrechnungen dachte. »Das war im Frieden«, sagte sie, wenn sie von einem Ereignis in den 1930er-Jahren sprach. Woraus ich schloss, dass die 1950er für sie noch keinen Frieden bedeuteten.

Als Kind gefiel es mir, wenn im Sommer die Sirene ging und die Männer der Freiwilligen Feuerwehr von der Arbeit weg zum Depot hasteten, um die Löschfahrzeuge zu holen – das Depot war nicht weit von unserem Haus entfernt. Oft hatten die Russen den Wald vor der Stadt in Brand geschossen. Wir sahen sie nur, wenn sie in langen Kolonnen zur Übung ausrückten oder wenn Offiziere in unserem Teil der Stadt nach Soldaten fahndeten, die auf der Suche nach Lebensmitteln oder Alkohol über die Mauer geklettert waren. Oder wenn wir im »Russenmagazin« einkauften, einem kleinen Warenhaus am Eingang zur »Verbotenen Stadt«. Ansonsten gab es mit den Besatzern keine Berührungen, keine Gespräche, keinen Kontakt. Dafür kursierten unter den Erwachsenen Gerüchte und Erzählungen von tödlichen Zwischenfällen, es gab Geraune von Festnahmen und Enteignungen.

Dass in meiner Heimatstadt nicht nur Moskaus Streitkräfte Einzug gehalten hatten, sondern auch ein Kommando des sowjetischen Geheimdienstes – einer seiner letzten Chefs vor Ort hieß Daniil Popowitsch –, wusste ich natürlich nicht, es hätte mir damals ohnehin nichts gesagt. Genauso wenig wusste ich, dass eine meiner späteren Lehrerinnen noch 1952 von eben diesem Geheimdienst abgeholt und in ein Lager im russischen Workuta gebracht worden war (eines der härtesten Zwangsarbeitslager des Gulag), während ihr Mann kurz darauf erschossen wurde. Bis zum Mauerfall blieb das geheim. Auch hatte uns niemand aufgeklärt, dass rund um unsere kleine Stadt Truppen fast in Armeestärke in Stellung gegangen waren.[1]

1983 – die Russen saßen noch immer in meiner Heimatstadt – ging ich als Korrespondent in die Sowjetunion. Ihr stand zu jener

Zeit Juri Andropow als Parteichef vor, er war wenige Monate zuvor noch Vorsitzender des sowjetischen Geheimdienstes KGB gewesen. Mit einigen Unterbrechungen lebte ich fast zwanzig Jahre lang in Moskau. Als ich die Stadt nach meinem letzten Einsatz verließ, schrieb man das Jahr 2017. Die Sowjetunion hieß nun wieder Russland, und dessen Führer war seit Langem Wladimir Putin. Dass dieser bald einen Krieg entfesseln würde – den ersten seit 1945 in Europa –, hätte ich damals nicht für möglich gehalten, obwohl ich mir über sein Weltbild und seine Rücksichtslosigkeit keine Illusionen machte, denn ich hatte ihn oft genug aus nächster Nähe erlebt. So wie Andropow war auch Putin bis kurz vor seinem Amtsantritt Chef des Geheimdienstes gewesen.

Was ist das für ein Land, das sich seine Führer aus den Reihen des Geheimdienstes zu holen pflegt? Und warum macht es das?

Geheimdienste sind Einrichtungen, denen aus der Sicht des einfachen Bürgers etwas Unheimliches, Unberechenbares, ja Schmutziges anhaftet. Es sind Dienste, die Verdächtige und Andersdenkende bespitzeln, Putsche anzetteln und Gegner umbringen, die Misstrauen gegenüber den Mitmenschen für ihr oberstes Gebot halten, allerorten Verschwörungen wittern und bereit sind, verbrecherische Handlungen mit angeblichen Staatsinteressen zu rechtfertigen. Wer wie Wladimir Putin im Geheimdienst groß geworden ist, misstraut anderen und unterstellt auch ihnen jene Skrupellosigkeit, ja Gewaltbereitschaft, zu denen er selbst fähig ist. Auf dieser anerzogenen Form von Paranoia fußt Putins Unfähigkeit zum Kompromiss, die er als Präsident so oft zeigt.

In Russland und der Sowjetunion war der Geheimdienst immer auch politische Polizei – eine Polizei, die für die Sicherheit des Systems und seiner Führung zu sorgen hatte. Sie tat und tut das mit den ihr eigenen Methoden: Denunziation und Verleumdung, Stigmatisierung und Ausgrenzung, Willkür und Entrechtung. »Die eigentliche Schöpfung, die aus der sogenannten Russischen Revolution hervorgegangen ist«, sagt der Philosoph Peter Sloterdijk sehr treffend, »ist die Gleichsetzung eines geheimdienstlichen Unternehmens, eines Komplotts mit dem ganzen Staatswesen.«[2]

Je mehr ich in Russland in die Geschichte eintauchte, umso öfter stieß ich auf das Wirken des Geheimdienstes. Man hatte ihm in den vergangenen Jahrhunderten die unterschiedlichsten Namen gegeben. Russlands erste politische Polizei waren die Opritschniki, Iwan der Schreckliche hatte sie 1565 als brutale Leibgarde und Terrorarmee aufgestellt. Unter den letzten Zaren war sie Ochrana genannt worden, von den Bolschewiki Tscheka, was nichts weiter hieß als »Außerordentliche Kommission«. Aus der Tscheka wurde die OGPU, daraus das NKWD, dann das Ministerium für Staatssicherheit MGB und schließlich das KGB – ein Kürzel, mit dem meine Generation aufgewachsen ist im Kalten Krieg. Wladimir Putins Inlandsgeheimdienst heißt FSB.

Während die Verfolgungsbehörden früher meist im Verborgenen wirkten, zählen jene, die heute in diesen Diensten arbeiten, ganz offen zur Elite des Landes. Keine andere Gruppe in Russland hat eine solche Macht erlangt wie das Militär, die Polizisten, Nationalgardisten und Geheimdienstler. Dass Wladimir Putin – zu der Zeit seit vier Monaten Regierungschef – am 20. Dezember 1999 auf einer Versammlung von Geheimdienstlern vermeldete, »die Gruppe von Mitarbeitern des FSB, die zur Arbeit in die Regierung abkommandiert wurde, hat die erste Etappe ihres Auftrages erfolgreich erfüllt«[3], sollte zwar scherzhaft klingen. Aber im Grunde war es bitterernst. In den vergangenen mehr als zwanzig Jahren unter Putin haben die Sicherheitsorgane das gesamte Land übernommen. Vertreter und Vertrauensleute dieser Organe sitzen an den Schaltstellen des Parlaments und der Regionalverwaltungen, des Justizapparates und der Polizei. Darüber thront das Untersuchungskomitee, die wichtigste föderale Ermittlungsbehörde Russlands, die bis hin zur Presse alle Ebenen überwacht und von der Präsidialadministration gesteuert wird.

Wie der sowjetische Geheimdienst nach dem Krieg in Deutschland wirkte, ist den meisten jedoch unbekannt. Seine Truppen und Operativgruppen waren 1945 gemeinsam mit denen der Roten Armee im Osten Deutschlands einmarschiert. Das hatten die Deutschen erst gar nicht bemerkt. Den Unterschied zwischen Soldaten und Geheimdienstlern sahen sie nicht, schließlich trugen beide in Deutschland die gleichen Uniformen. Erst nach und nach wurde ihnen bewusst, dass neben den Militärs eine Institution ins Land gekommen war, die weit mehr zu sagen hatte als die Armee und die hinter den Kulissen der Aufbauzeit ihre eigene Schreckensherrschaft errichtete, um das Land zu sowjetisieren. Denn die sowjetischen Geheimdienstler setzten im besiegten Deutschland jene Praktiken fort, die sie in der Sowjetunion erprobt hatten. Dort hatten sie in den 1920er- und 1930er-Jahren jede vermeintliche Opposition niedergeschlagen und Hunderttausende Unschuldige hingerichtet. Es war staatlich gewollter Terror.

Der sowjetische Geheimdienst gab sich auch in Deutschland selbstherrlich und gnadenlos. Wenn er es für nötig hielt, unterlief er die Politik der eigenen Militärregierung, mitunter sabotierte er deren Kurs ganz bewusst. Nach Aussagen eines früheren Mitarbeiters der Sowjetischen Militäradministration SMAD waren die sowjetischen Staatssicherheitsorgane »gerade im besetzten Deutschland eine besonders krasse Verkörperung des stalinistischen totalitären Regimes. In ihren Entscheidungen völlig unabhängig von der SMAD, missbrauchten Mitarbeiter der Organe ihre Macht, mischten sich grob und skrupellos in den politischen und ideologischen Kampf in der Zone ein«.[4] Sie waren es vor allem, die die deutsche Bevölkerung gegen die Besatzer aufbrachten und damit die Feindseligkeiten gegen sie anheizten. Selbst führende Offiziere der damaligen Militärregierung gestanden das ein.

Über die Nachkriegsjahre ist viel geforscht worden. Es gibt Berichte über die politischen Verfolgungen in der sowjetischen Zone, über die Internierungslager, die der sowjetische Geheimdienst in früheren Konzentrationslagern des Hitler-Regimes eingerichtet hatte, über die im Verborgenen tagenden Tribunale, die Deportationen und Hinrichtungen. Auch zahlreiche Erinnerungsberichte liegen vor – etwa der von Carola Stern, die die Nachkriegszeit an einem von den Russen kontrollierten Raketenforschungsinstitut in Nordhausen und dann an der SED-Parteihochschule verbrachte, bevor sie nach Westberlin flüchtete.[5] Es gibt aber auch Aufzeichnungen von weniger bekannten Deutschen wie die von Marie-Luise Steinert, die als Dolmetscherin bei der sowjetischen Spionageabwehr in Potsdam arbeitete, dort verhaftet wurde und im sowjetischen Gulag verschwand, bis Stalins Tod ihr die Rückkehr nach Deutschland ermöglichte.[6] Trotzdem ist die gewaltsame Sowjetisierung Ostdeutschlands mithilfe des Moskauer Geheimdienstes, diese große Tragödie der Nachkriegszeit, im öffentlichen Bewusstsein wenig präsent. Im Westen Deutschlands war das Interesse am Schicksal der Ostdeutschen ohnehin nie sehr groß. Die geteilte Geschichte nach 1945 ist dort selten als gemeinsame Geschichte begriffen worden.

Dabei gibt es noch viel zu erzählen über diese Jahre nach 1945. Was der Geheimdienst damals in Deutschland im Einzelnen tat – übrigens nicht nur in Ost-, sondern auch in Westdeutschland –, womit er sich tagtäglich beschäftigte und welche Spannungen es deswegen selbst unter den russischen Besatzern gab, davon wissen wir kaum etwas. Ein Dreivierteljahrhundert nach Kriegsende liegen viele Dokumente, die das Wirken dieser Dienste widerspiegeln, noch immer in Moskau unter Verschluss. Es ist kaum anzunehmen, dass sich das unter den jetzigen Umständen in Russland ändern wird.

Vor wenigen Jahren jedoch öffnete sich ein Fenster, das einen unerwarteten Einblick in Interna des sowjetischen Geheimdienstes ermöglichte. Beim Umbau einer Garage auf einer früheren Generals-Datscha unweit von Moskau waren 5700 Seiten eng beschriebene Tagebuchaufzeichnungen entdeckt worden – in einem Koffer versteckt, eingemauert in einer Wand. Der Fund entpuppte sich als Notizen und Erinnerungen von Generaloberst Iwan Serow, der von 1945 bis 1947 Stalins Geheimdienstbevollmächtigter in der Sowjetisch Besetzten Zone (SBZ) war, später aber in Ungnade fiel. Serow hatte die Aufzeichnungen offenbar für den Fall versteckt, dass er selbst einmal Opfer innersowjetischer Machtkämpfe werden würde, und sie als Rechtfertigung seines eigenen Tuns angelegt.

Serows Name wird in diesem Buch öfter auftauchen. Er war ein williger und wegen seiner Härte berüchtigter Handlanger Stalins, der sich nicht scheute, selbst Genossen der sowjetischen Militäradministration zu denunzieren, wenn er sie für zu nachsichtig gegenüber den besiegten Deutschen hielt. Dass er nach Stalins Tod nicht zusammen mit Lawrenti Beria erschossen wurde, dem gefürchteten früheren sowjetischen Geheimdienstchef, hat er wohl allein Stalins Nachfolger Nikita Chruschtschow zu verdanken. Den hatte er bereits 1939 kennengelernt, als Chruschtschow Parteichef in der Ukraine war und Serow zum Volkskommissar für Inneres und damit auch zum Geheimdienstchef der Ukraine ernannt worden war. Es war die Zeit der blutigen Säuberungen. Beide wussten viel voneinander, und so ist es nicht verwunderlich, dass Chruschtschow ihm in der gefährlichsten Phase seines Lebens half, ja Serow ein Jahr nach Stalins Tod sogar zum ersten Vorsitzenden des Geheimdienstes KGB machte.

Serows Erinnerungen, die von seiner Enkelin Vera gefunden wurden, sind einer der Ausgangspunkte für dieses Buch gewesen. Ich habe Vera Serowa in Moskau aufgesucht und bin in die Moskauer Archive gegangen, um die Aufzeichnungen ihres Großvaters zu überprüfen. Dabei entdeckte ich eine Fülle weiterer Dokumente aus jener Zeit. Im Russischen Staatsarchiv liegen die Akten der Sowjetischen Militäradministration in Deutschland, im Staatsarchiv für sozialpolitische Geschichte die Nachlässe Josef Stalins und seines Regierungschefs und Außenministers Wjatscheslaw Molotow. In diesen Unterlagen, vor allem in den Personalakten der einstigen Militärregierung, fanden sich neue Details über das Wirken der Geheimdienste. Sie lassen sich wie bei einem Puzzle zu einem Bild zusammensetzen. Und dieses Bild elektrisiert. Es zeigt uns, wie sehr sich Geheimdienste verselbstständigen können, wenn sie allein ihren Vorstellungen von Kontrolle und Repression folgen und auf diese Weise die politischen Absichten jener durchkreuzen, in deren Auftrag sie eigentlich handeln.

Eine Frage bewegte mich zuvorderst: Wer waren die Geheimdienstler, die 1945 nach Deutschland geschickt wurden? Nie ist bisher beschrieben worden, welche Lebensläufe diese Menschen hatten. Da findet sich der jüdische Hauptmann, der eine vernichtende Akte zum Schauspieler Heinrich George anlegte und später wegen seiner Herkunft selbst verfolgt wurde, ebenso wie der russische Unterleutnant, der in den 1930er-Jahren mehr als hundert Landsleute hinzurichten half und damit zum Massenmörder wurde. Dieser Unterleutnant sollte später im Bezirk Gera einen leitenden Posten im Geheimdienst einnehmen. Es sind sogar Topagenten dabei, zu deren Karriere politische Morde im westlichen Ausland zählten und die in Deutschland bis in höchste Funktionen aufstiegen.

Die Herkunft diese Männer erklärt nur teilweise, warum ihr Umgang mit den besiegten Deutschen so rücksichtslos war. Wahllos verhafteten sie Schuldige und Unschuldige, manchmal insgesamt Zehntausende pro Tag. Heute stellt sich heraus, dass davon selbst kommunistische Funktionäre und deren Kinder betroffen waren, die ohne jegliches Lebenszeichen für viele Jahre verschwanden oder überhaupt nicht mehr zurückkehrten. Bislang nicht veröffentlichte Dokumente belegen, dass Mitglieder der neuen Staatspartei SED ihre Spitzenfunktionäre Wilhelm Pieck und Walter Ulbricht mitunter empört auf die Praktiken des sowjetischen Geheimdienstes hinwiesen. Pieck sprach dieses Thema schließlich bei Stalin im Moskauer Kreml an.

Der Geheimdienst ging in der sowjetischen Zone oft chaotisch vor, viele seiner Mitarbeiter waren unfähig oder überfordert. Sie erhielten aus Stalins Machtapparat eine kaum zu bewältigende Flut von Befehlen. Zugleich wurde ihnen suggeriert, überall mitreden und sich einmischen zu können, ohne dass sie ausreichend Sachkenntnisse besaßen.

Und was gehörte nicht alles in ihr Portefeuille! Kaum in Deutschland angekommen, ging der Geheimdienst auf Jagd nach Prominenten. Er suchte, fand und versteckte die Hitler-Leiche, verhaftete die Witwe des letzten Kaisers und dessen früheren Geheimdienstchef, sperrte den Verräter des deutschen KP-Chefs Ernst Thälmann ebenso ein wie Beteiligte an der Ermordung Rosa Luxemburgs im Jahr 1918. Die Betroffenen überlebten das in der Regel nicht. Der Geheimdienst stöberte zudem alle nur denkbaren Archive auf und ließ sie – oft ohne die eigene Militärregierung zu informieren – nach Moskau bringen, selbst Briefe russischer Generäle an den preußischen König oder Beobachtungsakten zu Karl Marx aus dem Berliner Polizeipräsidium.

Der Dienst war selbst mit kleinsten Vorkommnissen befasst, auch wenn es nur Unglücksfälle waren – für eine Anklage wegen Sabotage reichte es allemal. Er war auf der Suche nach deutschem Know-how, sicherte sich die noch vorhandenen V2-Raketen ebenso wie die Bauzeichnungen des deutschen Opel Kadett oder des ersten strahlgetriebenen Bombers der Welt. Und er inszenierte 1946 die Verschleppung jener 2500 Raketenfachleute sowie Spezialisten von Junkers,

Zeiss und den Heinkel-Werken, die für Jahre in der Sowjetunion verschwanden – eine Aktion, die so nur der Geheimdienst organisieren konnte. Nach ebendiesem Muster hatte er in den Jahren zuvor bereits ganze Völker und Nationalitäten innerhalb der Sowjetunion deportiert.

Auf eine Idee des Geheimdienstes gingen auch die Beschlagnahme und Ausfuhr großer Getreidevorräte aus Deutschland im Jahr 1946 zurück – während einer extrem angespannten Versorgungslage in der sowjetischen Zone und gegen den ausdrücklichen Willen der sowjetischen Militärregierung. Ebenso wenig dürfte den meisten bekannt sein, dass ein großer Teil der von den Russen in Deutschland demontierten Betriebe, Maschinen und Schienenstränge nicht per se dem Wiederaufbau der zerstörten sowjetischen Wirtschaft diente. Denn der Geheimdienst bestand darauf, ein bedeutendes Stück von den Reparationen abzubekommen und deutsche Technik sowie deutsche Produktionsanlagen in seinem eigenen Wirtschaftsimperium einzusetzen: in den Straf- und Arbeitslagern des riesigen Gulag.

Den größten Schaden aber richteten die Organe der sowjetischen Staatssicherheit auf politischer Ebene an. In den Personalakten, die sie über deutsche Funktionäre führten, sind die Spuren ihrer Eingriffe deutlich zu sehen. Sie verfolgten und verhafteten ehemalige Sozialdemokraten selbst dann noch, als diese sich mehr oder weniger mit der Zwangsvereinigung abgefunden und den Übertritt in die SED vollzogen hatten. Das Vorgehen der Geheimdienstler durchkreuzte nicht nur Pläne der SED-Führung, sondern zugleich Absichten der eigenen Militärregierung. Ihr Kontrollwahn machte nicht einmal vor Männern wie Pieck, Ulbricht oder Otto Grotewohl Halt, die Moskau selbst als Spitzenleute in der sowjetischen Zone eingesetzt hatte. So wurden die Genannten quasi von den eigenen Leuten sabotiert. Dass sich der Geheimdienst in die Personalpolitik einmischte, um nach eigenem Gusto Weichen für die weitere Entwicklung in der sowjetischen Besatzungszone zu stellen, gehört ebenfalls zu diesem Kapitel. Skrupellos setzten Moskaus Staatssicherheitsemissäre Deutsche auf hohe Posten, die politisch und moralisch belastet waren – von denen sie also wussten, dass man sie erpressen und steuern konnte.

Naturgemäß am wenigsten bekannt ist, was sich in den Nachkriegsjahren unter den sowjetischen Besatzern selbst abspielte. Sicher, die Hauptaufgabe des Geheimdienstes bestand darin, die Deutschen zu disziplinieren und Widerstand gegen die Sowjetisierung niederzuschlagen. Aber er hatte natürlich auch ein Auge auf die eigenen Leute: auf die Sowjetbürger, die sich zu jener Zeit im Osten Deutschlands befanden. Nicht wenige von ihnen kritisierten die Moskauer Führung oder verweigerten gar den Dienst in der Besatzungsarmee. Es gab Verräter und Überläufer sowie Millionen ehemalige sowjetische Zwangsarbeiter und Kriegsgefangene in Deutschland. Wie gnadenlos der Geheimdienst mit diesen Menschen umging, mit welchem Misstrauen und welcher Geringschätzung er selbst Opfer des Hitler-Regimes behandelte, spiegelt sich in erschütternden menschlichen Dramen, die sich damals im Osten Deutschlands abspielten, unbemerkt von der deutschen Öffentlichkeit.

Auch der erbitterte Kampf zwischen den verschiedenen sowjetischen Geheimdiensten war in Deutschland zu spüren. Manch fatale Entscheidung der Russen hatte gar nichts mit den Deutschen zu tun, sondern mit der Konkurrenz und mit persönlichen Unverträglichkeiten der Geheimdienstler untereinander, mit der Wahrung von Privilegien oder dem Kampf um die Nähe zu den Machthabern in Moskau. Die Fehden wurden mitunter von Berlin bis zu Stalin in den Kreml getragen. Die Deutschen in der Sowjetzone büßten damit indirekt für etwas, das sich im fernen Moskau abspielte.

Besonders spannend ist die Frage, was hinter den Prozessen gegen jene Geheimdienstler steckte, die Ende der 1940er-Jahre in Moskau wegen schwerer Verbrechen in der sowjetischen Besatzungszone verurteilt wurden. Sühnte man damit wirklich die realen Vergehen dieser Männer in Deutschland, oder steckten auch hinter diesen Tribunalen interne Machtkämpfe der sowjetischen Führung? Die Aussagen der später Verurteilten werfen jedenfalls ein Schlaglicht auf das, was der Geheimdienst nach 1945 in Deutschland anrichtete.

Dass in diesem Buch zum Schluss die Geburt des ostdeutschen Geheimdienstes beleuchtet wird, liegt nahe. Aus den aufgefundenen Dokumenten geht hervor, dass es bereits 1945 eine von Deutschen aufgebaute politische Polizei in der Sowjetzone gab oder bestimmte

Polizeieinheiten sich als eine solche verstanden und dass Deutsche bei Verhaftungen eigener Landsleute Hand in Hand mit dem russischen Geheimdienst arbeiteten.

Der Blick auf die Nachkriegsjahre im Osten Deutschlands zeigt eine zerstörte Gesellschaft, die sich in tiefer Schuld befand, die ihre Zukunft erst vor sich hatte und den Weg dorthin suchte. Wie zerstörerisch der sowjetische Geheimdienst in dieser sensiblen Phase in die Geschicke der Deutschen eingriff, ist von besonderer Tragik. Davon wird in diesem Buch nicht chronologisch, sondern anhand verschiedener Themen berichtet. Jedes Kapitel greift eine der Aufgaben heraus, die der Geheimdienst in Deutschland zu erfüllen hatte, und erzählt von den politischen Folgen und persönlichen Dramen in diesem Bereich.

Die Dokumente aus jener Zeit belegen nicht zuletzt, was russische Historiker gern abstreiten: Die gezielte Stalinisierung und Sowjetisierung des östlichen Deutschland wurde bereits seit 1945 betrieben. Sie begann also nicht erst mit der Währungsreform 1948 in den drei westlichen Besatzungszonen, mit der sich die Gründung eines westdeutschen Staates abzeichnete.

Welche seelischen und psychischen Schäden die Herrschaft des Geheimdienstes im Osten Deutschlands hinterließ und ob das Gift der Indoktrination jener Jahre vielleicht sogar bis heute wirkt – auch darüber muss nachgedacht werden. Findet sich hier vielleicht eine Erklärung für die anhaltende Autoritätshörigkeit mancher Ostdeutscher oder für ihre Ablehnung einer vorwiegend westdeutsch geprägten Demokratie?

Auf den folgenden Seiten sind viele bislang unbekannte Zeugnisse von Willkür und Verbrechen der Sowjetzeit versammelt. Man kommt gar nicht umhin, sie auch im Lichte jenes Krieges zu sehen, den Putin 2022 in Europa entfesselt hat. Denn mit ihm wurde einmal mehr offenbar: Im Unterschied zu anderen Staaten der ehemaligen Sowjetunion hat es in Russland seit den 1990er-Jahren keinen Wandel in Richtung einer modernen zivilen Gesellschaft gegeben. Es gab keinen Schlussstrich unter die Diktatur, keine Prozesse gegen die Unterdrücker und

Henker. Vor allem aber: Weder Armee noch Geheimdienst wurden reformiert. »Im Unterschied zu den Staaten Ost- und Mitteleuropas blieben in Russland zwei Säulen der Leninschen Diktatur dauerhaft erhalten: die Geheimpolizei und die Armee«, sagt der Historiker Jan Claas Behrends[7] und verweist auf die Kontinuität der Repression in diesem Land. Männer wie Wladimir Putin, die durch das KGB sozialisiert wurden, bleiben ihr Leben lang den Regeln und dem Denken des Geheimdienstes verhaftet. Sie verachten jegliche auf westlichen Normen und Werten basierende Moral – ihnen kommt es allein darauf an, den Gegner zu besiegen. Deutlich wird nun zudem, wie sehr ein über Jahre hinweg gefälschtes Geschichtsbild dazu beiträgt, ein ganzes Volk – in diesem Fall das russische – auf einen sinnlosen und verbrecherischen Krieg einzuschwören. Auch die Heroisierung eines angeblich überlegenen Geheimdienstes, der in Wahrheit vor allem die neoimperiale Politik der jetzigen Führung abzusichern hat, spielt hierbei eine Rolle.

Es gibt durchaus Parallelen zwischen der ostdeutschen Nachkriegszeit und der Art und Weise, wie Putin in der Ukraine vorgeht. Zwar rückte die Rote Armee 1945 in Deutschland als Befreier ein und nicht als Aggressor wie die russische Armee 2022 in der Ukraine. Aber der Plan war in beiden Fällen ähnlich: Deutsche wie Ukrainer sollten dem russischen Machtbereich untergeordnet und als selbstständige Nationen weitgehend ausgelöscht werden. So wie 1945 im Osten Deutschlands gingen russische Geheimdienstler und Militärs auch 2022 in der Ukraine vor: Sie verhafteten alle aus ihrer Sicht nur halbwegs Verdächtigen, die sich politisch oder militärisch profiliert hatten, und steckten sie in Gefängnisse. Tausende, wenn nicht Zehntausende unschuldige ukrainische Zivilisten wurden in »Filtrationslager« auf russisches Gebiet gebracht – auch diese Praxis stammt aus der Zeit unmittelbar nach 1945. Wen verwundert es da, dass im Sommer 2022 in Russland Vorschläge gemacht wurden, in den besetzten Gebieten der Ukraine die berüchtigte Stalin'sche Spionageabwehr SMERSCH wiederzubeleben, einen der berüchtigtsten Geheimdienste der Sowjetzeit?[8] Ein wesentlicher Unterschied: Konnten Stalins Besatzer in Deutschland noch zu Recht vorgeben, den Faschismus ausmerzen zu wollen, so ist daraus in der Ukraine gut 75 Jahre später ein bloßer Vorwand geworden, der Putins weiterreichende Ziele verschleiern soll.

Russlands Geheimdienste sind nach wie vor in Deutschland aktiv. Fast 200 ihrer Agenten saßen bis 2023 allein in der Berliner Botschaft, getarnt als Diplomaten. Im Unterschied zu anderen Geheimdiensten beschränken sich die russischen Dienste nicht auf Spionage, sondern knüpfen mehr denn je an terroristische Praktiken vergangener Jahrzehnte an. Deutschland hat das 2019 bei der Hinrichtung des Georgiers Selimchan Changoschwili in Berlin erlebt – einem demonstrativ in aller Öffentlichkeit ausgeführten Auftragsmord, für den das deutsche Gericht später explizit staatliche Stellen Russlands verantwortlich machte.

Als ich jung war, ahnte man in meiner Heimatstadt von solchen Dingen nichts. Die Menschen merkten zunächst nicht einmal, wie dicht sie an der Grenze des sowjetischen Machtbereiches lebten. Das änderte sich, als die Ausflugsdampfer auf der nahen Elbe nur noch flussaufwärts fuhren, Richtung Süden. Denn nach Norden, dorthin, wo der Strom an der niedersächsischen Seite Richtung Hamburg fließt, ging es plötzlich nicht mehr – die Grenze zwischen beiden politischen Lagern verlief dort mitten in der Elbe und war von nun an unüberwindbar. In den 1980er-Jahren versuchte ein Freund von mir, den Fluss westwärts zu durchschwimmen. Es gelang ihm nicht, und er verschwand für Jahre in einem Gefängnis der Staatssicherheit – jener Staatssicherheit, die Anfang der 1950er-Jahre mithilfe des sowjetischen Geheimdienstes entstanden war.

Die Grenzsperren sind inzwischen abgebaut, auch die Mauer quer durch meine Heimatstadt gibt es nicht mehr. Aber es gibt wieder mehr offensichtliche Gründe, sich an all das zu erinnern.

2

NKWD oder KGB?

Das Leben der Russen besteht aus Akronymen. Was für die Deutschen ein fast undurchdringlicher Abkürzungsdschungel ist, das ist für die Russen Sprachökonomie. Sie lieben es, aus den Anfangsbuchstaben mehrerer Wörter ein einziges kurzes zu bilden. Von Anbeginn betraf das auch die Sphäre der Geheimdienste. Tscheka, OGPU, NKWD oder KGB sind also keine Tarnbezeichnungen, sie stehen – nur zu unterschiedlichen Zeiten – für ein und dieselbe Organisation: die für die Staatssicherheit verantwortliche Geheimpolizei. Namen, Kompetenzen und Unterstellungen sollten sich immer wieder ändern. Die Tatsache, dass dies besonders auf die Herrschaftszeit Stalins zutrifft, hatte mit dessen Argwohn zu tun. Durch ständige Strukturveränderungen versuchte der sowjetische Diktator zu verhindern, dass die Sicherheitsapparate zu eigenmächtig wurden, und löste nicht selten Konkurrenzkämpfe unter ihnen aus, »in denen sich die Geheimdienstler hart bekämpften«, wie der Historiker Andreas Hilger betont.[1]

In diesem Buch geht es um den Geheimdienst der Nachkriegsjahre. Für ihn wird hier meist der Begriff NKWD benutzt. Ganz korrekt ist das nicht, aber es erleichtert das Lesen. In Wirklichkeit waren es nämlich vier selbstständige Geheimdienste, die 1945 auf deutsches Gebiet vorstießen. Der erste war die Spionageabwehr SMERSCH – was ebenfalls eine Abkürzung ist und für die Losung »Tod den Spionen« steht –, eine Einrichtung der militärischen Abwehr. Sie unterstand dem Volkskommissariat für Verteidigung. Der zweite Dienst befasste sich ebenfalls mit Spionagewehr, aber in den Truppenteilen der Marine. Die Funktion der eigentlichen Geheimpolizei in der UdSSR nahm das Volkskommissariat für Staatssicherheit NKGB wahr, zu dem auch die Auslandsaufklärung gehörte. Und schließlich gab es das Volkskommissariat für Innere Angelegenheiten, also das Innenministerium, dem lange Zeit die berüchtigte graue Eminenz Lawrenti Beria vorstand. Es verfügte über die Inneren Truppen – paramilitärische Einheiten zum Schutz der Grenzen, Eisenbahnen und staatlichen Institutionen sowie zum Kampf gegen Banditismus – sowie über die Gefängnisse, die Lager und die Miliz. Das – und nur das – war, abgekürzt, das NKWD.

Warum steht trotzdem meist allein das Kürzel NKWD für den Geheimdienst jener Jahre? Das hat mit einer Besonderheit zu tun. Denn im Innenkommissariat war seit dessen Gründung 1934 auch die Geheimpolizei angesiedelt, sie befand sich also unter dem Dach des NKWD. Wer von den Russen »NKWD« sagte, meinte zuallererst die Staatssicherheit. Im Februar 1941 allerdings bekam sie als NKGB ein eigenes Volkskommissariat, nur um nach Kriegsbeginn wieder ins Innenministerium zurückzukehren. Zwei Jahre später wurde daraus erneut ein eigenständiges Volkskommissariat.

Das Innenkommissariat, das NKWD, blieb jedoch bis Anfang der 50er-Jahre eine mächtige Organisation, denn viele Abteilungen der Staatssicherheit arbeiteten bis 1954 weiter unter seinem Dach – so die Hauptverwaltung für die Spionage in kapitalistischen Ländern, die Spionageabwehr innerhalb der UdSSR, die Geheimdienstabteilungen in sensiblen Industrieobjekten oder der Personenschutz für die führenden Partei- und Regierungsfunktionäre. Die meisten Russen sahen im Innenministerium, dessen Mitarbeiter bis zum Sommer 1945 ausnahmslos Dienstgrade der Staatssicherheit besessen hatten, nach wie vor die Zentrale der politischen Polizei. Auch im Deutschland der Nachkriegsjahre wurde meist der Begriff NKWD benutzt, wenn vom sowjetischen Geheimdienst die Rede war. Allerdings ging es dabei mit dem Artikel bunt durcheinander: Mal war es *der*, mal *die* NKWD. Gehen wir von der deutschen Übersetzung aus, muss es richtig heißen: *das* NKWD.

Im Verlauf des Jahres 1946, als Moskau die Volkskommissariate in Ministerien umbenannte, lichtete sich zumindest im offiziellen sowjetischen Sprachgebrauch der begriffliche Dschungel: Aus dem

NKWD wurde das Innenministerium MWD, aus dem NKGB das Ministerium für Staatssicherheit MGB. Letzteres existierte allerdings nur sieben Jahre lang, am Tag von Stalins Tod wurde es erneut ins Innenministerium eingegliedert. Erst im Jahr darauf, im März 1954, vollzog die sowjetische Führung eine wirkliche Trennung. Die Organe der Staatssicherheit wurden jetzt endgültig aus dem MWD herausgelöst und als »KGB« selbstständig: als Komitee für Staatssicherheit, das über 34 000 Mitarbeiter und einen jährlichen Etat von fast vier Milliarden Rubel verfügte.[2] Von da an herrschte Klarheit in Sachen politischer Polizei. Die drei Buchstaben KGB wurden weltweit zum Synonym für Repressionen in der Sowjetunion und für Moskaus Untergrundarbeit im Ausland. Das KGB existierte 37 Jahre lang, bis kurz vor dem Zusammenbruch der UdSSR. Nach sowjetischen Maßstäben war das eine Ewigkeit.

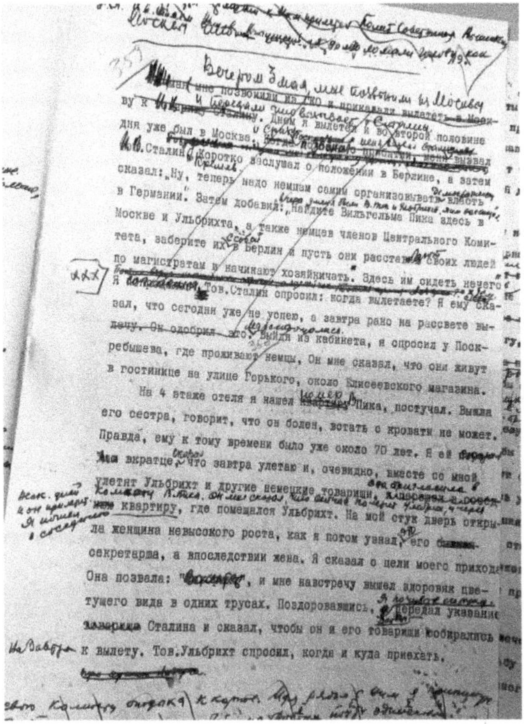

…мне позвонили из ГКО и приказали вылететь в Москву к [illegible] Сталину. Днем я вылетел и во второй половине дня уже был в Москве. [illegible] Тов.Сталин коротко заслушал о положении в Берлине, а затем сказал: „Ну, теперь надо немцам самим организовывать власть в Германии". Затем добавил: „Найдите Вильгельме Пика здесь в Москве и Ульбрихта, а также немцев членов Центрального Комитета, заберите их в Берлин и пусть они расставят своих людей по магистратам и начинают хозяйничать. Здесь им сидеть нечего". Я [illegible] Тов.Сталин спросил: когда вылетаете? Я ему сказал, что сегодня уже не успею, а завтра рано на рассвете вылечу. Он одобрил это. Выйдя из кабинета, я спросил у Поскребышева, где проживают немцы. Он мне сказал, что они живут в гостинице на улице Горького, около Елисеевского магазина.

На 4 этаже отеля я нашел квартиру Пика, постучал. Вышла его сестра, говорит, что он болен, встать с кровати не может. Правда, ему к тому времени было уже около 70 лет. Я ей [illegible] вкратце, что завтра улетаю и, очевидно, вместе со мной улетят Ульбрихт и другие немецкие товарищи, [illegible] квартиру, где помещался Ульбрихт. На мой стук дверь открыла женщина невысокого роста, как я потом узнал, его [illegible] секретарша, а впоследствии жена. Я сказал о цели моего прихода. Она позвала: "[illegible]", и мне навстречу вышел здоровяк цветущего вида в одних трусах. Поздоровавшись, я передал указание [illegible] Сталина и сказал, чтобы он и его товарищи собирались к вылету. Тов.Ульбрихт спросил, когда и куда приехать.

Seite aus Iwan Serows Tagebuch (mit einem Eintrag über sein erstes Treffen mit Walter Ulbricht im April 1945 in Moskau)

3

Die unbekannte Macht

Das kleine vogtländische Städtchen Pausa, fast 800 Jahre alt und einst für seine Webereien berühmt, liegt in einer Ausbuchtung Sachsens, dicht an den Grenzen zu Thüringen und Bayern. Verlässt man das Stadtzentrum Richtung Südosten, trifft man bald auf die August-Bebel-Straße. Haus Nummer 2 ist ein Eckhaus, das mit einer Front zur Bernsgrüner Straße zeigt, die in ihrer Verlängerung zur sächsisch-thüringischen Grenze führt.

Es war der 7. Dezember 1945, ein Freitag. Der letzte Monat jenes Jahres, in dem der Krieg zu Ende gegangen war, gab sich versöhnlich mild, als wolle auch er den Menschen eine Atempause gönnen.

Nanny Huster und Margarete Wolf konnten das nicht genießen, denn zum Schrecken der beiden Frauen drangen an diesem Tag drei Besatzer in ihr Haus. »2 russische Soldaten von der G.P.U. – ein Leutnant und dessen Chauffeur sowie eine Dolmetscherin«, hieß es später im Bericht des Plauener Landrates an die Landesverwaltung Sachsen. Er habe eine Durchsuchung vorzunehmen, ließ der Offizier über die Dolmetscherin ausrichten. Zeugen hätten ausgesagt, der Mann von Margarete Wolf sei während des Krieges Leiter eines Lagers für Ostarbeiter gewesen und hätte diese misshandelt. Sie müssten ihn verhaften.

Wolf war nicht zu Hause, aber die ungebetenen Gäste durchsuchten das Haus. Sie nahmen »500 RM in allierten [sic] Noten« mit, »2 goldene Ringe, 4 Paar seidene Damenstrümpfe, 1500,– RM Lohngelder«. Der Gesamtwert der geplünderten Sachen belief sich auf 2200 Reichsmark, teilte der Landrat der Landesregierung in Dresden mit.[1] Diese Summe entspräche heute etwa 9000 Euro.

Ein vergleichsweise harmloser Vorgang, werden wir mit unserem jetzigen Wissen sagen. Aber es ist nur eine der Meldungen, wie sie in jenen Monaten tausendfach von deutschen Lokalbehörden verfertigt wurden. Seit sieben Monaten schon hielten die Truppen der Roten Armee den Osten Berlins und den größten Teil des früheren Mitteldeutschlands besetzt. Ihr Auftrag: Kriegsverbrecher und Nazis dingfest zu machen und aus dem besiegten Land Reparationen für die eigene Heimat einzutreiben. Aber es waren auch mehr als 16 Millionen Menschen zu versorgen und neue Verwaltungen aufzubauen.

Dass Stalins Armee sich als eine Armee der Sieger verstand, wunderte niemanden. Und dass die sowjetischen Soldaten nach all dem, was die Deutschen Grauenvolles in ihrer Heimat angerichtet hatten, nun eigene Rachegelüste befriedigten, war zumindest psychologisch verständlich. Die Besiegten spürten es überall: Ordnungswille und Neugestaltung gingen einher mit Willkür und Gewalt. Was den Deutschen jetzt widerfuhr, ging mitunter noch über das hinaus, womit Joseph Goebbels ihnen in seinen Propagandareden in den letzten Monaten Angst gemacht hatte: Soldaten schlugen mit Äxten Wohnungstüren ein und erschossen in den Ställen das Vieh. Sie nahmen ihnen auf der Straße Autos, Motorräder und Fahrräder weg, misshandelten selbst die neu eingesetzten Bürgermeister und Polizisten und warfen Zehntausende Deutsche in Gefängnisse. Sollte so der lang ersehnte Frieden aussehen?

Viele Ostdeutsche gingen anfangs davon aus, ihre Zone würde ein unmittelbarer Bestandteil des Stalin'schen Imperiums werden. Als sich die Historikerin und Journalistin Margret Boveri im Mai 1945 von Berlin aus mit dem Fahrrad auf den Weg zu ihrem früheren Sommerhaus bei Teupitz machte, begegnete sie zweimal russischen Wagen mit Ölfarbe. Sie »fuhren von Straßenschild zu Straßenschild, löschten die deutschen Ortsnamen aus und ersetzten sie durch Worte in kyrillischen Buchstaben. Ich schloß daraus, daß der von den Russen besetzte Landstrich nicht Besatzungsgebiet bleiben, sondern der Sowjetunion einverleibt und vollkommen russifiziert werden solle«.[2] Diese weit verbreitete Vermutung mag bei vielen das Entsetzen verstärkt haben, das sie angesichts der grassierenden Gewalt verspürten.

Es gab Landräte, die ein eigenes Formular entwickelt hatten, um täglich von den Übergriffen der Besatzer zu berichten. In der Nacht vom 9. zum 10. Juli 1945 etwa wurde das brandenburgische Dorf Menz von 40 bis 50 Angehörigen der Roten Armee überfallen. Gegen 1.30 Uhr drang eine Gruppe Soldaten in das Haus Berliner Straße 11c und »in die Wohnung des Ernst Müller durch Zerschlagen der Türfüllung ein«, meldete der Bürgermeister später dem Kreiskommandanten. »Frau Emma Müller schrie aus dem Fenster um Hilfe [...] und wurde von den eindringenden Soldaten an den Haaren auf den Treppenflur geschleift.« Sie »versuchte, in die gegenüberliegende Wohnung des Richard Schulz zu gelangen, was ihr aber nicht mehr gelang, da sie inzwischen von einem Soldaten niedergeschossen wurde«. Fünf Pistolenschüsse wurden dokumentiert: »Ein Einschuß hart am linken Auge [...], der andere Einschuß unterhalb der linken Brustseite [...], beide Schüsse sofort tödlich.«[3]

Die Meinung der Bevölkerung über die Besatzungstruppen war verheerend. Täglich wurden Frauen vergewaltigt. »In Michaelisbruch begehren russische Soldaten besonders nachts Einlass in Gehöften ... Unter Benutzung von Dunggabeln werden die Fenster mitsamt dem Fensterkreuz herausgeschlagen, Möbelstücke zertrümmert und alle Räume nach Frauen durchsucht«, wurde dem Landrat in Neuruppin mitgeteilt.[4] »Vergewaltigung von 17 Frauen auf der Strecke Schacksdorf-Lichterfeld«, meldete man – etliche Monate nach dem Einmarsch der Roten Armee – dem Landrat in Luckau.[5] Und der Polizeiposten der sächsischen Gemeinde Planitz-Deila, Wachtmeister Franke, beklagte gegenüber dem Kommandeur der Kreispolizei Meißen, die 18-jährige Gertrud Richter sei »in den vorhergehenden Wochen schon etwa 20mal vergewaltigt« worden.[6]

An die ständigen Vergewaltigungen hatten sich die Einwohner fast schon gewöhnt, der Diebstahl von Vieh, Kleidung und Lebensmitteln dagegen erschien ihnen bald lebensbedrohlich. Denn »die Folge ist, daß keiner der Einwohner sich auf seinen Acker traut und nicht mal seinen Hausgarten aufsuchen kann. Die Bevölkerung ist völlig eingeschüchtert«, schrieben Bürgermeister und Gutsverwalter von Binenwalde im Mai 1945.[7] Wer jeweils für die Vergewaltigungen, Plünderungen und Festnahmen verantwortlich war, vermochte kaum jemand der Betroffenen zu sagen. Die Soldaten und Offiziere fuhren oft mit Autos ohne Kennzeichen vor, ihre Gesichter hatten sie nicht selten geschwärzt.

Dass sie es mit unterschiedlichsten Militärs zu tun hatten, erschloss sich den Deutschen anfangs nicht. Woher sollten sie wissen, dass mit Stalins Armeen auch Vertreter anderer sowjetischer Behörden ins Land gekommen waren – Mitarbeiter der Spionageabwehr, der verschiedenen sowjetischen Geheimdienste und von Moskau ausgesandte zivile Funktionäre? Sie alle steckten in ähnlichen Uniformen. Selbst den Frauen und Männern des zum Volkskommissariat für Inneres (NKWD) gehörenden Geheimdienstes NKGB war ihre Herkunft nicht mehr anzusehen – Stalin hatte gleich nach Kriegsende veranlasst, dass die Dienstränge der Staatssicherheit denen der Armee angeglichen wurden. Ein Major der Staatssicherheit war damit rein äußerlich zum gewöhnlichen Armee-Major geworden, ein Kommissar der Staatssicherheit zum General. Auch die scharlachroten Romben auf den Kragenspiegeln der Uniformen, an denen man früher sowjetische Geheimdienstler ausmachen konnte, waren nun verschwunden.

Dementsprechend fanden sich in den Meldungen deutscher Polizeiposten, Bürgermeister und Landräte nur selten direkte Hinweise auf das Wirken des Geheimdienstes. Der Bericht des Plauener Landrates über die Plünderung in Pausa stellt eher eine Ausnahme dar, deswegen ist er hier angeführt. In ihm wurden zwei russische »Soldaten von der G.P.U.« erwähnt. Die GPU – die »Staatliche Politische Verwaltung«[8] – war die frühere, im Ausland noch länger geläufige Bezeichnung der sowjetischen Geheimpolizei, die 1934 im NKWD aufging. Es ist davon auszugehen, dass sich die Eindringlinge in der Pausaer August-Bebel-Straße tatsächlich als Geheimdienstler vorstellten, denn ihnen ging es vorgeblich um ein politisches Anliegen: die Verhaftung des Leiters eines Ostarbeiterlagers.

Auch in einem Bericht an den »Oberlandrat in Kottbus« vom September 1945 taucht der Geheimdienst auf: »Die[9] [sic] NKWD hat im Berichtsmonat Haussuchungen in Städten und Gemeinden durchgeführt und oftmals aus einzelnen Dörfern bis zu 15 Personen inhaftiert.«[10] Ein politischer Bericht an den Oberlandrat sowie die

KPD- und SPD-Kreisleitungen von Luckau wies im November 1945 ebenfalls auf das NKWD hin: »Die Bevölkerung des Kreises ist in Unruhe geraten, weil insbesondere in der letzten Zeit Jugendliche beiderlei Geschlechts von russischer Seite in Schutzhaft genommen werden. Über ihren Verbleib kann nichts ermittelt werden.«[11]

Die Behörden waren in ihrem Kenntnisstand längst weiter als die Bevölkerung. Ihnen war schnell klar geworden, dass sie Berichte über Verbrechen sowjetischer Soldaten an das NKWD weiterleiten mussten, weil solche Beschwerden zuständigkeitshalber allein dorthin gehörten. Die Militärkommandanturen trugen nämlich selten zur Aufklärung der Mordfälle bei oder verschleppten sie regelrecht. In den zahlreichen Berichten der Kreisverwaltung Zerbst in Sachsen-Anhalt fand sich ein Vorfall, der besondere Empörung auslöste: In der Nacht zum 13. November 1945 hatten mehrere Russen das Bürgermeisteramt der Gemeinde Zieko bei Coswig aufgesucht und um einen Eimer Wasser für ihr heiß gelaufenes Auto gebeten. Bei dieser Gelegenheit durchsuchten sie zugleich die Räume und plünderten alles Wertvolle, das sich ihnen bot. Als sie auch noch den Mantel des Bürgermeisters mitnehmen wollten, protestierte der Mann energisch – und wurde daraufhin per Kopfschuss von einem der Soldaten getötet.

Im Rapport des zuständigen Oberwachtmeisters hieß es: »Der Bürgermeister von Zieko, Gen. Franz Grey, war von jeher Antifaschist und Mitglied der kommunistischen Partei. Sein Amt als Bürgermeister hat er nach jeder Seite hin gerecht geführt. Meldung und Bericht in dieser Angelegenheit wurde am 6.12.1945 der N.K.W.D. zur Untersuchung übergeben.«[12]

Neben jenen Menschen, die qua Amt von der Existenz der sowjetischen Geheimdienste in der SBZ wussten, gab es eine weitere Gruppe, die sehr früh mit dem NKWD in Berührung kam und diese Institution auch schnell so zu benennen wusste: die Angehörigen der vom Geheimdienst Verhafteten. Da es dabei um Tausende, ja Zehntausende ging, sprach sich bald herum, dass mit der Roten Armee auch eine Truppe nach Deutschland gekommen war, die kaum sichtbar arbeitete, aber mächtiger war als die eigentliche Besatzungsmacht – weil sie allein der Moskauer Zentralgewalt unterstand. Es war eine Truppe, die der sowjetischen Militäradministration in

Deutschland im Grunde keine Rechenschaft schuldig war. Das Wirken dieser Dienste machte die Zeit nach Kriegsende für viele Deutsche besonders bitter.

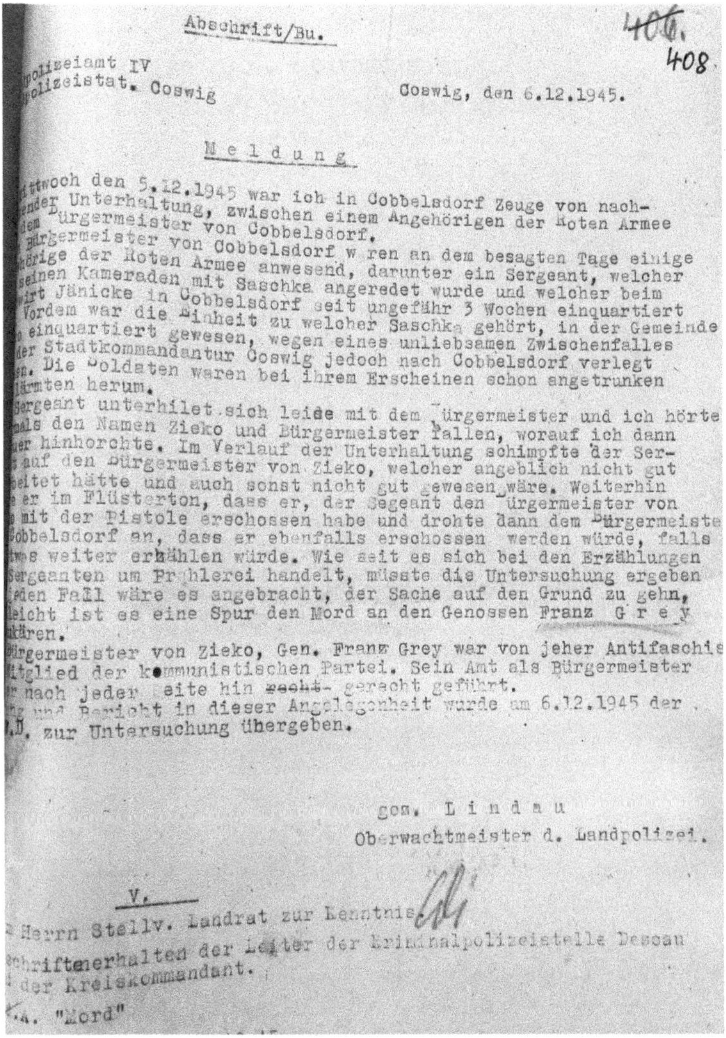

Abschrift/Bu.

406.
408

Polizeiamt IV
Polizeistat. Coswig

Coswig, den 6.12.1945.

M e l d u n g

…ttwoch den 5.12.1945 war ich in Cobbelsdorf Zeuge von nach-
…nder Unterhaltung, zwischen einem Angehörigen der Roten Armee
…em Bürgermeister von Cobbelsdorf.
…ürgermeister von Cobbelsdorf w ren an dem besagten Tage einige
…hörige der Roten Armee anwesend, darunter ein Sergeant, welcher
…einen Kameraden mit Saschka angeredet wurde und welcher beim
…irt Jänicke in Cobbelsdorf seit ungefähr 3 Wochen einquartiert
…Vordem war die Einheit zu welcher Saschka gehört, in der Gemeinde
… einquartiert gewesen, wegen eines unliebsamen Zwischenfalles
…er Stadtkommandantur Coswig jedoch nach Cobbelsdorf verlegt
…n. Die Soldaten waren bei ihrem Erscheinen schon angetrunken
…lärmten herum.
…ergeant unterhilet sich leide mit dem Bürgermeister und ich hörte
…als den Namen Zieko und Bürgermeister fallen, worauf ich dann
…er hinhorchte. Im Verlauf der Unterhaltung schimpfte der Ser-
… auf den Bürgermeister von Zieko, welcher angeblich nicht gut
…eitet hätte und auch sonst nicht gut gewesen wäre. Weiterhin
… er im Flüsterton, dass er, der Segeant den Bürgermeister von
… mit der Pistole erschossen habe und drohte dann dem Bürgermeiste
…obbelsdorf an, dass er ebenfalls erschossen werden würde, falls
…was weiter erzählen würde. Wie weit es sich bei den Erzählungen
…ergeanten um Prahlerei handelt, müsste die Untersuchung ergeben
…eden Fall wäre es angebracht, der Sache auf den Grund zu gehn,
…leicht ist es eine Spur den Mord an den Genossen Franz G r e y
…klären.
…ürgermeister von Zieko, Gen. Franz Grey war von jeher Antifaschi…
…itglied der kommunistischen Partei. Sein Amt als Bürgermeister
… nach jeder Seite hin ~~recht~~ gerecht geführt.
…g und Bericht in dieser Angelegenheit wurde am 6.12.1945 der
…D. zur Untersuchung übergeben.

gez. L i n d a u
Oberwachtmeister d. Landpolizei.

V.
… Herrn Stellv. Landrat zur Kenntnis.
…chriftenerhalten der Leiter der Kriminalpolizeistelle Dessau
… der Kreiskommandant.
…A. "Mord"

Meldung der Polizeistation Coswig über die Ermordung des Bürgermeisters von Zieko, Franz Grey, Dezember 1945

4

Generalprobe Polen: Der Vorstoß Richtung Westen

Für Stalins Geheimdienst hatte der Krieg schon am 17. September 1939 begonnen, knapp zwei Jahre vor dem Überfall Hitlers auf die Sowjetunion. An jenem Sonntag, zwei Uhr nachts, wurden der deutsche Botschafter in Moskau, Friedrich-Werner Graf von der Schulenburg, der Militärattaché, General Ernst-August Köstring, und Botschaftsrat Gustav Hilger, der zugleich als Dolmetscher fungierte, in den Kreml gerufen. Stalin »eröffnete uns, die Rote Armee würde um 6 Uhr die Sowjetgrenze auf der ganzen Linie von Polozk bis Kamenetz-Podolsk überschreiten, und bat um entsprechende Benachrichtigung der zuständigen deutschen militärischen Stellen«, berichtete Hilger von diesem Treffen.[1] Mit dem 17. September trat die UdSSR an der Seite Hitler-Deutschlands in den Zweiten Weltkrieg ein.

28 Schützen- und sieben Kavalleriedivisionen, zehn Panzerbrigaden und sieben Artillerieregimenter der Roten Armee rückten in den Osten Polens vor – insgesamt 466 000 Mann mit 4000 Panzern, 5500 Geschützen und 2000 Flugzeugen. Die Wehrmacht stand zu der Zeit schon tief in Polen, das sie 16 Tage zuvor, nach dem fingierten Zwischenfall im Sender Gleiwitz, überfallen hatte. Sie war von Westen her in das Land einmarschiert, nun besetzten Stalins Soldaten die östliche Hälfte.[2]

Der 25-jährige Jan Kozielewski, achtes Kind eines polnischen Sattlermeisters in Łódź, war nach Studium und Europareise erst wenige Monate zuvor wieder nach Polen zurückgekehrt. In seinen Memoiren beschreibt er, was er in jenen Tagen und Wochen erlebte.

Kozielewski war kurz vor Kriegsbeginn als Unteroffizier zu einer Artilleriebatterie eingezogen worden. Seine Einheit wurde vom Einmarsch der Deutschen überrascht, zu Fuß flüchtete sie 15 Tage lang Richtung Osten. Kurz vor Tarnopol, dem heute ukrainischen Ternopil, kam die Marschkolonne mit Kozielewski ins Stocken. Ein Bote wurde ausgeschickt. Er kam mit einer überraschenden Nachricht zurück. »Die Russen haben die Grenze überschritten«, rief er den Soldaten zu.[3]

Kozielewski erzählt, wie er mit seinen Kameraden am Rande der Stadt bald selbst auf sowjetische Panzer und Lastwagen stieß. »Wir sind Slawen wie ihr, keine Deutschen«, klang es aus Lautsprechern, »wir sind nicht eure Feinde.« Doch gleich darauf folgten der Befehl, alle Waffen, Maschinenpistolen, Gewehre und Handfeuerwaffen abzulegen, sowie mit Nachdruck ein weiterer Satz: »Jeder Versuch, Waffen zu verstecken, wird als Verrat betrachtet.«

Kozielewski erinnert sich, wie sie sich einer weißen Hütte unter Lärchen näherten: »Links und rechts der Hütte sahen wir eine Reihe von Maschinengewehren glitzern, die auf uns gerichtet waren. ›Brüder, das ist die vierte polnische Teilung. Möge Gott sich meiner erbarmen‹, rief einer der Unteroffiziere. Der Knall eines Schusses folgte – er hatte Selbstmord begangen. Wir waren Gefangene der Roten Armee.«

Es war der Beginn von sechs schweren Kriegsjahren für Polen. Kozielewski wurde mit seinen Kameraden nach Russland deportiert, später jedoch den Deutschen übergeben. Während eines Bahntransports gelang ihm die Flucht. Unter dem Namen Karski ging er als einer der wichtigsten Kuriere der Untergrundbewegung in die polnische Geschichte ein.

Es war nicht nur die Rote Armee, die an jenem Tag in den Osten Polens einmarschierte. Auch Stalins Geheimdienst hatte sich auf den Weg ins Nachbarland gemacht, darunter der frisch ernannte Volkskommissar für Inneres der Ukraine, Kommissar der Staatssicherheit 3. Ranges Iwan Serow. Neun Tage zuvor hatte Serow den Befehl erhalten, fünf Operativgruppen mit jeweils 50 bis 70 Mitarbeitern des Geheimdienstes zusammenzustellen. Was sie zu tun hatten, stand in einer Direktive von NKWD-Chef Lawrenti Beria: Sie sollten alle strategisch wichtigen Einrichtungen unter ihre Kontrolle nehmen – Telegrafenämter, Gefängnisse, Banken, Druckereien, Kraftwerke,

Lebensmittellager und die Archive. Und sie hatten die Chefs der örtlichen Verwaltungen zu verhaften, die Leiter der Polizeibehörden und die emigrierten Mitglieder von Parteien, die im russischen Bürgerkrieg nach der Oktoberrevolution gegen die Bolschewiki gekämpft hatten.

Kurz vor dem Einmarsch hatte Serow seine Untergebenen über die Pläne der nächsten Tage informiert. »Viele machten großen Augen, als alles gesagt worden war«, schrieb er später. »Es war ja auch eine ungeheure Sache – Polen sechs Gebiete abzunehmen und mit der Ukraine zu vereinigen und weitere vier, um sie Weißrussland anzuschließen.«[4] Am 17. September überschritten Serow und seine Leute die Grenze in Richtung Tarnopol; er und Kozielewski müssen sich fast getroffen haben.

Bei den Schilderungen jener Tage verschweigt Serow nicht, dass es vonseiten der Polen erheblichen Widerstand gegen den Einmarsch der Russen gab. Gleich in Tarnopol gerieten seine Gruppen unter MG-Feuer, zwei seiner Mitarbeiter wurden getötet. Serow ließ sie direkt am Ort des Geschehens beisetzen und wandte sich dabei mit einer pathetischen Ansprache an seine Männer: »Unsere Genossen fielen von Feindeshand – während sie ehrlich ihre Pflicht vor der Heimat erfüllten, das ukrainische Volk wiederzuvereinigen und den angestammten ukrainischen Boden mit dem Territorium der Sowjetunion zu verbinden.«[5] Das liest sich heute, angesichts der revanchistischen Politik Wladimir Putins gegenüber der seit mehr als dreißig Jahren unabhängigen Ukraine, mit besonders bitterem Beigeschmack.

Dass Polen von zwei Aggressoren in die Zange genommen wurde, ging auf die geheimen Zusatzprotokolle des deutsch-sowjetischen Nichtangriffsvertrages zurück, den beide Seiten im Monat zuvor abgeschlossen hatten. In ihm war eine erneute Teilung Polens fixiert worden, mit einer Linie zwischen den deutschen und den sowjetischen Interessengebieten, die im baltischen Raum zuerst an der Nordgrenze Litauens verlief und in Polen den Flüssen Narew, Weichsel und San folgte. Auf Wunsch Stalins wurde später Litauen mit in die sowjetische Einflusszone einbezogen, Hitler erhielt dafür die Region Lublin und einen Teil der Region Warschau.

In Moskau pries man den Pakt als genialen Schachzug. Dort stellte man Großbritannien und Frankreich, die Polen beigesprungen waren und nach dem deutschen Überfall Hitler den Krieg erklärt hatten, als die eigentlichen Kriegstreiber dar. Die Sowjetunion, hieß es, sei ohne den Pakt Opfer eines Kreuzzugs der kapitalistischen Staaten geworden. Später rechtfertigte Stalin den Vertrag mit dem Argument, er habe sich mit ihm eine Atempause bis zum deutschen Angriff auf die Sowjetunion erkauft.

Militärisch war die Operation vom September 1939 nicht sonderlich aufwendig, auch die Verluste waren vergleichsweise gering: Die Rote Armee verlor nach offiziellen Angaben knapp 1500 Mann, die Polen beklagten 3500 Tote.[6] Die eigentliche Aufgabe, die sich für Moskau aus dieser Eroberung ergab, war schwieriger: die Sicherung des neuen Territoriums. Es machte 52 Prozent der früheren polnischen Staatsfläche aus, war also größer als das von den Deutschen besetzte Territorium. Mehr als 13 Millionen Menschen lebten in ihm: Weißrussen, Ukrainer und vor allem Polen. Stalin wollte diese Gebiete schnellstmöglich säubern und sowjetisieren. »Sowjetisieren« hieß zuallererst: den Widerstand der polnischen Bevölkerung brechen. Ebendiese Aufgabe wurde dem NKWD übertragen.

Was war das für eine Institution, die sich hinter diesen vier Buchstaben verbarg? In der Sowjetunion gab es zu jener Zeit wohl niemanden, dem das Kürzel nicht geläufig war. Es hatte längst den Status eines Firmenzeichens erlangt, und zwar eines unheimlichen, obwohl das NKWD gerade mal fünf Jahre alt war. Dahinter verbarg sich das »Volkskommissariat für Innere Angelegenheiten« – das Innenministerium der Sowjetunion.

Jedes Land besitzt ein Innenministerium, aber in Stalins Sowjetunion hatte diese Einrichtung einen ungleich größeren Aufgabenbereich: Sie war zum einen das Dach der herkömmlichen Polizei, zugleich aber auch Zentrale der Staatssicherheit. Das NKWD hatte für die öffentliche Ordnung im Lande zu sorgen, ihm waren die Gefängnisse, die Arbeitslager des Gulag und die Grenztruppen unterstellt. Und es war zugleich ein gewaltiges Wirtschaftsimperium, das nicht nur die Kohlenschächte am Polarkreis betrieb, sondern auch die Goldgruben am fernöstlichen Fluss Kolyma, siebeneinhalb Flugstunden von Moskau entfernt. Es ließ in Rekordzeit die riesigen Werke von Norilsk und Magnitogorsk aus dem Boden stampfen, Kanäle graben und Wohnstädte hochziehen – mit der billigen Arbeitskraft von Zwangsarbeitern und Gefangenen.

An der Spitze des NKWD stand kein gewöhnlicher Polizeigeneral, sondern ein Generalkommissar der Staatssicherheit. 1939 hatte der Georgier Lawrenti Beria den Posten inne. Seine beiden Vorgänger – Genrich Jagoda und Nikolai Jeschow – waren, wie Hunderttausende normale Bürger, zu »Volksfeinden« erklärt worden. Jagoda war zu der Zeit schon hingerichtet, Jeschow sollte ihm bald folgen. (Beria ereilte dann 14 Jahre später dasselbe Schicksal.)

Der deutsche Journalist und Schriftsteller Hans Siemsen, ein Sozialist mit großen Sympathien für die Sowjetunion, war 1930 sechs Wochen lang durch das Land gefahren. Das Ergebnis war ein Reisebericht, in dem er trotz seines Verständnisses für das Regime klare Worte über Stalins Geheime Politische Polizei fand, die damals noch unter dem Kürzel GPU firmierte. »Sie ist Polizei, Ankläger, Richter und Henker in einem. Und sie ist geheim«, schrieb Siemsen. »Sie ist die Konsequenz und die Realisation der Idee ›Diktatur‹. Sie ist die Verewigung der Revolution, die Verewigung des Bürgerkriegs, die Fortführung des Bürgerkriegs mit anderen Mitteln [...] G.P.U. bedeutet: Gewalt, Terror und Tod.« Siemsen kam zu der Schlussfolgerung: »Die konsequente Diktatur muß herrschen, sich behaupten, Gewalt anwenden, terrorisieren, muß töten. Das tut in Rußland die G.P.U.«[7]

Aus einer ganz anderen Sicht sah wenig später der Journalist Paul Scheffer, der in den 1920er-Jahren für das *Berliner Tageblatt* aus der Sowjetunion berichtet hatte, auf Stalins Geheimdienst. »[...] die GPU ist die stärkste Klammer um das sowjetische Rußland, die GPU, mit ihren offenen und geheimen Gewaltmethoden, gibt ihm den Halt. [...] Das Sowjetgebäude wäre längst zusammengestürzt ohne diese zähe und unheimliche Macht; Diskussionen über die Gründe seiner Beständigkeit, die nicht die Tscheka-GPU zum Ausgangspunkt nehmen, sind eitel Dilettantismus.«[8]

Dem Ruf, Herr über Leben und Tod zu sein, war die GPU seit dem Umsturz von 1917 mehr als gerecht geworden. Im Januar 1919 hatte sie die vier Großfürsten der Zarenfamilie erschossen – als Vergeltung für die Ermordung der deutschen Linken Karl Liebknecht und Rosa Luxemburg. 1921 wurde mit Nikolai Gumiljow der erste aus einer ganzen Reihe russisch-sowjetischer Dichter ermordet, 1922 eröffnete die GPU eine Serie von Tribunalen gegen Geistliche und erschoss den Petrograder Metropoliten Weniamin. 1928 folgte der erste große Schauprozess gegen Ingenieure, denen man konterrevolutionäres Wirken im Kohlebecken Donbass unterstellte – wiederum mit zahlreichen Hinrichtungen als Ergebnis. Dann kamen die drei großen Moskauer Schauprozesse gegen die alte Garde der Bolschewiki. Von Jahr zu Jahr nahm die Zahl der Erschießungen zu. 1937/38, während der Phase des »Großen Terrors«, erreichten diese ein fast industrielles Ausmaß: Tag und Nacht war der Geheimdienst mit dem Ausmerzen von »Volksfeinden« beschäftigt.

Jetzt, nach dem sowjetischen Einfall in Polen, richtete sich der Terror erstmals gegen Bewohner eines anderen Landes. Polen war den Russen seit Jahrhunderten ein Dorn im Auge. Gemeinsam mit Preußen und Österreichern hatten sie dreimal das Land aufgeteilt und unterjocht, außerdem mehrfach gegen den Nachbarn Krieg geführt. Erst 1918 war der polnische Staat wiedererstanden, da hatten in Moskau gerade die Bolschewiki die Macht ergriffen. Die hatten zwar den Internationalismus auf ihre Fahnen geschrieben, doch eines war ihnen durchaus bewusst: dass Polen ein Spezialfall sei und man aus den Polen niemals Kommunisten machen könne. »Sie alle sind für uns Feinde, so viele sie auch sein mögen«, stellte ein Mitarbeiter des NKWD in jenen Monaten klar[9] – ein Satz, den man so oder ähnlich auch heute wieder in Moskau hört.

Gleich nach dem Einmarsch begannen umfangreiche Repressionen, deren Ausführung dem NKWD oblag. Mehr als 300 000 Polen wurden verhaftet, erschossen oder deportiert. Sie wurden in den Hohen Norden der Sowjetunion, den Ural, nach Kasachstan oder in den Gulag geschickt. Es traf – wie in den Jahren zuvor in der Sowjetunion selbst – die »sozial unzuverlässigen« oder »sozial gefährlichen« Schichten: die Woiwoden als Chefs der Verwaltungsbezirke, Beamte, Polizisten, Gutsbesitzer, Unternehmer, Händler. NKWD-Tribunale verurteilten sie zu jeweils acht bis 20 Jahren Zwangsarbeit.

Die wichtigste Gruppe der Unterdrückung – das sollte sich später in Deutschland wiederholen – war die Intelligenz. »Das erste Ziel solcher Verbrechen ist immer die Intelligenz«, sagte 2009 in Warschau der polnische Regisseur Andrzej Wajda, dessen Vater als Reserveoffizier damals unter den Opfern war: »Die Intelligenz ist der Träger der Erinnerung.« Das Vorgehen gegen sie sei ein Schlag gegen den bewussten Teil der Gesellschaft, den ein Land brauche, »um frei über sein Los entscheiden zu können«.[10]

Wajdas Vater gehörte zu den fast 22 000 polnischen Offizieren, die 1939 vom Geheimdienst NKWD gefangen genommen und im darauffolgenden Frühjahr erschossen wurden: in NKWD-Gefängnissen in Charkow, Kalinin und Smolensk sowie im Wald von Katyn, der nach dem Krieg zum Symbol dieser Vernichtungsaktion geworden ist. Sie wurden einzeln und per Genickschuss hingerichtet, wie die »Volksfeinde« in der Zeit des Großen Terrors in der Sowjetunion. Regisseur Wajda hat 2007 darüber den Film *Das Massaker von Katyn* gedreht. Nicht minder tragisch war das Schicksal der Juden, die vor Hitler aus dem Westteil Polens Richtung Osten geflüchtet waren und dort nun Stalins Truppen in die Arme liefen. Eine unbekannte Zahl von Juden soll an Deutschland ausgeliefert worden sein, etwa 60 000 wurden vom NKWD deportiert. Tausende sind dabei gestorben.[11]

Was der Geheimdienst in den Jahren zuvor auf dem Gebiet der Sowjetunion erprobt hatte, brachte er in Polen zu handwerklicher Perfektion. Jede Deportation wurde bis ins Detail vorbereitet, meist vollzogen sich die Aktionen während eines einzigen Tages. Gewöhnlich wurden die Menschen zwischen zwei und sechs Uhr nachts abgeholt und in Lastwagen zu den bereitstehenden Eisenbahnzügen gebracht.

Auch Iwan Serow, der später Stalins Geheimdienstbevollmächtigter in Deutschland werden sollte, sammelte 1939 in Polen viele Erfahrungen. Er hatte in ebendiesem Jahr einen blitzartigen Aufstieg hinter sich gebracht. Im Januar 1939 stand der gelernte Artillerist noch im Range eines Hauptmanns und war Hörer an der Moskauer Militärakademie. Nur wenige Wochen darauf wurde er mit der gesamten Klasse zum Dienst ins NKWD abkommandiert. Bereits Ende Juli stieg er zum Leiter der Geheimpolitischen Abteilung auf, und Anfang September wurde er zum Volkskommissar für Inneres der

Ukraine ernannt. Die Unionsrepublik zählte damals schon 40 Millionen Einwohner. Dass ein 34-Jähriger nun den gesamten Repressionsapparat der Ukraine befehligte, wäre nach heutigen Maßstäben zumindest erstaunlich. Damals war es das nicht.

Als die Sowjetunion in Polen einmarschierte, leuchteten von Serows Kragenspiegeln bereits die drei Rauten eines Kommissars der Staatssicherheit 3. Ranges – ein Dienstgrad, der in der Armee dem Rang eines Korpskommandeurs gleichkam. Und nur wenige Tage nach dem 17. September wurde er zum Chef jener Geheimdienstoperation ernannt, mit der die sogenannte Wiedervereinigung der Westukraine mit der Sowjetunion abgesichert werden sollte, von der sie nach dem letzten Krieg abgetrennt worden war.

Serow hatte das Grundhandwerk des NKWD innerhalb weniger Monate gelernt. Er beherrschte das Instrumentarium von Lüge, Täuschung und Verrat besser und effektiver als manch anderer seiner Profession. Und er zeigte Entschlossenheit. In seinem Tagebuch beschreibt er an verschiedenen Stellen, wie es ihm gelang, namhafte Persönlichkeiten des polnischen Staates und später auch der polnischen Untergrundbewegung zu verhaften.

Dass er keine Skrupel kannte, bewies er gleich bei der Besetzung von Lwów, dem früheren Lemberg, das vormals zu Österreich-Ungarn und seit dem Ersten Weltkrieg wieder zu Polen gehört hatte und nun von den Sowjets eingenommen worden war. Serow vereinbarte mit dem Befehlshaber der polnischen Truppen in der Stadt, General Władysław Langner, dass alle Offiziere seiner Division die Freiheit behalten sollten – und garantierte das sogar in schriftlicher Form. Trotzdem wurden sämtliche Offiziere kurz darauf vom NKWD verhaftet und in ukrainische Lager gebracht.[12] Kaum einer von ihnen dürfte überlebt haben. Nur wenige Monate später, im April 1940 – als man die damals gefangen genommenen polnischen Offiziere in den Lagern von Ostaschkow, Starobielsk und Kosielsk in der Nähe von Katyn erschoss –, wurde Serow als gerade mal 34-Jähriger mit dem ersten von später insgesamt sechs Lenin-Orden belohnt, der höchsten staatlichen Auszeichnung der UdSSR.

Das rücksichtslose Vorgehen der Stalin'schen Geheimdienstler stieß selbst bei sowjetischen Führungskräften auf Ablehnung. Vor allem die Militärs störten sich am selbstherrlichen Gehabe der NKWD-Leute. Als die Sowjets Lemberg einnahmen, kam es zwischen Serow und dem ukrainischen Parteichef Nikita Chruschtschow sowie dem Befehlshaber der Ukrainischen Front, dem Kommandeur 1. Ranges (Marschall) Semjon Timoschenko, zu einer hitzigen Debatte über die Aneignung von Kriegstrophäen. Chruschtschow warf Serow vor, seine Leute würden sich alle Beuteautos sichern. Der informierte – offenbar, um sich bei der eigenen Obrigkeit abzusichern, aber auch, um Chruschtschows Bemerkung über die Arbeitsweise des Geheimdienstes weiterzutragen – sofort NKWD-Volkskommissar Lawrenti Beria über die Auseinandersetzung: »Chruschtschow schrie mich mit hysterischer Stimme an, begann unflätig zu schimpfen und erklärte, ›Sie sitzen im Stab, beschäftigen sich mit den alten Feinden der tschekistischen Führung und fahren bis heute fort, mit den alten Methoden zu leiten.‹ […] Chruschtschow sprang mit Fäusten auf mich zu.«[13]

Mit der Begegnung zwischen Serow und Chruschtschow begann eine Bekanntschaft, die für beide eminent wichtig werden und sich in der Folge dann viel freundlicher, ja fast freundschaftlich gestalten sollte. Chruschtschow schrieb später in seinen Erinnerungen, Serow sei »ein ehrlicher, unbestechlicher, verläßlicher Genosse« gewesen, er habe ihn geachtet und ihm vertraut. Und er setzte hinzu: Er sei ein schlichter Mensch gewesen, »ja beinahe naiv«.[14]

Das mag bei einem Geheimdienstmann paradox klingen, aber die Charakterisierungen »schlicht« und »naiv« schlossen sich in diesen Kreisen nicht aus. Serow gehörte zu jener Gruppe von Funktionären, die keine humanistische Bildung und keine politischen Ambitionen besaßen, aber einen rasanten sozialen Aufstieg hinter sich hatten. Umso ergebener waren sie der Führung, umso leichter waren sie steuerbar. Nicht zufällig ernannte Chruschtschow anderthalb Jahrzehnte darauf – nunmehr als Parteiführer der gesamten Sowjetunion – Serow zum ersten Vorsitzenden des Geheimdienstes KGB.

Serows Berufung zum Innenkommissar der Ukraine sollte sich als eine der wichtigsten Weichenstellungen seiner Karriere erweisen. In der Ukraine konnte er erstmals Effektivität und Härte unter Beweis stellen, was bei Stalin und Beria große Anerkennung hervorrief. Außerdem lernte er neben Chruschtschow in Kiew einen weiteren maßgeblichen Mann kennen, mit dem er bis zu dessen Lebensende befreundet sein sollte: Georgi Schukow. Schukow, der 1945 in der Sowjetunion als »Marschall des Sieges« gefeiert wurde, war damals Kommandeur des Kiewer Militärbezirks.

Allerdings war Serow von den leitenden Genossen in der Ukraine mit großer Vorsicht aufgenommen worden. Sein Vorgänger im Amt des ukrainischen NKWD-Chefs, der 37-jährige Alexander Uspenski, war einige Monate zuvor nach Moskau einbestellt worden und wusste, was das bedeutete: Er hatte es mit den Repressionen offenbar übertrieben – Zehntausende Ukrainer waren unter seiner Herrschaft verhaftet oder erschossen worden. Nach mehrmonatiger Flucht hatte man ihn selbst festgenommen und schließlich hingerichtet. Auch der Parteichef der Ukraine, Stanislaw Kosior, war gerade erst exekutiert worden.

Kosiors Nachfolger Chruschtschow hatte die Aufgabe übernommen, die belasteten früheren Parteigenossen sowie viele der ukrainischen Gebietschefs zu verhaften. Auch wenn er dem neuen, elf Jahre jüngeren NKWD-Vertreter Serow anfangs skeptisch gegenüberstand, war er doch auf dessen Solidarität angewiesen. Nicht zuletzt deshalb baute er enge Beziehungen zu ihm auf.[15]

Serow hatten die inneren Vorgänge in der Ukraine wenig gekümmert. In seinen Erinnerungen distanziert er sich sogar von der massenhaften Erschießung »ehrlicher Leute« auf Anweisung der ukrainischen Spitzenfunktionäre. Serow hatte anderes zu tun: Er konzentrierte sich darauf, Listen westukrainischer Nationalisten und ukrainischer Emigranten anzufertigen, die in polnischen Städten wie Lwów, Tarnopol, Równe oder Łuck Unterschlupf gefunden hatten.[16] Sie galten als Feinde der Sowjetunion und sollten bei der Besetzung Ostpolens verhaftet werden. Und so geschah es dann auch. Fast 83 Jahre später – beim Einmarsch von Putins Armee in die Ukraine 2022 – brachten die Invasoren ebenfalls Listen für die Verhaftung unliebsamer Ukrainer mit. Nach der Besetzung der ukrainischen Stadt Mariupol belegte die Menschenrechtsorganisation Amnesty International in einem Report, dass russische Truppen oder Sicherheitsorgane zahlreiche ukrainische Zivilisten von dort nach Russland verschleppt hatten.[17]

Der Einfall der Sowjetunion in Polen am 17. September 1939 wurde zu einer Generalprobe für den sowjetischen Geheimdienst. Das erste Mal in seiner Geschichte musste er seine Fähigkeiten auf ausländischem Boden beweisen. Gut fünf Jahre später, im besetzten Deutschland, sollten die Tschekisten, wie sich die Geheimdienstmitarbeiter seit Gründung des ersten Geheimdienstes Tscheka 1917 nannten, auf die Erkenntnisse aus dieser Zeit zurückgreifen – und zwar in weit größerem Maßstab.

Vorerst aber stand noch jener Krieg bevor, der die Sowjetunion selbst zu Hitlers Opfer machen sollte. Bis zu ihm verblieben 21 Monate.

Generaloberst Iwan Serow, hier bereits mit dem Stern eines »Helden der Sowjetunion«, der ihm Ende Mai 1945 für die »heldenhafte und mutige Führungsarbeit bei der Einnahme Berlins« verliehen wurde.

5

Juni 1941: »Schreckliche Stimmung« beim NKWD

Als die deutsche Wehrmacht am 22. Juni 1941 in die Sowjetunion einmarschierte, brach nicht nur im Kreml und in den Moskauer Volkskommissariaten sondern auch beim Geheimdienst Chaos aus. Das NKWD hatte Stalin zwar vor Truppenbewegungen an der deutschen Ostgrenze gewarnt, doch nun wurde es von Hitlers Überfall ebenso überrascht wie Stalin selbst (was in russischen Geschichtsbüchern über den »Großen Vaterländischen Krieg« gern geleugnet wird).

Die Stimmung in jenen Tagen sei »schrecklich« gewesen, schreibt Serow in seinen Erinnerungen. Sie sei noch schlechter geworden, wenn man Leute wie Bogdan Kobulow, den stellvertretenden Chef der Staatssicherheit, oder Viktor Abakumow, den stellvertretenden NKWD-Chef, getroffen habe: »Sie laufen zwischen den Arbeitszimmern hin und her, wehklagen und wissen nicht, was zu tun ist. Mir scheint, wenn sie jetzt direkt eine Sache anpacken müssten – die Verteidigung organisieren oder mit ihrer Brust die Heimat schützen –, so würden sie wie Ratten auf dem sinkenden Schiff auseinanderstieben.«[1]

Serow war zu der Zeit wieder in Moskau und wie Kobulow zum stellvertretenden Volkskommissar für Staatssicherheit aufgestiegen. Er ließ seinen Adjutanten eine Kiste Granaten, eine Mauserpistole und Patronen aus der Waffenkammer holen und fuhr in einen Wald am östlichen Stadtrand. Dort übte er sich im Schießen und im Werfen von Handgranaten. Er wollte unbedingt zurück zum Militär – ein Wunsch, der unerfüllt blieb. Erst einmal wurde er zum Verantwortlichen für den Schutz des Hinterlands berufen. Dazu gehörte dessen Säuberung. Menschen, die möglicherweise mit Hitler kollaborieren konnten, mussten unschädlich gemacht werden, und das waren aus Stalins Sicht in erster Linie die 400 000 Deutschen der Wolgarepublik. In einer Nacht-und-Nebel-Aktion vertrieb Serow sie im August 1941 mithilfe von NKWD-Truppen nach Sibirien und Kasachstan.

Im Oktober, als die Wehrmacht kurz vor Moskau stand, bekam er den nächsten exklusiven Auftrag: Mit einem Spezialtrupp verminte er die wichtigsten Regierungsgebäude, Bahnhöfe und Metrostationen der sowjetischen Hauptstadt. Für den Fall eines Einmarsches der Deutschen war festgelegt, dass Serow in der Hauptstadt bleiben und sich vom Feind überrollen lassen sollte. Mit Tarnnamen und einer Scheinfunktion hätte er dann die Untergrundarbeit im besetzten Moskau leiten sollen. So weit kam es zwar nicht, aber es dauerte trotzdem noch bis zum folgenden Frühjahr, ehe der Geheimdienstmann Serow direkt an der Front eingesetzt wurde.

Die Tatsache, dass der Überfall der Wehrmacht zuallererst die Truppen des NKWD getroffen hatte, eine Institution, die eigentlich von Hitlers Angriffsplan hätte wissen müssen, war für die Führung in Moskau besonders bitter. Die Grenztruppen, die an der mehr als 2000 Kilometer langen Front zwischen Ostsee und Schwarzem Meer standen, gehörten zum Geheimdienst, und die Vorstöße der Deutschen auf Riga, Minsk, Tarnopol und Odessa trafen sie mit voller Wucht. Offiziell hatten die NKWD-Truppen 1938 über 280 000 Mann in ihren Reihen, von denen jedoch der größere Teil in operativen Einheiten, in den Truppen zum Schutz der Eisenbahn und wichtiger Industriebetriebe sowie als Begleittruppen für Verhaftete dienten.[2] Zu Kriegsbeginn soll die Stärke 380 000 betragen haben.[3] Durch den Überraschungsangriff wurden viele Einheiten in kurzer Zeit aufgerieben.

Die Aufgabe, die Grenze zu schützen, konnte das NKWD damit nicht mehr erfüllen. Drei Tage nach dem Einmarsch der Wehrmacht entschied die sowjetische Regierung deshalb, alle NKWD-Truppen, die sich in der Kampfzone befanden, zum Schutz des Hinterlandes der handelnden Armeen abzuziehen. Ihre Aufgabe: Spionageabwehr sowie Kampf gegen Banditen und Saboteure, Deserteure und Plünderer, Panikmacher und Gerüchteverbreiter. Deutsche Agenten aufzugreifen, gehörte ebenso zu ihrer Pflicht wie das Einsammeln von Kriegstrophäen und zurückgelassenem Eigentum der Roten Armee. All das taten sie fortan mit unerschütterlicher Härte und Gründlichkeit. De facto unterstanden die Einheiten nun Iwan Serow.

Auch organisatorisch ging es in diesen Monaten drunter und drüber. Im Februar 1941 hatte man das Volkskommissariat für Innere Angelegenheiten in zwei Ministerien aufgespalten. Dabei war neben dem früheren NKWD ein eigenständiges Volkskommissariat für Staatssicherheit entstanden, das NKGB. Knapp einen Monat nach Kriegsbeginn wurden beide Kommissariate jedoch wieder zum früheren NKWD zusammengelegt – die Staatssicherheit wurde, wie schon zuvor, zu einer Hauptverwaltung innerhalb des alten Ministeriums. Damit wurde Serow nun zu einem der stellvertretenden Chefs des NKWD.

Mit all diesen sich in den kommenden Jahren wiederholenden Umstrukturierungen verfolgte Stalin das Ziel, mögliche Seilschaften rechtzeitig zu zerstören, den Geheimdienst also nicht zu mächtig werden zu lassen. Die Folgen waren allerdings Kompetenzwirrwarr und eine verschärfte Konkurrenz der einzelnen Dienste untereinander.

Nach Kriegsbeginn durchkämmten die Tschekisten unermüdlich das Hinterland. An der Leningrader Front verhafteten sie allein im September 1941 mehr als 31 000 »Agenten«, von denen die meisten vermutlich keine waren. Zum 1. Januar 1942 meldeten die NKWD-Truppen, dass sie bislang 78 560 »Verletzer des Front-Regimes« festgenommen hätten.[4] Viel größer noch war die Zahl der sowjetischen Deserteure und Kriegsdienstverweigerer: Allein in den sechs Kriegsmonaten des Jahres 1941 setzte der Geheimdienst rund 800 000 Männer fest, die aus seiner Sicht in diese Kategorie fielen. Insgesamt sollte sich diese Zahl während des Krieges auf 4,2 Millionen erhöhen. Eine Million Menschen wurde in den Kriegsjahren wegen Fahnenflucht verurteilt, 150 000 wurden erschossen.[5] Mit der steigenden Zahl deutscher Kriegsgefangener wurde im NKWD schließlich auch eine Verwaltung für die Angelegenheiten von Kriegsgefangenen und

Internierten gebildet. 24 Lager richtete der Geheimdienst für sie ein.

Als sich der Kriegsverlauf zugunsten der Sowjetunion änderte, bekam auch der Geheimdienst neue Aufgaben. Es ging nicht mehr zurück, sondern vorwärts. Die NKWD-Einheiten marschierten jetzt dicht hinter der Richtung Europa vordringenden Roten Armee, denn nun galt es, befreite oder eroberte Gebiete umgehend unter die Kontrolle des Staates zu nehmen: Ostpreußen, Polen, Rumänien, Ungarn, die Tschechoslowakei und sogar Bulgarien, mit dem man sich gar nicht im Kriegszustand befand. Dies war die ureigenste Aufgabe der politischen Polizei.

Iwan Serow und seine Mitarbeiter konzentrierten sich auf das politisch schwierige Polen. Er kannte das Nachbarland bereits vom sowjetischen Einmarsch im Jahr 1939. Inzwischen hatte sich dort eine bedeutende Widerstandsbewegung herausgebildet, die politisch von der Londoner Exilregierung und militärisch von der polnischen Heimatarmee, der Armia Krajowa, angeführt wurde. De facto war eine Art Untergrundstaat entstanden, der an die Traditionen des Widerstands gegen die fremden Besatzer während der polnischen Teilungen anknüpfte. Seine Führung hatte weder die deutsche Besatzung noch die sowjetische Okkupation im Osten Polens anerkannt.

Den Sowjets galt diese Heimatarmee damit als Gegner. Sie schleusten ein »Polnisches Komitee der Nationalen Befreiung« nach Polen ein, das in Lublin eine moskaufreundliche Regierung aufbaute und der Roten Armee – besser gesagt dem NKWD – die Rechtsprechung in den befreiten Gebieten übertrug. Gleichzeitig ging das NKWD daran, die Heimatarmee auszuschalten. Deren Angehörige waren für Moskau verblendete »Nationalisten« – so wie achtzig Jahre später die Widerständler in der Ukraine.

Der Aufgabe, die Führer der Untergrundbewegung kaltzustellen, nahm sich Serow an. Er bewältigte sie auf ähnliche Art und Weise wie 1939 beim Einmarsch in Lemberg: indem er die Spitzen des polnischen Untergrundstaates in eine Falle lockte. Das Dorf Boguschi unweit von Wilno (heute Vilnius) und die Kleinstadt Pruszków südwestlich von Warschau sind als Schlüsselorte dafür ins kollektive Gedächtnis der Polen eingegangen. In Boguschi traf sich Serow im Juli

1944 mit hohen Brigade- und Bataillonskommandeuren der Armia Krajowa – angeblich zu einer Beratung über das weitere militärische Vorgehen gegen die Deutschen. Alle Offiziere wurden bei dieser Gelegenheit entwaffnet und verhaftet.[6] In Pruszków, in einer Villa in der ul. Pęcicka 3, gelang dem NKWD im März 1945 sogar die Festnahme hoher Vertreter der westlich orientierten polnischen Exilregierung. Die Männer waren unter dem Vorwand von Gesprächen mit dem stellvertretenden Frontchef der Roten Armee nach Pruszków gelockt worden, von wo aus sie zu Verhandlungen über den gemeinsamen Kampf gegen Hitler und danach wieder zurück in ihr Exil nach London gebracht werden sollten. Zu ihnen gehörten Leopold Okulicki, der letzte Befehlshaber der Heimatarmee, der stellvertretende Premierminister Jan Jankowski und Stanisław Jasiukowicz, Minister für Landesangelegenheiten.[7]

Der vermeintliche stellvertretende Frontchef war niemand anderes als Serow. Um Okulicki, den er von Lemberg her kannte, zu identifizieren, hatte er sich – als Klempner verkleidet und mit einer Augenbinde angetan – unter die polnische Delegation gemischt. Serow und seine Genossen entwaffneten Okulicki, um ihn und seine Gefährten anschließend in ein Flugzeug nach Moskau zu setzen, von wo die Polen nie mehr zurückkehren sollten. Für Stalin waren Okulicki, Jankowski und Jasiukowicz »Diversanten« und Saboteure.[8] Sie wurden im darauffolgenden Sommer in einem Schauprozess verurteilt und starben später in Moskauer Gefängnissen.

Lüge, Täuschung oder Verrat gehören zur Praxis eines jeden Geheimdienstes. Aber schon in Polen zeigte sich, dass Stalin seinen Dienst dafür einsetzte, in den von ihm besetzten Ländern nicht nur Spione und Saboteure auszuschalten, sondern möglichst alle politischen Kräfte zu vernichten, die ihm nicht zu Willen waren. Er hatte das NKWD als politische Säuberungsmaschine programmiert. In der Liste seiner Aufgaben hieß es unter Punkt 6: »Zu verhaften sind die reaktionärsten Vertreter der Regierungsorgane und die Führer konterrevolutionärer Parteien [...]«[9]

Das schuf viel Spielraum für das NKWD. Es hatte den Aufbau eines moskautreuen Regimes abzusichern und tat dies, indem es im Falle Polens die Aktivisten der Heimatarmee als antisowjetisch diffamierte und mit dieser Rechtfertigung die Strukturen des polnischen Untergrundstaates zerschlug. »Nein, das ›Regime von Lublin‹ ist kein Sieg für den Sozialismus«, schrieb George Orwell 1944. »Es ist die Herabsetzung Polens zu einem Vasallenstaat. [...] Wehe denen, die ihre unabhängigen Vorstellungen und Grundsätze aufrechterhalten wollen.«[10]

Ähnlich wie in Polen war Moskau bereits bei der Okkupation der baltischen Staaten 1940 vorgegangen. Und auch im Osten Deutschlands fiel dem NKWD später die Aufgabe zu, ohne Pardon oppositionelle Kräfte zu verfolgen.

Indessen ging der Vormarsch der Roten Armee weiter. Sowohl im NKWD als auch in der Armee waren inzwischen Abteilungen der Spionageabwehr gegründet worden, die bereits erwähnte SMERSCH. Widerstand und Sabotage in den befreiten Gebieten zu unterdrücken, Kriegsverbrecher sowie »Konterrevolutionäre« und außerdem noch Beutegut und wissenschaftliches Know-how zu suchen: Das schafften die SMERSCH-Leute allerdings nicht allein. Deswegen wurden zusätzlich sechs spezielle NKWD-Divisionen mit jeweils 30 000 Mann zusammengestellt und im Januar 1945 an den verschiedenen Fronten NKWD-Bevollmächtigte installiert.[11] Formal agierten sie als Stellvertreter der Frontbefehlshaber, de facto besaßen sie aber oft größere Vollmachten als diese und waren über »WTsch«, das Hochfrequenz-Telefonnetz der Regierung, direkt mit der Moskauer Zentrale verbunden.

Zum NKWD-Bevollmächtigten der 3. Belorussischen Front wurde der Kommissar der Staatssicherheit 2. Ranges und Chef der Spionageabwehr Viktor Abakumow ernannt, ein Mann, der nach dem Krieg eine wichtige Rolle in Moskau spielen sollte. Bevollmächtigter der 1. Weißrussischen Front, die seit November 1944 Marschall Georgi Schukow befehligte, wurde der Kommissar der Staatssicherheit 2. Ranges Iwan Serow – jener Geheimdienstfunktionär, der sich gerade erst in Polen ausgezeichnet hatte. Wenige Wochen später sollten beide, Schukow und Serow, die obersten Befehlshaber im Osten Deutschlands werden.

6

Einmarsch in Deutschland

Am 21. April 1945 erreichten die Truppen der 1. Weißrussischen Front Berlin. Natürlich hatte der umtriebige Kommissar der sowjetischen Staatssicherheit Iwan Serow dafür gesorgt, dass er zu den Ersten gehörte, die die Stadt betraten. Am Morgen waren die Spitzen der Front in deren Osten eingedrungen. Serow hatte sich sofort einen Wagen genommen und war der 5. Stoßarmee von Generaloberst Nikolai Bersarin über Marzahn bis nach Lichtenberg gefolgt.[1] Er hatte sich einen Weg zwischen brennenden russischen Panzern hindurch gesucht, die von den Deutschen abgeschossen worden waren und nun die Straßen blockierten, war französischen, holländischen und belgischen Kriegsgefangenen begegnet und dann, in der Prinzenallee, auf die U-Bahn-Station Friedrichsfelde gestoßen. Er war die Treppenstufen hinuntergestiegen und hatte 200 deutsche Zivilisten vorgefunden, die dort auf dem Bahnsteig saßen. Manche hielten kleine Kinder umklammert, die meisten aber Koffer oder Taschen. Draußen bellte die sowjetische Artillerie. Die Armeeführung hatte erbeutete deutsche Eisenbahngeschütze heranführen lassen, um das Zentrum rund um die Reichskanzlei zu beschießen.

Er habe zuerst nicht begriffen, dass dies die Berliner-U-Bahn sei, schrieb Serow später in sein Tagebuch. Dann aber habe ihm diese Entdeckung erst so richtig bewusst gemacht, dass die sowjetischen Truppen an diesem Tag tatsächlich Berlin erreicht hätten, die deutsche Reichshauptstadt. Nach exakt 1400 Tagen Krieg.

Die Prinzenallee, die heute Einbecker Straße heißt, sollte bald darauf zu einer wichtigen Adresse werden. Im Haus Nr. 80 würde die aus Moskau eingeflogene »Gruppe Ulbricht« ihr erstes Quartier nehmen und eine Ecke weiter General Bersarin, der erste Stadtkommandant, seinen Stab einrichten. Serow aber machte an jenem Tag auf dem Absatz kehrt, lief die Treppe wieder hoch und befahl seinen Begleitern, die Autos zu wenden. Eine Stunde später saß er am Feldtelefon und übermittelte seine Eindrücke über die Hochfrequenzverbindung WTsch in die Geheimdienstzentrale des Moskauer Innenministeriums. Kurze Zeit später klingelte in der Unterkunft, die sich Serow am Stadtrand von Berlin genommen hatte, der Regierungsapparat. Stalin selbst war dran. »Wo sind Sie, Serow?«, fragte er. »In Berlin? Wie kann das sein? Die Stadt ist doch noch gar nicht eingenommen! Ich habe keine Meldung von Schukow, dass seine Truppen Berlin erreicht haben!« Wieder einmal war Geheimdienstmann Serow allen anderen zuvorgekommen.

Noch zweieinhalb Wochen vergingen, bis am 8. Mai die Reste der Wehrmacht kapitulierten. Damit brach auch für die nach Deutschland entsandten Männer des NKWD eine neue Etappe an.

Am Sonnabend, dem 9. Juni 1945, veröffentlichte die seit Kurzem erscheinende *Tägliche Rundschau*, die sowjetische Frontzeitung für die deutsche Bevölkerung, den Befehl Nr. 1:

> 1. Zur Durchführung der Kontrolle über die Erfüllung der Deutschland durch die bedingungslose Kapitulation auferlegten Bedingungen und zur Verwaltung der sowjetischen Okkupationszone in Deutschland wurde die Sowjetische Militärische Administration gebildet.
> 2. Zum Obersten Chef der Sowjetischen Militärischen Administration wurde ich ernannt. [...] Zum Stellvertreter des Obersten Chefs in Sachen der Ziviladministration wurde Generaloberst I. A. Serow ernannt [...].
>
> Marschall der Sowjetunion, G. K. Shukow[2]

Was da in ungelenkem Bürokratenstil mitgeteilt wurde, war die gerade vollzogene Installierung einer Militärregierung für den Osten Deutschlands. Vom sowjetischen Geheimdienst war nicht die Rede. Schukow amtierte als oberster Chef, Serow als sein Stellvertreter in

Zivilangelegenheiten. Dass er von Stalin auch zum »NKWD-Bevollmächtigten der UdSSR bei der Gruppe der sowjetischen Besatzungstruppen in Deutschland« berufen worden war – diese Tatsache wurde der deutschen Bevölkerung verschwiegen.

Dabei war Serow – neben Schukow – plötzlich zu einer der wichtigsten Figuren der östlichen Siegermacht geworden. Beide wurden mit großer Machtfülle ausgestattet, wobei Serows Macht mitunter die des Oberkommandierenden Schukow übertraf. Durch seine Treue zu Stalin, auf dessen kleinsten Wink er reagierte, war er für Moskau unersetzlich. Das unterschied ihn von Schukow, der oft seinen eigenen Kopf durchzusetzen versuchte. Um Kompetenzstreitigkeiten zu vermeiden, wurde Serow ein paar Monate später, im Januar 1946, zusätzlich noch zum Bevollmächtigten des eigentlichen Geheimdienstes – des Volkskommissariats NKGB – ernannt.[3] Serows Imperium in der sowjetischen Besatzungszone sei in gewisser Hinsicht »so groß und unermeßlich wie das Berijas in der Sowjetunion« und seine Macht »fast ohne Grenzen« gewesen, so der US-amerikanische Historiker Norman M. Naimark.[4]

Die Ämterfülle zeigt, welches Gewicht Stalin dem Geheimdienst im besiegten Deutschland beimaß. Auch finanziell war das für Serow ein attraktiver Posten: Neben seinem Gehalt als stellvertretender sowjetischer Innenminister bekam er nun monatlich 13 000 (Reichs-) Mark ausgezahlt[5], was hinsichtlich der Kaufkraft heute mehr als 50 000 Euro entsprechen würde.

Im Vergleich zur Besetzung Polens stand das NKWD jetzt vor einer noch größeren Aufgabe: das militärisch bezwungene Deutschland – zumindest dessen östlichen Teil – so niederzuhalten, dass Stalin seine politischen Ziele auf diesem Territorium ungehindert durchsetzen konnte. Im Befehl Nr. 00780 vom 4. Juli 1945 umriss der Volkskommissar für Inneres der UdSSR, Lawrenti Beria, die künftigen Aufgaben des NKWD in der Sowjetisch Besetzten Zone (SBZ) so: Leitung der operativen Arbeit unter Einsatz von Agenten im besetzten Gebiet, Liquidierung von Spionen und Diversanten sowie UdSSR-feindlichen Gruppierungen, Fahndung nach Kriegsverbrechern, Mitarbeitern der Gestapo und anderen deutschen Straforganen, Führungskräften nationalsozialistischer Organisationen sowie Angehörigen von Volkssturm, SS und SA. Außerdem habe das NKWD die Arbeit der Überprüfungskommissionen in den Repatriierungslagern für sowjetische Staatsbürger und die der NKWD-Abteilung für Kriegsgefangene zu leiten. Dem NKWD-Bevollmächtigten wurden zehn Regimenter der NKWD-Grenztruppen zur Verfügung gestellt. Zudem unterstellte man ihm die neu eingerichteten NKWD-Lager und -Gefängnisse auf deutschem Territorium sowie die NKWD-Truppen zum Schutz des Hinterlandes.[6]

Das waren die offiziellen Aufgaben. In Wirklichkeit reichte das Tätigkeitsfeld des sowjetischen Geheimdienstes in Deutschland weiter. Intern hatte man sich in Moskau schon im Juni 1945 über die nachrichtendienstlichen Aufgaben des NKWD verständigt. Dabei zeigte sich, dass der Begriff »Spionageabwehr« von Anfang an sehr breit gefasst wurde. Auch das »Aufspüren von Personen, die antisowjetische Agitation und Propaganda betreiben«, gehörte dazu, das »Studium der Stimmungen unter der Bevölkerung und der Arbeit der von uns geschaffenen deutschen Einrichtungen und Organisationen« sowie der »Aufbau eines [...] Agentennetzes [...] mit der Perspektive, angeworbene Agenten im deutschen Apparat in Führungspositionen zu bringen, um von ihnen [...] Dokumente und andere nachrichtendienstliche Informationen zu bekommen«. In allen Großstädten seien zudem geheime Agentenstützpunkte einzurichten.[7]

Weiterhin gehörte zu den Aufgaben des NKWD die Erkundung von »geheimen wissenschaftlichen und technischen Entwicklungen im faschistischen Deutschland«. Und natürlich ging der Blick über die Zonengrenze hinaus: Auch in die westlichen Zonen sollten Agenten eingeschleust werden, um die Politik von Briten, Amerikanern und Franzosen zu analysieren.

Von alldem erfuhren die besiegten Deutschen nichts. Sie bekamen lediglich die Befehle der sowjetischen Militärregierung zu lesen. Intern hatte der Generalstab der Roten Armee bereits im Juni 1945 eine Liste jener Informationen festgelegt, deren Veröffentlichung in Presse, Kino und Radio strengstens verboten war. Zu den 29 Punkten gehörten »Angaben über die Nutzung von Arbeitskräften der deutschen Bevölkerung für Zwecke der Sowjetunion; Angaben über Beutegut; Angaben über die Ausfuhr von in Deutschland eroberten

Industrieanlagen; Angaben über Versorgungsnormen der deutschen Bevölkerung, wenn diese eine schlechte Versorgungslage in der SBZ belegen; Mitteilungen über Fälle verbotener Beziehungen zwischen der deutschen Bevölkerung und Militärangehörigen der Roten Armee« sowie »Material, das Unzufriedenheit mit den Sowjettruppen oder Vertretern der sowjetischen Regierung hervorrufen kann«.[8] Von dem, was in der sowjetischen Zone tatsächlich vor sich ging, konnten sich die dort lebenden Deutschen also nicht einmal halbwegs ein realistisches Bild machen. Das entsprach den Vorstellungen des sowjetischen Geheimdienstes.

In den folgenden Monaten war das NKWD bemüht, klare Strukturen in Ostdeutschland herauszubilden. In Berlin sowie in den Ländern und Provinzen – in Potsdam, Schwerin, Dresden, Halle und Weimar – richteten Serows Leute sogenannte Operativsektoren der Staatssicherheit ein, dazu Abteilungen für Militärzensur, für Kriegsgefangene, für die sowjetischen Repatrianten und für die Speziallager und Gefängnisse. Auch die Verwaltung für innere Angelegenheiten der Militäradministration SMAD war im Grunde eine Filiale des NKWD. Ihr standen in der Regel gegenwärtige oder ehemalige Mitarbeiter des Geheimdienstes vor. Außerdem war sie in eine Verwaltung für die eigentlichen inneren Angelegenheiten und eine Verwaltung für Staatssicherheit unterteilt. Auf diese Weise erfassten die Fäden des Geheimdienstes wie ein Spinnennetz sämtliche Strukturen der Besatzungsmacht.

Das NKWD wurde in Potsdam und in Berlin-Karlshorst untergebracht – auf dem Territorium der ehemaligen Festungspionierschule der Wehrmacht, in der die zentrale SMAD-Verwaltung eingezogen war, später auch im dafür freigeräumten katholischen St.-Antonius-Krankenhaus, also ganz in der Nähe jener Prinzenallee in Friedrichsfelde, in der Serow am 21. April erstmals auf Deutsche gestoßen war. Er selbst residierte anfangs in der Kaiser-Wilhelm-Straße 29 in Potsdam-Babelsberg, meist aber in Karlshorst, da er ja auch Stellvertreter von Marschall Schukow war.[9]

Ebenfalls in Potsdam, im früheren Kaiserin-Augusta-Stift am Neuen Garten, ließ sich die sowjetische Spionageabwehr SMERSCH nieder, die damals noch zur Armee und erst später wieder zur Staatssicherheit gehörte. An ihrem Sitz in der Albrechtstraße unterhielt sie auch ihr zentrales Untersuchungsgefängnis. Die frühere Kapelle des Stifts sollte zum Schicksalsort werden für Tausende Sowjetbürger, aber auch für Deutsche, die dort von Militärrichtern zu langjährigen Haftstrafen oder zum Tode verurteilt wurden.

Offiziell wurden die NKWD-Mitarbeiter als Mitarbeiter der SMAD geführt, um sie auf diese Weise zu tarnen. Meist ließen sie sich nicht einmal in den Parteiorganisationen der Militäradministration registrieren, weil die Mitgliedsbücher, die ihre Mitgliedschaft bei der Kommunistischen Partei belegten, Hinweise auf ihre sowjetischen Geheimdienst enthielten und sie deswegen in den eigenen Reihen eine Enttarnung befürchteten.[10]

Beria hatte Stalin übrigens schon sehr früh darauf aufmerksam gemacht, dass man den NKWD-Mitarbeitern in der SBZ nicht nur die klassische Arbeit der Säuberungen übertragen, sondern den Frontoberbefehlshabern und später den SMAD-Chefs auch Stellvertreter für Zivilangelegenheiten beiordnen sollte. Diese sollten bevollmächtigt werden, »die Arbeit der lokalen deutschen Behörden zu beobachten und die Umsetzung der Verfügungen des sowjetischen Militärkommandos zu kontrollieren«.[11] So geschah es dann auch. Damit standen dem NKWD Tür und Tor für eine Einmischung in die Arbeit der sowjetischen Militäradministration offen.

Die Tatsache, dass Iwan Serow nicht nur zum NKWD-Bevollmächtigten in Deutschland ernannt worden war, sondern gleichzeitig zum Stellvertreter des Chefs der SMAD für Zivilangelegenheiten, hatte aus Moskauer Sicht den Vorteil, dass er nach außen hin eine offizielle Legende besaß. Die Praxis, leitende NKWD-Beamte mit in die politischen Strukturen der Militäradministration einzubinden, führte allerdings dazu, dass sie die politischen und militärischen Führer der SMAD in noch stärkerem Maße beobachten und kontrollieren konnten. Truppenoffiziere und Zivilpersonen hatten ohnehin Weisungen von Mitarbeitern der Staatssicherheit Folge zu leisten, während ein NKWD-Mitarbeiter nur seinen eigenen Vorgesetzten Rechenschaft schuldete. Er durfte ranghöheren Dienstvorgesetzten sogar falsche Auskünfte geben. Serow erwähnt in einem Brief an Stalin, er habe auf Anregung des KPD-Führers Walter Ulbricht in Berlin drei nicht willfährige deutsche Richter verhaften und ins Lager bringen lassen. SMAD-Chef Schukow habe ihn daraufhin empört angerufen und ihre Freilassung gefordert. »Ich hielt es nicht für nötig, sie zu befreien, und antwortete ihm, nicht wir hätten sie verhaftet«, schrieb Serow wahrheitswidrig in seinem Brief an Stalin.[12]

So begann 1945 im Osten Deutschlands das unheilvolle Wirken des NKWD.

In den Akten der SMAD finden sich viele Beispiele dafür, dass sich Bevollmächtigte des NKWD oder des späteren Staatssicherheits-Ministeriums (MGB) in den kommenden Jahren oft als die eigentlichen Machthaber aufspielten. Symptomatisch dafür war ein Vorfall, der sich im Sommer 1946 in einem Lazarett im thüringischen Eisenberg abspielte. Dort kam es zu einer Auseinandersetzung zwischen dem Bevollmächtigten des Staatssicherheitsministeriums für die Stadt Eisenberg, einem Leutnant, sowie dem Chef des Lazaretts, einem Major, und einem Hauptmann der sowjetischen Militärkommandantur. Der angetrunkene Geheimdienstvertreter beleidigte die beiden Offiziere auf grobe Weise und erklärte: »Ich bin Herr in der Stadt, keinen eurer Chefs erkenne ich an.« In »nicht wiederzugebenden Ausdrücken« äußerte er sich sogar über den Chef der Militäradministration in Thüringen, General Iwan Kolesnitschenko, und General Andrej Karpeljuk, den Chef des Thüringer Kommandanturdienstes, jenes Dienstes, der für die unmittelbare Besatzungspolitik verantwortlich war. Beide standen sechs Dienstränge über ihm.[13]

Kolesnitschenko revanchierte sich später, indem er in einer Denkschrift feststellte, »dass man sowohl in der breiten Masse der Deutschen als auch im fortschrittlichen Teil der deutschen Bevölkerung das Vorgehen unserer Sicherheitsorgane missbilligt«.[14] Loyale Mitglieder der Christlich-Demokratischen Union (CDU) und der Liberal-Demokratischen Partei (LDP) sähen übereinstimmend »die Aktivitäten des NKWD« als die Hauptquellen der Feindseligkeit gegen die Sowjets im Osten an.[15]

Das war eine ernüchternde Einschätzung. Und sie traf zu.

Unterzeichnung der Kapitulationsurkunde am 8. Mai 1945 in Berlin-Karlshorst durch Marschall Schukow; hinter ihm Iwan Serow

7

Lebensläufe. Das Personal des NKWD

Wladimir Solomonowitsch Bibler war relativ spät zum Geheimdienst gestoßen. Der junge Mann, gerade einmal 27 Jahre alt, stand im Dienstrang eines Hauptmanns, als er eine Aktion leitete, die am 18. Juni 1945 in Berlin begann.

Die gesamte frühere Reichshauptstadt war zu dieser Zeit noch in sowjetischer Hand, die Westalliierten sollten Berlin erst später erreichen. Vor einer Villa in der Bismarckstraße 34 in der Nähe des Kleinen Wannsees fuhr an jenem Tag ein Auto der Besatzungsmacht vor. Ihm entstiegen Bibler und ein Dolmetscher. Ihr Auftrag: den Besitzer dieser Villa zu verhaften, den 51-jährigen Schauspieler und Intendanten Heinrich George, einen Mann von Weltruhm.

George wurde an jenem Tag bereits zum vierten Mal abgeführt.[1] Die Verhaftungen hatten am 14. Mai begonnen. Seitdem schwirrten Gerüchte durch die Stadt, er sei erschossen worden.[2] Das stimmte nicht, aber diese Verhaftung sollte die letzte sein – George würde nicht wieder heimkehren. Zu viel hatte sich in seiner Angelegenheit auf den Tischen der sowjetischen Untersucher angehäuft. Es war Bibler, der jene Akte anlegte, die die Karriere des Bühnenmannes und bald auch dessen Leben beenden sollte – ein Offizier, der von George zuvor sicher kaum etwas gehört hatte.

George hatte in Berliner Künstlerkreisen einst als Kommunist gegolten. Er hatte sich während der Hitlerzeit den neuen Machthabern angedient und in Propagandafilmen wie *Jud Süß* mitgewirkt. Dafür hatten ihn die Nazis in den Rang eines »Staatsschauspielers« erhoben und zum Intendanten des Schiller-Theaters gemacht.

Es war wie so oft in diesen Nachkriegstagen: Mehrere Anzeigen, darunter auch anonyme, hatten die Verhaftung ausgelöst. »Nach der Machtergreifung des Faschismus hat George eine nach außen hin absolut klar zu erkennende Wandlung vollzogen und alles getan, um den Faschismus in Künstlerkreisen populär zu machen«, stand in einer der Anzeigen, die das NKWD erreicht hatten.[3] Er sei bestrebt gewesen, »die abwehrenden Kräfte in der Berliner Künstlerschaft schonungslos zu beseitigen. Sein Ensemble im Schiller Theater war ausgerichtet nach nationalsozialistischen Grundsätzen, die ihm von Goebbels aufgegeben wurden«. Und weiter: »Noch 14 Tage bevor uns die Rote Armee vom Nazi-Joch befreite, stellte er sich der NSDAP zur Verfügung und versuchte, die Berliner in Form eines Aufrufs in der Berliner Presse zu aktivem Widerstand aufzuwiegeln. Als Zeuge gegen George kann das ganze deutsche Volk antreten. Wenn man George auf irgendeine deutsche Bühne stellte, würde er unserer Meinung nach gelyncht werden.«

Den sowjetischen Ermittlern, die froh waren über jeden Hinweis auf tatsächliche oder vermeintliche Faschisten, reichten diese Aussagen. Sie mussten Erfolge nach Moskau melden, und so übernahmen sie die in den Anzeigen angeführten Behauptungen nahezu wörtlich in die Akte zum Fall George. Dass er einer der angesehensten Schauspieler im faschistischen Deutschland gewesen sei, stand dort, und dass er sich 1933, unmittelbar nach Hitlers Machtergreifung, dem faschistischen Regime zur Verfügung gestellt habe. Charakteristisch sei sein »abscheuliches und fanatisches Gebaren während einer Ansprache von Goebbels« gewesen. Seine exaltierten Ausrufe und Beifallsbekundungen »wurden mehrfach für propagandistische Zwecke benutzt«. Das Dossier kam zu dem Schluss, George sei »einer der angesehensten faschistischen Künstler, durch seine profaschistische Agitation in Rundfunk und Zeitung trug er zur Fortsetzung des Krieges bei«.

War George ein Nazi? In den 1920er-Jahren wurden ihm Sympathien für die Linke nachgesagt, doch ein Jahrzehnt später arrangierte er sich mit Hitler. Zum Schluss des Krieges verfiel er wie dieser sogar in einen hemmungslosen Durchhaltemodus. Seine Biografie ist voller Widersprüche. Er sei ein Mann gewesen, der mit seiner »beinahe übertriebenen Spielfreudigkeit, der Labilität seines Wesens, einer fast krankhaften Unausgeglichenheit seines Temperaments von Haus aus gar nicht dazu angelegt war, politisch aktiv zu sein«, verteidigten ihn Kollegen in einem Gnadengesuch an den sowjetischen Stadtkommandanten. Das half allerdings nicht. Heinrich George verschwand im NKWD-Speziallager Nr. 3, das der Geheimdienst in der ehemaligen Großküche der Nationalsozialistischen Volkswohlfahrt in Berlin-Hohenschönhausen eröffnet hatte. Der damals ebenfalls verhaftete Karl-Heinz Gerstner, während der Kriegszeit Mitarbeiter an der Deutschen Botschaft in Paris, später ein namhafter Journalist in der DDR, traf ihn dort 1945: Er sei »den Eindruck der großen Tragik« nicht losgeworden, als er »den dicken George in dieser schrecklichen Umgebung agieren sah«. Dieser sei dort »völlig fehl am Platze« gewesen.[4] Später wurde George in das einstige Konzentrationslager Sachsenhausen verlegt, das nach dem Einmarsch der Sowjets als Speziallager Nr. 7 des NKWD fungierte. Dort starb er – völlig entkräftet und infolge einer Blinddarmoperation – am 25. September 1946.

NKWD-Offizier Wladimir Bibler half, das Schicksal Georges zu besiegeln – mit nicht nur zutreffenden, sondern auch zweifelhaften Urteilen. Dabei war Bibler ein gebildeter Mann, keiner von den nur notdürftig angelernten Geheimdienstleuten. In der Rückschau wird dieser Widerspruch umso deutlicher, weil seine eigene Biografie tragisch verlief. Und weil George 1998 durch die russische Militärstaatsanwaltschaft rehabilitiert worden ist – was nur in Fällen geschieht, die heute anders eingeschätzt werden als zu sowjetischen Zeiten.

Bibler stammte aus der Familie eines Ingenieurs, hatte 1936 die Schule in Moskau beendet und danach an der Historischen Fakultät der Staatsuniversität studiert. Als der Krieg begann, wurde er Rotarmist, aber schon nach kurzer Zeit interessierte sich das NKWD für ihn und ließ ihm eine Spezialausbildung angedeihen. Denn Bibler hatte einen Vorzug: Er hatte bereits im Elternhaus Deutsch gelernt – »Hochdeutsch«, wie er selbst betonte.

Bis Anfang 1945 wirkte Bibler als Operativbevollmächtigter im Moskauer Gebiet, dann wurde er nach Deutschland abkommandiert. Zuerst arbeitete er in Ostpreußen als Mitarbeiter der Spionageabwehr SMERSCH, angesetzt auf Hitlers Abwehr, den militärischen

Geheimdienst der Wehrmacht. Gleich nach Kriegsende wurde Bibler jedoch weiter nach Westen geschickt und im NKWD-Operativsektor Berlin eingesetzt. Mehr als zwei Jahre blieb er dort, dann kehrte er nach Moskau zurück und wurde aus dem NKWD entlassen. Sein späterer Berufsweg war alles andere als systemkonform, denn er wurde nun ebenfalls Opfer staatlicher Repressionen, was auch mit seiner jüdischen Herkunft zu erklären ist.[5]

Wenn Bibler für die Gebildeten innerhalb der Geheimdienstzunft steht – wer waren dann die anderen NKWD-Männer, mit denen es die Deutschen auf oft bedrohliche Weise zu tun bekamen? Wen schickte der sowjetische Geheimdienst nach Deutschland?

Zweifellos empfanden NKWD-Mitarbeiter einen Einsatz im ehemaligen Hitler-Reich als lukrativ. Viele verbanden mit dem Einsatzbefehl die Hoffnung auf einen Karrieresprung, andere versprachen sich einen besseren Lebensstandard als zu Hause, und wieder andere trieb Abenteuerlust oder das Streben nach Kriegsbeute. Deutsch beherrschte ein großer Teil von ihnen nicht oder nur schwach, was die Effektivität ihrer Arbeit von vornherein begrenzte. Fast ein Drittel der NKWD-Leute habe sich eines Dolmetschers bedienen müssen, schreibt der Historiker Nikita Petrow.[6]

Herkunft, Ausbildung und Karriere dieser Männer – meist waren es Männer – ähnelten sich zwar in vielem, in eine Schublade stecken lassen sich die NKWD-Mitarbeiter trotzdem nicht. Es gab Männer wie Bibler, aber auch Tschekisten, die schon durch alle Prüfungen und Fegefeuer des Geheimdienstes gegangen und besonders loyal waren, weil sie überlebt hatten. Es gab zudem Abenteurer, Opportunisten, Zweifelnde. Nach außen hin waren sie in ihrem Verhalten kaum zu unterscheiden, meist hatten sie dieselben Schulen durchlaufen.

Wer die bislang zugänglichen Listen von knapp 1000 leitenden NKWD-Mitarbeitern in der SBZ studiert, bekommt den Eindruck, dass die Geheimdienstler dieser Jahre einen repräsentativen Querschnitt der sowjetischen Bevölkerung bildeten.[7] Auffällig jedoch ist, dass die Älteren nur kurz eine Schule absolviert und oft keine weiterbildende Ausbildung genossen hatten, ja dass viele überhaupt keine berufliche Qualifikation besaßen, als sie zum Geheimdienst stießen. Nicht selten hatten sie sich als Hilfsarbeiter in der Industrie oder als

Aushilfen auf dem Lande durchgeschlagen. Eine umfangreichere, wenn auch einseitige Bildung erfuhren diese Männer erst auf den NKWD-Schulen. Sie brachten also keine größere Vorbildung und keinerlei Skrupel mit, die den »Ehemaligen«, den Bürgerlichen, möglicherweise noch eigen gewesen wären. Zu den besser ausgebildeten Funktionären zählten allerdings die zahlreichen Lehrer, die in den 1930er-Jahren zum Geheimdienst stießen.

Die NKWD-Mitarbeiter, die ab 1945 in Deutschland eingesetzt wurden, lassen sich grob in drei Gruppen einteilen. Zur ersten gehörten jene Männer, die noch auf die Biografie eines altgedienten Tschekisten verweisen konnten – Pjotr Safonow aus dem zentralrussischen Orjol etwa, der im Mai 1945 als Oberst nach Berlin kam, um in der deutschen Hauptstadt verschiedene Operativgruppen zu leiten. Der Sohn eines Gepäckträgers und einer Wäscherin war Büroangestellter bei der Eisenbahn gewesen, nach dem Umsturz der Bolschewiki ging er zur Roten Armee. 1921, noch während des Bürgerkriegs, warb ihn die Tscheka als Mitarbeiter an. Safonow machte alle Häutungen des Geheimdienstes unter Stalin mit. Als Operativbevollmächtigter einer Sonderabteilung des NKWD überlebte er sogar den Großen Terror, um kurz vor Kriegsbeginn zum stellvertretenden Leiter des Gulag-Systems, der sowjetischen Straf- und Arbeitslager, aufzusteigen.

Andere altgediente Geheimdienstler rückten mit der Armee in Deutschland ein, so Boris Atschasow, der seit Beginn der 1920er-Jahre eine Karriere als NKWD-Mann bei den Grenztruppen durchlaufen hatte, oder Michail Epifanow, ein Mann, der 1918 bei der Tscheka im Nordkaukasus anheuerte, dann Geheimdienstfunktionen im Wolga-Gebiet ausübte und nach Kriegsende mehrere Jahre die Operativgruppe der Staatssicherheit im Kreis Chemnitz leiten sollte. Sie alle hatten sich bei der gewaltsamen Sowjetisierung ihrer Heimat – der Enteignung der Groß- und Mittelbauern und der rücksichtslosen Industrialisierung – profiliert, andernfalls wären sie zu dieser Zeit nicht mehr auf ihrem Posten gewesen. Sie hatten in den 1930er-Jahren unter ihren Mitbürgern »Volksfeinde« sowie deutsche »Spione« und »Agenten« gejagt. Deutsche waren für sie per se verdächtig, nach dem Krieg erst recht. Die in die SBZ entsandten NKWD-Offiziere, die nun »oft zum ersten Mal im Ausland waren, blieben der Tradition des Säuberungsterrors der 1930er Jahre verhaftet«, schreibt der Historiker Andreas Petersen.[8]

Männer dieser älteren Generation waren im Osten Deutschlands allerdings in der Minderzahl, denn Stalins Verfolgungswahn hatte bekanntlich vor dem Geheimdienst nicht halt gemacht. 23 000 Mitarbeiter des NKWD waren in den Jahren des Großen Terrors hingerichtet worden, darunter viele Veteranen aus der Anfangszeit der Tscheka.[9] Sie hatten die politischen Wendungen der vorangegangenen zwanzig Jahre mitgemacht und die aus politischen Gründen inszenierten Schauprozesse gegen die sogenannten Volksfeinde erlebt. Sie wussten zu viel, und so hatte sich Stalin vieler dieser Veteranen entledigt. Wer von ihnen das Glück hatte zu überleben, dürfte das in den folgenden Jahren mit besonderem Eifer quittiert haben.

Der zweiten Gruppe gehörte der größte Teil der Tschekisten an: Er entstammte einer anderen Generation und galt als besonders rücksichtslos. Es waren Männer, die in der zweiten Hälfte der 1930er-Jahre zum Geheimdienst gestoßen waren – nicht immer freiwillig, eben weil die Repressionen große Löcher in den Kaderbestand der Staatssicherheit gerissen hatten und Ersatz benötigt wurde. Dabei war der Blick auf die Rote Armee gefallen: Man holte Absolventen der Militärakademien und Militärschulen zum NKWD – allein im Jahr 1939 wurden die Lücken mit 14 506 neuen Kaderoffizieren aufgefüllt.

Zu ihnen zählte Iwan Serow, Stalins oberster Geheimdienstvertreter in Deutschland. Serow, Sohn eines Mittelbauern im nordrussischen Gouvernement Wologda, war als 20-Jähriger auf die Leningrader Infanterieschule gekommen. Er war Artillerist geworden und hatte es bis zum amtierenden Stabschef des 24. Artillerieregiments im ukrainischen Winniza (heute Winnyzja) gebracht, als er 1936 zur Moskauer Frunse-Militärakademie delegiert wurde. Drei Jahre später wurde sein gesamter Jahrgang ins Verteidigungsministerium befohlen. Dort erklärte ein stellvertretender Minister, die jungen Kommandeure würden noch vor Ende ihres Studiums zum Einsatz geschickt – aber nicht etwa in die Armee, sondern zum NKWD.[10]

Denn das Politbüro der Kommunistischen Partei hatte im Januar

1939 beschlossen, alle Hörer des Abschlussjahrganges der Frunse-Akademie und anderer Militärakademien zur Verwendung durch das NKWD abzukommandieren, noch vor Beendigung des Studiums. »Als man uns alle [...] in der Lubjanka versammelte, hatte ich (und ich fühlte, dass es anderen ebenso ging) einen unangenehmen Eindruck von dieser Einrichtung, über die wir immer abfällig geurteilt hatten, denn während des Studiums, genauer zwischen 1937 und 1938, wurden vor unseren Augen viele Hörer und Lehrer in die Lubjanka geholt und kamen nie von dort zurück.«[11] So schreibt Serow in seinem Tagebuch. Über das Wesen des NKWD machte er sich also wenige Illusionen.

Aber auch Serow war durch die 1930er-Jahre geprägt; er gehorchte diesem Befehl so bedingungslos, wie er fortan den Befehlen seiner Behörde und denen von Stalin selbst gehorchen würde. Zwar notierte er in seinen Aufzeichnungen mehrmals Verwunderung oder Unverständnis angesichts ihm absurd scheinender Aufträge aus der Zentrale, fügte dann aber meist den Satz hinzu: »Es ist nicht unsere Sache, darüber zu diskutieren.« Oder: Die Parteiführung sei weitsichtiger – »wenn sie etwas beschlossen hat, heißt das, es ist richtig«.[12]

Serow verkörperte eine Generation von NKWD-Funktionären, die keine politischen Ambitionen mehr verfolgte und deren Beschreibung kaum treffender sein kann als jene, die Nadeschda Mandelstam, die Frau des 1938 im Lager umgekommenen Dichters Ossip Mandelstam, fand: »Die Tschekisten [der ersten Generation, d. A.] waren eine avantgardistische Stoßtruppe des ›neuen Menschen‹ und brachen vom Standpunkt des Übermenschen aus radikal mit allgemein gültigen Überzeugungen. Sie wurden ersetzt durch Menschen vollkommen anderen Typs, die absolut frei waren von irgendwelchen Überzeugungen, seien es neue oder richtige.«[13] Ebendas war nun beim Geheimdienst gefragt.

Man muss zu dieser Gruppe auch die ganz jungen Geheimdienstleute zählen. Sie waren zu Kriegsende oft nicht älter als 25 und folgten ebenso treu dem Kurs des NKWD, weil sie die neue Funktion als Aufstieg auf der sozialen Leiter begriffen. Viktor Kresow etwa, ein russischer Bauernsohn aus dem Smolensker Gebiet, war 1938 als 19-Jähriger auf eine NKWD-Schule im Moskauer Gebiet geholt worden – er wurde später Abteilungsleiter der Staatssicherheit im Bereich Meiningen, Thüringen. Andere hatten gerade erst ihre Schulzeit hinter sich, als Hitler die Sowjetunion überfiel. Sie wurden zur Armee einberufen und landeten bei der Spionageabwehr SMERSCH. Der Ukrainer Wassili Filimonenko aus dem Gebiet Tschernigow steht beispielhaft dafür. Er wurde im Sommer 1945, als 24-Jähriger, Operativbevollmächtigter der Spionageabwehr in der Zentralen Militärkommandantur Berlin.

Die dritte Gruppe der Tschekisten ließe sich als Gruppe der »Spezialisten« bezeichnen. Zu ihr gehörten NKWD-Leute, die wegen ihrer bereits in der Sowjetunion ausgeübten Tätigkeit nach Deutschland geholt wurden. Meist waren es Männer, die über einschlägiges Wissen aus dem Bereich des Gulag verfügten und jene Gefängnisse und Speziallager führen sollten, die der sowjetische Geheimdienst nun auch in der SBZ einrichtete.

Der aus der Wolga-Stadt Simbirsk stammende Russe Alexander Klejmenow, der seit März 1939 verschiedene Abteilungen der Zentralen Gefängnisverwaltung des NKWD geleitet hatte, stieß im Mai 1945 zur Gruppe um Generaloberst Iwan Serow – mit der Aufgabe, sich um die Gefängnisse und Lager in der SBZ zu kümmern. Alexej Gostjew, Bauernsohn aus der Gegend von Kursk, hatte ein Kriegsgefangenenlager bei Kuibyschew geleitet und übernahm nun das Speziallager Nr. 3 in Berlin-Hohenschönhausen, später als stellvertretender Chef die Speziallager 4 beziehungsweise 3 in Bautzen.[14] Auch Iwan Porschnjew aus dem Gebiet Wologda zählte zu dieser Gruppe. Er hatte bereits mehrere Straflager im Norden der Sowjetunion geleitet, bei Archangelsk und in der Autonomen Komi-Republik, bevor er Lagerleiter in Mecklenburg-Vorpommern wurde. Schließlich sei noch Alexander Kusjak erwähnt, der sich ab 1934 vom GPU-Wachmann und Gefängnisaufseher im Gebiet Saratow zum Gehilfen eines Gefängniskommandanten entwickelt hatte – er wurde später Kommandant des Potsdamer SMERSCH-Gefängnisses, jener bitteren Zwischenstation für viele Deutsche, die von dort aus in die Sowjetunion deportiert wurden.

Es mag zynisch erscheinen, zu den »Spezialisten« auch jene

zu rechnen, die sich unmittelbar am Großen Terror in den Jahren 1937/38 beteiligt hatten und nun ebenfalls in der SBZ zum Einsatz kamen. Aber sie dürfen bei der Betrachtung des NKWD-Personals nicht fehlen. Unter ihnen befanden sich nicht wenige Männer, die 1939 – nach dem offiziellen »Ende« des Großen Terrors – aus dem NKWD entlassen worden waren. Man hatte ihnen damals zu große persönliche Grausamkeit gegenüber Verhafteten oder die Anwendung von Folter und Fälschung von Untersuchungsergebnissen vorgeworfen. All diese Methoden waren zwar jahrelang akzeptiert worden, hatten dann aber nicht mehr in die politische Landschaft gepasst. Zu Kriegsbeginn wurden viele dieser Ausgestoßenen jedoch reaktiviert, der Mangel an Kadern für die militärische Spionageabwehr war einfach zu groß. So landeten die schlimmsten Folterer bei der SMERSCH und zogen 1945 mit ihr in Deutschland ein. Und natürlich griffen sie beim Umgang mit den Deutschen auf ihre angelernten Methoden zurück: Politisch Verdächtige wurden gefoltert oder ohne Gerichtsurteil hingerichtet.[15]

Nikolai Sljunjajew gehörte zu jenen Männern, die am Großen Terror beteiligt waren. Der Sohn eines Verkäufers aus der zentralrussischen Stadt Tula hatte als Dreher und Schlosser gearbeitet, war 1937 auf eine NKWD-Schule geschickt und danach zum Leiter des NKWD-Sekretariats im Gebiet Orjol südwestlich von Moskau berufen worden. Dort geriet er in eine Aktion, die Beria angeregt hatte. Am 6. September 1941, zweieinhalb Monate nach Kriegsbeginn, hatte der NKWD-Chef Stalin vorgeschlagen, 170 politische Gefangene zu erschießen, die zu dieser Zeit im Gefängnis von Orjol einsaßen. Anlass war der schnelle Vormarsch der Deutschen.

Es waren namhafte Gefangene. Unter ihnen befanden sich die linke Sozialrevolutionärin Maria Spiridonowa, die 1922 als erste Frau in den Obersten Sowjet der UdSSR gewählt worden war, sowie ihr Mann. Weiter standen auf der Liste: ein früherer Diplomat an der sowjetischen Botschaft in Berlin, die ehemalige Volkskommissarin für Finanzen der Russischen Föderation und die Schwester Leo Trotzkis und Ehefrau des früheren Politbüro-Mitglieds Lew Kamenew (der zu der Zeit bereits erschossen worden war).

Zu den Gefangenen in Orjol zählten auch Deutsche, etwa der

bekannte Mathematiker Fritz Noether, der als Jude nach der Machtergreifung der Nazis in die Sowjetunion emigrierte, dann als Professor an der Universität im sibirischen Tomsk gelehrt hatte und später wegen angeblicher Spionage für Deutschland zu 25 Jahren Haft verurteilt worden war, sowie Erich Birkenhauer, ein Essener Journalist und früherer Sekretär des KP-Führers Ernst Thälmann, den man 1937 nach Moskau befohlen und dort verhaftet hatte.

Beria führte als Begründung für seinen Vorschlag an, die Gefangenen würden »defätistische Agitation betreiben und versuchen, ihre Flucht vorzubereiten, um ihre umstürzlerische Arbeit wiederaufzunehmen«.[16] Stalin unterschrieb das Gesuch, und so geschah am 11. September 1941 ein weiteres großes Verbrechen der Stalin-Zeit: Im Medwedjewer Wald nördlich von Orjol wurden 157 der aufgeführten Gefangenen erschossen. Zu der dreiköpfigen »Kommission zur Durchführung des Urteils« gehörte NKWD-Unterleutnant Nikolai Sljunjajew. In aller Heimlichkeit war eine Grube ausgehoben worden – eine Grube, für die man sogar die an dieser Stelle befindlichen Bäume samt ihrer Wurzeln ausgegraben hatte, nur um sie später an dieser Stelle wieder einzusetzen. Es war der fast schon perfekt vorbereitete Ort für ein geplantes Massengrab, das am darauffolgenden Donnerstag, dem 11. September, mit den Erschossenen gefüllt wurde.

Sljunjajew war fortan ein Geheimdienstoffizier mit Erfahrung im Massenmord. Was durfte man von solch einem Mann erwarten, als er in Deutschland eingesetzt wurde? Sicher bedingungslose Gehorsamkeit, Härte und keine übermäßige Rücksichtnahme. Sljunjajew wurde zuerst Leiter des Sekretariats des NKWD-Operativsektors in Sachsen, später führte er dort verschiedene Abteilungen und stieg schließlich zum Vizechef des Operativsektors im Bezirk Gera auf. Insgesamt acht Jahre blieb er in der SBZ und der späteren DDR; er brachte es dort bis zum Oberstleutnant und wurde zweimal mit dem Orden Roter Stern ausgezeichnet.

Weitaus größeren Einfluss auf die Entwicklung des östlichen Deutschlands nahm Alexander Michailowitsch Korotkow, zu dessen Karriere mehrere Morde an Oppositionellen im Ausland gehörten. 1909 in Moskau als Sohn eines Bankangestellten geboren, wurde Korotkow Gehilfe eines Elektromonteurs. In dieser Tätigkeit stieß er zur OGPU in Moskau; die brauchte ihn für die Wartung ihrer Fahrstühle. Er qualifizierte sich dort jedoch für ganz andere Themen: Schon nach wenigen Monaten wurde er Sachbearbeiter in der Auslandsabteilung. Nach drei Jahren schickte man ihn zu einem Einsatz nach Österreich, wo er Deutsch mit Wiener Akzent lernte. Später ging er unter dem Decknamen »Dlinnyj« (der Lange) nach Paris. Ende der 1930er-Jahre war Korotkow 3. Sekretär der sowjetischen Handelsvertretung in Berlin – in Wirklichkeit aber Stellvertreter des dortigen NKWD-Residenten. Er war es, der den Kontakt zur Widerstandsgruppe »Rote Kapelle« hielt.[17]

Korotkow verließ Deutschland erst nach Kriegsbeginn. Seine ersten Sporen als Geheimdienstler hatte er sich jedoch in Paris verdient. Dort organisierte er 1937 den Mord an einem früheren GPU-Agenten in der Türkei, der sich 1930 nach Frankreich abgesetzt und bei dieser Gelegenheit sowjetische Agenten enttarnt hatte. Im sowjetischen Geheimdienst galt das als unverzeihlich – so wie heute auch.

Einen Monat zuvor fand am Pariser Boulevard St. Michel ein Mord statt, der noch größeres Aufsehen erregte. Auch an ihm war Korotkow beteiligt. Rudolf Klement hieß das Opfer – ein ehemaliges deutsches KPD-Mitglied aus Hamburg. Klement hatte dem aus Russland ausgewiesenen Leo Trotzki, Stalins Todfeind, seit mehreren Jahren als Assistent und Übersetzer gedient. Klement soll zu einem Essen in einer Wohnung am Boulevard St. Michel eingeladen worden sein, wo ihn die Mörder erwarteten. Er wurde erstochen und enthauptet, sein Leichnam in einen Koffer gepackt und später in die Seine geworfen.[18]

Nach Kriegsbeginn leitete Korotkow verschiedene Abteilungen in der Moskauer NKWD-Führung, bevor er im Frühherbst 1945 als stellvertretender politischer Chefberater der SMAD nach Berlin entsandt wurde. Danach stieg er in Moskau zum stellvertretenden Leiter der Auslandsaufklärung und ihrer Deutschland-Abteilung auf.[19] Seine einschlägigen Erfahrungen bei der Beseitigung politischer Gegner schadeten ihm also nicht; im Gegenteil: Sie wurden ihm hoch angerechnet.[20]

Eine weitere Gruppe, die unabdingbar für die Schlagfähigkeit des NKWD war, ist noch aufzuführen, auch wenn sie aus Deutschen bestand: die der Zuträger, Spitzel und Agenten sowie jener Deutschen, die bereits in der Emigration mit dem NKWD in Kontakt gekommen waren. Zu den Letztgenannten zählten fast ausnahmslos alle Kommunisten, die nach der Machtergreifung der Nazis in die Sowjetunion geflüchtet waren. Dort wurden sie vom Apparat der Exil-KPD und der Komintern erfasst, ihre Kaderakten liefen damit über die Schreibtische des NKWD. Vielen wurde das während des Großen Terrors zum Verhängnis, denn sie verschwanden daraufhin – als angebliche Spione, Diversanten und Provokateure.

KPD-Spitzenfunktionäre wie Wilhelm Pieck und Walter Ulbricht wussten über die Praktiken des NKWD Bescheid und hielten sie mehr oder weniger für gerechtfertigt. Auch als sie 1944 begannen, sich auf die Rückkehr nach Deutschland vorzubereiten, ging das nur in engem Kontakt mit dem Geheimdienst. Pieck ließ das NKWD über die Komintern ersuchen, von der Partei ausgewählte Antifaschisten, die in verschiedenen Kriegsgefangenen- und Offizierslagern festgehalten wurden, als »Reserve« freizugeben.[21]

Von den Kommunisten, die ab 1945 nach Deutschland zurückkehrten, waren zudem viele bereits im Exil vom NKWD angeworben oder schon in der Sowjetunion für spezielle Aufgaben eingesetzt worden. In der SBZ wurden sie zu natürlichen Ansprechpartnern des Geheimdienstes. Günther Fritz Tenner, seit 1928 KPD-Mitglied, war nach Teilnahme am Spanien-Krieg in die Sowjetunion gegangen und hatte dort als »Grischa Teller« dem NKWD gedient. 1945 wurde er Bezirksrat für Personal im Bezirksamt Berlin-Charlottenburg, später Mitarbeiter beim Parteivorstand der SED. In der Folgezeit war er maßgeblich an Parteisäuberungen und Kaderüberprüfungen beteiligt.[22] Andere Kommunisten wie der Mannheimer Heinrich Robert Wieland waren vom NKWD für die Arbeit als Politinstrukteur unter deutschen Kriegsgefangenen angeworben worden – auch Wieland fand nach 1945 seinen Platz im KPD- und SED-Parteiapparat.[23]

Der 1891 in Königsberg geborene Richard Stahlmann, der eigentlich Artur Illner hieß, emigrierte als KPD-Mitglied 1923 in die Sowjetunion, wo er sowjetischer Staatsbürger und bald Mitarbeiter der

Hauptverwaltung Aufklärung wurde, des militärischen Nachrichtendienstes GRU. Später kämpfte er in Spanien, dann wirkte er zusammen mit Herbert Wehner illegal in Schweden. Nach seiner Rückkehr baute er ab Januar 1946 die Polizei in Mecklenburg-Vorpommern auf, schließlich arbeitete er im SED-Parteiapparat und später als Mitarbeiter der DDR-Staatssicherheit. Unrühmliche Bekanntheit erlangte er durch eine ganz nach Muster des NKWD durchgeführte Aktion: die Entführung des KPD-Vorsitzenden und Bundestagsabgeordneten Kurt Müller in die DDR im Jahre 1950. Müller wurde dort verhaftet, den sowjetischen Behörden übergeben und wegen Gruppenbildung und angeblicher Spionage zu 25 Jahren Haft verurteilt.[24]

Auch der Seemann Ernst Wollweber, früher KPD-Abgeordneter des Preußischen Landtages und Reichstagsmitglied, gehört in diese Gruppe. Im sowjetischen Exil vom NKWD mit der Bildung einer internationalen Sabotagetruppe beauftragt, nahm er ab 1946 in der SBZ hohe Staatsposten ein, bevor er später Minister für Staatssicherheit wurde.[25] Selbst Wissenschaftler wie der Physiker Gerhard Harig, in der DDR Staatssekretär für Hochschulwesen, waren während des Exils durch das NKWD angeworben worden – Harig für den nachrichtendienstlichen Einsatz in Hitler-Deutschland.[26] In einem späteren Personalfragebogen schrieb er mit erstaunlicher Offenheit: »Ich stand schon vor meiner Festnahme in Leningrad mit der NKWD in Verbindung.«[27]

Kaum in Deutschland, begann das NKWD zudem ein Netz von deutschen Agenten aufzubauen, die bei der Verhaftung vermeintlicher Gegner der neuen Ordnung helfen sollten. Am 1. Januar 1946 soll dieses Netz bereits 2304 Personen umfasst haben.[28] Anfangs konzentrierte man sich auf ehemalige NSDAP-Mitglieder, die sich loyal zur sowjetischen Militärregierung verhielten. »Geworben wurden die Inhaber konspirativer Wohnungen und anderer Gelegenheiten für Treffs, sofern Angaben vorlagen, die deren Mitarbeit in unserem Sinne garantierten, außerdem zweitrangige verbrecherische Elemente«, meldete der stellvertretende Chef der NKWD-Truppen für Aufklärung im August 1945.[29] Auch ehemalige Gestapo-Spitzel, deren Namen sie in erbeuteten Listen fanden, waren für die Sowjets interessant. »Die meisten von denen, die ausfindig gemacht werden konnten, wurden nach sorgfältiger Überprüfung und moralisch-politischer ›Bearbeitung‹ nach der üblichen Sowjetmethode als ›freiwillige‹ Mitarbeiter für das Agentennetz des MWD angeworben«, so ein ehemaliger SMAD-Mitarbeiter.[30]

Nicht selten ließ der Geheimdienst bereits festgenommene Deutsche, die vor ein Militärtribunal gestellt werden sollten, wieder frei – nachdem er sie für das NKWD verpflichtet hatte. »Der Festgenommene G. war mit der Aufgabe freigelassen und in seinen Wohnort zurückgeschickt worden, Untergrundaktivitäten und in Haft zu nehmende Einzelpersonen festzustellen«, hieß es in einer Meldung der Chefs der Operativen Gruppe für den Landkreis Querfurt. »Der Gefangene K. wurde von uns als Agent angeworben, unter der Legende einer Flucht erhielt er einen illegalen Status. Er bekam den Auftrag, den ehemaligen Bezirks-HJ-Führer Wesche auszukundschaften.«[31]

Verpflichtungen dieser Art waren keine Seltenheit, entsprechende Fäden wurden oft sehr subtil gesponnen. Als Beispiel mag der bereits erwähnte Journalist Karl-Heinz Gerstner dienen. Während Heinrich George schließlich in Sachsenhausen interniert wurde, kam Gerstner 1946 aus dem NKWD-Lager Hohenschönhausen frei. Laut Unterlagen der späteren DDR-Staatssicherheit wurde er »von sowjetischen Freunden angeworben, um ehemalige NSDAP-Mitglieder aufzuklären und Informationen zu sammeln«.[32]

Die Tatsache, dass viele Deutsche nach dem Einmarsch der Roten Armee von sich aus zu den Kommandanturen drängten, um belastende Angaben über Mitbürger zu machen, wird heute gern verschwiegen. In den ersten Tagen nach der Kapitulation, so berichtete ein Mitarbeiter der Sicherheitsdienste, »standen bei uns die freiwilligen Denunzianten [...] buchstäblich Schlange«.[33] Ob freiwillig oder unter der Knute des NKWD – das Denunziantentum, in der Hitler-Zeit sehr verbreitet, lebte tatsächlich wieder auf. Es wurde von den Besatzern nach Kräften gefördert, stand doch das Anzeigen angeblich verdächtiger Mitmenschen schon seit Beginn der Sowjetzeit in ihrer Heimat in hoher Blüte.

Auch das ist heute in Russland, unter dem Ex-Geheimdienstler Wladimir Putin, wieder so. Seit dem Einmarsch in die Ukraine erlebe Russland »einen kalten Frühling der Denunziationen«, sagt der

Schriftsteller Viktor Jerofejew; der Krieg habe »einer neuen Ära des Denunziantentums seinen Segen erteilt«.[34] Tatsächlich wenden sich seither selbst ernannte Patrioten an Generalstaatsanwaltschaft und Ermittlungsbehörde, um Mitbürger zu beschuldigen; sie rechtfertigten den Nazismus oder diskreditierten die Armee. Lehrer zeigen ihre Schüler an oder Schüler allzu liberale Lehrer – aus Pflichtgefühl oder weil sie auf Lob von oben hoffen. Sogar Prominente, etwa die betagte Schauspielerin Lia Achedschakowa oder die seit Jahrzehnten verehrte Schlagerkönigin Russlands, Alla Pugatschowa, wurden von einem ehemaligen Polizeibeamten namens Witali Borodin öffentlich als Unterstützerinnen der ukrainischen Armee diffamiert. Achedschakowa musste daraufhin ihr Theater verlassen und verlor sämtliche Rollen, Pugatschowa reiste nach Israel aus.

Die Denunzianten sind eine wichtige Stütze des Putin-Regimes. Im Unterschied zu früheren Perioden der russischen Geschichte, als Menschen oftmals unter der Knute des NKWD zu Spitzeln wurden, seien die heutigen Denunzianten stolz auf ihre Rolle in der Staatsmaschine, so Jerofejew.

Auch in Deutschland gab es nach Kriegsende die unterschiedlichsten Motive für Denunziationen. Im März 1946 schrieb ein Paul Hesse eine »Bitte um sofortige Verhaftung« an die russische politische Abteilung des NKWD in Oranienburg. Sie betraf einen Maurer, dem er »böswillige Verleumdung und Beleidigung« sowie Misshandlung von russischen Staatsangehörigen vorwarf. Auch der Bürgermeister von Sachsenhausen und der Bezirksbürgermeister von Sachsenhausen / Oranienburg, beide offenbar bereits Genossen wie er, sollten seiner Meinung nach festgenommen werden – wegen »mehrerer strafbarer Delikte im Zusammenhang von parteischädigenden Verhalten [sic]« sowie Misshandlung von russischen und deutschen Staatsangehörigen. Hesse schrieb: »Die strafbaren Handlungen der drei zu Verhaftenden sind so groß, daß eine <u>sofortige</u> Verhaftung gerechtfertigt ist. Sie ist ganz besonders aus politischen Gründen dringend erforderlich.«[35]

Noch Jahre später war das Thema Denunziation so aktuell, dass die Westberliner SPD-nahe Zeitung *Telegraf* im Juli 1949 in mehreren Teilen eine »Spitzelliste der NKWD« abzudrucken begann. Das Papier mit 300 Namen, so die Zeitung, sei dem sowjetischen Geheimdienst in Brandenburg abhandengekommen und betreffe die Jahre 1946 bis 1948. Bei den aufgeführten Namen handelte es sich vielfach um Mitarbeiter der deutschen Polizei, um Rechts- und Staatsanwälte sowie um Richter. »In Berlin pflegen die Sowjets sich mit den Agenten an der Staatsoper, früher Admiralspalast, am Bahnhof Börse oder in Privatwohnungen am Bahnhof Prenzlauer Allee zu treffen«, ergänzte die Zeitung noch.[36]

Der Abdruck – täglich wurden dreißig Namen genannt – rief ein gewaltiges Echo hervor. Ob die Liste wirklich in jedem Detail zutreffend war, lässt sich schwer sagen. Aber allein ihre Existenz bestätigte den Verdacht vieler Deutschen, dass vor allem die neuen Amtsträger eng mit dem NKWD und dem MGB zusammenarbeiteten.

8

1945: Die Jagd nach Prominenten

Einer der ersten Wege Serows in Berlin führte ihn zur Reichskanzlei. Es war der 2. Mai. »Äußerlich unterschied sich die Reichskanzlei durch nichts von den Nachbarhäusern, nur dass es im Eingangsbereich eine große Glaskuppel und große Fenster in den Wänden gab«, notierte er in sein Tagebuch.

> Als wir das Gebäude betraten, zeigte sich, dass ein schweres Artilleriegeschoss die Kuppel durchschlagen hatte, über dem Boden explodiert war und diesen ganz aufgerissen hatte. Nur kleine Reste der Mauern von nicht mal einem halben Meter Breite waren stehengeblieben. Uns an den Händen haltend bewegten wir uns vorwärts bis zu einem breiten Flur, der in einen geräumigen langen Saal mit hoher Decke mündete. Wir gingen weiter in das benachbarte große Zimmer. Am Fenster stand ein massiver Marmortisch, an dem, wie wir dann erfuhren, Hitler gearbeitet hatte. Aus diesem Zimmer führte über drei Stufen ein Korridor nach rechts […]
>
> Auf den Stufen lag ausgestreckt die Leiche eines Mannes in dunklem Anzug mit Weste. Als wir näherkamen, war ich mir sicher, dass das Hitler sei. Die schwarzen Haare hingen in die Stirn, dazu der Schnurrbart, alles wie auf den Porträts von Hitler. Was für ein Glück, dachte ich bei mir. Ich habe sofort gefunden, wonach ich vier Jahre lang gesucht habe. Zwar tot, aber Hitler.[1]

Dies erwies sich jedoch rasch als Irrtum. Serow wurmte das sehr, denn die Suche nach Prominenten des Hitler-Regimes war die vordringlichste Aufgabe von NKWD und SMERSCH. In Moskau mag man sich nicht allzu viele Illusionen gemacht haben, dass es gelingen würde, noch in größerer Zahl hochrangige Nazis im Osten Deutschlands aufzufinden. Viele von ihnen hatten versucht, vor dem Einmarsch der Roten Armee westwärts zu flüchten, ins Gebiet der Amerikaner, Briten und Franzosen. Trotzdem gingen Stalins Geheimdienstler nach ihrem Eintreffen in Berlin jeder nur halbwegs Erfolg versprechenden Spur nach. Namhafte Nazis in die Gewalt zu bekommen, verhieß propagandistischen Erfolg. Man wollte möglichst viele Parteigänger Hitlers dingfest machen, die man später der Öffentlichkeit – und den westlichen Alliierten – als Kriegsverbrecher präsentieren konnte, schon im Hinblick auf ein geplantes internationales Tribunal. Auch konnten prominente Köpfe als Faustpfand dienen: Moskau würde sie später möglicherweise gegen Personen austauschen können, die von den Alliierten festgehalten wurden. Ein weiteres Motiv der Fahndungen war: Rache.

Hitler stand natürlich ganz oben auf der Liste. Ob Stalin wirklich geglaubt hatte, seiner lebend habhaft zu werden, werden wir nie erfahren. NKWD und Abwehr machten sich jedenfalls sofort auf die Suche. Serow, zu der Zeit noch NKWD-Bevollmächtigter der 1. Belorussischen Front, hatte bereits am Abend des 1. Mai einen Anruf vom Chef des Frontstabes, Generaloberst Michail Malinin, bekommen. Dieser hatte ihm mitgeteilt, dass sich der Generalstabschef des deutschen Heeres, Hans Krebs, am Morgen zu Verhandlungen in den Stab der 8. Gardearmee begeben und dort vom Tod Hitlers berichtet habe.

Die Meldung von Hitlers Ende war für Serow ein schwerer Schlag. Ihm sei daraufhin »unbehaglich« geworden, notierte er in seinem Tagebuch.[2] Er wusste, wie sehr Stalin es auf den Kopf des Führers abgesehen hatte.

Aber auch die tatsächliche Hitler-Leiche entdeckte nicht er. Den Wettlauf um das Auffinden des toten deutschen Diktators gewann die Spionageabwehr SMERSCH. Am 2. Mai, gegen 17 Uhr nachmittags, fanden die Chefs der Spionageabwehr des 79. Schützenkorps, der 3. Stoßarmee und der 207. Schützendivision mithilfe des Garagenmeisters und des Kochs der Reichskanzlei, Karl Schneider und Wilhelm Lange, im Garten der Berliner Reichskanzlei die verbrannten Leichen der Goebbels-Familie. Marschall Schukow teilte dies am 3. Mai um 6.10 Uhr in einem chiffrierten Telegramm Stalin mit. Einen Tag später wurden auch die Überreste Hitlers entdeckt.

Die Untersuchungen der Leichen aus der Reichskanzlei, die Protokolle der Verhöre dazu, die Expertisen des Zahntechnikers Fritz Echtmann, der Schriftwechsel mit Moskau: All das ist in sieben Bänden dokumentiert, die im Moskauer Staatsarchiv lagern. 200 Seiten zu diesem Thema finden sich im Nachlass des damaligen Außenministers Wjatscheslaw Molotow, Kiefer- und Schädelknochen der Hitler-Leiche lagern im Staatsarchiv und im Zentralarchiv des Geheimdienstes FSB.

Auch die Odyssee der Toten ist weitgehend bekannt. Die Leichen (Hitler und Eva Braun, die Familie Goebbels und General Krebs, der sich am Abend des 1. Mai erschossen hatte) wurden zuerst zum Standort der 3. Stoßarmee in Berlin-Buch, dann in die Gegend von Finow gebracht und am 3. Juni in einem Wald an der Chaussee von Rathenow nach Stechow vergraben. Im Februar 1946 landeten sie auf dem Hof eines SMERSCH-Objekts in der Westendstraße 36 in Magdeburg, bevor sie im April 1970 auf dem Hof einer Kaserne bei Schönebeck endgültig verbrannt wurden. Die Asche der Leichen wurde nahe der Gemeinde Biederitz in ein Flüsschen gestreut. Der sowjetische Geheimdienst hat dazu akkurat Protokoll geführt und Zeichnungen über die geheimen Lagerstätten angefertigt.[3] Regie bei den Aktionen im Jahre 1945 führte der NKWD-Bevollmächtigte Iwan Serow.

Ungeklärt sind immer noch zwei Fragen: Warum hat Stalin nie etwas über den Fund der Hitler-Leiche verlauten lassen? Und stimmt es wirklich, dass er Zweifel an den Angaben über Hitlers Selbstmord hegte, also an den Tod eines Doppelgängers glaubte – und dass sein Geheimdienst in den Nachkriegsjahren bestrebt war, ebendiese Zweifel zu stützen, wie der frühere SMAD-Mitarbeiter Michail Semirjaga behauptete?[4] Tatsächlich wunderte sich seinerzeit schon Serow darüber, wie Stalin das Thema des toten Hitler behandelte. Als der Kremlchef zusammen mit Molotow im Juli 1945 zur Potsdamer Konferenz der Siegermächte kam (Serow hatte mit Schukow den Tagungsort Cecilienhof ausgesucht und zum Schutz der Moskauer Führung sieben NKWD-Regimenter sowie 1500 operative Mitarbeiter bereitgestellt), wollte lediglich Molotow wissen, wo sich die Leichen aus der Reichskanzlei befänden. Serow habe ihm Auskunft gegeben, so schreibt er in seinem Tagebuch, und versichert, nur er sowie der SMERSCH-Chef in der SBZ, General Alexander Wadis, und dessen Stellvertreter wüssten, was mit den Toten geschehen sei.[5] Als man Stalin vorschlug, so wie Truman und Churchill die Stelle von Hitlers Selbstmord zu besichtigen, lehnte dieser mit den Worten ab: »Mögen Molotow und Beria dorthin fahren«, was die beiden in Begleitung Serows auch taten.

Auf der Potsdamer Konferenz bestritt Stalin, dass er wisse, wo Hitlers Leiche sei. War es ein Ablenkungsmanöver? Oder hielt er Nachrichten über den Fund nur deswegen zurück, weil er sich wirklich nicht sicher war und später nicht blamiert dastehen wollte, falls Hitler doch noch lebend auftauchen sollte?

Auffällig ist, dass sich auch die von der sowjetischen Militäradministration geführte Zeitung *Tägliche Rundschau* an den Spekulationen um Hitler beteiligte – ein Blatt, das strengster Militärzensur unterlag. Am 28. Juni – da waren die Kisten mit den Leichen längst nach Rathenow gebracht worden – druckte die Zeitung eine Meldung der sowjetischen Nachrichtenagentur TASS ab, wonach Hitler nach Aussagen einer Pariser Zeitung am 29. April an Bord eines Unterseebootes aus La Palice, einem U-Boot-Hafen an der Westküste Frankreichs, entkommen sei. Er sollte dort mit einem Flugzeug eingetroffen sein und nach einigen Stunden inkognito den Hafen verlassen haben. Das Boot habe eine »Riesenmenge von Lebensmitteln und Treibstoff« mit sich geführt, hieß es in der Meldung. Auch das Flugzeug habe man inzwischen aufgefunden: eine große viermotorige Transportmaschine mit drei Reservetanks für 140 000 Liter Benzin, was genügt hätte, um Japan zu erreichen.[6]

Hans Fritzsche, der zuletzt Leiter der Rundfunkabteilung im Goebbels'schen Propagandaministerium war und der wohl rangälteste in Berlin verbliebene Regierungsbeamte, betonte später, bei seinen Gesprächen mit Schukow und den NKWD-Leuten sei immer nur dieselbe Frage gefallen: »Wo ist Hitler?« Er habe gemerkt, »daß man bei mir die Kenntnis einer geheimnisvollen Flucht Hitlers vermutete«.[7]

Den westlichen Alliierten ließen die widersprüchlichen Meldungen über Hitlers Tod keine Ruhe; sie fragten mehrfach bei der sowjetischen Seite nach. Am 20. November 1945 leitete Innenkommissar Beria ein Telegramm von Serow an Volkskommissar Molotow weiter, in dem der NKWD-Bevollmächtigte von einer Anfrage »der Anglo-Amerikaner« berichtete. Sie hätten um Auskünfte zu Hitlers Tod ersucht; Serow bitte zu beraten, was mit dieser Anfrage zu tun sei.[8] Die Antwort war offenbar erneut negativ.

Trotzdem: Die NKWD-Leute waren schon früh eindeutig in ihren Aussagen. Der NKWD-Bevollmächtigte Serow zeigte sich bereits im Sommer 1945 nach der Untersuchung der Zähne Hitlers überzeugt, dass es »keinerlei Zweifel« mehr an der Echtheit der Hitler-Leiche gebe, und sandte die entsprechenden Untersuchungsbefunde nach Moskau.[9] Eine Bestätigung für die These Semirjagas, der Geheimdienst habe nur Belege zur Stärkung von Stalins Zweifeln gesucht, gibt es nicht.

Was hochrangige Mitarbeiter Hitlers betraf, so bewahrheitete sich die Befürchtung Moskaus: Bis auf Hans Fritzsche fanden die sowjetischen Geheimdienstler keine namhaften Regierungsbeamten in ihrem Besatzungsgebiet. Fritzsche half Serow bei der Identifizierung der Goebbels-Leichen, wurde dann nach Moskau gebracht und von dort als vermeintlicher Hauptkriegsverbrecher zum Prozess nach Nürnberg. Sein Freispruch dort entsetzte die sowjetische Führung.

Die NKWD-Mitarbeiter versuchten, die missliche Lage durch die Jagd nach zweit- und drittrangigen NSDAP-Größen oder -Sympathisanten auszugleichen. Wie schon in den 1930er-Jahren, als das NKWD daheim die Planziffern zur Festnahme vermeintlicher Volksfeinde künstlich zu erfüllen versuchte, kam es nun auch in der sowjetischen Zone zu Übertreibungen oder Erfindungen. Der Zwang, Erfolgsmeldungen nach Moskau zu schicken, trieb den Geheimdienst an. Im Juli 1945 meldete die deutsche NKWD-Filiale vier Namen an die Zentrale in Moskau, die sie für bedeutend hielt: Erich Raeder, Walter Nicolai, Marika Rökk und Hermine Reuß. Relevant war von diesen vier Personen nur Raeder. Den früheren Oberbefehlshaber der Kriegsmarine hatten Serows Leute in ihrer unmittelbaren Nähe, in der Potsdamer

Stubenrauchstraße am Griebnitzsee, ausgemacht, wo inmitten eines schönen Parks Raeders Villa stand (und heute noch steht). Der Großadmiral, Anfang 1943 wegen Meinungsverschiedenheiten von Hitler entlassen, hatte zum Zeitpunkt der Kapitulation im Krankenhaus Babelsberg gelegen. Erst am 16. Mai kam er nach Hause. Er meldete sich sofort beim sowjetischen Stadtkommandanten, lag dann aber zu Hause weitere Wochen herzkrank danieder. Am 20. Mai suchte der Stadtkommandant Raeder auf, »mit einem General aus dem Stabe von Marschall Schukow«, wie sich der Admiral später erinnerte.[10] Dies war offenbar der NKWD-Bevollmächtigte Serow, der in seinem Tagebuch berichtet, Raeder habe ihn mit den Rufen »Hitler kaputt« empfangen, »was wir auch ohne ihn wussten«. Man müsse Raeder erhalten, so Serow: »Man wird den Dreckskerl verurteilen [...]. Denn auf seinen Befehl hin haben sie unsere Seeflotte versenkt.«[11]

Raeder wurde Anfang Juli zusammen mit seiner Frau nach Moskau geflogen, dort aber »in einem gut eingerichteten Landhaus in der Nähe Moskaus untergebracht«, wo er in den darauffolgenden drei Monaten seine Erinnerungen niederzuschreiben begann.[12] Die gute Behandlung täuschte ihn offenbar, denn erst im Oktober, als er »völlig überraschend« zurück nach Potsdam und weiter nach Nürnberg gebracht wurde, hörte er vom Vorwurf der Kriegsverbrecherschaft.

Das Landhaus, in dem Raeder seine Memoiren zu Papier brachte, war eine Datscha von Pawel Sudoplatow, der während des Krieges die Abteilung Sonderaufgaben im Moskauer Geheimdienst geleitet hatte und 1940 für die Ermordung Leo Trotzkis verantwortlich war. Raeder, so behauptete Sudoplatow, habe sich kooperativ zeigen wollen, sofern man ihn nicht in Nürnberg anklagen würde. Er sei jedoch auf Druck der Briten zurück nach Deutschland gebracht worden: »Raeder, andere Marineoffiziere und eine Gruppe deutscher Generäle wurden ihnen überstellt, wir erhielten im Gegenzug den früher zaristischen General Pjotr N. Krasnow, Kommandeur der Weißen Kosaken im Bürgerkrieg, der bei der Wehrmacht Dienst tat, und russische Offiziere, die bei der Wlassow-Armee gekämpft hatten.«[13]

Krasnow wurde 1947 in Moskau gehängt, der in Nürnberg zu lebenslanger Haft verurteilte Raeder jedoch bereits 1955 aus dem Spandauer Kriegsverbrechergefängnis entlassen.

Walter Nicolai dagegen ist ein Beispiel für die Willkür sowjetischer Sicherheitsdienste, die lediglich auf irgendeinen Verdacht oder eine Behauptung hin Leute in Haft nahmen. Der Braunschweiger Generalstabsoffizier, der neben anderen Sprachen auch Russisch beherrschte, war im Ersten Weltkrieg Chef des militärischen Nachrichtendienstes gewesen, zuvor hatte er von Königsberg aus die Spionageabwehr gegen Russland aufgebaut. Er galt als gefürchtete, ja fast mythische Persönlichkeit, war allerdings nach Kriegsende aus der Abwehr ausgeschieden und 1919 pensioniert worden. Der sowjetische Geheimdienst hatte ihn damals im Visier gehabt und später nach irgendwelchen Verbindungen Nicolais zu russischen Emigranten oder zu Hitlers Geheimdiensten gesucht. Da sich aber nichts Verdächtiges feststellen ließ, verschwand die Akte mit der Bezeichnung »Oberst« noch vor Beginn des Zweiten Weltkrieges im NKWD-Archiv.[14]

Nicolai hatte den Zweiten Weltkrieg in seinem Haus in der Stolberger Straße 58 im thüringischen Nordhausen überlebt. 1945 waren zuerst die Amerikaner als Besatzungsmacht in die Stadt eingerückt, Anfang Juli dann die Sowjets. Der frühere Abwehrchef hatte keinen Anlass zur Flucht gesehen. In seinen Erinnerungen, die er später in Moskau zu Papier brachte, erklärt er das so: »Von allen Mächten, die Deutschland in der ersten Zeit nach Beendigung des Krieges okkupierten, bevorzugte ich Russland. Nicht weil ich Bolschewik oder Kommunist war, sondern weil ich mich seit langem dem russischen Volk näher fühlte als dem Westen […]. Während der allgemeinen Panik wollte ich ein Beispiel geben, […] damit sich beide Völker gegenseitig erkennen und verstehen.«[15]

Nichtsdestotrotz wurde der inzwischen 72-jährige Nicolai am 7. September 1945 in seinem Haus verhaftet und in die Thüringer NKWD-Zentrale nach Weimar gebracht – und von dort weiter nach Berlin zu General Iwan Serow. Der befragte den Verhafteten anfangs selbst. Er hatte bereits Angaben vorliegen, wonach sich Nicolai unter Hitler nicht an der Aufklärung beteiligt habe. »Mir schien, dass man somit die Sache Nicolai beenden könne, aber aus Moskau kam das Kommando, ihn dorthin zu schicken«, schrieb Serow ins Tagebuch. Als erfahrener NKWD-Mann fügte er hinzu: »Das wird wahrscheinlich seine letzte Reise, aber einen Nutzen wird das nicht haben.

Offensichtlich sind das irgendwelche Dingelchen von Abakumow oder Kobulow. Der Krieg ist zu Ende, sie haben nichts zu tun und wollen sich nun auszeichnen. Sie haben sich das ganze Leben über angewöhnt, mit Sensationen oder Provokationen zu arbeiten.«[16] Abakumow, zu der Zeit Chef der Spionageabwehr SMERSCH im Verteidigungskommissariat in Moskau, und Kobulow, Vizechef der Staatssicherheit, waren Beria-Vertraute, die in den Moskauer Machtkämpfen jahrelang gegen interne Gegner intrigierten und nun ihre eigenen politischen Geiseln in Moskau haben wollten.

Tatsächlich wurde Nicolai, obwohl man ihm in Berlin die Freiheit versprochen hatte, Ende Oktober nach Moskau geflogen und in einer Einzelzelle des Lubjanka-Gefängnisses untergebracht. Ende Dezember gingen die Verhöre weiter. Die Untersuchungsführer hielten den Oberst a. D. für einen Lügner, sie glaubten mehr dem fantasiereichen Buch eines deutschen Emigranten, das 1941 in den USA erschienen war und in dem dieser von einem weltumspannenden Netz des Nazi-Geheimdienstes mit Nicolai als dessen grauer Eminenz gesprochen hatte. Aber die Vernehmungen brachten nicht das gewünschte Ergebnis. Auch Generalleutnant Franz Eccard von Bentivegni, der unter Hitler lange Zeit die militärische Abwehr geleitet hatte und ebenfalls in sowjetische Kriegsgefangenschaft geraten war, verneinte gegenüber dem sowjetischen Geheimdienst, »dass Nicolai nach 1918 irgendwo in deutschen Aufklärungsorganen beteiligt war«.[17]

Daraufhin wandte sich der Chef der Staatssicherheit mit einem Vorschlag an Stalin: Falls es nicht gelänge, Nicolai eine Beteiligung an Hitlers Geheimdiensten nachzuweisen, solle man den Deutschen unter Hausarrest setzen und ihm die Möglichkeit geben, dort seine Erinnerungen über die Arbeit der deutschen Abwehr aufzuschreiben. Auch die Kapitel seiner Niederschrift wurden bereits umrissen. Unter Punkt 3 stand: »Die Russische Okkupationszone in Deutschland als Objekt von Aufklärung, Abwehr und Propaganda und als Basis für die Organisation entsprechender sowjetischer Aufklärungsdienste gegenüber anderen Ländern.«[18] Das entbehrte nicht einer gewissen Komik: Der Chef der Abwehr aus der Zeit des deutschen Kaiserreiches sollte dem sowjetischen Geheimdienst ein Konzept zu dessen Arbeit in Deutschland nach dem Zweiten Weltkrieg entwerfen.

Offenbar mit Stalins Billigung wurde der Gefangene Ende April 1946 in einem Haus des Datschenviertels Sosnowa Roschtscha auf der Silberinsel an der Moskwa untergebracht, wo er bis zum 1. September sein Werk vollenden sollte. Auf einer von den Russen erbeuteten deutschen Schreibmaschine brachte Nicolai in seiner Schrift *Die Aufklärung 1900–1945. Versuch einer Zusammenfassung* viel Weitsichtiges zu Papier: Das Vordringen Russlands nach Westen könne beispielsweise zu einer weiteren Aufsplitterung seiner Kräfte führen und damit zu einer Zerstückelung der Sowjetunion, und die UdSSR sei wegen des Drucks aus dem Westen und aus dem Fernen Osten in einer strategisch schwierigen Lage. Interessant ist aber auch, was er zum Thema Geheimdienst schrieb: »Es gibt nichts Gefährlicheres als einen unkontrollierten, führungslosen Geheimdienst [...]. Aufklärung und Spionageabwehr müssen selbständig und gleichgestellt sein mit den anderen Instanzen der Staatsführung [...]. Aufklärung – das ist nicht Politik. Sie soll nicht eine Veränderung der Politik anstreben, keinen Wechsel der Systemführung [...]. Man soll sie nicht allein auf die Spionage und die Suche von Spionen beschränken [...].«[19] Diese Bemerkungen hätten die NKWD-Leute genauer lesen sollen, denn mehrere der Untersuchungsbeamte im Fall Nicolai wurden nach Stalins Tod wegen Überschreitung ihrer Kompetenzen und Untergrabung des Staates erschossen.

Nicolai hoffte darauf, dass man ihn zurück nach Deutschland bringen werde. Aber er sah seine Familie nicht wieder. Die monatelangen Verhöre, die physischen Anstrengungen und Phasen der Depression hatten ihre Spuren hinterlassen. Im Januar 1947 ereilte ihn ein Schlaganfall. Nicolai wurde in die Krankenabteilung des berüchtigten Moskauer Butyrka-Gefängnisses eingeliefert. Dort starb er am 4. Mai um 13 Uhr. Sein Nachlass – »Unterwäsche, Wattehosen, Wattejacke, Wollsocken, Schal, Wollhandschuhe, Pelzmütze, Hornbrille, Kamm und hölzerner Spazierstock, eine Taschenuhr der Firma ›Schaffhausen‹ und ein Lederportemonnaie mit 7 Mark und 61 Pfennigen« – wurde der Abteilung A des gerade gebildeten sowjetischen Ministeriums für Staatssicherheit »zur Veräußerung« übergeben und die »Weiterleitung des Geldes in den Staatsfonds« angeordnet.[20]

Erst 32 Jahre später erhielten die Angehörigen den Bescheid, dass Nicolai in Moskau verstorben und in einem Massengrab auf dem Moskauer Donskoi-Friedhof bestattet worden sei. Noch einmal zwanzig Jahre später rehabilitierte die russische Generalstaatsanwaltschaft den Verstorbenen mit der Bemerkung: Am 7. September 1945 »ins Gefängnis eingeliefert ohne Erhebung einer Anklage wegen eines konkreten Verbrechens«.[21] Nicolai war Opfer eines Geheimdienstes geworden, der sich nicht an die Regeln einer Berufszunft hielt, wie Nicolai sie sah und der er selbst entstammte.

Ähnlich wie Nicolai erging es 1945 vielen, die einfach als Geiseln festgenommen wurden – ohne dass man konkret wusste, was man mit ihnen anfangen würde. Zu ihnen zählte Hermine Reuß, die zweite Frau von Kaiser Wilhelm II. Die Tochter aus der Greizer Fürstenlinie Reuß hatte den Exmonarchen 1922 in dessen Exil im niederländischen Doorn geheiratet. Nach Wilhelms Tod war sie auf ihr Schloss in Niederschlesien zurückgekehrt, 1945 flüchtete sie vor der Roten Armee zu ihrer Schwester Ida von Stolberg-Roßla nach Roßla im Südharz.

1945 rückten dort, wie in Nordhausen, zuerst die Amerikaner ein. Warnungen vor einem Wechsel der Besatzungsmächte schlug Hermine Reuß in den Wind, und so fiel auch sie den sowjetischen Truppen in die Hände. Man brachte sie nach Berlin, zum NKWD-Bevollmächtigten Serow. Er erlebte sie als hochmütig, politisch aber harmlos. Nach Anfrage in Moskau schickte er sie nach Frankfurt / Oder in den Hausarrest, wo sie die nächsten Jahre mit ihrer Zofe und unter ständiger Aufsicht einer NKWD-Dolmetscherin lebte. »Wozu die Last auf sich nehmen, sie lebte auch so dort in Thüringen, sie will Deutschland niemals verlassen«, mokierte Serow sich über die Anordnung.[22] Aber die Angst, die Alliierten könnten sich solcher Leute bemächtigen, verdrängte in Moskau vernünftige Überlegungen.

Womöglich wäre es der Schauspielerin und Tänzerin Marika Rökk ähnlich ergangen, wäre sie zu Kriegsende nicht rechtzeitig nach Österreich ausgewichen. Sie hatte sich offen mit den nationalsozialistischen Machthabern arrangiert, Hitler bewundert und von der Arisierung profitiert. Gefördert von Ufa-Regisseur Alfred Zeisler, wohnte sie in dessen Haus in Potsdam-Babelsberg. Als Zeisler, der jüdischer Abstammung war, 1935 nach England floh, übernahm Rökk die Villa. Das NKWD suchte sie eine Zeit lang, gab dann aber auf.

Das Bestreben, besonders belastete Deutsche zu suchen und zu verhaften, um sie dann gegebenenfalls gegen andere auszutauschen, die von den Alliierten festgesetzt worden waren, war nicht abwegig. In den Akten der Sowjetischen Militäradministration finden sich viele Suchanfragen der Amerikaner, Briten und besonders der Franzosen, aber auch von der polnischen Militärmission. Die Polen baten die Russen zum Beispiel darum, in Gera nach dem ehemaligen Königsberger Gauleiter Erich Koch zu fahnden.[23] Er wurde kurz darauf aufgespürt, allerdings in der Nähe von Hamburg. Die Anfragen gingen gewöhnlich an die SMAD, wurden aber von dort sofort an das NKWD weitergereicht.

Mitunter bemühten sich die Sowjets tatsächlich, die fraglichen Personen in ihrem Bereich zu finden und ein Gegengeschäft aufzumachen. Sie waren daran interessiert, im Austausch für Deutsche, die in der Sowjetunion Kriegsverbrechen begangen hatten, prominente Emigranten oder Kosaken überstellt zu bekommen, die nach dem Umsturz von 1917 vor den Bolschewiki nach Westen geflohen waren. Besonders energisch suchten sie in den Westen geflüchtete Sowjetbürger, die als Kriegsgefangene oder Zwangsarbeiter in Deutschland gelebt hatten, sich nun aber der Repatriierung entziehen wollten.

Häufig verweigerten die Sowjets bei Suchanfragen der Alliierten jedoch ihre Mithilfe. Nach einer Anfrage aus der französischen Zone beschied Generalmajor Grigori Melnikow, stellvertretender Chef der Spionageabwehr in Deutschland, die Rechtsabteilung der SMAD: »Den französischen Behörden über die bei uns befindlichen Archivunterlagen des Lagers Rewensbruk [Ravensbrück, d. A.] Auskunft zu geben und ihnen die Materialien zur Verfügung zu stellen, halte ich nicht für zweckmäßig.«[24] Auch die Überstellung von Gesuchten in den Westen lehnte der Geheimdienst nicht selten ab, oder er bestritt, sie gefunden zu haben.

Umgekehrt lief es allerdings genauso. Der Fall Gustav Hilger ist typisch dafür. Hilger war 1939 bei der Unterzeichnung des Hitler-Stalin-Paktes und bei Stalins Ankündigung des Einmarsches in Polen dabei gewesen. Über zwanzig Jahre lang hatte er an der deutschen Vertretung in Moskau gearbeitet, weshalb er als einer der besten Kenner der Sowjetunion galt. 1945 wurde er Mitarbeiter des ehemaligen Wehrmacht-Generals Reinhard Gehlen, während des Kriegs Chef der Aufklärung Ost, der nach Kriegsende sein gesamtes nachrichtendienstliches Material den Amerikanern übergeben hatte und in die USA ausgeflogen worden war. Gehlen bereitete dort mit den Amerikanern die Gründung eines neuen deutschen Geheimdienstes vor. Hilger hatte im Mai 1945 ebenfalls Kontakt zu den Amerikanern gesucht und wurde daraufhin wie Gehlen vorübergehend in die USA gebracht. Moskau verlangte die Auslieferung Hilgers als einen der angeblichen Hauptanstifter des Krieges. Die Amerikaner behaupteten jedoch, er sei verschollen. So hielt sich der sowjetische Geheimdienst an Hilgers Frau Marie, die mit der Tochter sowie zwei Enkelinnen noch in ihrem Landhaus in Molchow bei Neuruppin lebte. 1947 wurde Frau Hilger für kurze Zeit vom NKWD verhaftet. Später setzte sie sich mit Tochter und Enkelinnen nach Westberlin ab und wurde in die amerikanische Zone ausgeflogen.[25]

Zu jenen, die relativ schnell vom NKWD festgesetzt wurden, zählten politisch schwer Belastete wie Hermann Hilliges, den die Briten im Juli 1945 dem Berliner NKWD-Sektor übergeben hatten. Hilliges galt als Verräter des deutschen KP-Vorsitzenden Ernst Thälmann, der im März 1933 in seinem illegalen Quartier in einer Laubenkolonie in Berlin-Gatow festgenommen worden war. Tatsächlich hatte sich ein Brief Hilliges gefunden, in dem sich dieser mit seinen Verdiensten für die NSDAP brüstete.[26] Den Berliner Rentner Otto Runge, wohnhaft in der Greifenhagener Straße 22, ereilte zwei Tage später das gleiche Schicksal. Er hatte am 15. Januar 1919, zwei Monate nach der Novemberrevolution, als Unteroffizier der Garde-Kavallerie-Schützendivision Wache vor dem Regimentsstab im Berliner Hotel Eden gestanden, in dem die Spartakisten Rosa Luxemburg und Karl Liebknecht festgehalten wurden. Als Luxemburg abgeführt wurde, soll Runge ihr mehrere Hiebe mit dem Gewehrkolben versetzt haben, bis sie bewusstlos war – kurz darauf wurde Luxemburg an einem anderen Ort erschossen. Runge galt damit für das NKWD als »Teilnehmer am Mord von Rosa Luxemburg«.[27] Er starb nach den Verhören am 1. September 1945. Der Thälmann-Verräter Hilliges wiederum soll in der Haft Selbstmord begangen haben.

9

Verhaftungen und kein Ende – Piecks vergeblicher Einspruch im Kreml

In der sachsen-anhaltischen Industriestadt Zeitz wurde im Juli 1945 Oberbürgermeister Arthur Jubelt vom sowjetischen Stadtkommandanten seines Postens enthoben. Ein Kommunist (sein Nachfolger im Amt) hatte ihn zu den faschistischen und reaktionären Elementen gezählt und bei den Russen denunziert – kein seltener Vorgang damals, eher ein typischer.

Jubelt hatte nicht einmal drei Monate lang amtiert. Die Amerikaner, die als Erste in die frühere Residenzstadt des Herzogtums Sachsen-Zeitz eingerückt waren, hatten ihn Ende April zum kommissarischen Stadtoberhaupt ernannt – Jubelt galt als unbescholten, denn er hatte dem Nationalsozialismus ablehnend gegenübergestanden. Der spätere TV-Chefredakteur und Publizist Peter Merseburger, der damals 17 Jahre alt war und selbst aus Zeitz stammte, schreibt in seinen Erinnerungen: »Gute sechs Wochen danach vom sowjetischen Geheimdienst verhaftet, landete Jubelt schließlich im NKWD-Speziallager Buchenwald und sollte dort Anfang Dezember 1947 eines elenden Todes sterben.«[1]

Jubelt hatte Rechtswissenschaft und Kunstgeschichte studiert und 1927 die von seinem Vater gegründete Zeitung *Zeitzer Neueste Nachrichten* übernommen, ein sehr populäres Lokalblatt. Er war Nationalkonservativer gewesen, nie irgendeiner Partei beigetreten, hatte sich der Heimatforschung verschrieben und besaß einen Ruf als Unternehmer mit sozialem Gewissen. »Als Naziverächter und -gegner«, so Merseburger in seinen Erinnerungen, »half er in den zwölf NS-Jahren nachweislich Verfolgten, stellte Verwandte von linken inhaftierten NS-Gegnern und ›Halbjuden‹ in seinem Betrieb ein, was damals nicht wenig Courage erforderte.« Bereits im März 1943 waren die *Zeitzer Neuesten Nachrichten* von den Nazis geschlossen worden, woraufhin sich Jubelt ausschließlich der Erforschung der Heimatgeschichte widmete.

Warum geriet der 53-jährige Jubelt ins Visier des NKDW? Fragen wie diese stellen sich ständig, wenn man sich mit dem Vorgehen des sowjetischen Geheimdienstes in der sowjetischen Zone beschäftigt. Anfangs mag bei dessen Mitarbeitern noch Orientierungslosigkeit eine Rolle gespielt haben – die Schwierigkeit einzuschätzen, wer denn nun Anhänger des Hitler-Regimes gewesen war und wer nicht. Doch die wahllosen Verfolgungen unbescholtener Bürger hörten auch später nicht auf.

Einen Monat nach Jubelts Absetzung als Bürgermeister und knapp drei Wochen vor seiner Verhaftung durch das NKWD gab es eine mehrtägige Zusammenkunft der Sowjetischen Militäradministration. Deren Führung hatte die Vizechefs der SMAD-Verwaltungen in den Ländern und Provinzen, die Chefs der Kommandanturdienste sowie die Militärkommandanten der Kreise und großen Städte zusammengerufen. Diese Tagung ist deshalb aufschlussreich, weil auf ihr sowohl das Chaos bei den Besatzern als auch deren Wille zu Gewalt sichtbar wurden.

Eine der Grundsatzreden auf dieser Versammlung hielt Iwan Serow. Er stellte ihr einen Satz von ungewohnter Offenheit voran: »Es ist eine für uns neue Angelegenheit. Wir haben niemals gelernt, ein Land wie Deutschland zu führen.«[2] Serow war kein Mann von Selbstzweifeln, aber auf jenem Treffen schien ihm dieses Eingeständnis wichtig – um das sowjetische Führungspersonal in der SBZ auf die kommende Zeit einzustimmen.

Die Diskussion auf der Versammlung spiegelte das Dilemma der neuen Machthaber wider. Wie sollte man eingefleischte Nazis von Mitläufern des untergegangenen Regimes unterscheiden, wie wirkliche Gegner der neuen Besatzungsmacht von vermeintlichen? Wie sollte man der von Moskau favorisierten Kommunistischen Partei die Steigbügel halten, gleichzeitig aber bürgerlich-liberale Parteien fördern, wie Stalin es gefordert hatte – Parteien, die man selbst für »nah der Ideologie der Faschisten«[3] hielt? Und woher war eigenes qualifiziertes Personal für die Militärregierung zu nehmen?

Der Chef des Kommandanturdienstes der Provinz Mecklenburg klagte auf der Konferenz über 2921 fehlende Soldaten und Offiziere, über den Mangel an Treibstoff, den seit acht Monaten ausgebliebenen Sold und den fehlenden Kontakt mit den Verwandten in der Heimat, weil die Feldpost schlecht arbeite. Sein Brandenburger Kollege, Generalmajor wie er, ließ laut Tagungsprotokoll kein gutes Haar an den von Moskau entsandten Kadern: »Laut Befehl Marschall Schukows sollen diese Leute die besten sein. Man schickt uns aber nicht die besten, sondern im Gegenteil. Wir müssen sie zwei- bis dreimal zurückschicken.« Jeder höhere Vorgesetzte versuche, »sich alles, das Beste« von den Trophäen zu nehmen, so der Vertreter Sachsens, und der Chef des Kommandanturdienstes in Thüringen konstatierte voller Resignation: »Unsere Offiziere wissen absolut nicht, womit beginnen. Sie haben keine Ahnung von dieser Arbeit.«

Vor diesem Hintergrund erschien es den Führern der Militäradministration und des Geheimdienstes angebracht, den Untergebenen Prioritäten zu setzen. Und so schworen sie diese darauf ein, es sei das Wichtigste, nicht lange zu diskutieren, sondern selbst den kleinsten Widerstand gegen die Befehle der Besatzungsregierung sofort niederzuschlagen. Serow brachte den berüchtigten Artikel 58 des sowjetischen Strafgesetzbuches ins Spiel, mit dessen Hilfe in den 1920er- und 30er-Jahren die sogenannten Volksfeinde in der Sowjetunion verurteilt worden waren. Er allein – »mit allen Unterpunkten« – sei in der sowjetischen Zone das Instrument bei politischen Vergehen. »Das dürfen wir uns nicht aus der Hand nehmen lassen. Wir müssen Deutschland so hinbekommen, dass es für einige Jahrzehnte nicht mehr den Kopf hebt […]. Sie haften für die Erfüllung der Aufgaben mit Ihrem Kopf!«, notierten die Protokollanten der Tagung.

Die Anwendung des Artikels 58, mit dem »konterrevolutionäre Aktivitäten« bestraft wurden und der bis hin zur Sippenhaft reichte, war Prärogative des NKWD. Serow gab also zu verstehen, dass man nach altem Stalin'schen Muster verfahren wolle. Auch Marschall

Schukow, der Chef der Militäradministration, wählte diesen Ton: »Wir werden nicht halt machen vor der Erschießung krimineller Elemente, vor ihrer Vernichtung. Jede Schwäche kann uns schaden.« Und weiter: »Wir führen jetzt eine große Operation zur Säuberung feindlicher Elemente durch und werden sie noch mehrfach wiederholen. Wir ziehen dazu alle NKWD-Truppen heran.«[4]

Der Begriff »kriminelle Elemente« war, wie sich in Zeitz gezeigt hatte, ebenso auslegbar wie der von den »konterrevolutionären Aktivitäten«.

Die Tagung der SMAD-Führung offenbarte, dass es in den ersten drei Monaten der Besatzung überall in der Sowjetisch Besetzten Zone chaotisch zugegangen war. Es hatte an geeignetem Personal sowie an klaren Regeln und Vorgaben gefehlt. Auch bei den Säuberungen hatte sich das gezeigt. Sie hatten gleich nach der Kapitulation Deutschlands eingesetzt, sollten künftig aber gezielter ablaufen. Durch Razzien und Massenfestnahmen hofften die Besatzer, Kriegsverbrecher und Nazi-Größen aufzufinden, Offiziere und Generäle etwa, die Gräueltaten auf dem Territorium der Sowjetunion begangen hatten, oder Männer wie den selbstherrlichen Dresdner Gauleiter und sächsischen Ministerpräsidenten Martin Mutschmann, den man bereits Mitte Mai in Oberwiesenthal fasste (seine in einem nahen Wald vergrabenen Geldvorräte in Höhe von 1636250 Reichsmark fand der Geheimdienst allerdings erst knapp zwei Jahre später).[5] Mutschmann und Funktionäre seines Ranges standen aber ohnehin auf längst vorbereiteten Listen. Die sonstige Suche war hingegen planlos verlaufen.

Michail Semirjaga erinnerte sich später, dass im Verlaufe einer einzigen Nacht in Berlin 30000 Deutsche festgenommen und in die Sowjetunion deportiert worden seien.[6] Es war, als würden Fischer wahllos ihre Schleppnetze auswerfen. In die Fänge des NKWD gelangten Menschen aller Kategorien, die man – zum Teil zu Recht, oft aber zu Unrecht – für verdächtig hielt: ehemalige Wehrmachtsangehörige höherer Dienstgrade, Gestapo-Mitarbeiter, Volkssturmführer und HJ-Funktionäre, Mitarbeiter der Hitler'schen Verwaltungsorgane, Zeitungsredakteure, frühere Mitarbeiter von Rüstungsbetrieben,

Grundbesitzer, ehemalige sowjetische Kriegsgefangene, Deserteure und Marodeure, Leute ohne Papiere und alle, die man aus irgendwelchen Gründen für Spione, Diversanten und Agenten hielt. Am 22. August 1945 meldete der Chef der Operativen Abteilung des Stabs der NKWD-Truppen, dass im Zeitraum von Juni bis August 101 060 Personen festgenommen worden seien.[7]

Die Verhaftungen setzten sich mit den von Schukow angekündigten Operationen fort, aber wirklich planvoller wurden sie offenbar nicht – schon zum 20. August waren weitere 27 091 Deutsche in die Gefängnisse eingeliefert worden.[8] Mithilfe der Roten Armee wurde jede Provinz »durchkämmt«, oft mit so groben Mitteln, dass selbst hohe NKWD-Offiziere Bedenken anmeldeten. Der Chef des Operativen Sektors für die Provinz Mecklenburg und Vorpommern monierte am 22. August, dass man mitunter gleichzeitig 300 bis 400 Personen zu den einzelnen Operativen Gruppen gebracht habe, »darunter Alte, Schwangere und Kinder«. Noch schlimmer sei es im Landkreis Güstrow gewesen, »wo die militärischen Einheiten in manchen Orten die gesamte Bevölkerung ausnahmslos gefangen nahmen und der Operativen Gruppe zuführten, was bei der deutschen Bevölkerung eine ungesunde Stimmung erregte. Ein Deutscher, der Widerstand leistete, wurde von unseren Soldaten getötet«. Der Rapport des NKWD-Generals zählt darüber hinaus zahlreiche Fälle von Plünderungen, Diebstählen und Vergewaltigungen durch sowjetische Soldaten während der »Durchkämmung« der Provinz auf. Sein Fazit: Manche der Operativen Gruppen habe »angesichts der großen Anzahl der Zugeführten den Kopf verloren«.[9]

Das ziellose Vorgehen hatte mit den sehr vage gefassten NKWD-Befehlen zu tun, die Verhaftungen und Internierungen betrafen. Im Grunde war es jedem einzelnen Offizier überlassen, ob er nur NSDAP-Funktionäre verhaftete oder auch einfache Parteimitglieder. Allein das schon machte die Festnahmen unberechenbar.

Die Offiziersfrau Margret Bechler, die ab 1945 insgesamt elf Jahre lang durch die Lager und Gefängnisse zwischen Bautzen, Buchenwald und Waldheim gehen musste, traf in Bautzen auf sechs Frauen aus Plauen. Sie waren zusammen verhaftet worden – auf fast tragikomische Weise, könnte man sagen, wären die Folgen für sie nicht so schrecklich gewesen. Sie hatten der NS-Frauenschaft angehört, der nationalsozialistischen Frauenorganisation, sollen aber vorwiegend mit Nähen und Flicken beschäftigt gewesen und in Lazaretten und auf Bahnhöfen eingesetzt worden sein. Der Stadtkommandant forderte sie über den Plauener Bürgermeister zum Ausbessern russischer Uniformen an. Fünf von ihnen willigten ein und gingen zum Rathaus, so erzählte Bechler später. Dort trafen sie eine sechste, »die sonst auch immer dazugehört hatte, in Leinenrock, dünner Bluse und Bastschuhen, und die war ganz beleidigt, weil sie nicht benachrichtigt worden war, und sie sagte, wir haben doch bisher immer zusammengehalten und da will ich auch mitmachen, und zog mit ins Rathaus. Wochen später, als ich sie in Bautzen kennenlernte, hatte sie immer noch die dünne Bluse an und die Sommerschuhe, sie war über sechzig, und es war sehr hart für sie. Im Rathaus waren sie in ein Zimmer geführt worden, wo man sie stundenlang warten ließ, und als sie unruhig wurden und sich erkundigen wollten, mussten sie feststellen, dass die Tür versperrt war.«[10]

Auf solche Art und Weise konnte man für Jahre im Gefängnis verschwinden. Von Margret Bechler wird noch zu reden sein.

Unter dem NKWD-Bevollmächtigten Serow erreichten die Repressionen ein solches Ausmaß, dass in der Bevölkerung die abenteuerlichsten Mutmaßungen auftauchten. Im August 1945 ging im thüringischen Greiz das Gerücht um, dass die Verhaftungen durch die Russen verstärkt fortgeführt und in einem Jahr etwa die Hälfte der deutschen Bevölkerung festgenommen sein würden. Ein Deutscher behauptete sogar, die Verhafteten würden nicht irgendwohin geschafft, sondern im Keller des Gefängnisses von Hildburghausen mit einer speziellen Maschine getötet.[11]

Wegen all dieser Gerüchte war die sowjetische Propaganda bemüht, die Verhaftungen als ganz im Sinne der deutschen Bevölkerung auszugeben. Am 23. Mai 1945 veröffentlichte die *Tägliche Rundschau* in der Rubrik »Der werktätige Deutsche hat das Wort« einen Artikel, der mit »E. Z., Prenzlauer Berg« gezeichnet war. Der Autor – wer immer sich hinter diesem Kürzel verbergen mochte –

behauptete, es sei »Tatsache, daß sich wohl fast alle [...] Berliner wundern, warum so wenig gegen die einstigen PG's [Parteigenossen, d. A.] geschieht [...]. Ein besonderes Augenmerk müßte [...] den ehemaligen Mitgliedern der HJ zugewandt werden. Ich habe schon mehrfach die Meinung äußern hören, daß man diese in Arbeitslagern unterbringen müßte, da sie sich am meisten von der Arbeit drücken und am stärksten zu Sabotageakten neigen«.[12] Die 15- bis 17-Jährigen derart pauschal unter Verdacht zu stellen und deren Verhaftung als Werwölfe anzuregen, war freilich weniger für die »werktätigen Deutschen« charakteristisch als vielmehr für das sowjetische NKWD, das diesen Text redigiert haben dürfte. Unter deutschen Journalisten wurde die *Tägliche Rundschau* wegen solcher Propagandatexte gern *Klägliche Rundschau* genannt.

Wer vom NKWD festgenommen wurde, landete meist zuerst in einem der sogenannten GPU-Keller – jenen provisorischen »inneren Gefängnissen«, die der Geheimdienst in öffentlichen Gebäuden, ehemaligen Privathäusern oder schon früher genutzten Gefängnissen eingerichtet hatte. In ihnen fanden die ersten Verhöre statt, Folter und Schläge inbegriffen. Später ging es weiter in die von Serow gegründeten Speziallager oder direkt in Gefängnisse und Lager in der Sowjetunion.

Die Praxis der NKWD-Gefängnisse und der Speziallager in der SBZ, von denen zwei in ehemaligen Konzentrationslagern der Nazis – in Buchenwald (Nr. 2) und Sachsenhausen (Nr. 7) – eingerichtet wurden, ist breit dokumentiert. In ihnen waren bis 1950 über 122 000 Menschen interniert, von denen fast 43 000 dort starben. Tausende Deutsche wurden zudem von sowjetischen Tribunalen zum Tode verurteilt.[13] Auch zahlreiche Erlebnisberichte von seinerzeit Verhafteten liegen vor.[14] Es sind erschütternde Dokumente von Willkür und Erniedrigung.

Einzelne Berichte über die unhaltbaren Zustände in den NKWD-Lagern drangen schon früh nach außen und wurden im Westen publiziert. Für Schlagzeilen sorgte vor allem, dass die Russen zwei frühere Nazi-Konzentrationslager für die Internierung ihrer politischen Gegner nutzten. Im August 1947 regte das Moskauer Außenministerium deswegen an, Buchenwald und Sachsenhausen zu schließen.

Serow lehnte das ab: Das MWD könne beide Lager nicht entbehren – es gebe »keine Möglichkeiten, die dort festgehaltenen Deutschen auf andere Lager zu verteilen«.[15]

Die unhaltbaren Zustände in den Lagern und Haftanstalten waren der SMAD bekannt. Noch im Frühjahr 1948 stellte sie sich häufende Fälle von Selbstmorden in Untersuchungsgefängnissen fest. Außerdem würden zahllose Deutsche ohne Sanktion des Staatsanwalts und ohne Haftbefehl festgehalten.[16]

Manchmal schienen sich NKWD und SMERSCH beim Vollzug der Strafen in Härte und Grausamkeit überbieten zu wollen. Um SMERSCH-Chef Abakumow, zu der Zeit schon Leiter der sowjetischen Staatssicherheit, bei Stalin anzuschwärzen, schickte Serow dem Kremlhausherrn im September 1946 einen Brief. In ihm beschrieb er einen Vorfall in der Nähe von Halle. Dort seien eines Abends betrunkene SMERSCH-Mitarbeiter auf ein Feld gefahren, »um Urteile des Militärtribunals zu vollstrecken. Wegen der Trunkenheit wurden die Leichen so unvorsichtig vergraben, dass am nächsten Morgen vorübergehende Deutsche an dieser Stelle zwei aus der Erde herausragende Hände und einen Kopf von drei Leichen erblickten. Sie gruben die Leichen aus, sahen in deren Genick die Einschüsse, suchten Zeugen und erstatteten Anzeige bei der Polizei. Wir mussten sofort reagieren«.[17] Wie sie reagiert hatten, erwähnt Serow in dem Brief nicht.

Dem NKWD ging es darum, jede Opposition gegen die sowjetische Besatzung im Keim zu ersticken, und zwar auf altbewährte Weise: Dort, wo es noch keine Opposition gab, wurden Gegner einfach erfunden. Das NKWD habe nicht nur den Kampf gegen den realen Feind in Gestalt verschiedener Nazi-Gruppen geführt, sondern auch gegen eingebildete Feinde, berichtete SMAD-Mitarbeiter Semirjaga. Sie »suchten überall Trotzkisten, Tito-Anhänger, Schumacherleute* und bürgerliche Nationalisten, und wenn sie sie gefunden hatten, bestraften sie sie ebenso gnadenlos wie auch in den anderen Ländern Osteuropas«.[18]

---

* Schumacherleute – Anhänger von Kurt Schumacher, der nach 1945 in Westdeutschland den Wiederaufbau der SPD betrieb.

In Gerichtsverhandlungen, die später in Moskau gegen mehrere ehemalige NKWD-Offiziere in der sowjetischen Zone geführt wurden, stellte sich tatsächlich heraus, dass viele Fälle durch den Geheimdienst konstruiert worden waren. Im Bereich des NKWD-Chefs für Thüringen, Generalmajor Grigori Beschanow, wurden Aufträge erteilt, »mit deren Hilfe man künstlich ›Untergrundorganisationen‹ schuf, deren ›Mitglieder‹ dann verhaftet wurden«. Unter anderem soll im Februar 1946 die fiktive Organisation »Widerstandsbewegung« geschaffen worden sein. Die Anklageschrift gegen Beschanow und weitere NKWD-Funktionäre zählt »massenhaft Fälle von unbegründeten Verhaftungen« auf sowie von Folter, Prügel und Erpressung und zudem zahlreiche Fälle, in denen Verhaftete im NKWD-Gefängnis Selbstmord begingen.[19]

Sogar die eigentlich engsten Verbündeten in der SBZ stellte der sowjetische Geheimdienst pauschal unter Verdacht: die Kommunisten. »Unter den Kommunisten Deutschlands gibt es einen bedeutenden Anteil angeworbener Faschisten«, behauptete Serow auf der oben beschriebenen Versammlung im August 1945. »Einige von ihnen saßen zwei bis drei Jahre in Haft und wurden ohne Grund freigelassen. Da fragst du dich: Warum wurden sie freigelassen? Ich möchte die Kommunistische Partei Deutschlands nicht schlechtmachen, aber mit all diesen Kommunisten muss man vorsichtig sein, sie können einen hereinlegen.«[20] Serows Meinung über die Deutschen war generell nicht gut – er hielt sie einerseits für duckmäuserisch, andererseits für verschlagen. Selbst über die KP-Führer Pieck und Ulbricht, die er auf Stalins Geheiß Ende April aus dem Moskauer Exil nach Deutschland begleitet hatte, redete er schlecht.[21]

Publik gemacht wurden die Verhaftungen nie, die Festgenommenen verschwanden in der Regel spurlos. Wenn überhaupt, erfuhren die Angehörigen mitunter erst nach Jahren etwas über ihr Schicksal. Der Sozialdemokrat Erich Gniffke, der 1945 im Zentralausschuss der Ost-SPD saß und ab April 1946 dann im Parteivorstand der SED, bemühte sich um systematische Aufklärung, nachdem West-Zeitungen von Tausenden verhafteten Sozialdemokraten in den Gefängnissen von Zwickau und Dresden sowie im ehemaligen KZ Buchenwald berichtet hatten.[22] Die Festnahme des Spandauer SPD-Kreissekretärs

Wilhelm Lohrenz durch das NKWD im Herbst 1946 konterkarierte jedoch diese Anstrengungen. Lohrenz legte nämlich ein »umfassendes Geständnis« in Form eines Briefes ab, in dem er bekannte, von westlichen Besatzungsmächten und Spitzenfunktionären der SPD zur »Spionage« überredet worden zu sein.[23] Dies führte in der Folge zu neuen Massenverhaftungen von Sozialdemokraten, darunter Mitgliedern tatsächlicher Widerstandskreise, die sich gegen die Sowjetisierung Ostdeutschlands zur Wehr gesetzt hatten.[24]

Als größtes Problem erwies sich bald, dass angesichts der Praktiken der Roten Armee und des NKWD selbst Anhänger und Mitglieder der SED aufbegehrten – also jene Deutschen, die die Sowjetisierung des Landes doch eigentlich vorantreiben sollten. Am 29. Juni 1945 schrieb die Ortsgruppe der KPD Tegel / Süd, Kolonie Möckeritzwiesen, in bemerkenswerter Offenheit an die KPD-Führung unter Ulbricht: »Die Besatzung der Roten Armee ist zu einer wahren Landplage ausgewachsen. Es vergeht hier kein Tag und keine Nacht, da Banditen in Rotarmistenuniform selbst truppweise Angriffe, wie Plünderungen, Vergewaltigungen […] unternehmen. Jeder Gewaltakt von Rotarmisten soll unter Todesstrafe stehen […]. Was die Sexualnot der Rotarmisten betrifft, so erwarten wir für die Besatzungstruppen die Einrichtung öffentlicher Bedürfnisanstalten, deren Insassen aus den Reihen der Bourgeois- und Faschistenweiber zusammenzustellen sind, die ohnehin ihres Wesens nach Prostituierte sind.«[25] Der bemerkenswerte Vorschlag dieser Genossen ging wohl selbst den Sowjets zu weit – er wurde jedenfalls nicht verwirklicht.

Sogar die Kinder von KPD- oder später SED-Mitgliedern waren von den Verhaftungen betroffen, denn das NKWD nahm – ganz im Geiste des erwähnten Artikels in der *Täglichen Rundschau* – vom Sommer 1945 an zunehmend Jugendliche ins Visier. In den 14- bis 20-Jährigen sah der Geheimdienst ein gefährliches Potenzial künftigen Widerstands. Ganze Jahrgänge sollten durch die wahllosen Verhaftungen eingeschüchtert und von politischen Aktivitäten abgehalten werden. Die Listen der Jugendlichen wurden aufgrund bloßer Verdächtigungen, Denunziationen oder rein willkürlich zusammengestellt.

Der NKWD-Bevollmächtigte Serow hatte bereits Ende Juni 1945

Volkskommissar Beria vor wachsenden Aktivitäten des Werwolfs gewarnt, jener Organisation, die SS-Führer Heinrich Himmler als Untergrundbewegung zu Ende des Krieges gegründet hatte. Aktive Faschisten, die sich in Berlin versteckt hielten, so erklärte Serow in einem Bericht, »beabsichtigen, die versprengten ›Werwolf‹-Gruppen zu vereinen und auf dem von der Roten Armee und den Alliierten besetzten Territorium Deutschlands [...] ein illegales ›Werwolf‹-Zentrum zu bilden, das sich ›Reichsleitung‹ (Reichsführung) nennen soll. Das gesamte Gebiet Deutschlands wird in drei Sektoren aufgeteilt [...]. In jeder ›Werwolf‹-Abteilung werden vier Gruppen gebildet: eine Diversions-, eine Brandstiftungs-, eine Terrorgruppe und eine Gruppe für passiven Widerstand«.[26] Angeblich waren das Erkenntnisse »zuverlässiger Agenten«, die Serow auf dieses Thema angesetzt hatte. In Wirklichkeit waren seine Angaben stark übertrieben.

Bald wurden auch Werwolf-Fälle erfunden. In einer Eingabe an den stellvertretenden sowjetischen Minister für Staatssicherheit vom September 1946 erklärte der stellvertretende Chef der Operativen Gruppe für den Bezirk Erfurt, in mehreren Fällen seien fiktive Werwolf-Untergrundorganisationen geschaffen worden. »Als ein Mitarbeiter der Untersuchungsabteilung und der stellvertretende Chef des Operativen Sektors Oberstleutnant Nikulin eine Operative Gruppe aufsuchten und den Fall der verhafteten Teilnehmer einer ›Werwolf‹-Organisation sorgfältig überprüften, stellte sich heraus, daß die Inhaftierten aufgrund physischer Einwirkungen erfundene Angaben gemacht hatten. Nach diesem Ergebnis wurden die 20 Verhafteten wieder auf freien Fuß gesetzt. Auf ähnliche Weise wurde eine ›Werwolf«-Untergrundorganisation mit 36 Mitgliedern in Hildburghausen ‚liquidiert‹ (der Chef der dortigen Operativen Gruppe Hauptmann P. wurde inzwischen verhaftet). Und eine (fiktive) ›Werwolf‹-Gruppe in Erfurt wurde ebenfalls [...] aus der Haft entlassen.«[27]

Hintergrund dieses Schreibens war allerdings wohl nicht so sehr die Wahrheitssuche des betreffenden Majors, sondern eher dessen Abneigung gegenüber den Praktiken des NKWD. Er selbst war nämlich aus der Spionageabwehr SMERSCH dorthin abkommandiert worden und hatte eingangs in seinem Schreiben über die anhaltende Geringschätzung der SMERSCH-Leute durch das NKWD geklagt.[28]

Die Werwolf-Aktivitäten seien in Wirklichkeit überschaubar gewesen, konstatierte SMAD-Mitarbeiter Semirjaga: »Schon wenige Wochen nach der Beendigung der Kampfhandlungen trugen wir nicht mehr unsere persönliche Waffe und fühlten uns vollständig sicher.« Davon unbeeindruckt, produzierten die Sicherheitsorgane jedoch immer neue alarmierende Meldungen »über die angebliche Aktivierung der Diversions- und terroristischen Tätigkeit des faschistischen Untergrunds«.[29]

Auch in den Jahren 1946 und 1947 ebbte die Jagd nach Jugendlichen nicht ab. Der SED-Landesvorstand von Mecklenburg führte vertrauliche Listen über die in seinem Gebiet inhaftierten jungen Leute. Aufgebrachte Parteimitglieder wiesen in Briefen darauf hin, die Bevölkerung hege den Verdacht, die Verhaftungen erfolgten aufgrund von Denunziationen der KPD beziehungsweise SED. »Die großen Verbrecher, wie Papen, Schacht usw. werden freigesprochen und die Jungens [...] sperrt man jahrelang ein«, beklagte sich die SED-Ortsgruppe Dassow im April 1947 bei der Schweriner Parteiführung. »Vor 1½ Jahren wurden hier von der NKWD einige Jungens [...] verhaftet und seitdem ist noch kein Lebenszeichen an den [sic] Eltern dieser Jungens gelangt. Unter diesen Jungens befinden sich Söhne von aktiven Genossen unserer Partei und gerade deswegen liegt uns sehr viel daran, einmal Klarheit zu schaffen, was mit diesen Jungens werden soll [...]. Die SED, Ortsgruppe Dassow bittet Euch, sofort Maßnahmen zu ergreifen [...].«[30]

Der Dassower Johann Kaglin schrieb, als »Funktionär (Polleiter) der SED glaube ich wohl das Recht in Anspruch nehmen zu dürfen, nach meinem einzigen Sohn und Kind etwas Näheres über sein angeblich begangenes Verbrechen sowie die Dauer und Art der Strafe zu erfahren [...]. Oder ist mein Sohn nicht mehr am Leben, dann bitte ich um nähere Auskunft«.[31]

Die Ortsgruppe Teterow appellierte im Mai 1946 an den Landrat des Kreises Malchin, sich »als leitender Beamter für die Enthaftung unserer Söhne an massgebender russischer Stelle zu verwenden«. Alle seien im Jahr zuvor »ohne Angabe von Gründen« festgesetzt worden.[32]

Die SED-Ortsgruppe aus Graal-Müritz wandte sich im Juni 1947 an den Rostocker Kreisvorstand und beklagte die Verhaftung von sieben 16-Jährigen im Juni 1945. »Da ein großer Teil der Elternschaft dieser Jugendlichen als alte Antifaschisten am Ort bekannt sind, wird diesseits eine Bearbeitung dieser Angelegenheit in positivem Sinne bei den zuständigen Stellen wärmstens befürwortet.«[33]

So dramatisch und teilweise erschütternd die Anfragen auch waren, die Briefeschreiber erhielten oft nicht mal eine Antwort. Umso mehr verdient Beachtung, wie hartnäckig Otto Kroschel aus Malchow über Jahre hinweg nach seinem Sohn forschte. Nachdem er sich zuerst vergeblich an einen NKWD-General in Güstrow gewandt hatte, schrieb er im Sommer 1946 – unterstützt von der SED-Ortsgruppe Malchow – an das Zentralsekretariat der SED und wies auf die Festnahme von insgesamt 35 Jugendlichen in dem kleinen Ort an der Mecklenburgischen Seenplatte hin. Sie seien zum Teil Aktivisten der Antifa-Jugend gewesen. »Es würde keine bessere Wahlpropaganda für die SED geben, als wenn für die Jugendlichen eine Freilassung erreicht werden könnte.«[34] Im März 1947 richtete Kroschel »Mit sozialistischem Gruß!« ein Schreiben an den Schweriner Landtagspräsidenten, und als auch das nichts half, wandte er sich im März 1949 an den Berliner Rundfunk, nachdem dieser mitgeteilt hatte, dass in der Behandlung der in der SBZ verhafteten Jugendlichen angeblich eine Wendung eintreten werde.[35]

Auch Funktionäre der früheren KPD wurden Opfer der Verhaftungen. Öffentlich nahm die KPD (beziehungsweise die spätere SED) nie Stellung zu den Vorgängen, ja sie verschwieg sie konsequent. Im Hintergrund wurden Funktionäre jedoch aktiv, wenn auch in begrenztem Maße, wohl wissend, dass eine öffentliche Diskussion über die Verhaftungen ihr Ansehen vor Ort weiter untergraben würde. Kurt Bürger, Kovorsitzender des SED-Landesverbandes Mecklenburg, schrieb im März 1947 an die Militäradministration und teilte – kommentarlos – Verhaftungen ehemaliger KP-Mitglieder mit, fast durchweg Männer, die während der Nazi-Zeit im KZ gesessen hatten oder von der Gestapo verfolgt worden waren.[36]

Selbst im SED-Parteivorstand wurde das Thema erörtert. Das frühere SPD-Mitglied Erich Lübbe sprach die unwägbaren Verhaftungsgründe und das völlige Fehlen von Nachrichten über die Verschwundenen an. Friedrich Ebert, SED-Landesvorsitzender in Brandenburg, assistierte und berichtete von Vätern verhafteter Jugendlicher, die als SED-Mitglieder besonders laut protestiert hätten. Auch der sächsische SED-Vorsitzende Otto Buchwitz brachte das Thema immer wieder zur Sprache. Aber sogar in diesem internen Kreis wiesen sowohl Pieck als auch Ulbricht derlei Hinweise als Phrasen des westlichen Gegners zurück. Verhaftungen durch das NKWD fänden stets auf Grundlage von Verdachtsmomenten statt, nicht aus politischen Gründen, behaupteten sie. Woher wolle man das Recht nehmen, von einem Mangel an Menschlichkeit »bei unseren russischen Freunden [zu] reden, nachdem wir doch alles, was wir haben, der Sowjetunion zu verdanken haben!«[37]

Fast drei Jahre nach Kriegsende, im März 1948, brachte die SED-Spitze das Thema dann aber doch höheren Orts zur Sprache, und zwar bei Stalin selbst. Wilhelm Pieck und Otto Grotewohl wagten den Vorstoß – vielleicht auch, weil Ulbricht, der Debatten über die Verhaftungen stets als inakzeptabel zurückgewiesen hatte, bei diesem Moskauer Spitzentreffen nicht dabei war. An der zweieinhalbstündigen Begegnung am Abend des 26. März nahmen neben Stalin auch Molotow, die Politbüro-Mitglieder Andrej Schdanow und Georgi Malenkow sowie SMAD-Berater Wladimir Semjonow teil. Der Dialog, der sich damals im Kreml entwickelte, ist bezeichnend für die Vorsicht der Deutschen und gleichzeitig ein weiteres Beispiel dafür, wie unwissend Stalin sich in bestimmten Situationen gab.

Eines der Momente, die antisowjetische Stimmungen unter den Deutschen befördern könnten, so leitete Pieck das Thema ein, seien die Verhaftungen von Deutschen, ohne dass diese irgendeine Verbindung zu ihren Angehörigen aufnehmen könnten. Als Stalin daraufhin fragte: »Wer verhaftet diese Deutschen?«, präzisierte Pieck: »Die sowjetische Besatzungsmacht.«[38] Die Verhafteten würden quasi aus dem Leben verschwinden, auch gebe es nie öffentliche Prozesse. Die Bevölkerung schreibe die Schuld der SED zu, die an diesem Vorgehen angeblich etwas ändern könne, es aber nicht wolle.

Dann schlug Pieck Stalin vor, dass die beiden SED-Vorsitzenden von wichtigen Verhaftungen durch die SMAD informiert werden sollten, ein Briefwechsel zwischen Verhafteten und Angehörigen erlaubt werde und es offene Gerichtsverhandlungen geben solle – ganz so, wie es die westlichen Besatzungsmächte auf ihrem Gebiet handhabten. Das würde die Atmosphäre entspannen.

Stalin schrieb während Piecks Vortrag mit blauem Stift Notizen auf einen Zettel, den er gleichzeitig aber auch mit allerlei Zeichnungen bedeckte: »1) Verhaftung von Deutschen in der sowjetischen Zone (›Leute verschwinden‹«) Man schickt sie in Internierungslager.« Die Kritzeleien legen den Schluss nahe, das Thema habe ihn gelangweilt.

Stalin wusste natürlich genau, was Pieck im Auge hatte, gab sich aber weiter uninformiert und fragte, ob die Sowjetmacht nicht möglicherweise nur ausländische Agenten und Spione verhafte? Ja, räumte Pieck daraufhin ein, aber es gebe auch andere Verhaftungen, die »auf Denunziation von Reaktionären hin« geschähen. Beispielsweise würden verhaftete Faschisten aus dem Werwolf manchmal Aussagen gegen Sozialisten machen, um ihre eigene Lage zu erleichtern. Aufgrund solcher Falschaussagen komme es dann zu Verhaftungen sozialistisch gesinnter Jugendlicher und politisch verlässlicher SED-Mitglieder. Deren Freilassung aus den Internierungslagern müsse man erreichen. Damit klammerte Pieck freilich all jene NKWD-Opfer aus, die keine Beziehung zur SED oder zum neuen Regime hatten. Er setzte sich ausschließlich für die eigene Klientel ein.

Piecks Antwort auf Stalins nächste Frage, warum sie als SED-Führer ihm darüber nicht bereits früher nach Moskau geschrieben hätten, ist bezeichnend – weil sie seinen Vorstoß gleich wieder entwertete. Sie hätten, so der SED-Chef, den Genossen Stalin nicht mit Ersuchen »in solch kleinen Fragen stören« wollen. Doch bitte er, die bisherigen Methoden zu überdenken, natürlich ohne Abstriche an der Sicherheit.[39]

»Klein« war das Problem der Verhaftungen allerdings wirklich nicht. Es hatte sich vielmehr längst zu einer Quelle wachsenden Misstrauens gegenüber der SED-Führung entwickelt. Auch waren die Deutschen in Wahrheit nicht unbeteiligt an den Vorgängen, denn immer wieder halfen sie den sowjetischen Geheimdienstlern bei den Festnahmen. Der Kreispolizeichef von Burg berichtete im September 1945 von einer Konferenz der leitenden Polizeibeamten des Bezirkes

Magdeburg, auf der auch der Chef für Inneres der SMAD in der Provinz Sachsen, Gardeoberst Porfiri Schtachanowski, gesprochen hatte. »Der Polizeipräsident und die Polizeileiter und -führer müssen bei der Bearbeitung von politischen und kriminellen Vorgängen in enger Verbindung mit der NKWD stehen«, wurde er zitiert. »Die jetzige Polizei geniesst ein großes Vertrauen bei der russischen Militärregierung, darum wird auch die NKWD vertrauensvoll mit der deutschen Polizei zusammenarbeiten. Der Oberst hofft, dass die Polizei sich dieses Vertrauen bei der russischen Regierung erhält.«[40]

Das war fast schon eine Warnung. Um sich dieses Vertrauen zu verdienen, halfen die Deutschen der Roten Armee wie auch dem NKWD. Mit dem Monatsbericht vom März 1946 schickte etwa der Präsident der Provinz Sachsen eine aufschlussreiche Meldung seiner – der KPD unterstehenden – Polizeiverwaltung an Oberst Schtachanowski: »Verhaftungen im Auftrage sowjetischer Militärstellen: 226, davon: im Auftrage der Befehlsstelle (Operative Gruppe): 78«.[41] Mit »Operative Gruppe« war das NKWD gemeint. Im gesamten Jahr 1946 seien 10 179 Personen für die SMAD verhaftet worden, notierte der Polizeichef der Provinz.[42] Im Klartext: Die sowjetische Geheimpolizei zog deutsche Stellen als Hilfe heran, wenn sie mit den Verhaftungen von Deutschen nicht mehr hinterherkam oder verschleiern wollte, dass in Wirklichkeit sie hinter den Festnahmen steckte.

Das devote Auftreten beim Moskauer Gipfeltreffen mit Stalin illustriert das Dilemma, in dem sich die SED-Führung befand. Sie hielt es gegenüber dem Kremlchef für unmöglich, offen die gesetzlosen Praktiken des sowjetischen Geheimdienstes anzusprechen. Dabei hatten bereits hohe sowjetische Militärs wie der Thüringer SMAD-Chef, General Iwan Kolesnitschenko, auf die Exzesse des NKWD hingewiesen. Festnahmen und Anklagen, so dessen Vorschlag, sollten endlich öffentlich gemacht werden, Familienangehörige mit ihren festgenommenen Verwandten korrespondieren können, und der Kirche sollte erlaubt werden, die Internierten seelsorgerisch zu betreuen. Wenn man dies täte, würden die Deutschen das NKWD nicht mehr als furchterregendes Schreckgespenst ansehen, sondern vielmehr als ein »Staatsorgan, das die Interessen der sich neu entwickelnden Demokratie in Deutschland garantiert«.[43]

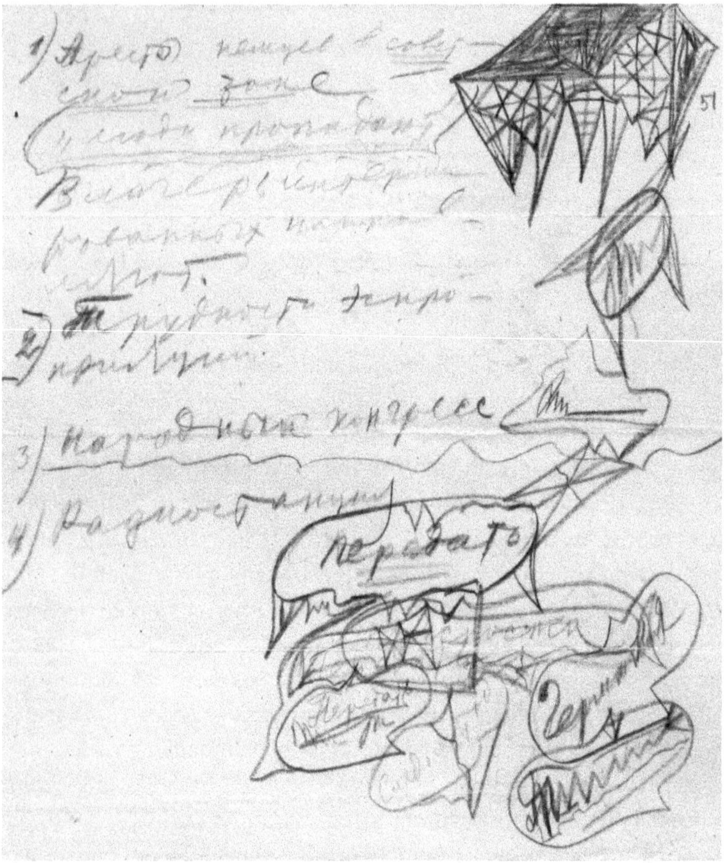

Stalins Kritzeleien während des Treffens mit Pieck und Grotewohl im März 1948 in Moskau (Punkt 1: »Verhaftungen von Deutschen in der sowjetischen Zone, Leute verschwinden …«)

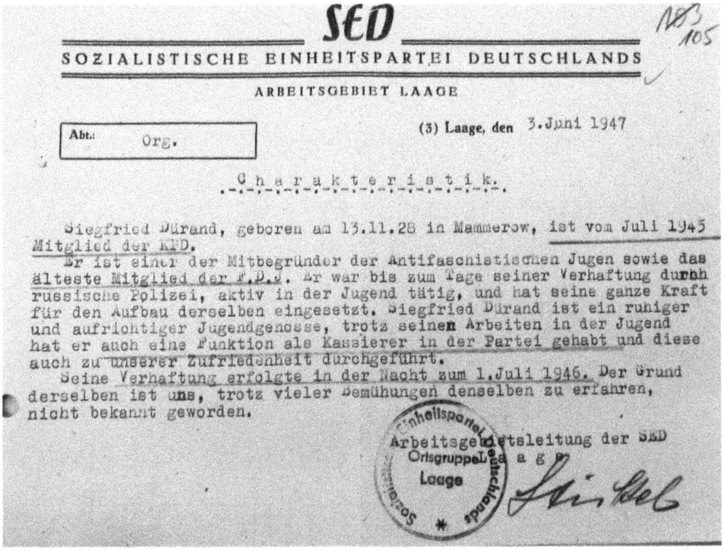

SED

SOZIALISTISCHE EINHEITSPARTEI DEUTSCHLANDS

ARBEITSGEBIET LAAGE

Abt.: Org.

(3) Laage, den 3.Juni 1947

Charakteristik.

Siegfried Dürand, geboren am 13.11.28 in Mammerow, ist vom Juli 1945 Mitglied der KPD.

Er ist einer der Mitbegründer der Antifaschistischen Jugen sowie das älteste Mitglied der F.D.J. Er war bis zum Tage seiner Verhaftung durch russische Polizei, aktiv in der Jugend tätig, und hat seine ganze Kraft für den Aufbau derselben eingesetzt. Siegfried Dürand ist ein ruhiger und aufrichtiger Jugendgenosse, trotz seinen Arbeiten in der Jugend hat er auch eine Funktion als Kassierer in der Partei gehabt und diese auch zu unserer Zufriedenheit durchgeführt.

Seine Verhaftung erfolgte in der Nacht zum 1.Juli 1946. Der Grund derselben ist uns, trotz vieler Bemühungen denselben zu erfahren, nicht bekannt geworden.

Arbeitsgebietsleitung der SED
L a a g e

Die Verhaftung von Siegfried Dürand im mecklenburgischen Laage

Abschrift.

Egon A u e r
Teterow/Meckl.

Teterow, den 7. Mai 1946

An den
Herrn Landrat des Kreises Malchin
M a l c h i n /Meckl.

Namens der Eltern der weiter unten bezeichneten Jünglinge und Kinder richte ich an Sie, Herr Landrat, die Bitte, sich als leitender Beamter unseres Kreises für die Enthaftung unserer Söhne an massgebender russischer Stelle zu verwenden. Unsere Jungens sind im November und Dezember v. J. von russischer Seite (NKDW.) ohne Angabe von Gründen verhaftet worden; den wahren Grund haben wir nie in Erfahrung bringen können, angeblich wegen Zugehörigkeit zum Panzervernichtungstrupp, der jedoch in Teterow zu keiner Stunde in Erscheinung getreten ist.

Die Namen der verhafteten Jungens sind:

1. Jürgen Rolfs
2. Hans Kröplin
3. Horst Dreyer
4. Hans-Richard Auer
5. Andreas Giesecke
6. Hans Richter
7. Joachim Klage
8. Hohenegger
9. Horst Lankowski
10. Herbert Diehn
11. Heinz Ohde
12. Horst Menzel
13. Manfred Groth
14. Rönnecker
15. Klaus Kurth, Hoh. Demzin
16. Bernh. Wendt, Kl.Köthel

Herr Landrat, Sie werden gewiss die Nöte und Sorgen der Eltern verstehen und setzen wir in Sie das Vertrauen, Schritte zu unternehmen, die zur Freilassung unserer Kinder führen werden.

Ergebenst !
(Unterschrift)
7.5.46

Sozialistische Einheitspartei
Deutschlands
Ortsgruppe Teterow

Die Richtigkeit der obigen Angaben bescheinigen wir.

Teterow, den 11.6.46

(Stempel der S.E.D.)
Unterschrift.

Verhaftungen von Jugendlichen in Malchin

10

Die Beschlagnahme der Archive

Im südthüringischen Meiningen spielte sich im Oktober 1945 ein Vorgang ab, der kennzeichnend war für die fast unbegrenzte Aufgabenpalette von Stalins Geheimdienst. Er arretierte nämlich nicht nur Menschen, sondern auch Sachen – insbesondere Papiere und Dokumente aus der Zeit des Dritten und des Deutschen Reiches sowie aus den Jahren der Weimarer Republik, ja selbst noch aus den Jahrhunderten davor. Das Wort »Sachen« trifft es jedoch nicht ganz, denn selbst bei deren Aneignung war meist die Suche nach konkreten Menschen treibendes Motiv. Auch in diesen Fällen hielt es das NKWD selten für nötig, andere sowjetische Instanzen ins Bild zu setzen.

Meiningen, einst Zentrum des Herzogtums Sachsen-Meiningen, war lange Jahre ein wichtiger Militärstandort. Die Herzöge sowie später Reichswehr und Wehrmacht hatten insgesamt sechs Kasernen im Stadtgebiet errichtet, darunter die Drachenbergkaserne, die 1935 binnen weniger Monate auf einer Anhöhe im Osten der Stadt aus dem Boden gestampft worden war – ein Komplex mit acht Mannschafts- und Stabsgebäuden, Werkstätten und Fahrzeughallen. Zuerst lag hier ein Bataillon eines Schützenregiments von Hitlers 2., dann eines der 4. Panzer-Division. Nachdem die Truppen nach Kriegsbeginn zum Fronteinsatz abkommandiert waren, zog ein Kradschützen-Ersatzbataillon in die Bauten.

Am 23. August 1943 – in Berlin hatten die Bombenangriffe der Briten dramatisch zugenommen – begann das Oberkommando der Wehrmacht, Teile der Wehrmachtsauskunftstelle und des Wehrmachtsverlustwesens in die Meininger Drachenbergkaserne auszulagern. Die weitläufige Anlage galt als relativ sicherer Ort, um die Verlustmeldungen der Armee und die Statistiken über Kriegsgefangene verlässlich aufzubewahren. Rund 1400 Offiziere, Mannschaften und Zivilangestellte verwalteten dort unter Leitung eines Oberstleutnants namens von Wittig nun die Karteien mit den traurigen Kriegsbilanzen.

Anfang April 1945 rückten die Amerikaner in Meiningen ein, und eine Sondereinheit übernahm das Archiv in der Drachenbergkaserne. Knapp drei Monate später zogen die Amerikaner wieder ab, nicht ohne vorher einen großen Teil der Unterlagen nach Kassel zu verlegen. Nur die Kriegsgefangenenkartei für die osteuropäischen Länder blieb vor Ort – sie wurde den nachrückenden Truppen der 8. sowjetischen Gardearmee übergeben. Damit geriet auch die Kartothek jener Offiziere der Roten Armee in sowjetische Hände, die sich in deutsche Gefangenschaft begeben hatten.

Die Unterlagen waren für Moskau hochinteressant, schließlich galten Angehörige der Roten Armee, die in Gefangenschaft geraten waren, als Feiglinge oder Defätisten. Sie waren »Vaterlandsverräter«, vor allem die Offiziere. Stalin hatte das im August 1941 in einem seiner ersten Befehle klargestellt. Entsprechend rücksichtslos war das NKWD während des Krieges vorgegangen. Es hatte selbst solche Armeeangehörige, die sich aus deutscher Einkreisung befreien und erneut zu den sowjetischen Linien durchschlagen konnten, als unzuverlässige Elemente behandelt und in vielen Fällen erschossen. »Der NKWD ist ein furchtbares Organ, das jeden von uns in jedem Augenblick vernichten kann«, erklärte ein sowjetischer General, der in der Nähe des ukrainischen Uman in deutsche Kriegsgefangenschaft geraten war.[1]

In der Kartothek waren 844 637 sowjetische Soldaten, 22 576 Sergeanten und 47 749 Offiziere namentlich erfasst sowie 385 000 Zivilisten – sowjetische Bürger, die in Deutschland ums Leben gekommen waren. Das heißt, es lagen Angaben von mehr als 900 000 möglicherweise noch lebenden sowjetischen Armeeangehörigen vor, die in deutsche Gefangenschaft geraten waren.

Anfang Oktober wurde das Archiv vom thüringischen Operativsektor des NKWD geprüft. Dann verschwand es. Wo war es abgeblieben?

In einer Meldung an den Berliner Chef der Abteilung Inneres der SMAD teilte der Leiter der SMAD-Abteilung Inneres in Thüringen mit, das gesamte russische Archiv sei »vom NKWD in 4 Waggons verladen und am 9. Oktober 1945 nach Potsdam gebracht« worden, adressiert an den NKWD-Bevollmächtigten, Generaloberst Serow. Man habe herausgefunden, so hieß es in dem Bericht weiter, dass die Waggons in Potsdam nicht entladen worden seien. »Aller Wahrscheinlichkeit nach wurden die Waggons mit dem Archiv in die UdSSR geschickt«, schlussfolgerte der Offizier angesichts des rätselhaften Vorgangs.[2] Serow oder die ihm Unterstellten dachten also gar nicht daran, die Militärregierung, die Teil der Armeeführung war und die solche Dokumente zuallererst interessieren mussten, davon in Kenntnis zu setzen. Es war die Fortsetzung einer Praxis aus der Zeit des Krieges: »Überläufer« und »Feiglinge« gehörten nicht der Armee, sondern dem NKWD.

Von jenen Kriegsgefangenen, die später tatsächlich aus Deutschland zurückkehrten, wurden 280 000 in der Sowjetunion als Verräter oder Kollaborateure verhaftet, manche gerieten aus dem Nazi-KZ direkt in den sowjetischen Gulag.[3] Die Kartei, in der ihre Namen gefunden worden waren, wurde bis 1990 in den KGB-Archiven unter dem Siegel »Geheim« aufbewahrt, inzwischen liegt sie im Zentralarchiv des Verteidigungsministeriums in Podolsk. Das Brandmal der Kriegsgefangenschaft wirkte lange: Erst 1995, fünfzig Jahre nach Ende des Krieges, bekamen ehemalige sowjetische Kriegsgefangene den Status »Teilnehmer am Zweiten Weltkrieg« zugesprochen – Menschen, die doch ebenso wie andere an der Front ihr Leben eingesetzt hatten.

Nicht nur in Meiningen suchten Geheimdienst und Spionageabwehr nach für sie interessanten Hinterlassenschaften. Mithilfe von Spezialisten machten sie sich auch daran, in der gesamten sowjetischen Zone Verstecke von Archivmaterial aufzuspüren. Im Brandenburger Gefängnis nahmen sie 16 000 Akten von ausländischen Gefangenen mit, in Grabow fanden sie das Archiv des Instituts für Kriminalistik und in einem kleinen Dorf 3000 Bände aus dem Auswärtigen Amt. In Rostock beschlagnahmten sie das Archiv der »faschistischen« Zeitung *Rostocker Anzeiger* (die bereits seit 1881 existiert hatte, also nicht genuin »faschistisch« gewesen war), in

Potsdam das Staats- und Militärarchiv sowie 70 Tonnen Akten des Reichskriegsministeriums. Auch das Archiv der SPD für die Jahre 1890 bis 1936 fiel in die Hände der Sowjets.[4]

Zeigte hingegen die SMAD Interesse an aufgefundenem Archivmaterial, musste erst der Geheimdienst sein Urteil abgeben. Nachdem die Spionageabwehr der 5. Stoßarmee die Regierungsarchive der Provinz Mecklenburg in ihren Besitz gebracht hatte, gestattete die SMERSCH-Führung im Mai 1946 der Schweriner SMAD großzügig die »Übernahme der Dokumente«. Eingesammelt wurde unterschiedslos alles, was sich in den Verstecken fand, in diesem Fall Verträge der Mecklenburger Herzöge mit ausländischen Staaten bis zum Anschluss der Mecklenburger Provinz an Deutschland sowie »ein großes Lager mit Noten von Werken deutscher, italienischer und anderer Komponisten«.[5]

Auch in den folgenden Jahren suchte man weiter nach Archivalien. In Leipzig wurden Akten des früheren Reichsgerichts und der Reichsstaatsanwaltschaft beschlagnahmt, darunter Material zum Reichstagsbrand von 1933 und zu den Prozessen gegen KPD- und Komintern-Funktionäre.[6]

Wurde etwas Nennenswertes gefunden, landete die Nachricht darüber auf dem Tisch von General Serow. Dazu zählten manche Preziosen, etwa im Juli 1947 ein Brief des Oberkommandierenden der russischen Armee im russisch-türkischen Krieg von 1827–1829, General Graf Diebitsch, an Friedrich Wilhelm III. sowie ein Brief von Kaiser Nikolai I., der ebenfalls an den preußischen König gerichtet war. Beide Schriftstücke hatte man aus dem Sachsen-Anhaltischen Archiv gefischt.[7] Sie waren fortan erklärtes Eigentum der Siegermacht. Auch drei aufgefundene Quittungen aus der Zeit der Befreiungskriege gegen Napoleon fanden ihren Weg nach Moskau – sie belegten nichts weiter, als dass russische Truppen 1814 beim Rückmarsch in ihre Heimat im Spreewaldort Lübben Lebensmittel und Futter erhalten hatten.[8] Sogar die Beobachtungsakten zu Karl Marx von 1852 bis zu seinem Tod wurden Serow 1947 zugeschickt, dazu der Antrag von Marx auf erneute preußische Untertanenschaft. Die Papiere stammten aus dem Berliner Polizeipräsidium.[9] Zu jener Zeit war Serow gar nicht mehr in Berlin, sondern schon wieder in Moskau.

Besonders froh dürfte der Geheimdienst gewesen sein, wenn er in deutschen Archiven Material auffand, das ihn selbst betraf. Denn die Deutschen hatten genauso eifrig alle erreichbaren Belege über Stalins Geheimdienste gesammelt wie umgekehrt die Sowjets solche über die deutschen. Die eigene Organisation mit deutschen Augen zu sehen und dabei manch neue (auch personelle) Erkenntnis zu gewinnen, war für die Staatssicherheit in Moskau wichtig. In Sachsen etwa fand man Material der ehemaligen deutschen Abwehr über die Sowjetunion und deren militärischen Abwehrdienst GRU, dazu Erkenntnisse deutscher Stellen über Spionage durch Angehörige der UdSSR-Botschaft in Berlin in den 1920er-Jahren, Unterlagen über die Spionage der Geheimpolizei GPU bis 1933 sowie über Vertreter der Komintern in Berlin.[10] Und im Berliner Polizeipräsidium fiel den Sowjets noch ein Sammelband über »Die Grenztruppen des NKWD« sowie über die »Struktur des Volkskommissariats für Innere Angelegenheiten« in die Hände.[11]

Archivmaterial ist meist unbestechlich, und so hatte der Fund von Akten in deutschen Archiven mitunter eine Kehrseite. Er konnte auch die Finder belasten. Das passierte im Februar 1947, als der Leiter der Operativgruppe des sowjetischen Ministeriums für Staatssicherheit im Gebiet Torgau, Hauptmann Kowaljow, im Dorf Sitzenroda etwa siebzig Fotografien der – wie er es nannte – »Katyner Provokation« sicherstellte. Es waren Bilder, die im Februar 1943 entstanden waren.

Deutsche Wehrmachtsangehörige hatten damals – Hinweisen aus der Bevölkerung folgend – unweit des westrussischen Dorfes Katyn Massengräber mit den Leichen der 1940 vom NKWD ermordeten Polen entdeckt und fotografiert. Im Begleitschreiben der bei Torgau aufgefundenen Bilder hieß es, etwas ungelenk formuliert: »Auf den Aufnahmen wird die ›Aufklärung‹ durch deutsche Militärmachthaber dargestellt, die Erschießung der polnischen Offiziere vor Ort, unter Herbeiziehung von angeblichen Augenzeugen aus der russischen Bevölkerung, ebenfalls abgebildet sind Gräber, Kleidung der Polnischen Armee und andere Gegenstände.«[12]

Die Nachricht über die aufgefundenen Gräber und die Täterschaft des NKWD hatte Goebbels immer wieder in Presse und Radio verbreiten lassen. Von der sowjetischen Führung waren die Meldungen als deutsche Propaganda zurückgewiesen worden, ebenso die Gutachten deutscher Mediziner. Die nämlich hatten bei der Untersuchung der Toten herausgefunden, dass die Polen bereits vor dem Einmarsch der Deutschen erschossen worden waren. Das 1947 bei Torgau entdeckte Fotomaterial musste den sowjetischen Geheimdienst also schwer belasten, es verschwand deswegen sofort in Moskauer Safes. Die offizielle Version der sowjetischen Führung, die Deutschen hätten den Massenmord von Katyn begangen, durfte nicht ins Wanken geraten.

Das war sie allerdings schon beim Nürnberger Kriegsverbrechertribunal. Dort sollten 1946 auf Antrag von Görings Verteidiger, Dr. Otto Stahmer, Zeugen in der Sache Katyn aufgerufen werden – was die Sowjets in große Aufregung versetzte. Der Beobachter der sowjetischen Spionageabwehr in Nürnberg hatte Moskau sofort darüber informiert. Es war klar, dass diese Zeugen Moskau belasten würden – und nicht Berlin. Molotow versah die Information denn auch handschriftlich mit einem Hinweis: »Man muss schnellstens reagieren!«[13] So geschah es auch: Der sowjetische Ankläger in Nürnberg drohte, den gesamten Prozess platzen zu lassen, käme eine andere als die sowjetische Version zur Sprache. Daran waren die Westmächte nicht interessiert, und so verschwand das Thema Katyn von der Tagesordnung.

Erst im Frühjahr 1990 erkannte die Sowjetunion offiziell an, dass die polnischen Staatsbürger damals vom NKWD erschossen worden waren. Präsident Michail Gorbatschow übergab Polen entsprechende Archivdokumente und eine namentliche Liste mit 14 589 hingerichteten Gefangenen. Kurz darauf leitete die Hauptmilitärstaatsanwaltschaft eine Untersuchung des Massakers ein. Gorbatschows Nachfolger Boris Jelzin händigte Warschau sogar den von Stalin und weiteren Genossen unterschriebenen Beschluss über die außergerichtlichen Hinrichtungen aus.

Nur wenige Jahre später, unter der Herrschaft Wladimir Putins, stellte der Hauptmilitärstaatsanwalt die Untersuchung des Falls Katyn wieder ein – weil der »Tatbestand des Genozids im Verbrechen« nicht festgestellt werden könne und weil die Amtspersonen, die Schuld an dem Verbrechen tragen, inzwischen verstorben seien. Inzwischen wird eine sowjetische Verantwortung für das Verbrechen von Katyn erneut rundheraus bestritten. In Moskauer Buchläden finden sich heute zahlreiche Werke von Geheimdienstleuten und Militärs, die Katyn erneut als »Mythos« bezeichnen – Gorbatschow und Jelzin hätten die Goebbels'sche Version des Massakers unterstützt, um die Beziehungen zu Polen nicht noch weiter zu belasten. In Wahrheit seien die Polen von den Deutschen erschossen worden, behauptet etwa der ehemalige KGB-Offizier Anatoli Treschtschenko in seinem 2021 erschienenen Buch »Geschichtsfälscher«.[14] Das ist ein typischer Fall von Geschichtsklitterung unter Putin und ein Beleg dafür, wie sehr Geheimdienstleute an der Umschreibung der sowjetischen Geschichte beteiligt sind.

Dass der Geheimdienst 1945 auch in die Suche nach Beutekunst involviert war, versteht sich von selbst. In den Berliner Flaktürmen am Zoo und im Friedrichshain hatten sowjetische Trophäenjäger bereits im Mai 1945 ausgelagerte Kunstschätze wie den Schatz des Priamos aus dem Berliner Museum für Vor- und Frühgeschichte entdeckt. Aber auch im restlichen Teil der sowjetischen Zone wurde gesucht. Im August 1945 meldete der Chef der Spionageabwehr, General Alexander Wadis, dass in den Schächten der Wintershall AG im Werratal ebenfalls Gegenstände der Berliner Museen gefunden worden seien, dazu Konstruktionszeichnungen für Flugzeuge, Uniformen der Luftwaffe und »Valuta der Reichsbank«.[15]

Die Reichsbank sollte übrigens später noch eine größere Rolle spielen. Denn bei der Einnahme Berlins waren die NKWD-Trupps schnell auf die Bankgebäude in der Jägerstraße und am Werderschen Markt gestoßen. Das, was sich daraufhin in der ehemaligen Reichsbank abspielte, wurde zu einem Symbol für die Aneignung deutscher Wertgegenstände durch die Sowjets und beschäftigte später selbst sowjetische Justizorgane.

Dabei sah es gerade im Fall der Reichsbank so aus, als würde die Besatzungsmacht Bereicherung in den eigenen Reihen streng ahnden. Auf unterster Ebene war das zum Teil auch so. Bereits im Oktober 1945, ein halbes Jahr nach dem Einmarsch in Berlin, verurteilte das Militärtribunal der NKWD-Truppen in einer öffentlichen Sitzung vier Angehörige des 333. Grenzregiments des NKWD, das zur Bewachung der Reichsbank eingesetzt worden war. Der Chef der Wache, ein 24-jähriger Oberleutnant, der Instrukteur für Parteiarbeit des Regiments, ein Hauptmann, sowie ein weiterer Leutnant und ein Oberfeldwebel hatten während ihres Einsatzes mindestens 100 000 sowjetische Rubel aus den Banktresoren entwendet. Alle vier Männer bekamen jeweils zehn Jahre Lagerhaft.[16]

Zweieinhalb Jahre später sollte sich zeigen, dass mehrere hochrangige NKWD-Leute Wertgegenstände der Reichsbank in einem weitaus größeren Maße geplündert hatten. Generalmajor Alexej Sidnjew, der erste Chef des Berliner Operativsektors, bekannte im Februar 1948, seine Leute hätten nach dem Einmarsch in die deutsche Hauptstadt 40 Millionen Mark in den Kellern der Bank sichergestellt. Etwa noch einmal diese Summe fanden sie in anderen Tresoren in Berlin-Mitte.[17] Das Geld sei in den Keller der Berliner NKWD-Zentrale gebracht worden, die sich zuerst in der Prinzenallee und dann in der Luisenstraße befand. Es handelte sich um etwa 100 Säcke mit 80 Millionen Mark, was – theoretisch – heute rund 264 Millionen Euro entspräche. Sidnjew, der Serow bei den Verhören in vielen Fragen schwer belastete, wies darauf hin, dieser habe befohlen, das Geld für Zwecke des NKWD zu verwenden, und ihm regelmäßig Anweisungen zur Herausgabe dieser oder jener Summen geschickt. Allerdings habe man sich mit dem Geld auch selbst bereichert.

Bei der Durchsuchung der Leningrader Wohnung von Sidnjew fanden die Ermittler 1948 fünf überaus wertvolle Gobelins flämischer und französischer Meister aus dem 17. und 18. Jahrhundert, die in der Reichsbank aufbewahrt worden waren. Dazu stießen die Fahnder auf Hunderte von Golderzeugnissen, Tausende Meter Woll- und Seidenstoffe, fünfzig teure Teppiche sowie große Mengen Porzellan und Kristall. Der eigentliche Anstifter für die »ungesetzlichen Bereicherungen« sei Serow gewesen, beteuerte Sidnjew bei der Verhandlung vor dem Militärtribunal. Der NKWD-Bevollmächtigte sowie die Geheimdienstchefs von Sachsen und Thüringen hätten große Mengen Beutegut unkontrolliert mit dem Flugzeug nach Moskau bringen lassen.

Es waren natürlich nicht nur NKWD-Leute, die sich am Beutegut bereicherten. Manches von dem, was sowjetische Kommandos in der sowjetischen Besatzungszone als Reparationsleistungen beschlagnahmten, verschwand bereits auf dem Weg in die Sowjetunion. NKWD beziehungsweise MWD vermeldeten regelmäßig größere Diebstähle. So hieß es in einem Bericht an Lawrenti Beria vom Januar 1947, »dass eine bedeutende Anzahl von Industriewaren für den Massenbedarf, die aus Deutschland in die UdSSR kommen, beim Transport mit der Eisenbahn, beim Ent- oder Umladen auf den Bahnhöfen und in den Häfen, aber auch bei der Annahme in den Lagern und Kaufhäusern des Glawosobuniwermag* geplündert würden. Allein bei 16 Zügen mit Reparationswaren, die bis zum 20. Dezember 1946 angenommen worden waren, wurden fehlende Waren für 1746539 Rubel festgestellt«.[18]

Im November 1946 gelang es dem MWD, »bedeutende Diebstähle auf dem Bahnhof Janowo der Brest-Litowsker Eisenbahn« nachzuweisen. Angehörige eines Begleitkommandos hatten Plomben an drei Waggons aufgebrochen und deutsche Seidenstrümpfe, Männerhemden, Stoffe, Gummischuhe sowie Akkordeons an sich genommen, die sie über Spekulanten zu verkaufen gedachten. Mehrere Soldaten und der Leiter des Zuges Nr. 201/1054 wurden verhaftet.

Um weitaus größere Werte ging es bei einem Vorgang, über den der Innenminister, Generaloberst Sergej Kruglow, 1948 sogar Stalin informieren musste. Dabei lag der entsprechende Fall schon zwei Jahre zurück.

Demnach hatten zwei Sonderzüge mit insgesamt 66 Waggons im Mai und Juni 1945 in Deutschland erbeutete Wertgegenstände nach Moskau gebracht. Der Löwenanteil der Fracht bestand aus 4552 Barren goldhaltigen Silbers sowie 291 Säcken mit Münzen – aus 900er Silber im Nennwert von fünf Reichsmark und 625er Silber zu zwei Reichsmark. Außerdem waren in den Frachtlisten Goldringe und Goldketten, goldene Taschenuhren und Silberbestecke, silberne Kerzenleuchter, Broschen, Armreife, Edelsteine und Perlen aufgeführt.

* Glawosobuniwermag: eine spezielle Verkaufseinrichtung des sowjetischen Handelsministeriums.

Die Beute wurde ins Veredlungswerk Nr. 171 in Nowosibirsk gesandt, das dem Innenministerium unterstand. Da das Silber dort nur schrittweise eingeschmolzen werden konnte, musste das NKWD vorübergehende Lagermöglichkeiten beschaffen. Es fand sie im Keller des Nowosibirsker Gebietsmuseums.

Noch mehrfach wurden die Kisten und Säcke später umgelagert und umgepackt, denn mit der Zeit verschimmelten und verfaulten sie. Als nach knapp drei Jahren die gesamte Ladung aus Deutschland eingeschmolzen war, fiel dem Ministerium für Staatskontrolle eine Differenz zwischen der angelieferten Menge und dem schließlich eingeschmolzenen Silber auf – was zu einer umfangreichen Untersuchung führte. Das NKWD respektive MWD beteuerte gegenüber Stalin seine Unschuld und versuchte in einem detaillierten Bericht nachzuweisen, dass die Unregelmäßigkeiten nicht auf seine Arbeit zurückzuführen seien.[19] Wie so oft blieb die Angelegenheit am Ende ungeklärt.

11

Alltag beim NKWD

Nur zwei Monate nach der Erbeutung der Kriegsgefangenenkartei in Meiningen bekam der NKWD-Bevollmächtigte Serow einen Brief, der an ihn persönlich gerichtet war. Er stammte von einem Deutschen, und das war ungewöhnlich genug – der General gab sich gemeinhin nicht mit Privatangelegenheiten der Besiegten ab. Und die wagten es nur selten, sich direkt ans NKWD zu wenden.

Der Brief, von dem die Rede ist, stammte von Robert Biberti. Der Berliner war die Bassstimme im Vokalensemble »Comedian Harmonists« gewesen, das sich 1928 zusammengefunden hatte. Als Hitlers Reichsmusikkammer 1935 den drei jüdischen Gruppenmitgliedern Berufsverbot erteilte, die davon Betroffenen ins Ausland emigrierten und die zurückbleibenden drei Sänger eine neue Gruppe ins Leben riefen, hatte sich Biberti als deren künstlerischer Leiter hervorgetan. Mit den emigrierten ehemaligen Kollegen zerstritt er sich, schon weil er sich später sämtliche Tantiemen der früheren Veröffentlichungen auszahlen ließ. Auch nach dem Krieg bewohnte er weiter eine Acht-Zimmer-Wohnung mit Probenraum und Sekretariat in der Carmerstraße in Berlin-Charlottenburg.

Bibertis Brief an Iwan Serow Ende Dezember 1945 war das Schreiben eines Mannes, der von der Realität in der sowjetischen Zone, wo Millionen Deutsche zu dieser Zeit in Hunger und Ungewissheit sowie in Angst vor den Russen und deren Geheimdienst lebten, offenkundig nicht allzu viel mitbekommen hatte:

> Da sich in meiner Notlage kein anderer Ausweg findet, muss ich mich entschliessen, Herrn Generaloberst persönlich folgendes

zu unterbreiten. In der Nacht vom 7./8. September d.J. wurde in der Stadt Ziegenrück, Kreis Saalfeld, bei einer Haussuchung nach Waffen in meiner Abwesenheit mein letztes mir verbliebenes Eigentum durch Herrn Oberleutnant Smirnoff mitgenommen. Es handelt sich um folgende Gegenstände: 1.) 6 Photo-Apparate mit reichlichem Zubehör (Contax, Leica, Super-Ikonta etc.) 2.) Schmuck (Ringe, Brillianten etc.) 3.) Uhren (z.T. Erbstücke meiner Mutter [...]) 4.) ca. 1000 Leica-Film-Negative. Der damalige Kommandant des Kreises Ziegenrück, Herr Major Sidakoff, nahm sich selbstverständlich sofort des Falles an und ermächtigte mich, von Herrn Oberleutnant Smirnoff – mit dem er die Angelegenheit geklärt und der sich zur Herausgabe sämtlicher Gegenstände an mich persönlich bereit erklärt hatte – mein Eigentum wieder in Empfang zu nehmen. Trotz intensiver Bemühung ist es mir bisher nicht möglich gewesen, Herrn Oberleutnant Smirnoff aufzufinden [...].
Ich selbst bin Sänger und Leiter des berühmten, unter dem nationalsozialistischen Regime 12 Jahre lang verboten gewesenen Gesangsensemble ›Comedian Harmonists‹. Nebenberuflich bin ich Photograph, sodass die fehlenden Apparate meine z.Z. wesentlichsten Erwerbsmöglichkeiten völlig unterbinden. Vom Erlös des Schmuckes und der Uhren [...] will ich mein Ensemble wieder aufbauen, da ich durch die Kriegsereignisse fast meinen gesamten Besitz verloren habe [...]. Als völlig mittelloser Künstler darf ich Herrn Generaloberst inständigst bitten, [...] mir Gerechtigkeit widerfahren zu lassen. Mit vorzüglicher Hochachtung, gez. Robert Biberti.[1]

Zusammen mit diesem Schreiben legte Biberti eine Bescheinigung der Kammer der Kunstschaffenden vor, in der diese bestätigte, dass er »Gründer und Leiter des weltbekannten, unter der nationalsozialistischen Regierung verbotenen Meistersextetts ›Comedian Harmonists‹« sei und gegenwärtig dessen Neugründung vorbereite. »Da an dem Wiederauftreten der ›Comedian Harmonists‹ ein allgemein großes Interesse besteht, wird empfohlen Herrn Biberti grösstmögliche Förderung dieses Planes angedeihen zu lassen.«[2]

Serow leitete den Brief an den NKWD-Chef von Thüringen weiter, der ihm ebenso wie der dortige SMERSCH-Chef ausrichtete, bei ihnen gebe es keinen Leutnant Smirnoff.[3] Biberti war offenbar auf die Diebestour eines sowjetischen Offiziers hereingefallen. Und sein Plan, die »Comedian Harmonists« wiederaufleben zu lassen, scheiterte bekanntlich.

Bibertis Brief war nur eine von unzähligen Nachrichten, die Serow und seine Leute täglich erhielten. Noch das kleinste Vorkommnis in den Ländern oder Provinzen wurde nach Berlin gemeldet. Am 31. Januar 1946 etwa traf in der NKWD-Zentrale eine Meldung aus Weimar ein. Der Chef des Fuhrparks der thüringischen Militäradministration, N. I. Rumjanzew, habe in Stadtilm einen Unfall erlitten, wurde mitgeteilt. Der Grund: Glatteis, es war Winter. Auch die Gattin von Rumjanzew und sein Chauffeur seien bei dem Zwischenfall vom 20. Januar verletzt worden.[4] Musste auch so etwas bis in die Hauptstadt gemeldet werden? Um eine schnelle Reaktion ging es nicht, der Vorfall lag schließlich bereits elf Tage zurück. Also eine Meldung um des Meldens willen? Offenbar ja. Gefahren drohten aus Sicht der Tschekisten überall, und so galt das Prinzip der Allwissenheit. Was irgendwie von der Alltagsnorm abwich, wurde sofort dem NKWD mitgeteilt – auch ein Autounfall konnte von Gegnern der Besatzungsmacht inszeniert worden sein.

So ergoss sich jeden Tag eine Flut von Meldungen auf die Schreibtische der Operationsgruppen. Es war wie oft bei Geheimdiensten: Aufgrund ihres Kontrollwahns halten sie schließlich fast alles für berichtenswert und drohen in der selbst ausgelösten Informationsflut zu ersticken.

In den Meldungen war von Übergriffen sowjetischer Soldaten die Rede, von Unglücksfällen und Sabotage, von Untergrundgruppen, Schlägereien, Diebstählen oder politischen Reden, hinter denen man einen Aufruf zum Widerstand sah. Die Mitarbeiter im Volkskommissariat für Inneres, bei der Staatssicherheit und der Spionageabwehr hatten alle Hände voll zu tun, die Prüfmaschine arbeitete von morgens bis abends und selbst in der Nacht.

Zudem war das NKWD auch offizielles Kontrollorgan. Wer aus dem Mutterland zur Militäradministration nach Deutschland entsandt wurde, musste zuerst durchs Nadelöhr des NKWD. Alle aus der Sowjetunion einreisenden Offiziere und deren Familien wurden noch in ihren Heimatorten überprüft, ohne Genehmigung des Geheimdienstes war die Fahrt in die sowjetische Zone unmöglich. Erst danach bekamen sie ihre Ausweise. Für die Familien von Generälen und Admiralen stellte das Volkskommissariat oft fiktive Dokumente aus, damit bei Dienstreisen in die amerikanische, britische oder französische Zone und entsprechenden Kontrollen der Alliierten nichts über die wahre Identität der Entsandten preisgegeben wurde.[5]

Noch eine andere Gruppe sowjetischer Staatsangehöriger fiel in den Zuständigkeitsbereich der Tschekisten: demobilisierte Sowjetsoldaten und Landsleute, die sich der Repatriierung widersetzten, also nicht in ihr Heimatland zurückkehren wollten. Die Erstgenannten zogen nicht selten raubend und marodierend durch die sowjetische Zone, die zweite Gruppe versuchte meist, in die Westzonen zu entkommen. Auf beide Gruppen konzentrierten sich die Fahndungsgruppen des NKWD.[6]

Die Meldungen der Kommandanturdienste landeten ebenfalls auf den Tischen des NKWD und der SMERSCH. Vorkommnisse waren täglich, wöchentlich und einmal monatlich zusammenzufassen. Wegen »Disziplinlosigkeit« wurden im Februar 1946 allein in Thüringen 1322 Armeeangehörige festgenommen, wie der Chef des dortigen Kommandanturdienstes, Generalmajor Andrej Karpeljuk, vermeldete. Auch im Monat zuvor hatten sich zahlreiche Zwischenfälle ereignet, die beim NKWD registriert worden waren. Am 10. Januar etwa hatte ein Unterleutnant Kulbak in Erfurt die auf der Straße vorübergehende Käthe Bose erschossen; am 16. war bei der Polizei in Saalfeld die Mitteilung von einem Wohnungsraub durch sowjetische Militärangehörige eingetroffen – beim Aufsuchen des Tatorts wurde einer der Polizisten erschossen, drei weitere wurden schwer verletzt; am 19. wurde in Nordhausen eine Frau erschossen und am 21. Januar dem Polizeidirektor von Mühlhausen von einem Sergeanten mit zwei Begleitern gewaltsam das Dienstauto weggenommen; am 23. wurde in Stadtroda eine Frau erschossen, am 26. eine weitere Frau in Weimar vom Soldaten Sajkow umgebracht; am 28. Januar schließlich wurde in Mühlhausen eine Gruppe von Soldaten festgenommen, die in der Stadt geraubt und Frauen vergewaltigt hatten.[7]

Die Besatzer mordeten oft wegen Nichtigkeiten, so wie der Soldat W. W. Dubinin, der in Naumburg im Dezember 1945 in ein Haus gegangen war und dort ein Fahrrad gefordert hatte. Als ihm dieses verweigert wurde, erschoss er zwei deutsche Frauen und verletzte einen zwölfjährigen Jungen tödlich, der zufällig in dem Moment am Haus vorbeigegangen war.[8]

Zwischenfälle wie diese wurden dem NKWD gemeldet, zuständig für die unmittelbare Bearbeitung war jedoch die Militärstaatsanwaltschaft. 1945, gleich nach Kriegsende, häuften sie sich besonders. Aber auch im Jahr darauf rissen die Beschwerden über die Willkür der Besatzer, einschließlich der Tschekisten, nicht ab.

Obwohl er sehr genau wusste, welche Verbrechen sowjetische Soldaten und seine eigenen Untergebenen auf deutschem Gebiet noch immer begingen, verfasste der NKWD-Bevollmächtigte Serow Ende 1946 eine Resolution, die der Abschreckung dienen sollte – und zwar nicht der Abschreckung der Verbrecher, sondern jener, die solche Fälle ruchbar machten: »An die Genossen Gorochow und Tjulpanow. Aus jeder Provinz sind zwei bis drei aufwieglerische Briefe über Morde u.a. auszuwählen und ihre Autoren dem Gericht des Militärtribunals zu übergeben; die Urteile sind in der Provinzpresse zu veröffentlichen.«[9] Generalmajor Sergej Gorochow war Chef des Kommandanturdienstes, Oberst Sergej Tjulpanow Propagandachef der SMAD. Hoffte Serow mit dieser Vogel-Strauß-Politik, jeden Ansatz eines Aufbegehrens der Deutschen zu ersticken?

Die Operativen Gruppen registrierten natürlich auch Verbrechen von Deutschen und meldeten Erfolge wie etwa den, dass im April 1946 die Festnahme einer fünfköpfigen Bande in Klosterfelde gelang. Die Gruppe soll zwanzig bewaffnete Überfälle auf ihrem Konto gehabt haben.[10]

Die in der Zentrale eingehenden Meldungen betrafen aber noch viel mehr: die Festnahme alliierter Soldaten etwa, die die Demarkationslinie zur sowjetischen Zone überschritten hatten. Auch dass im Februar 1946 in den Kreisen Gera und Erfurt Flüsse über die Ufer getreten und Dörfer sowie Stadtteile überflutet waren, hielten die unteren Ebenen für so wichtig, dass die Nachrichten darüber bis nach ganz oben durchgestellt wurden.[11]

Schon eher nachvollziehbar war, dass Meldungen über Zwischenfälle in den Betrieben besondere Aufmerksamkeit erhielten. Erreichten die Störungen ein größeres Ausmaß, wurden sofort Untersuchungstrupps auf den Weg geschickt – etwa nach einer Explosion in der Brikettfabrik Regis-Breitingen südlich von Leipzig am 15. Januar 1946. Bei dem Unglück waren elf Öfen ausgefallen, es gab Tote und Verletzte. Das NKWD wollte nicht ausschließen, dass in Fällen wie diesem Sabotage vorlag.[12] Auch das entsprach einer alten NKWD-Praxis: Auf ähnliche Weise waren schon Ende der 1920er-, Anfang der 1930er-Jahre Unglücksfälle in sowjetischen Betrieben politisiert worden, obwohl ihnen meist nur technische Probleme zugrunde lagen.

Größere Havarien wurden von der Berliner Geheimdienstzentrale sogar nach Moskau gemeldet, an Stalin und Molotow. Das war beispielsweise nach einem Brand im Hydrierwerk Zeitz-Tröglitz im Mai 1948 der Fall, bei dem 43 Menschen ums Leben kamen und 80 zum Teil schwer verletzt wurden. Wenn die Betriebe (wie der in Zeitz) eine sowjetische Aktiengesellschaft waren – mit der Aufgabe, Reparationsleistungen für die Sowjetunion zu erbringen –, kümmerte sich das NKWD ganz besonders um derartige Vorfälle. In Zeitz hatte es sich um eine Kohlenstaubexplosion infolge von Materialermüdung gehandelt.[13] Nichtsdestotrotz verurteilte ein sowjetisches Militärgericht in Halle knapp ein Jahr später zwei Direktoren und einen Ingenieur zu mehrjährigen Haftstrafen.[14]

Auch um die ihnen unterstehenden Gefängnisse und Speziallager hatten sich SMERSCH und NKWD tagtäglich zu kümmern. Den Bedarf für ihren Unterhalt konnten sie ohne Umstände bei der Militäradministration anfordern, die ihrem Begehren Folge zu leisten hatte. Generalmajor Grigori Beschanow, Chef des sowjetischen Geheimdienstes in Thüringen, richtete im August 1945 ein Schreiben an den Militärkommandanten von Weimar mit der Aufforderung, »uns monatlich Lebensmittel für die Unterhaltung der Gefangenen und des Dienstpersonals aus den Vorräten der Stadt zu liefern: 5 Tonnen

Mehl, 1,5 Tonnen Graupen, 5 Tonnen Gemüse, 1,02 Tonnen Fleisch, 0,35 Tonnen Fett«.[15] Die Lebensmittel waren unter anderem für das Speziallager Nr. 2 in Buchenwald oberhalb von Weimar gedacht. Die Versorgung der dortigen Häftlinge war ungeachtet dessen katastrophal.

Waren die Verhafteten anfangs noch in primitiven Kellern festgehalten worden, so ging man zunehmend daran, die Gefängnisse für die zu erwartende große Häftlingszahl auszubauen. Die Spionageabwehr SMERSCH, die in Weimar ein eigenes Gefängnis unterhielt, erbat im Januar 1946 von der sowjetischen Militäradministration Thüringen Material »für den grundlegenden Umbau des Gefängnisses« – Zement, Kalk, Dachblech, Bretter, Rundhölzer und Nägel sowie 20 000 Stück Ziegeln.[16] Die SMAD reichte die »Bitte« an deutsche Firmen weiter – diesmal allerdings auf dem Wege des Befehls, sodass die Deutschen zwangsweise am Ausbau der Gefängnisse beteiligt wurden.

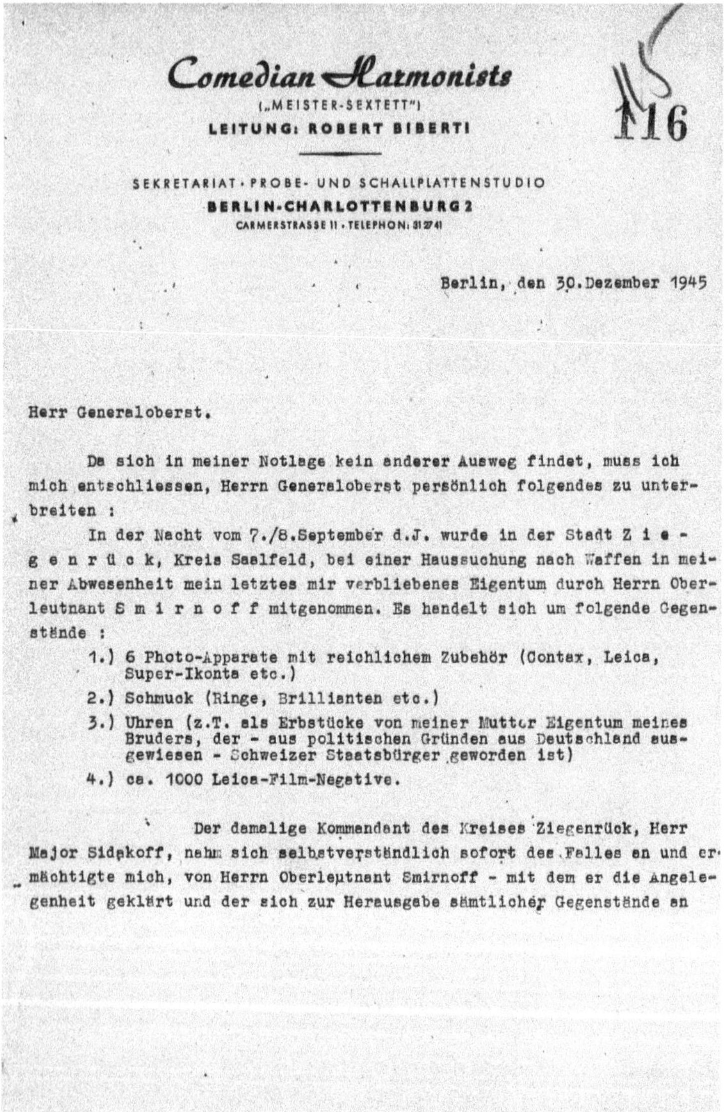

Comedian Harmonists
(„MEISTER-SEXTETT")
LEITUNG: ROBERT BIBERTI

SEKRETARIAT · PROBE- UND SCHALLPLATTENSTUDIO
BERLIN-CHARLOTTENBURG 2
CARMERSTRASSE 11 · TELEPHON: 31 27 41

116

Berlin, den 30.Dezember 1945

Herr Generaloberst.

Da sich in meiner Notlage kein anderer Ausweg findet, muss ich mich entschliessen, Herrn Generaloberst persönlich folgendes zu unterbreiten :

In der Nacht vom 7./8.September d.J. wurde in der Stadt Z i e g e n r ü c k, Kreis Saalfeld, bei einer Haussuchung nach Waffen in meiner Abwesenheit mein letztes mir verbliebenes Eigentum durch Herrn Oberleutnant S m i r n o f f mitgenommen. Es handelt sich um folgende Gegenstände :

1.) 6 Photo-Apparate mit reichlichem Zubehör (Contax, Leica, Super-Ikonta etc.)
2.) Schmuck (Ringe, Brillianten etc.)
3.) Uhren (z.T. als Erbstücke von meiner Mutter Eigentum meines Bruders, der - aus politischen Gründen aus Deutschland ausgewiesen - Schweizer Staatsbürger geworden ist)
4.) ca. 1000 Leica-Film-Negative.

Der damalige Kommendant des Kreises Ziegenrück, Herr Major Sidakoff, nahm sich selbstverständlich sofort des Falles an und ermächtigte mich, von Herrn Oberleutnant Smirnoff - mit dem er die Angelegenheit geklärt und der sich zur Herausgabe sämtlicher Gegenstände an

Robert Biberti schreibt im Dezember 1945 an Iwan Serow.

12

Der Geheimdienst als Störfaktor der Politik

Ende 1945 – er war zu der Zeit schon mehr als ein halbes Jahr in Deutschland – notierte General Serow in seinem Tagebuch: »Ich weiß nicht, aber ich kann mich nicht an die Deutschen gewöhnen.« Einen Monat später fügte er hinzu: »Mit den Deutschen ist es wahnsinnig schwer [...]. Anfangs, als wir Berlin besetzten, verhielten sie sich ganz still, wie die Schafe. Jetzt, da sie sich nach einem halben Jahr zurechtgefunden haben, sind sie bereit, uns auf dem Kopf herumzutanzen.«[1]

Das bezog sich auf die von den Russen eingesetzten deutschen Politiker und Verwaltungschefs. Herablassung und Überlegenheit gegenüber den Besiegten kamen da zum Ausdruck und wohl auch Zweifel, ob es richtig sei, bereits jetzt den Deutschen eine – wenn auch nur begrenzte – politische Selbstständigkeit einzuräumen. Die deutschen kommunistischen Spitzenkräfte waren davon nicht ausgenommen.

Auch den späteren DDR-Machthaber Walter Ulbricht nahm Serow nicht richtig ernst. Dabei hatte er ihn sowie weitere neun KPD-Funktionäre, die sogenannte »Gruppe Ulbricht«, nach eigener Aussage kurz vor Kriegsende aus dem Moskauer Exil zurück Richtung Berlin gebracht. Stalin, so schildert er in seinem Tagebuch, habe ihn Ende April 1945 zu sich gerufen und ihm den Auftrag erteilt, Pieck und Ulbricht nach Deutschland zu bringen. »Ich habe ihnen alles gesagt, was sie tun müssen«, so erinnerte sich Serow an die Worte Stalins: »Mögen sie dort ihre Leute verteilen und zu führen beginnen. Hier lohnt es sich für sie nicht mehr herumzusitzen.«[2]

Serow sei ins Hotel Lux in der Gorki-Straße gefahren, wo neben vielen anderen ausländischen Kommunisten auch Pieck und Ulbricht untergebracht waren. Er habe Piecks Zimmer in der vierten Etage aufgesucht, mit dessen Schwester gesprochen (Pieck selbst war zu jener Zeit krank) und anschließend in der Nachbarwohnung Ulbricht getroffen – »einen bulligen Kerl von gesunder Farbe, nur in Unterhosen«. Am nächsten Tag flog die Gruppe mit einer Douglas-Maschine vom Flugplatz Wnukowo ab.

Ob sich das alles genau so abgespielt hat, wie Serow es beschreibt, ist nicht mehr nachzuprüfen, zumal er in seinem Tagebuch die Daten falsch angibt. Doch sah er Ulbricht in den Wochen und Monaten darauf regelmäßig in Berlin. In seinen Erinnerungen beschreibt er ihn herablassend: »Mit Ulbricht muss man sich abmühen wie mit einem Kleinkind […]. Wenn er ins Zimmer kommt, stellt er ein, zwei Fragen, dann beginnt er irgendwelche Kleinigkeiten auszukramen. Jedes Mal hab ich mich aufgeregt und ihm gesagt: ›Sie sind hier der Hausherr. Aber Sie wollen, dass wir alles für Sie machen.‹ Er ließ es sich von seiner Frau übersetzen [seiner damaligen Lebensgefährtin und späteren Frau Lotte Wendt – d. A.], lächelte und begann sich zu bedanken.« Serow ging laut seinen Aufzeichnungen davon aus, dass Pieck »belesener« sei und künftig die Hauptrolle spielen werde – womit er sich irrte.[3]

Wie sehr haben sich Stalins Geheimdienste in die Politik der Sowjetischen Militäradministration eingemischt und damit den Kurs ihrer ostdeutschen Funktionäre beeinflusst? Dass sie eine eigene politische Strategie verfolgten, lässt sich nicht unbedingt erkennen. Sie folgten eher ihrem politischen Instinkt und ließen sich von den Erfahrungen im Kampf gegen die vermeintlichen Volksfeinde während der Terrorjahre in der Sowjetunion leiten – und von der Gewissheit, niemandem verantwortlich zu sein außer Stalin.

Wladimir Semjonow, bis zu Hitlers Überfall auf die Sowjetunion Botschaftsrat in Berlin und nach Kriegsende stellvertretender, dann führender Politischer Berater der SMAD, wies in seinen 1995 erschienenen Memoiren darauf hin, dass es mit Blick auf Deutschland mindestens zwei verschiedene politische Strömungen innerhalb der sowjetischen Führung gab. Die eine wurde vom Diplomaten und späteren Außenminister Andrej Wyschinski vertreten und galt als gemäßigt (wobei Wyschinski selbst – früher sowjetischer Staatsanwalt und Anklagevertreter bei Stalins Schauprozessen – keineswegs ein Gemäßigter war). Semjonow dagegen war nach Ansicht von Beobachtern Verfechter der repressiven Linie des NKWD, also der Staatssicherheit und Berias. Er selbst wies das mehrfach zurück und behauptete, er habe wie Schukow und Molotow stets Front gemacht gegen die Versuche des Geheimdienstes, sich in die politischen Angelegenheiten der Besatzungszone einzumischen. Die NKWD-Leute seien in der Regel »mit inkompetenten und oberflächlichen Urteilen« gekommen, »während die Lage eine flexible, allseitige und genaue Betrachtung aller Erscheinungen der Wirklichkeit« erfordert habe.[4]

Als Beispiel führte Semjonow den stellvertretenden SMERSCH-Chef und Beria-Vertrauten Generalleutnant Pawel Meschik an, der sich 1945 vehement in die Debatte über das künftige Führungspersonal der sowjetischen Zone eingeschaltet habe. »Als wir die personelle Zusammensetzung der aufzubauenden neuen deutschen Organe der Selbstverwaltung erörterten, schlug Meschik Kandidaten nach seinen Kriterien vor [...]. Die Gruppe von Deutschlandkennern, die ich leitete, schlug andere Kandidaten vor. Meschik wischte unsere Überlegungen mit groben Worten kurzerhand vom Tisch. Ich forderte, er möge sich nicht in diese Dinge einmischen, und drohte, Stalin davon zu berichten.«[5]

Stalin war der Dreh- und Angelpunkt aller Entscheidungen. Da lag es nahe, ihn als Druckmittel zu nutzen und damit die Konkurrenz auszuschalten. Semjonow wagte es nach eigenen Aussagen ein paar Jahre später sogar, dem Diktator vor dem versammelten Politbüro seine Sicht auf den Geheimdienst vorzutragen: 1952 bei einem Treffen mit Stalin auf dessen Moskauer Datscha Kunzewo, übrigens in Anwesenheit des früheren Staatssicherheitschefs Beria.

Auf Stalins Frage, wie denn seine Sicherheitsorgane in Ostdeutschland arbeiteten, antwortete Semjonow damals, er wisse das nicht, »denn sie berichteten uns nicht über ihre Tätigkeit«. »Ist das etwa normal?«, fragte Stalin zurück. »Natürlich ist das nicht normal«, so Semjonow. »Uns ist die Besatzungsmacht in der Ostzone anvertraut, aber dieser Teil der Macht schottet sich vor uns ab.«

Stalin fragte daraufhin: »Warum dulden Sie das? Warum haben Sie bisher nicht protestiert und nicht gefordert, das zu korrigieren?« – »So ist es bereits bei Kriegsende gewesen«, entgegnete Semjonow. »Was sie auf ihrem Gebiet treiben, wissen wir nicht.« – »Soll das in Ordnung sein?«, wiederholte Stalin zornig. »Das ist eine Schweinerei. Diese Organe sind nicht mehr das, was sie eigentlich sein sollen.«[6]

So weit Semjonow. Stalins Empörung war sicher zum Teil gespielt. Er war, in der Regel jedenfalls, über die Arbeit seines Geheimdienstes informiert und bekam nach 1945 Kopien aller wichtigen Berichte aus Berlin auf seinen Tisch. Im Übrigen hatte er selbst die Geheimdienste zur Rücksichtslosigkeit angespornt. Aufgabe der sowjetischen Sicherheitsorgane war es, den politischen Apparat zu kontrollieren. Sie war in der Regel nur zu erfüllen, wenn ihre Mitarbeiter die normalen Strukturen missachteten und sich als Staat im Staate aufführten.

Eben dadurch übten sie sehr wohl politischen Einfluss in der sowjetischen Zone aus. Das geschah über die verdeckte Kontrolle der Parteien und der politischen Situation in der Zone insgesamt sowie über die Kaderauswahl. Durch ihr Vorgehen begrenzten sie zugleich die Möglichkeiten der Militäradministration, eigene Pläne im Osten Deutschlands durchzusetzen. Die Amerikaner hätten damals übersehen, »wie wenig Spielraum selbst ein Marschall Schukow und ein Vizemarschall Wassili Sokolowski hatten, solange ihnen [...] Geheimpolizisten wie Iwan Serow im Nacken saßen«, bemerken die früheren CIA- beziehungsweise KGB-Offiziere David Murphy und Sergej Kondraschow in ihrem Buch *Die unsichtbare Front*.[7]

Serow besaß in seiner Doppelfunktion als Geheimdienst-Bevollmächtigter und Vizechef der SMAD viele Möglichkeiten, in die Politik einzugreifen, und das tat er zuallererst bei der KPD und später, nach der Zwangsvereinigung mit der SPD, auch bei der SED. Nicht nur, dass ihn die kommunistischen Parteichefs Pieck und Ulbricht regelmäßig besuchten, er selbst kam mitunter auch zu ihren Politbüro-Sitzungen.

Dass Ulbricht nicht die optimale Wahl war, hatte man in Moskau schon früher gewusst. Als die sowjetische Parteiführung und das NKWD Überprüfungsberichte jener KP-Exilanten anfertigten, die nach dem Fall des Hitler-Regimes nach Deutschland gehen sollten, wurde in seinem Dossier festgehalten: »Ulbricht zog viele ›Versöhnler‹ zur Parteiarbeit heran […], die in der Folge von den Organen des NKWD verhaftet wurden.« Sein »grundlegender Mangel«, notierten die Verfasser, bestehe darin, dass er nicht in der Lage sei, eine bolschewistische Politik zur Auswahl und Erziehung von Kadern durchzuführen. Schon Thälmann und Georgi Dimitroff (von 1935 bis 1943 Generalsekretär der Komintern in Moskau) hätten ihn wegen seiner bürokratischen Kommandomethoden, seiner Geltungssucht und seines Eigensinns scharf kritisiert.[8] Seine Exilgenossen sahen das noch drastischer. Ulbricht galt ihnen als engstirnig, dogmatisch und skrupellos, und das sollte sich später in der sowjetischen Zone erneut bestätigen.

SMAD wie NKWD beobachteten Ulbricht auch in Deutschland genau. Laut dem Sozialdemokraten Erich Gniffke bot SMAD-Chef Schukow Ende Januar 1946 dem Vorsitzenden der Ost-SPD, Otto Grotewohl, an, Ulbricht zurückzuziehen – um noch rechtzeitig vor dem Vereinigungsparteitag Meinungsverschiedenheiten der Sozialdemokraten mit den Kommunisten auszuräumen. Von diesem Vorschlag habe Grotewohl später Gniffke berichtet.[9] Der Politische Berater Wladimir Semjonow hegte ebenfalls große Bedenken gegenüber Ulbricht, die er Stalin in einem persönlichen Brief darlegte.[10]

Auch zu Pieck gab es mehrfach Anfragen von geheimdienstlicher Seite. Im August 1948 übersandte der stellvertretende Chef Inneres der SMAD »auf Weisung« 348 Seiten Archiv-Untersuchungsmaterial »zu Pieck […] und anderen zur Operativen Nutzung« an den damaligen Bevollmächtigten der Staatssicherheit in der SBZ, Generalleutnant Kowaltschuk.[11]

Der Geheimdienst beobachtete die führenden Köpfe in Ostberlin selbst in deren privatem Leben, denn auch das Private galt als politisch. Als sich Otto Grotewohl, Ulbrichts Partner im SED-Vorstand, 1949 von seiner Frau scheiden lassen und seine Sekretärin heiraten wollte, schickte der sowjetische Minister für Staatssicherheit ein Dossier »über das Verhalten des Vorsitzenden des Parteivorstands der SED Grotewohl im persönlichen Leben« in den Kreml.[12] Grotewohls Sekretärin, Johanna Schumann, war früher mit einem Nazi-

Funktionär verheiratet gewesen, was den Genossen in Moskau, aber auch in Berlin höchst bedenklich erschien.

Die SED-Spitzen blieben im Blick der Tschekisten, erst recht, wenn sie zu Konsultationen nach Moskau fuhren. Als Pieck, Ulbricht, Grotewohl und das Mitglied des Parteivorstands Max Fechner (der später als angeblicher Staatsfeind eine achtjährige Zuchthausstrafe erhielt) Ende Januar 1947 zu einem längeren Besuch nach Moskau kamen, um dort auch Stalin zu treffen, wurden sie auf einer Datscha des Ministeriums für Staatssicherheit untergebracht und vom Geheimdienst verpflegt.[13]

Dass sie in ihrer Unterkunft abgehört wurden, lässt ein von sowjetischer Seite angefertigtes Besuchsprotokoll erkennen. In ihm wurde unter anderem notiert: »Interessant ist folgende Tatsache: Nach dem Gespräch im Kreml sagte Fechner spät in der Nacht, nachdem er ein Wannenbad genommen hatte: ›Ich habe heute die alte reformistische Wäsche gewechselt.‹« Die Auswerter waren offenbar verwirrt: »Es ist schwer zu sagen, ob er das aufrichtig meinte oder ob das lediglich eine zur Schau vorgetragene Geste war.«[14]

Auch registrierten Begleiter der Delegation bei Betriebs-, Museums- und Kinobesuchen genauestens die Reaktionen der Gäste und jeden Ausruf der Begeisterung. Pieck und Grotewohl bekamen gute Noten, weil sie sich von allem, was ihnen vorgeführt wurde, beeindruckt zeigten. Bei Ulbricht konstatierte man »sehr wenig Interesse«. Die schlechteste Beurteilung bekam Fechner: »M. Fechner führte sich im Unterschied zu Grotewohl sehr zurückhaltend und vorsichtig auf. Seine Meinung über das Gesehene und Gehörte drückte er selten und häufig nur mit allgemeinen Worten aus: ›Ja, das ist interessant‹, ›gut‹, ›hat mir gefallen‹. Auf ein Gespräch ließ er sich nur ein, wenn es um deutsche Angelegenheiten ging. Während des Essens, wo Pieck und Grotewohl nicht selten Toasts auf die Sowjetunion, auf das sowjetische Volk und auf die Gesundheit des Genossen Stalin vorschlugen, hat Fechner kein einziges Mal einen Toast ausgebracht.«[15]

Dies war für die Gastgeber sicher keine große Überraschung, denn es passte exakt in ihr vorgefasstes politisches Bild: Fechner war früher Sozialdemokrat gewesen.

Dass die Sowjets die SED-Funktionäre in der sowjetischen Zone als ihre wichtigsten Protagonisten betrachteten und sie in ihrem Sinne zu motivieren versuchten, lag auf der Hand. Doch empfanden SMAD-Mitarbeiter die Eingriffe der Staatssicherheit mitunter als überaus störend. Ein hochrangiger Offizier der Militäradministration in Sachsen wandte sich 1948 an den Chef des dortigen Operativen Sektors, Oberst Kusma Jegoschin, und beschwerte sich über die grobe Einmischung von dessen Mitarbeitern in innerparteiliche Angelegenheiten der SED. In Dresden, Flöha, Aue und Oschatz würden Mitarbeiter des Ministeriums für Staatssicherheit häufig Sekretäre und Mitarbeiter der Kreisleitung der SED zu sich bestellen und zum Teil grob vernehmen und belehren. Da Leitungsfunktionen nach der Zwangsvereinigung von KPD und SPD oft noch paritätisch besetzt waren – mit je einem Vertreter beider Richtungen –, ist der folgende Hinweis interessant: Im Kreis Flöha werde stets nur der eine Vorsitzende des SED-Kreisvorstandes einbestellt, nämlich der frühere KPD-Mann. Von Januar bis März sei er siebenmal in die Sonderabteilung gerufen worden. »Ich bin der Ansicht, daß die häufigen Einbestellungen [...] und die ungeschickten Gespräche, die die Mitarbeiter der Sonderabteilung führen, in der Arbeit der SED nichts als Schaden anrichten«, so der Vertreter der Militäradministration.[16] Das dürfte eine zutreffende Einschätzung gewesen sein.

Das Hauptaugenmerk der Abgesandten des Volkskommissariats für Inneres galt jedoch den in der SBZ neu gegründeten bürgerlichen Parteien LDP und CDU. Deren Mitglieder beobachteten sie besonders misstrauisch.

Mit der Zulassung dieser Parteien hatten sich die Sowjets eigentlich für Pluralismus ausgesprochen. In Wirklichkeit war es aber nicht so gemeint. Auf der Kommandeurstagung im August 1945 nahm Marschall Schukow kein Blatt vor den Mund. Er betonte, dass von einer gleichen Beziehung zum Block der vier Parteien natürlich keine Rede sein könne. »Die einen [die Kommunisten, d. A.] müssen wir allseitig unterstützen und dazu befähigen, ihre Autorität zu erhöhen, die anderen Parteien müssen wir unterstützen mit dem Ziel der Neutralisierung jener Bevölkerungsschichten, die diese beiden bürgerlich-liberalen Parteien unterstützen«, so der SMAD-Chef. Das

Programm der CDU »ist mitunter sehr schwer von einem faschistischen zu unterscheiden [...]. Diese beiden bürgerlichen Parteien zu einer großen politischen Kraft in Deutschland werden zu lassen, ist nicht in unserem Interesse.« [17] CDU und LDP waren also eher als Orte der operativen Bündelung jener politischen Kräfte gedacht, die man nicht für bündnisfähig hielt, von denen man aber glaubte, sie auf diese Weise besser kontrollieren zu können.

Das Wort »faschistisch« feuerte die Sicherheitsorgane im Übrigen weiter dazu an, restriktiv gegen die bürgerlichen Parteien vorzugehen. Auch eine Weisung der Schukow-Behörde vom Juni 1946 untermauerte das Misstrauen gegenüber den Blockparteien. Vor den geplanten Kommunalwahlen in der sowjetischen Zone hieß es darin: »Die Wahlergebnisse in der SBZ werden nur dann als befriedigend gelten können, wenn sie einen Sieg für die SED als der Partei der konsequenten Demokratisierung Deutschlands bringen.«[18]

In diesem Sinne taten Serows Tschekisten alles Erdenkliche, um die Macht der nichtkommunistischen Parteien zu beschneiden und deren Pläne zu durchkreuzen. Sie beobachteten den Wahlkampf der einzelnen Parteien und sammelten Äußerungen, die sie als Teil einer »zersetzenden« Tätigkeit verstanden. Mitarbeiter des Operativsektors verfolgten etwa die Auftritte der Vorsitzenden von CDU und LDP, Jakob Kaiser und Wilhelm Külz, in Mecklenburg. Sie kamen zu der Schlussfolgerung, deren Reden hätten eindeutig »die SED kompromittierenden Charakter« gehabt.[19] Beide hätten für die Rückgabe Westpreußens, Schlesiens und Pommerns an Deutschland plädiert – was viele bewegt habe, nicht für die SED, sondern die bürgerlichen Parteien zu stimmen.

Die Mitarbeiter des sowjetischen Geheimdienstes hörten sich auch unter der einfachen Bevölkerung um und berichteten mit Namen und Hausnummer, wenn sie Verdächtiges vernahmen. So zitierten sie in demselben Bericht das Greifswalder SED-Mitglied Walike, einen Flüchtling aus Westpreußen, der eine Wahlrede von SED-Chef Pieck gehört hatte: »Heute trat Wilhelm Pieck auf, er ist genau so einer wie Dr. Goebbels. Die Wahlen werden nichts bringen.« Und der Bürgermeister von Boltenhagen, ebenfalls SED-Mitglied, habe vor Einwohnern seines Ortes gesagt: »Wir müssen bei den Wahlen so stimmen, dass die Wahlen in der russischen Besatzungszone scheitern, also ungültig werden, damit die Westzonen sehen, wie die SED verliert.«

Die Tschekisten konzentrierten sich bei ihren Nachforschungen vor allem auf Leute, die als Meinungsmultiplikatoren galten und für CDU oder LDP warben – etwa Professoren der Greifswalder Universität oder Pastoren der evangelischen Kirche, die sie in ihren Berichten auch namentlich aufführten. Einen Schweriner Kriegsinvaliden gaben sie in dem erwähnten Bericht mit den Worten wieder, in der sowjetischen Zone sei eine Diktatur errichtet worden und es gebe keineswegs jene Demokratie, von der immer geredet werde: »Es ist bekannt, dass es unter Hitler Konzentrationslager gab, und wenn du jetzt in irgendeiner Diskussion deine Meinung sagst, kommst du in den Keller der GPU – das ist ein und dasselbe.« Die wahre Stimmung in der breiten Bevölkerung war den sowjetischen Geheimdienstlern also durchaus bewusst.

Noch im Juni 1949, zu einer Zeit, als viele der politischen Vollmachten bereits künftigen DDR-Institutionen übergeben worden waren, schickte Serows Nachfolger, der stellvertretende Staatssicherheitsminister Nikolai Kowaltschuk, an der SMAD vorbei eine »Denkschrift« über die Lage in der Demokratischen Bauernpartei Deutschlands (DBD) und der Christlich Demokratischen Union nach Moskau. In ihr erläuterte der General unter Angabe konkreter Namen, dass »sich in den Führungen einzelner DBD-Organisationen eine erhebliche Anzahl großbäuerlicher und reaktionärer Elemente befindet, die eine feindliche Tätigkeit entfalten«. Und mit Blick auf die CDU brandmarkte er eine Gruppe, die »vor allem aus Vertretern der Großbourgeoisie, der Besitzer von Industrie- und Handelsunternehmen und reaktionär eingestellten Teilen der Intelligenz« bestehe. »Den Beitritt der CDU zum demokratischen Block betrachten sie als taktisches Manöver, das in Erwartung des abzusehenden Scheiterns der SED-Politik […] zur Erhaltung der Partei notwendig ist.«[20]

Kowaltschuks Denkschrift war wohl als Warnung gedacht: Einen Monat zuvor war in der Sowjetischen Besatzungszone die Nationale Front gegründet worden – eine Organisation, die alle gesellschaftlichen Gruppen und damit auch die Blockparteien politisch zusammenfassen sollte, angeblich gleichberechtigt. Und nur vier Monate später wurde die erste DDR-Regierung ins Leben gerufen, ebenfalls unter Beteiligung bürgerlicher Kräfte.

Selbst wenn von vornherein klar gewesen sein dürfte, dass die Zulassung dieser Kräfte ein rein taktisches Manöver war und die Vormachtstellung der SED in jedem Fall erhalten blieb – warum wies die Staatssicherheit gerade in jenen Tagen auf die angebliche Unzuverlässigkeit der Blockparteien hin? War sie mit der sogenannten Blockpolitik generell nicht einverstanden? Oder empfand sie die Haltung der sowjetischen Führung zu den bürgerlichen Parteien als viel zu nachsichtig?

Auch die bei der SMAD angelegten Personalakten von LDP-Politikern lesen sich mitunter wie aggressive Anklagen von Staatsanwälten. In dem Dossier des Thüringer LDP-Vorsitzenden und Finanzministers Leonhard Moog finden sich vernichtende Charakteristiken seiner Arbeit als Minister. Er beschäftige ehemalige Nazis in seinem Ministerium, werde von der SED als Demagoge angesehen und vertrete reaktionäre Positionen, heißt es da etwa.[21] Moog hielt sich trotzdem bis 1950 und bekam sogar einen Sitz in der Provisorischen Volkskammer. Dann floh er wegen des Drucks der SED auf ihn nach Westberlin, was die Führung um Ulbricht nicht davon abhielt, ihn und weitere LDP-Funktionäre in einem Schauprozess wegen »finanzieller Schädigung des Landes Thüringen« zu 15 Jahren Zuchthaus zu verurteilen. Noch während des Prozesses sollen Vertreter der sowjetischen Staatssicherheit beziehungsweise der Kontrollkommission Einfluss auf den Präsidenten des Obersten Gerichts genommen haben.[22]

Herbert Täschner, der erst Kreis- und Bezirkssekretär der LDP in Dresden war, dann Generalsekretär des Landesverbandes Sachsen und schließlich Generalsekretär der Gesamtpartei, galt den Sowjets im Gegensatz zu Moog als progressiver Liberaldemokrat. Nichtsdestotrotz hielten sie ihn für »arrogant« und »undurchsichtig«, Wachsamkeit sei »bei ihm am Platze«.[23] In seiner Akte finden sich Abschriften persönlicher Briefe, die Täschner in den Westen gesandt hatte – auch das ein aufschlussreiches Detail des Umgangs der sowjetischen Besatzer mit den Blockparteien.

Eine Ausnahme bildete offenbar Sachsen-Anhalts erster Ministerpräsident Dr. Erhard Hübener. Der Liberaldemokrat war der einzige nichtkommunistische Regierungschef in der Sowjetischen Besatzungszone und insofern eine aus Moskauer Sicht lange Zeit schützenswerte Spezies. Denn mit Hinweis auf ihn konnten die Sowjets stets behaupten, auch Bürgerliche seien an der Machtausübung beteiligt. Auf Bitten des Politischen Beraters der SMAD schrieb NKWD-Chef Kruglow im Januar 1946 an Molotow, um diesem die Freilassung von Hübeners Sohn nahezulegen, der als Oberleutnant der deutschen Wehrmacht in sowjetische Kriegsgefangenschaft geraten war.[24] Auffällig ist auch, dass Hübener wie kaum ein anderer Politiker die Sowjetische Militäradministration und die SED kritisieren konnte. In den von Staatssicherheit und SMAD geführten Akten wird sein wachsender Widerstand gegen – wie er es empfand – überzogene Maßnahmen der Militärregierung lediglich registriert. Den Befehl Nr. 201 von 1947 über die Entnazifizierung, der zur Grundlage der politischen Strafjustiz im Osten Deutschlands wurde, hielt Hübener für einen »Knüppel mit zwei Enden«[25] und einen der SED dienenden propagandistischen Trick: Man werde jetzt die letzten Spezialisten rausschmeißen, dann werde »Friedhofsruhe« eintreten. Die SBZ entwickle sich zu einer »halbsowjetischen Republik«, sagte er ein Jahr später und kritisierte die »von Ulbricht ausgerufene Bewegung gegen die Kulaken«. Unter solchen Bedingungen sei es einem Mitglied der LDP unmöglich, Ministerpräsident zu sein. All diese Aussagen wurden in seiner Akte festgehalten.

Trotzdem notierten die Sowjets, zumindest die Offiziere der Militäradministration: »Hübener in der jetzigen Zeit zu verlieren, wäre voreilig.« Hübener selbst wollte jedoch unbedingt zurücktreten und nannte gegenüber den sowjetischen Besatzern drei Gründe dafür: der Zweijahresplan als Instrument des Klassenkampfes, die Kollektivierung der Landwirtschaft sowie das Fehlen von persönlicher Freiheit und Gesetzlichkeit in der SBZ.

Besonders empörte die Sowjets offenbar eine Bemerkung Hübeners zum NKWD und zur Staatssicherheit, denn sie zitierten seinen Vorwurf wörtlich in der Akte. »Die sowjetischen Staatssicherheitsorgane und die deutsche Polizei rechnen angeblich ohne Gerichtsurteil und ohne Untersuchung mit für die jetzige Ordnung unbequemen Leuten ab«, so hatte Hübener sich geäußert – natürlich bis auf das Wörtchen »angeblich«, das hatte der Berichterstatter eingefügt. Hübener trat erst kurz vor Gründung der DDR von seinem Posten zurück.

Das restriktive Vorgehen der Sowjets betraf auch die Sozialdemokraten, und das bereits vor ihrer Vereinigung mit der KPD. Dabei lief die Verfolgung von Sozialdemokraten den sowjetischen Plänen von der »Einheit der Arbeiterklasse« eigentlich zuwider: Zu dieser Zeit wurde nach außen hin noch um die Sozialdemokraten geworben, zumal sie einen größeren Rückhalt bei der Bevölkerung besaßen als die Kommunisten. Doch das Misstrauen gegen sie war seit den 1920er-Jahren im Grunde nie gewichen; damals hatte die Kommunistische Internationale die Sozialdemokraten als eigentliche Stütze des bürgerlich-kapitalistischen Systems bezeichnet und damit als Hauptgegner des Proletariats. Aus den Sozialdemokraten wurden aus Moskauer Sicht »Sozialfaschisten«.

Bei der Sitzung des SPD-Provinzialvorstandes Sachsen im Dezember 1945 in Halle kam ein aus Sicht der Partei skandalöser Vorgang zur Sprache. Demnach hatte kurz zuvor bei einer genehmigten Mitgliederversammlung in Oranienbaum östlich von Dessau der Genosse August Karsten vom Berliner Zentralvorstand das Wort ergriffen und gefragt, ob die geplante Vereinigung mit der KPD nicht zu voreilig sei. Daraufhin unterbrach ein sowjetischer Offizier sofort die Versammlung, beleidigte den Redner grob und erklärte, dies sei ein faschistisches Treffen und Karsten selbst ein Faschist.[26] Ob dieser Offizier zur Militäradministration gehörte oder zum NKWD, ist nicht überliefert.

Die Sozialdemokraten wurden selbst dann noch observiert, wenn sie bereits in die SED eingetreten waren. Auch der Präsident des mecklenburgischen Landtages und Kovorsitzende des SED-Landesvorstandes Mecklenburg-Vorpommern, Carl Moltmann, wurde von der sowjetischen Staatssicherheit »bearbeitet«. Im Umfeld der Regionalwahlen im Sommer 1946 beschuldigte ihn der Leiter des Operativsektors für Mecklenburg und Vorpommern, Generalmajor

Dmitri Nikitin, in einem internen Bericht, einen »verdeckten Kampf zur Spaltung der SED« zu führen. Seine Mitarbeiter hätten herausgefunden, dass Moltmann am 24. Juni in seiner Privatwohnung eine geheime Versammlung durchgeführt habe, an der SED-Funktionäre sowie ehemalige SPD-Politiker teilgenommen hätten. Moltmann habe dort die Aufgabe gestellt, zu den bevorstehenden Wahlen mindestens 70 Prozent Sozialdemokraten in die Listen aufzunehmen. Das solle taktisch so geschickt vollzogen werden, dass die ehemaligen KPD-Mitglieder und die sowjetischen Kommandanturen nicht darauf aufmerksam würden. Er, Nikitin, habe Maßnahmen angeregt, um dieses Vorgehen zu verhindern.[27]

In einem Vermerk vom Juni 1947 – da war Moltmann bereits ein Jahr lang SED-Vorsitzender in Schwerin – hieß es, er sei verdächtig, »Verbindungen zu den Schumacher-Leuten« zu unterhalten, also zur West-SPD. Das reichte dem Geheimdienst, um sich noch ausführlicher mit ihm zu befassen. In der Akte wurden zudem Verfehlungen Moltmanns aufgezählt: Er habe keine Aktivität hinsichtlich der Vereinigung von SPD und KPD gezeigt, sei nur unter Druck der SMAD für die Bodenreform eingetreten und zeige keinen Einsatz als SED-Vorsitzender. Moltmann billige nach außen hin die Maßnahmen der sowjetischen Militäradministration, aber es gebe keine Gewähr, »dass er es reinen Herzens tut«.[28]

Man überprüfte auch Moltmanns privates Umfeld und stellte dabei fest, dass er enge Kontakte zu ehemaligen SPD-Führern wie dem Rostocker Oberbürgermeister Albert Schulz, Ministerpräsident Wilhelm Höcker und dem Wismarer SED-Sekretär Karl Moritz unterhielt. Moltmann und Höcker kamen am Ende ungeschoren davon. Moritz aber wurde 1948 von der sowjetischen Staatssicherheit verhaftet und wegen angeblich unkorrekter Durchführung der Bodenreform und »Agententätigkeit für das SPD-Ostbüro« zu 13 Jahren Zwangsarbeit verurteilt, die er teilweise in Russland verbüßte. Schulz holte der sowjetische Geheimdienst schon im Jahr davor. Nach einem Scheinprozess wurde er zu zehn Jahren Zwangsarbeit verurteilt, bald darauf aber – angeblich auf Druck von Wilhelm Pieck – wieder entlassen.

Die Schnüffelei der sowjetischen Geheimdienstleute betraf auch Splitter-Gruppen innerhalb der SED. Im Mai 1947 etwa nahm die sowjetische Staatssicherheit Johannes Steinicke fest, ein früheres Mitglied des linkskommunistischen Leninbundes, als er im Berliner Lustgarten antisowjetische Flugblätter verteilte. Nur Monate später begann eine regelrechte Verhaftungswelle unter linksoppositionellen Kräften in der sowjetischen Zone, der vor allem Anarchisten, Trotzkisten oder ehemalige Mitglieder der Kommunistischen Partei-Opposition (KPO) zum Opfer fielen, einer Bewegung, die sich 1928 von der KPD abgespalten hatte.[29] Auf dem Gebiet der sowjetischen Zone hatten sich viele ihrer früheren Mitglieder der KPD und schließlich der SED angeschlossen. Sie waren zwar gewillt, den Sozialismus mit aufzubauen, lehnten jedoch die sowjetische Besatzungspolitik ab. Das zeigt, wie sehr der sowjetische Geheimdienst sich um den Kurs der gewaltsam gegründeten SED sorgte.

13

Kader entscheiden alles – Was Personalakten erzählen

»Große Willfährigkeit, will sich gut bei den Russen stehen, liebt die Selbstverherrlichung« – so beginnt die sowjetische Akte von Dr. Ernst Melsheimer, geboren 1897, in der Nazizeit Landgerichtsdirektor, dann Kammergerichtsrat am Berliner Kammergericht.[1] In der sowjetischen Zone wird Melsheimer zum Direktor der Zentralen Deutschen Justizverwaltung aufsteigen, bevor er als erster Generalstaatsanwalt der DDR eingesetzt – und berüchtigt – wird.

Mehrere Tausend Akten hatten die sowjetischen Besatzer über deutsche Nomenklatur-Kader angelegt, dazu Sammelakten über die Professoren ostdeutscher Universitäten, den Komponisten- wie den Künstlerverband, über Aktivisten von Blockparteien, Ministerialbeamte, Eisenbahnfunktionäre und Gewerkschafter und natürlich Dossiers über namhafte westdeutsche Politiker und Industrielle sowie zu Funktionären der westdeutschen Kommunistischen Partei.

Die Kader entscheiden alles: Diesen Satz Stalins aus dem Jahre 1935 hatten die sowjetischen Geheimdienstler auch bei ihrer Arbeit im Osten Deutschlands verinnerlicht. Bei der Auswahl von Personal arbeiteten sie eng mit den Politverwaltungen der SMAD und den Abteilungen für Innere Angelegenheiten zusammen. Die Akten dazu sind zwar lückenhaft, und die meisten von ihnen dürften heute unzugänglich im Archiv des Inlandsgeheimdienstes FSB liegen, aber das Bild der engmaschigen Beobachtung ist auch so deutlich zu erkennen.

Der Geheimdienst war in Personalfragen die entscheidende Instanz – und die sowjetische Militärregierung oft der Bittsteller. Am 3. August 1945 etwa schrieb der stellvertretende SMAD-Chef in Brandenburg, W. M. Scharow, an den Chef des Operativen Sektors des NKWD seiner Provinz, Generalleutnant Pjotr Fokin, und teilte ihm mit, der Präsident der Provinzialregierung, Karl Steinhoff, habe ihm eine Kandidatenliste für die Posten der Oberlandräte in Brandenburg übermittelt. Scharow bat den langjährigen Geheimdienstmann, ihm das »bei Ihnen vorhandene Material zu diesen Personen« zu übermitteln.[2]

Anfangs berichtete selbst ein Mann wie Ulbricht auf direktem Wege dem Chef des NKWD in der sowjetischen Zone, welches Personal er für die neuen Verwaltungen im Osten im Blick hatte. Offenbar hatten er und die anderen aus Moskau herbeigebrachten KP-Leute entsprechende Weisung erhalten, und so tat er nichts ohne Abstimmung mit den Sowjets. Noch vor der Kapitulation, am 6. Mai 1945, als die Gruppe Ulbricht überall in Berlin auf der Suche nach geeigneten Unterstützern beziehungsweise Kadern war, verfasste Ulbricht einen längeren Bericht an den NKWD-Bevollmächtigten, Generaloberst Serow, über sein Treffen mit dem früheren Reichsernährungsminister Dr. Andreas Hermes. Er wollte den einstigen Zentrumspolitiker für den neuen Magistrat gewinnen, vielleicht sogar als Oberbürgermeister von Berlin.

Ulbricht teilt dem Geheimdienstchef mit, er habe Hermes nach »längerem Suchen [...] in der Villa einer ihm befreundeten Frau: Charlottenburg, Platanen Allee Nr. 11« getroffen. Dieser sei erfreut gewesen über den Besuch »und erzählte, daß er am Tage vor dem Einmarsch der Roten Armee zusammen mit Landrat Th. Stelzer aus dem Gefängnis Lehrterstrasse entlassen worden sei. Dr. Hermes und Stelzer waren zum Tode verurteilt worden. Im Verlaufe des Gespräches erklärte Hermes, daß er nach 1933 Deutschland verlassen habe und in Südamerika lebte«.

Das Gespräch drehte sich daraufhin um die Hitler-Zeit, die Schuldigen am Krieg und die »Verderbnis des deutschen Volkscharakters«, bevor Ulbricht Hermes fragte, ob er bereit sei, sich mit einem Vertreter des sowjetischen Stadtkommandanten zu treffen. »Mein Eindruck von der Aussprache ist folgender«, rapportierte Ulbricht dem NKWD-Bevollmächtigten: »Dr. Hermes steht noch sehr stark unter dem Eindruck der Todesstrafe, deren Vollstreckung er nur knapp entgangen ist. Die Verbrechen des Hitlerregimes haben so stark auf ihn gewirkt, dass er [...] auch zur Zusammenarbeit mit uns bereit ist [...]. Unsere Aufgabe müsste sein, Dr. Hermes systematisch und geduldig zu beeinflussen, und keine Mittel zu scheuen, ihn für die Freundschaft zur Sowjetunion zu festigen.« Auch verlockende Zusagen machte er dem bürgerlichen Politiker: »Im Verlaufe der Aussprache erwähnte Frau Hermes, dass sie bis jetzt noch kein Brot bekommen hätte. Das Abendbrot bestand aus etwas Ersatzmargarine und einer undeffinierbaren [sic] Ersatzwurst. Ich versprach ihm, dass für ihn und seine Familie selbstverständlich die Frage der Versorgung sofort geregelt werden wird.«[3]

Hermes wurde einer der stellvertretenden Oberbürgermeister Berlins und Leiter der Abteilung Ernährung. Dem politischen Werben der Kommunisten erlag der Katholik aber nicht – noch im Juli gründete er in der Sowjetischen Besatzungszone die CDU. Wegen Meinungsverschiedenheiten bei der Bodenreform zwang die Sowjetische Militäradministration ihn schon im Dezember zum Rücktritt. Hermes ging daraufhin in den Westen.

Auch Pieck wandte sich immer wieder an Serow. Am 3. Juni 1945 bat er den Geheimdienst-Bevollmächtigten, »Generalpolkownik [Generaloberst, d. A.] Serow«, zu veranlassen, dass in der Sowjetunion neun weitere Kriegsgefangene für Berlin freigelassen werden, darunter Dr. Günther Kohlmay (»in Berliner akademischen Kreisen bekannt, brauchen wir dringend«) und Dr. Friedrich Krummscher, Oberkonsistorialrat der evangelischen Kirche (»können ihn gebrauchen für die Arbeit in der protestantischen Kirche«).[4]

Alles, was deutsche Stellen zu ihrem führenden Personal aufschrieben, wurde ins Russische übersetzt und der SMAD zugeschickt, deren Abteilungen für Inneres in der Hand des NKWD waren. Die Unterlagen wurden angereichert mit eigenen Einschätzungen, vor allem aber füllten sich die Mappen später mit Denunziationen deutscher Funktionäre und Zuträger, die die betreffenden Personen aus politischen oder privaten Motiven am Weiterkommen hindern wollten. Als etwa der eingangs erwähnte Dr. Melsheimer in Dessau 1950 seine erste große Anklage im Schauprozess gegen Minister und hochrangige Manager Sachsen-Anhalts in der sogenannten Conti-Affäre erhob, berichtete der eigentliche Regisseur des Prozesses, der Chef der Zentralen Kontrollkommission, Fritz Lange, in großer Offenheit an die SED-Zentrale: »Der Verlauf des Prozesses erbrachte den Beweis, […] daß dieser Generalstaatsanwalt kaum in der Lage sein dürfte, eine Anklage von Bedeutung zu vertreten, wenn nicht eine Stelle vorhanden ist, die ihm bis auf das i-Tüpfelchen vorschreibt, was er zu tun und zu lassen hat.« Nichtsdestotrotz blieb Melsheimer bis zu seinem Tod 1960 Generalstaatsanwalt, weil er in späteren Geheim- und Schauprozessen die Forderungen der Partei offenbar äußerst getreu umzusetzen verstand.

In den Akten lässt sich verfolgen, wie Funktionäre mithilfe sowjetischer Tschekisten politisch zu Fall gebracht wurden. Der Thüringer Minister für Wirtschaft und Arbeit, Dr. Georg Appell, ein früheres SPD-Mitglied, war 1946 in die SED eingetreten. Schon früh hieß es in seinem Dossier: »Ordnet alle Arbeit den Interessen der SPD unter, der er bis zur Vereinigung von SPD und KPD angehörte.« Und weiter: »Im Apparat des Wirtschaftsministeriums sind ehemalige SPD-Mitglieder in der Mehrheit und Leute, die im Hitler-Regime höhere Posten einnahmen. Appell reagiert darauf nicht, sondern hält das für notwendig und versucht, aus dem Wirtschaftsministerium so schnell wie möglich ehemalige KPD-Mitglieder zu entfernen.«[5]

Als die Thüringer Regierung Appell als Vertreter zu den Verhandlungen über die künftige Zentralregierung nach Berlin entsandte, weigerte sich der, dort die entsprechenden Dokumente zu unterzeichnen. Der Chef für Inneres, Oberstleutnant Jakow Iwanow, der seine Geheimdienst-Karriere 1925 als OGPU-Agent begonnen und später im Gebiet der Ukraine leitende NKWD-Funktionen ausgeübt hatte, hielt in der Akte ein Zitat aus einem Gespräch Appells mit dem Thüringer Ministerpräsidenten Rudolf Paul fest, das beide nach Appells Rückkehr führten. »Das Projekt des Befehls von Marschall Sokolowski [der Schukow inzwischen als SMAD-Chef abgelöst hatte, d. A.] würde dazu führen«, so Appell zu Paul, »daß die Zentralverwaltung alles in ihre Hände nimmt und wir nur Figuren sind, die Befehle auszuführen haben. Das ist kein Schritt zu einer deutschen Regierung […].« Dieses Zitat konnte nur durch Abhören in Iwanows Hände gelangt sein.

Auf Grundlage dieser Erkenntnisse und analoger Einschätzungen höherer SED-Kreise kam der Thüringer NKWD-Chef im November 1948 zu der Schlussfolgerung: »Der Austausch Dr. Appells als Minister durch einen uns und der SED näherstehenden Kandidaten ist wünschenswert.« Bis zu Appells »Rücktritt« verging dann nur noch ein gutes halbes Jahr.

Wenn es einen Bereich gab, der direkt vom NKWD gesteuert wurde, dann war es die deutsche Polizei, deren Aufbau gleich nach dem Einmarsch der Roten Armee 1945 begann. Erich Mielke, später Minister für Staatssicherheit der DDR, gab das auf einer Konferenz ein Jahr später offen zu: »Die Deutsche Verwaltung des Innern arbeitet unter direkter Leitung der Abteilung für Innere Angelegenheiten der Sowjetischen Militäradministration Deutschlands und ist bestrebt, alle Anordnungen und Hinweise aufs sorgfältigste zu erfüllen.«[6] Die Abteilungen für Inneres waren eine Geheimdienst-Domäne.

Die Polizei in der SBZ wurde ausschließlich mit kommunistischen Kadern oder Männern besetzt, die sich klar zur sowjetischen Besatzungsmacht und zur SED bekannten. Der NKWD-Bevollmächtigte Serow schickte am 26. Juni 1946 einen Bericht über »die Organisation der deutschen Polizei« nach Moskau, in dem er von inzwischen 39 355 Polizisten sprach. Er habe jedoch Anweisung gegeben, den Personalbestand regelmäßig zu durchleuchten und unzuverlässige Elemente wieder auszusortieren. Allein 1945 seien 7509 »feindliche oder politisch unzuverlässige Elemente« in der Polizei erkannt und entlassen worden. 500 von ihnen habe man verhaftet und 250 einer »aktiven Agentur-Behandlung unterzogen«.[7] Darunter konnte man sich alles Mögliche vorstellen: von Verhören bis zu Folter oder Arbeitslager.

Bei Polizeikadern waren die Sowjets unbestechlich. Als 1948 zum Auffüllen der kasernierten Volkspolizei 5219 Männer aus sowjetischen Kriegsgefangenenlagern geholt wurden, unterlief den Organisatoren ein Lapsus. Bei genauerer Überprüfung stellte sich heraus, dass von diesen Soldaten und Unteroffizieren 112 aktive Mitglieder der NSDAP, der SA, der SS oder Funktionäre bei der Hitlerjugend gewesen waren. Sie wurden daraufhin »in die MWD-Lager in der

Sowjetunion zurückgeführt«, also in die Lager des neu gebildeten Innenministeriums, wie es im Tätigkeitsbericht der SMAD für das 2. Halbjahr 1948 lakonisch hieß.[8] Oder anders gesagt: in den Gulag.

»Säuberungen« bei der Polizei fanden regelmäßig statt. 23 662 Personen seien aus der Polizei (die 1948 bereits mehr als 80 000 Mann zählte) wieder entlassen worden, vermeldete der eben genannte Bericht – fast 9000 davon aus politischen, der Rest aus fachlichen Gründen.[9]

Wichtige Personalentscheidungen in Sachen Polizei behielt der NKWD-Bevollmächtigte Iwan Serow im Auge, so etwa den Amtsantritt des ersten Berliner Polizeipräsidenten nach dem Krieg, Paul Markgraf. Der war früher alles andere als ein Parteigänger der Kommunisten gewesen – 1931 war er als Berufssoldat in die Reichswehr eingetreten. In Hitlers Krieg, zu dessen Beginn er Unteroffizier war, machte er rasch Karriere: Ende 1942 war er bereits Oberleutnant und Führer einer Panzerjäger-Abteilung in der 24. Panzerjäger-Division. Nach einem Angriff auf eine sowjetische Kavalleriebrigade im Raum Stalingrad erhielt er 1943 als Belohnung das Ritterkreuz. Dann geriet er bei Stalingrad in Gefangenschaft – und wandelte sich. Er kam auf die Antifa-Schule in Krasnogorsk, schloss sich dem kommunistisch gelenkten Nationalkomitee »Freies Deutschland« an und wurde Mitbegründer des vom NKWD gesteuerten Bundes Deutscher Offiziere.

Als geläuterter Offizier mit ausreichend militärischer Erfahrung wurde er am 20. Mai 1945 vom Berliner Stadtkommandanten zum Polizeipräsidenten ernannt. Zuvor hatte sich der NKWD-Bevollmächtigte Iwan Serow die Kandidaten angeschaut und seine Auswahl getroffen. Markgraf gefiel ihm besonders, wie er in seinem Tagebuch bemerkte, »ein 34jähriger bulliger Kerl [...]. Ich hielt ihn allein im Zimmer zurück und schlug ihm den Posten des Polizeipräsidenten von Gross-Berlin vor. Zu dieser Zeit waren die Alliierten noch nicht in Berlin, und uns unterstand das ganze Berlin [...]. Ich gab ihm die nötigen Anweisungen: ein Polizei-Präsidium zu organisieren, im Kampf mit den verschiedensten kriminellen und faschistischen Elementen in der Stadt schnell Ordnung zu schaffen und mir regelmäßig über die Erfüllung seiner Aufgaben zu berichten«.[10]

Das tat Markgraf natürlich. Er berichtete Serow auch, wenn ihn später der britische und der amerikanische Militärkommandant zum Lunch einluden und um vertrauliche Informationen baten. Serow: »Ich habe ihn ebenfalls bewirtet und darüber instruiert, wie er sich verhalten solle.«[11]

Im Westteil Berlins führte die Ernennung Markgrafs zu hämischen Kommentaren. »Wie ist es möglich, daß ein so ausgesprochener Militarist von politischen Kreisen gestützt wird, die im allgemeinen so tun, als hätten sie den Kampf gegen den Militarismus in Erbpacht genommen?«, wunderte sich etwa der Westberliner *Telegraf*.[12] Und der 1. Berliner Bürgermeister Ferdinand Friedensburg schrieb später über Markgraf: »Gegenüber dem eigenwilligen und unaufrichtigen, wenn auch keineswegs unfähigen Polizeipräsidenten Paul Markgraf, einem ehemaligen Offizier der Hitlerschen Wehrmacht, der bei Stalingrad in sowjetische Gefangenschaft geraten, dort zu einem bedingungslosen Werkzeug der sowjetischen Politik umgeschult und sofort nach dem Waffenstillstand nach Berlin geflogen worden war, kam [...] eine ernsthafte Mitbestimmung der Stadtverwaltung kaum in Frage.«[13] Friedensburg suspendierte Markgraf im Juli 1948, während der Berlin-Blockade, von seinem Amt, wegen »fortgesetzter verfassungswidriger ungesetzlicher Maßnahmen, Nichterfüllung seiner gesetzlichen Aufgaben und wegen seiner fortgesetzten Weigerung, Weisungen des Magistrats auszuführen«. Der Vorgang war Ausdruck der fortschreitenden Spaltung Berlins wie auch des Magistrats, die in jenem Jahr ihren vorläufigen Höhepunkt erreichte.

Dafür, wie sehr hochrangige Vertreter der Polizei mit dem sowjetischen Geheimdienst verstrickt waren, stehen exemplarisch zwei Männer, von denen der eine später Chef der Deutschen Volkspolizei wurde, der andere Innenminister von Brandenburg: Kurt Fischer und Bernhard Max Bechler.

Sich ihre Lebensläufe und die von russischer Seite über sie angefertigten Dossiers anzusehen, ist besonders interessant, weil beide Männer aus entgegengesetzten Lagern kamen: Der eine war Auslandsspion der sowjetischen Militärspionage GRU gewesen, der andere ein fanatisch auf Hitler eingeschworener Berufsoffizier. Reizvoll ist der Vergleich auch deshalb, weil beide ihre Beziehung zum NKWD auf sehr unterschiedliche Weise gestalteten – der eine aus einer Position der scheinbaren Unantastbarkeit heraus, der andere getrieben von ständiger Angst, man könnte ihn wegen seiner Vergangenheit als politisch unzuverlässig ansehen.

Der hallesche Schneidersohn Kurt Fischer hatte nach der Volksschule am Lehrerseminar in Eisleben und Merseburg studiert und war schon als 17-Jähriger in den kommunistischen Spartakusbund eingetreten, dann in die KPD. Er hatte sich 1921 am linksradikalen Aufstand in den Industriegebieten Mitteldeutschlands (einem selbst unter Kommunisten umstrittenen Putschversuch gegen die Regierung) beteiligt. Nach dessen Niederschlagung emigrierte er das erste Mal nach Sowjetrussland, ab 1924 blieb er endgültig in der UdSSR.

Seine Karriere dort war bemerkenswert: Er wurde Mitglied der bolschewistischen Partei, dann leitender Funktionär im Volkskommissariat für Volksbildung, schließlich Mitarbeiter in der Zentrale der Kommunistischen Internationale und 1928 Kursant an der sowjetischen »Frunse«-Militärakademie. Es folgten Einsätze als Agent des militärischen Geheimdienstes GRU in China, Japan und verschiedenen europäischen Ländern. Ab 1939 war Fischer Mitarbeiter einer sowjetischen Militärbehörde und ab 1943 wieder bei der Kommunistischen Internationale angestellt, für die er als Agitator in Lagern mit deutschen Kriegsgefangenen auftrat.

1945 dann gehörte Fischer zu einer der ersten Rückkehrergruppen der Exil-KP. Während die Gruppe um Ulbricht nach Berlin ging, wurde Fischer in die sächsische Hauptstadt Dresden geschickt, wo ihn die Sowjets am 9. Mai zum Oberbürgermeister ernannten. Aber schon zwei Monate später übernahm er das Amt des sächsischen Innenministers und fungierte zudem als 1. Vizepräsident der Landesregierung. In beiden Funktionen betrieb Fischer eine rücksichtslose Eroberung von Schlüsselpositionen durch die Kommunisten. »Wenn Fischer einmal Macht in Händen hat, möchte ich ihm nicht untertan sein«, hatte Wolfgang Leonhard, Mitglied der Gruppe Ulbricht, noch im Exil in Moskau gedacht, als er Fischer dort kennenlernte.[14] Und

Sachsens Ministerpräsident Dr. Rudolf Friedrichs sagte über seinen Stellvertreter: »Fischer korrumpiert, wen er gebrauchen kann [...]. Er ist ein gefährlicher Bursche, dieser Fischer.«[15]

SED-Parteivorstandsmitglied Erich Gniffke war 1947 zusammen mit Ulbricht Gast bei Kurt Fischer in Dresden und zeigte sich über dessen Zynismus empört. Laut Gniffke erzählte Fischer in der Runde, »er habe kürzlich Vertreter der Kirche zu sich bestellt. Während die Geistlichen sich in seinem Zimmer befanden, habe er in der Kleiderablage ihre Mäntel durchsuchen lassen. ›Nun, was meint ihr, was die Hochwürden in ihren Taschen hatten?‹ fragte er [...] Da keiner etwas sagte, gab er die Antwort selbst: ›Seife, Rasierzeug, Strümpfe und Nachtzeug!‹ Er wollte sich vor Lachen ausschütten – obwohl niemand seiner Gäste mitlachte«.[16]

Fischer und sein Anhang – das seien die eigentlichen Klassenfeinde, soll Ministerpräsident Friedrichs über seinen Innenminister gesagt haben.[17] Die Differenzen zwischen beiden wurden immer größer, bis Friedrichs im Juni 1947 plötzlich an einem Herzinfarkt verstarb – was viele Fischer anlasteten, der in großen Teilen der Bevölkerung einen miserablen Ruf besaß. Das hinderte die Stadt Dresden nicht daran, einen Platz und eine Allee nach Fischer zu benennen und ihm die Ehrendoktorwürde zu verleihen.

Die sowjetische Militäradministration beobachtete Fischers Verhalten offenbar genau. Anfangs sah sie noch den Klassenfeind am Werk: »Seine Konsequenz im Kampf mit der Reaktion rief Verbitterung und Unzufriedenheit vonseiten feindlicher Schichten der Bevölkerung hervor. Er erhielt und erhält unzählige Briefe, die ihm mit Abrechnung drohen«, heißt es zu Beginn seiner Akte.[18] Doch schon bald urteilten die Sowjets zunehmend distanzierter: Im Umgang mit bürgerlichen Parteien zeige er »nicht genügend Vorsicht und Takt, indem er seine besondere Position hervorhebt und seine enge Verbindung zur Besatzungsmacht«. Immer wieder wurde Fischer zwar als ein »der SED und der Sowjetunion ergebener Staats- und Politarbeiter« bezeichnet. Gleichzeitig warf man ihm jedoch Eigenmächtigkeit vor und »Versuche, seine Stellung in der Regierung durch Einsetzung ihm nahestehender oder von ihm abhängiger Leute zu festigen, ohne das mit der Führung der Partei abzustimmen«. Auch die Reibungen zwischen Fischer und Friedrichs registrierten die Besatzer – mit der Bemerkung, Fischer wolle selbst den Posten des Ministerpräsidenten.

Ebenso wenig übersahen sie, dass es unter Fischer zu einer Reihe von Unregelmäßigkeiten bei der Bodenreform und bei der Sicherstellung von Kunstgütern aus dem Besitz von Adligen und Großgrundbesitzern gekommen war. In dem Dossier findet sich die Bemerkung: »verdächtige Verbindungen mit großen Eigentümern«. Selbst der NKWD-Chef für Sachsen, Generalmajor Sergej Klopow, der später unter ähnlichen Vorwürfen verhaftet werden sollte, unterstellte Fischer mehrfach »Bereicherung«.

In einer weiteren *sprawka* (»Auskunft«) der SMAD stand ein vernichtendes Urteil: Fischer »besitzt in der Verwaltung Sachsens keine Autorität, gleichzeitig aber haben viele vor ihm Angst – als Mensch, der lange Zeit in der UdSSR gelebt hat und nach ihrer Meinung alles machen kann. Das wird gefördert durch Gerüchte über seine Nähe zur Führung des Opersektors des NKWD, die von Fischer und seiner Umgebung geschürt werden.« Er ignoriere die Provinz-SED und fahre lieber »zu seinem Freund Ulbricht«. Besser lässt sich nicht beschreiben, dass allein schon der Hinweis auf das Wirken des NKWD Angst und Schrecken in der Ostzone hervorrief.

Das alles führte jedoch zu keinerlei Konsequenzen, weil sich das NKWD der sehr differenzierten Beurteilung Fischers durch die SMAD nicht anschließen wollte. Dabei gab es auch beim Geheimdienst Bedenken, die jedoch – ganz typisch – nicht auf Fischers Arbeitsstil beim Aufbau der neuen Ordnung zielten, sondern auf seine Vergangenheit. So hieß es in den Unterlagen des Dienstes: »Einer der SMAD-Politik am nächsten stehenden Politiker im Land Sachsen. Seine frühere Tätigkeit in der Sowjetunion, China und Japan muss noch weiter untersucht werden.«

Auch Fischers Frau, die Lettin Martha Krastyn, war den Tschekisten verdächtig. Nach Aussagen des ehemaligen Aufklärungschefs der Roten Armee soll sie Teilnehmerin an einer »lettischen Spionageorganisation« gewesen sein, ist in dem Fischer-Dossier zu lesen. Ihr Bruder sei 1932 wegen »antisowjetischer Tätigkeit« verurteilt worden, die Schwester habe wegen Spionage zehn Jahre Lagerhaft bekommen.

Das allein wäre bei anderen Grund genug gewesen, sie in kein wichtiges Amt kommen zu lassen. Auch über Fischer selbst lagen belastende Aussagen vor. So habe er 1943 als Dozent an der Kasaner Universität »W. I. Uljanow-Lenin« antisowjetische Einstellungen gezeigt. »Profaschistisch« und »hasste alles Russische« – derart überraschende Beurteilungen finden sich in der Akte.

Fischers Karriere liefert ein Beispiel dafür, was sich ein unter dem Schutz des NKWD stehender Kommunist nach 1945 in der sowjetischen Zone erlauben konnte, sofern er Moskau als politisch willfährig genug erschien. Ungehindert konnte er aufsteigen – zuerst zum Chef der Deutschen Verwaltung des Innern, aus der später das Innenministerium der DDR entstand, dann zum Chef der Deutschen Volkspolizei.

Natürlich verbesserten sich die Beurteilungen nicht. Im März 1949 notierte der Chef der Verwaltung für Inneres der SMAD, Generalmajor Sergej Gorochow: »Seit er Präsident der Zentralverwaltung des Innern ist, zeigt er sich von seiner negativen Seite.« Fischer liebe keine Kritik und zeige »Tendenzen eines Diktators«. Ein weiteres Belassen auf dem Posten als Präsident der Zentralverwaltung des Innern sei »nicht zweckmäßig«. Doch auch dieses Urteil kam nicht zum Tragen, nicht zuletzt wohl wegen Fischers enger Freundschaft mit Ulbricht.

Noch als Präsident der Deutschen Verwaltung des Innern wirkte Fischer mit seinen Intrigen in die Belange Sachsens hinein. So schickte er im Februar 1949 dem Chef der Zivilverwaltung der SMAD denunzierendes Material über den stellvertretenden Generalstaatsanwalt Sachsens, Dr. Karl Kohn, das sich in dessen Akte befindet. »Aus meiner Erinnerung weiss ich, dass bei sorgfältiger Überprüfung noch bedeutend mehr Material zusammen getragen werden könnte und zwar Material, das den Verdacht einer Tätigkeit für die Engländer erhärtet«, schrieb er. »Ich würde vorschlagen, da jetzt die Frage der Besetzung des Generalstaatsanwaltes für Sachsen aktuell wird a) unter keinen Umständen eine Ernennung Dr. Kohns zum Generalstaatsanwalt zuzulassen. b) Dr. Kohn von seinem jetzigen Posten als stellv. Generalstaatsanwalt abzuberufen [...].«[19] Kohn wurde dann zwar tatsächlich nicht Generalstaatsanwalt in Sachsen, konnte seine Karriere aber ungeachtet der Angriffe Fischers fortsetzen, Anfang der 1950er-Jahre rückte er in die Oberste Staatsanwaltschaft der DDR auf.

Noch jemand bekam Fischers Nachstellungen zu spüren: Otto Auerswald. Auerswald hatte am Landeskriminalamt in Dresden Sachsens Kriminalpolizei aufgebaut und war dann Chef des Polizeipräsidiums Zwickau geworden. Fischer ließ ihn im Oktober 1945 verhaften und seines Amtes entheben – weil Auerswald Ermittlungen gegen einen Verbrecher geführt hatte, der unter seinem Schutz stand. »Fischer hat offenbar persönliche Rechnungen mit Auerswald offen«, stellte die Abteilung Inneres der SMAD Sachsen fest – und ließ Auerswald durch eigene Offiziere aus dem Gefängnis holen.[20] Es war einer der seltenen Fälle, bei dem die SMAD zum Wohle eines Verhafteten eingriff.

Auerswald wurde später als Generalmajor Hauptabteilungsleiter im Innenministerium – aber da war der selbstherrliche Fischer bereits tot.

Enge Beziehungen zum NKWD unterhielt auch Bernhard Max Bechler. Seine Biografie war eine gänzlich andere als die von Fischer, aber auch er wurde später Innenminister und in der DDR sogar hochdekorierter General. Nur scheiden sich an seinem Werdegang die Geister, vor allem auch deswegen, weil sein Verhalten nach dem Krieg menschlich tragische Folgen zeitigte und er den sowjetischen Geheimdienst in private Dinge einschaltete.

Über Bechler ist schon an verschiedenen Stellen geschrieben worden. Der Militärhistoriker Torsten Diedrich charakterisierte ihn in einer biografischen Skizze 2003 als »hemmungslosen Karrieristen«.[21] Aber erst die Akten der sowjetischen Besatzer und die Notizen des Geheimdienstes liefern ein genaueres und teilweise überraschendes Bild über ihn.

Bechler, 1911 als Sohn eines Kaufmanns im Vogtland geboren, war 1931 als Fahnenjunker in die Reichswehr eingetreten und Offiziersanwärter im Infanterieregiment Nr. 10 in Dresden geworden. Intelligent, talentiert und ehrgeizig, wie er war, kam er schnell voran. Er wurde Leutnant, Zugführer, dann Regimentsadjutant in Chemnitz. Nach althergebrachtem Offiziersverständnis trat er keiner Partei bei, auch nicht der NSDAP. Aber Offizier war er durch und durch. Als er 1938 Margret Dreykorn heiratete, die Tochter eines ehemaligen Marineoffiziers, tat er das in Uniform, Breeches und mit Stahlhelm. Im Jahr darauf brachte seine Frau eine Tochter, 1940 einen Sohn zur Welt.

Zu Beginn des Zweiten Weltkriegs war Bechler Oberleutnant, im März 1940 wurde er Hauptmann. Seinen ersten Kriegseinsatz absolvierte er als Kompanieführer am Westwall in Frankreich, aber schon im Oktober 1940 wurde er Adjutant des Generals z. b. V. Eugen Müller im Oberkommando des Heeres (OKH) in Zossen. Dem war die Gruppe Rechtswesen im OKH unterstellt. Diedrich weist darauf hin, dass in diesem Bereich auch der berüchtigte Kommissarbefehl vom 6. Juni 1941 entstand, der die planmäßige Vernichtung der politischen Kommissare der Roten Armee vorsah. Hauptmann Bechler habe diesen Befehl als sachlich richtig gezeichnet.[22]

Neun Monate nach Beginn des Krieges gegen die Sowjetunion wurde Bechler zum Fronteinsatz befohlen. Er übernahm ein Bataillon in der 3. motorisierten Division, marschierte mit der 6. Armee von General Friedrich Paulus voran und geriet in die Kämpfe um Stalingrad. Bechler muss als Offizier wegen seines Muts und seiner soldatischen Tugenden aufgefallen sein, denn im Oktober 1942 erhielt er das Deutsche Kreuz in Gold, in den Monaten davor bereits das Eiserne Kreuz I und II sowie das Kriegsverdienstkreuz. In der Ansprache anlässlich der Übernahme seines Bataillons, die er auch seiner Frau Margret schickte, hatte er betont: »Ich bin Nationalsozialist und glaube an die große Aufgabe des Führers. Ich erwarte unbedingten Gehorsam, jede Kritik an der Person des Führers oder an seinen Maßnahmen wird streng bestraft, es lebe Deutschland, es lebe der Führer. Sieg Heil!«[23]

Am 27. Januar 1943 geriet Bechler in Gefangenschaft. Mit ihr begann seine politische Wandlung. Bereits im Juni desselben Jahres vollzog Bechler eine hundertprozentige moralisch-politische Wende: Er schloss sich der Bewegung »Freies Deutschland« an, in der deutsche Soldaten und Offiziere mit kommunistischen deutschen Emigranten zusammenwirkten; seit September 1943 gehörte er zum Vorstand des Bundes Deutscher Offiziere. In dieser Rolle trat er sehr aktiv auf: Er hielt Vorträge im Sender »Freies Deutschland« und schrieb für die gleichnamige Zeitung. Auf diesem Weg richtete er offenbar auch Grüße an seine Familie in Deutschland aus. Er rief die Wehrmachtsangehörigen dazu auf, die Waffen niederzulegen und überzulaufen – das deutsche Volk müsse das Hitler-Regime beseitigen.

Diedrich schreibt zum konsequenten Umdenken Bechlers: »Mit der gleichen Inbrunst, mit der er der Wehrmacht und damit Hitler gedient hatte, ließ er sich nunmehr für die Ideen des NKFD [Nationalkomitee »Freies Deutschland«, d. A.] in sowjetischen Diensten einspannen«, das die Dachorganisation der Soldaten, Offiziere und Emigranten war.[24] Bechler ging als Sonderbeauftragter an die 1. Weißrussische Front, dann an die Leningrader Front, besuchte eine antifaschistische Schule in Krasnogorsk und kam schließlich mit der 2. Weißrussischen Front als Frontbevollmächtigter und Leiter einer antifaschistischen Frontschule 1945 nach Deutschland.

Dass ihr Mann in sowjetischer Gefangenschaft die Seiten gewechselt habe, wollte die in Altenburg lebende Margret Bechler lange Zeit nicht glauben. Entsprechende Nachrichten, die ihr Unbekannte 1943 nach dem Abhören sowjetischer Sender überbrachten, hielt sie für Provokationen oder eine Falle der Gestapo. Die setzte sie zunehmend unter Druck, sodass sie nach dem Besuch eines weiteren Mannes, der ihr die Nachricht vom Überlaufen ihres Mannes bringen wollte, die Gestapo verständigte und half, den Betreffenden festzuhalten. Es handelte sich um den Zwickauer Kommunisten Albert Jakob. Der Volksgerichtshof verurteilte ihn im Juni 1944 wegen Abhörens ausländischer, vor allem sowjetischer Sender zum Tode. Am 17. Juli wurde Jakob im Zuchthaus Brandenburg durch das Fallbeil enthauptet.[25]

Bechler war im selben Jahr aus der Wehrmacht ausgestoßen worden. Seiner Frau wurde die Scheidung nahegelegt, sie ging sämtlicher Bezüge ihres Mannes verlustig und durfte mit ihren Kindern öffentliche Einrichtungen des nationalsozialistischen Staates wie Krankenhäuser und Luftschutzkeller nicht weiter benutzen; ihre Lebensmittelkarten wurden gekürzt.

Die beiden Bechlers erlebten das Kriegsende auf sehr unterschiedliche Weise: Bernhard Bechler rückte mit der Roten Armee in Berlin ein – niemandem sonst aus dem Nationalkomitee »Freies Deutschland«, der nicht zum Kreis der Altkommunisten gehörte, gelang das damals. Margret Bechler dagegen wurde kurze Zeit später von den Amerikanern, die Altenburg besetzten, verhaftet – wegen des Verdachts auf Verbrechen gegen die Menschlichkeit. Die Witwe von Anton Jakob hatte sie angezeigt.

Mit der Verhaftung begann für Bechlers Frau eine elfjährige Odyssee durch Gefängnisse, Lager und Zuchthäuser. Nachdem die Amerikaner abgezogen waren, wurde Bechlers Frau vom sowjetischen NKWD übernommen. Sie saß zuerst in Zwickau, es folgten das NKWD-Speziallager Nr. 4 in Bautzen, das Internierungslager Jamlitz, das Speziallager Nr. 1 in Mühlberg, danach das Speziallager Nr. 2 in Buchenwald, das ehemalige Nazi-KZ oberhalb von Weimar. Anschließend wurde sie ins Zuchthaus Waldheim und schließlich nach Hoheneck überführt. 1950 verurteilte man sie in Waldheim zu lebenslanger Haft. »Während meiner langjährigen, schweren Haft [...] war mir immer bewußt, daß ich für ein geopfertes Menschenleben büßen mußte«, schrieb Margret Bechler später in ihren Erinnerungen. Sie sei seinerzeit in einen Zwiespalt geraten. »Daß ich in diesen Zwiespalt meine Familie verstrickt sah und sie vor Gefahren bewahren wollte [...], das hat diesen Zwiespalt fast unerträglich gemacht.«[26]

Ihr Mann aber, Bernhard Bechler, wurde auf Veranlassung der KPD und speziell Walter Ulbrichts, den er in einem Fragebogen auch als seinen Bürgen angab, nach Brandenburg geschickt – als 1. Vizepräsident der Provinzialverwaltung.

So weit ist diese deutsche Familiengeschichte bekannt. Nicht bekannt war bisher, was Bechler selbst, der 1945 hoher Staatsfunktionär in der sowjetischen Zone geworden war, über das Schicksal seiner Frau wusste. Anders als mitunter dargestellt[27], stand Bechler nämlich in der Angelegenheit seiner Frau mit dem NKWD und dem späteren sowjetischen Ministerium für Staatssicherheit in regem Kontakt und war über diese Kanäle sehr wohl über ihr Schicksal informiert.

Bechler war offenbar im Juli 1945 auf die Suche nach seiner Frau gegangen. Am 30. Juli teilte er dem Vizechef der SMA in Brandenburg mit, er sei tags zuvor in Altenburg gewesen und habe jene Familie gefunden, bei der seine Frau mit den Kindern zu Kriegsende untergekommen sei. Fast schon denunziatorisch klingt, was er dem General des Weiteren schrieb: »Noch kurz vor Kriegsende hielt meine Frau an der Ansicht fest, dass Hitler und sein System das Beste für Deutschland seien. Sie glaubte nicht an die Gerechtigkeit der Tätigkeit des Nationalkomitees ›Freies Deutschland‹ und an die Qualität der Frontbevollmächtigten des NK [also an ihn, d. A.].« Er schilderte, was er über die Festnahme Albert Jacobs gehört habe, und fügte hinzu: »Ich erfuhr, dass die Gestapo sie ab August 1944 ununterbrochen bearbeitete und auf diese Weise stark beeinflusst hat, umso mehr, da sie keinen männlichen Beistand oder Rat hatte.«

Bechler hatte auch die Polizei in Zwickau aufgesucht, dort aber nur erfahren, dass seine Frau woandershin gebracht worden sei. »Ich kann das politische Verhalten meiner Frau natürlich in keinem Falle billigen. Dennoch wage ich es, Herr Generalmajor, Sie zu bitten, irgendwelche Schritte zu unternehmen, damit ich Genaueres über das Schicksal meiner Frau erfahre.«[28]

Noch am selben Tag leitete die Militäradministration Bechlers Brief an den NKWD-Bevollmächtigten Serow weiter – mit der Bemerkung, er möge angesichts dieses Hintergrundes über das weitere Verbleiben Bechlers auf dem Posten des 1. Vizepräsidenten in Brandenburg entscheiden. Der erste Reflex auf der sowjetischen Seite war also der, Bechler könnte durch die Geschichte seiner Frau politisch belastet werden.

Schon zwei Tage später schickte Bechler einen weiteren Brief. Darin berichtete er vom Besuch einer Frau aus Dresden, die bei seinen Schwiegereltern wohne. Sie habe ihm mitgeteilt, dass seine Frau auf einem Lkw mit russischen Offizieren durch Dresden gefahren sei und dabei einen Zettel aus dem Wagen geworfen habe – mit der Adresse ihrer Eltern und der Bitte, ihnen mitzuteilen, dass sie sehr krank sei und von den Russen nach »B« gebracht werde. Mit »B« war offenbar Bautzen gemeint. Auf Serows Anfrage beim Geheimdienst in Dresden teilte ihm dessen Chef, Generalmajor Kljopow, am 20. September mit, dass sich Frau Bechler tatsächlich seit dem 20. Juli im Lager Bautzen befinde.

Dafür, dass diese Nachricht Bechler erreichte, gibt es allerdings keinen Beleg. Nach Aussage seiner Schwiegermutter habe er sich bei Marschall Schukow um Auskunft bemüht, und der habe ihm angeblich mitgeteilt, man habe seine Frau in keinem der sowjetischen Internierungslager gefunden. Sie sei wohl nach Sibirien gebracht worden, von wo sie kaum zurückkommen würde.[29]

Das klingt nicht sehr glaubhaft, zumal die Lager von sowjetischer Seite nie als Todeslager beschrieben wurden. Auch dass Bechler in diesem Moment überhaupt ein Gespräch mit Schukow hatte, ist zweifelhaft. Selbst wenn es so gewesen sein sollte, bleibt offen, ob die Militäradministration die Dinge Bechler gegenüber wirklich so darstellte oder gemeinsam mit ihm vereinbarte, sich von Margret Bechler zu trennen.

Jedenfalls ließ Bechler seine Frau am 30. Juni 1946 für tot erklären. Drei Monate später, am 19. September, heiratete er seine Sekretärin Erna Voll, die passenderweise als »Opfer des Faschismus« galt. Ende desselben Jahres wurde er zum Minister für Verwaltung und Polizei der Provinz Brandenburg berufen, also zum brandenburgischen Innenminister. In allen Auskünften und Notizen über Bechler schreiben die Sowjets von nun an, seine erste Frau sei »laut Erklärung Bechlers gestorben«.

Beide Seiten waren sich offenbar bewusst, die Wahrheit nicht weiter ruchbar werden zu lassen – die Sowjets, weil sie den aus ihrer Sicht ideologisch zuverlässigen, ergebenen und effizienten Bechler sonst kaum in seiner Funktion hätten halten können (deswegen auch tauchte Margret Bechler in den Gefängnisakten von nun an ausschließlich unter ihrem Mädchennamen Dreykorn auf und wurde im Lager auch nur noch so angesprochen). Und Bechler, weil er wohl ahnte, was ab und an in seinen Akten zu lesen war: dass eine »Reihe kompromittierender Fakten« gegen ihn vorläge. Für ihn war es wichtig, sich voll und ganz so zu präsentieren, wie ihn der De-facto-Innenminister der sowjetischen Zone, Kurt Fischer, später beschrieb: »Bechler hat sich 100%ig zu unseren Menschen entwickelt [sic]. Er arbeitet eifrig an seiner politischen Vervollkommnung.« Unabdingbar dafür war aber auch, dass er bis ins Kleinste mit seiner Vergangenheit brach.

Bechler arbeitete fortan eng mit den sowjetischen Behörden und auch mit Stalins Staatssicherheit zusammen. Die Akte über ihn führte der Chef Inneres in Brandenburg, Oberstleutnant Walerian Anochin, der schon 1927 zur OGPU gestoßen war. An Anochin sandte Bechler, wohl schon aus Selbstschutz, alles, was er an Persönlichem für meldenswert hielt. Er werde »immer das machen, was Moskau sagt«, hatte er seinerzeit in der Sowjetunion einem Vertrauten vom Nationalkomitee »Freies Deutschland« bekannt.[30] Daran hielt er sich nun.

Als sich sein Bruder Helmut, der Oberst bei der Wehrmacht gewesen war, im Juni 1946 zu seiner Schwiegermutter ins westdeutsche Kassel absetzte und ihm einen langen Brief als Erklärung schickte (»Teile der russischen Besatzungsmacht und insbesondere der GPU mit, dass ich allein aus beruflichen Gründen hierher umgezogen bin und in politischer Beziehung völlig enthaltsam sein werde [...]«), leitete Bechler auch dieses Schreiben an Anochin weiter. »Ich hatte seit etwa zwei Jahren keinerlei unmittelbare Verbindung mit meiner Familie, die ihren Wohnsitz in Lengenfeldt / Vogtl. hat und werde auch in Zukunft mit meinem Bruder in Kassel keine Verbindung halten«, versicherte der Minister eilfertig dem Oberstleutnant. Die Verbindung mit seinen noch im Osten lebenden Verwandten brach er ebenfalls ab.

Bechler schickte dem Geheimdienstmann auch jenen merkwürdigen Brief, den er noch im selben Monat erhielt. Es war ein kurzes Schreiben von einer Margarethe Anders aus Wilhelmshorst bei Potsdam, datiert vom 24. Juni 1948. Sie teilte dem »sehr verehrten Herrn Minister« mit: »Bei einem gemeinsamen Kuraufenthalt lernte ich Ihre Frau Gemahlin kennen und richte Ihnen hiermit herzliche Grüße von ihr aus. Es geht ihr gut und sie hofft, in Kürze die Kur beenden zu können. Gleichzeitig erbitte ich mir Ihre Erlaubnis, mich mit einer persönlichen Bitte an Sie wenden zu dürfen, da ich mich augenblicklich in Not befinde. Bitte haben Sie die Freundlichkeit mich wissen zu lassen, ob ich Ihnen meine Lage einmal kurz schildern darf. Mit bestem Dank im Voraus Ihre ergebene Margarethe Anders.«

Hierbei handelte es sich offenbar um eines jener Signale, die Margret Bechler über Frauen, die aus dem Gefängnis entlassen wurden, an ihren früheren Mann zu schicken versuchte. In ihren Erinnerungen erwähnt sie diese Bemühungen. Spätestens mit der verdeckten Bitte der »Margarita Anders« um ein persönliches Gespräch musste Bechler also Gewissheit haben: Seine Frau lebt, und zwar nicht allzu weit von ihm entfernt. »In Kürze die Kur beenden zu können« – das war offenbar die makabre Chiffre für eine mögliche Entlassung aus dem Gefängnis. Tatsächlich hatte im Lager Mühlberg, in dem Margret Bechler in jenem Sommer war, eine Entlassungswelle begonnen. Mehrere Hundert Frauen kamen frei.

Bechler muss auf die Nachricht reagiert haben. Als Anochin im Sommer darauf eine neuerliche Beurteilung des brandenburgischen Innenministers anfertigte, schrieb er: »Mitte vorigen Jahres drangen Gerüchte bis zu Bechler, dass seine ehemalige Frau Margret bald aus dem Konzentrationslager entlassen werden soll. Bechler hat die Abteilung für Inneres und die Informationsabteilung davon in Kenntnis gesetzt. Im Ergebnis entsprechender Maßnahmen wird die frühere Frau Bechler weiter in Haft bleiben.«

Wenn diese Bemerkung korrekt war, und daran besteht kaum ein Zweifel, hat Bechler gemeinsam mit dem sowjetischen Geheimdienst dafür gesorgt, dass seine ehemalige Frau noch weitere Jahre im Lager blieb. Margret Bechler erfuhr davon nichts, sie bekam nur das Resultat zu spüren: Ihr Name gelangte nicht auf die Entlassungslisten. Im September brachten die Sowjets sie dann ins Speziallager Buchenwald. Als die Sowjetische Militäradministration im Januar 1950 die sogenannten Speziallager aufzulösen begann und alle Gefangenen zur Aburteilung oder weiteren Strafverbüßung den neu gegründeten DDR-Behörden übergab, landete Bechler im Zuchthaus Waldheim. Dort wurde sie im Rahmen der berüchtigten Waldheimer Prozesse im Juni 1950 zu lebenslanger Haft verurteilt.

Der Strafvollzug war von nun an Sache der Deutschen Volkspolizei, bei der Bernhard Bechler inzwischen als Chefinspekteur (was einem Generalmajor entsprach) einer der führenden Männer war. Nach Gründung der DDR 1949 war er zeitweilig sogar als Kandidat für den Chefposten des Ministeriums für Staatssicherheit gehandelt worden.[31] Dass er vom weiteren Schicksal seiner Frau nichts wusste und keinen Einfluss nehmen konnte – diese Behauptung entbehrt wohl jeder Grundlage.

Ob Ernst Melsheimer, Kurt Fischer oder Bernhard Bechler: Kaum etwas illustriert die politische Einflussnahme des NKWD eindrucksvoller als die von seinen Offizieren angelegten Personalakten. Jeder, der nach 1945 eine nennenswerte Funktion im Machtapparat der sowjetischen Besatzungszone einnahm, stand unter genauester Beobachtung.

14

Auf der Suche nach Spezialisten

Sechs Tage vor der Kapitulation Hitler-Deutschlands, am 2. Mai 1945, musste sich der NKWD-Frontbevollmächtigte Iwan Serow im Kreml bei Stalins Sekretär, Generalmajor Alexander Poskrebyschew, melden. Poskrebyschew, der sich offiziell »Leiter des Sondersektors des ZK« nannte, war schon 15 Jahre lang in dieser Funktion. Er war sogar auf seinem Posten geblieben, als das NKWD 1939 seine Frau Bronislawa verhaftet hatte. Angeblich hatte sie Verbindung zu Trotzki gehabt, aber es war wohl eher darum gegangen, ihren Mann zu diskreditieren, um einen anderen auf dessen Stelle zu setzen. Zwei Jahre später wurde sie erschossen.

Laut Dienstbuch betrat Serow um 18.45 Uhr Stalins Arbeitszimmer. Stalin dozierte anfangs über die Lage in Berlin, dann machte er den NKWD-Mann mit jenen Aufgaben bekannt, die er in Deutschland übernehmen solle. Neben den »grundlegenden tschekistischen Verpflichtungen«, worunter er die Festnahme der »faschistischen Anführer« verstand, legte Stalin besonderes Augenmerk auf ein spezielles Thema. »Sie müssen genauestens, ich wiederhole: genauestens, klären, wo die Deutschen die V-1 und die V-2 hergestellt haben, die Düsenflugzeuge und andere militärtechnische Modelle.« So hielt es Serow in seinem Tagebuch fest. »Haben Sie davon gehört«, fuhr Stalin fort, »dass die Deutschen an den baltischen Fronten in den letzten Kriegsmonaten Düsenjäger ohne Propeller fliegen ließen, wie mir Flieger berichtet haben? Diese Technik muss man unbedingt auftreiben. Das ZK überträgt Ihnen in dieser Hinsicht eine große Verantwortung. Berichten Sie generell über alles. Wir helfen mit dem, was benötigt wird.«[1]

Sich deutsches Know-how zu sichern und mit dessen Hilfe technologische Rückstände gegenüber dem Westen aufzuholen, wurde zu einem der wichtigsten Ziele Moskaus in der Nachkriegszeit. Auch Wladimir Putin war vierzig Jahre später, während seines Einsatzes als KGB-Agent in Dresden, unter anderem mit dieser Aufgabe betraut, wie sein früherer KGB-Kollege Wladimir Usolzew bestätigte[2*].

Aus dem deutschen Opel Kadett entstand ab 1948 der Moskwitsch-400 – die UdSSR hatte die Produktionsausrüstungen von Opel in Rüsselsheim und Brandenburg als Reparationen erhalten. Und aus Hitlers Vergeltungswaffe V2, deren Reste die Sowjets nach ihrem Einmarsch in den Mittelwerken bei Nordhausen fanden, wurde ein paar Jahre später die erste ballistische Kampfrakete der Sowjetunion entwickelt, die R-1.

Moskau hatte bei der SMAD eigens eine »Verwaltung zum Studium der Errungenschaften von Wissenschaft und Technik in Deutschland« einrichten lassen. Die sei jedoch eher eine Fassade gewesen, erklärte der spätere Überläufer Grigori Klimow. Klimow, der eigentlich Igor Kalmykow hieß, den Rang eines Unterleutnants besaß und in der Sowjetunion eine Technische Hochschule absolviert hatte, war als Dolmetscher in der Wirtschaftsverwaltung der Militäradministration eingesetzt. In seinen Erinnerungen schreibt er, die Abteilung Wissenschaft und Technik sei eine »Sammel- und Klärstelle der gleichnamigen Abteilung des NKWD« gewesen. Man habe dort das anfallende Material gesichtet, bewertet und anschließend der Abteilung Wissenschaft und Technik der NKWD in Potsdam übergeben. »Dort arbeiten von Moskau abgestellte hochqualifizierte sowjetische Fachleute aller Gebiete der Wissenschaft und Technik. Das beweist wieder einmal, daß Moskau zur NKWD mehr Zutrauen hat als zur SMA.«[3]

Die wirklich sensiblen Bereiche fielen also in die Kompetenz von SMERSCH und NKWD. Drei Gebiete waren für die Geheimdienste von Interesse: Rüstungstechnik, Flugzeuge und Atomtechnologie.

Die geläufige Darstellung, die UdSSR hätten von sich aus alles

---

* Ich traf Usolzew, der unter verschiedenen Namen bekannt ist, 2003 in Tschechien.

technisch Bemerkenswerte, das sie im Osten Deutschlands fanden, an sich genommen, ist allerdings nur die halbe Wahrheit. Zur ganzen Wahrheit gehört, dass deutsche Techniker und Ingenieure sich den Besatzern selbst andienten. Kaum dass die Sowjets in Deutschland Fuß gefasst hatten, priesen sie ihnen ihre Erfindungen an, zumal dann, wenn diese in Deutschland ihrer Meinung nach bislang keine ausreichende Würdigung erfahren hatten. Nicht selten stellten sie sich dabei als Opfer des Nazi-Regimes dar. In den SMAD-Archiven finden sich dazu zahlreiche Belege.

So übergab der Dresdner Dr. Herbert Rost der sowjetischen Seite bald nach dem Einmarsch der Roten Armee zwei Exemplare einer umfänglichen Arbeit unter dem Titel »Organische Theorie der Materie« – mit der Bitte, sie an die Akademie der Wissenschaften in Moskau weiterzuleiten. Die Verwertung der Arbeit sei »von den nationalsozialistischen Zensurstellen aus ›grundsätzlichen Erwägungen‹ untersagt« worden, schrieb Rost. »Erst das Ende des nationalsozialistischen Regimes verschaffte mir die zur druckreifen Überarbeitung nötige Ruhe. So wurde es erst spät – hoffentlich nicht zu spät – möglich, das Werk in den Dienst der guten Sache zu stellen, die seit langem am meisten notleidet: der Vernunft und des guten Willens.«[4] Seine »in sich geschlossene Theorie« sei allgemeingültig für den »Bereich der gesamten Erscheinungswelt«, erklärte Rost. Die sächsische Militärverwaltung wies ihm, ohne die Bedeutung der Arbeit einschätzen zu können, Wohnung, Benzin und verbesserte Verpflegung zu – bis aus Moskau die Nachricht eintraf, die Arbeit besitze »keine wissenschaftliche Bedeutung«.

Wesentlich handfester waren andere Offerten. So bot ein Deutscher eine Methode zur Suche nach Bodenschätzen mittels Radiästhesie an[5], ein weiterer einen neuartigen elektrischen Lötkolben[6]. Die Erfinder Werner Deblin und Oswald Schmidt offerierten Moskau Erkenntnisse über ein reaktives Torpedo[7], und der Konstrukteur Paul Simmel vom Siemens-Forschungsinstitut stellte Anfang 1946 Material für eine »aluminothermische Rakete« zur Verfügung.[8]

Im Fall Simmel berichtete der Leiter der Operativgruppe 17 in Lichtenberg an den Chef des NKWD von Berlin, eine für ihn arbeitende Quelle namens »Haupt« habe gemeldet, man solle sich beeilen, denn Simmel wolle demnächst in die englische Zone wechseln. Nach dessen Aussage herrschten in der russischen Zone »Raub und Gewalt«, man könne nur in der englischen Zone leben. Über Simmels Frau habe er herausgefunden, so »Haupt«, dass Simmel während des Krieges an einer Flugabwehrrakete gearbeitet habe und Mitglied einer Gruppe zur »Erfindung der Atombombe« gewesen sei. Auf Grundlage des Dargelegten bitte man um Anweisung, welche Maßnahmen in der »Sache Simmel« durchzuführen seien, schloss der NKWD-Mann seinen Bericht.

Waren die Sowjets an den Angeboten der Deutschen interessiert, konnten sie sich durchaus erkenntlich zeigen, etwa im Fall des deutschen Spezialisten Heinrich Hobrecht. Der hatte in seinem Labor in Oberlungwitz bei Zwickau ein Infrarot-Nachtsichtgerät entwickelt und bald nach Beginn der Besatzung spezielle Elektronenröhren für das NKWD produziert. Außerdem bot er Material zur Gewinnung von Metallen der seltenen Erden wie Thulium und Europium an. Dr. Hobrecht sei bereit, in die UdSSR überzusiedeln, um dort wissenschaftlich weiterzuarbeiten, meldeten die sowjetischen Funktionäre nach Moskau. Er habe in Oberlungwitz eine »gute 4-Zimmer-Wohnung mit Küche und Bad, sowie Frau und 2 Kinder im Alter von 7 und 9 Jahren« und frage nach Bedingungen wie Bezahlung und Unterkunft.[9] Auf Anweisung des Chefs der Militäradministration wurden Hobrecht vorab ein Auto gestellt und 15000 Mark als Anerkennung ausgezahlt.

Ähnlich honoriert wurde der deutsche Ingenieur Rosberg – er hatte den sowjetischen Besatzungstruppen eine spezielle Gefrierschutzpaste gegen die Vereisung von Flugzeugen offeriert und bekam dafür 6000 Mark.[10] Auch der Ingenieur Hermann Meincke, der den Russen die Konstruktion einer neuartigen Kanone anbot, kam in den Genuss von Vergünstigungen. Damit er seine thermodynamischen Berechnungen abschließen könne, »bitte ich Familie Meincke entsprechend Lebensmittel zur Verfügung zu stellen und sie von Aufräumarbeiten in der Stadt und ähnlichem zu befreien«, wurde dem Militärkommandanten im Berliner Stadtbezirk Prenzlauer Berg von einem Vorgesetzten mitgeteilt.[11]

Im Berliner Operativsektor des NKWD stapelte sich aufgefundenes oder beschlagnahmtes Material, von dem sich die Tschekisten technische oder wissenschaftliche Erkenntnisse versprachen. Im Februar 1946 meldeten die Geheimdienstler, dass bei ihnen 2025 Zeichnungen einer per Funk gesteuerten Tankette lagerten (eines sehr leichten Panzers). Sie müssten geprüft werden. Und bei Ralf Rossel in der Berliner Ruschestraße 28 nahmen sie zwei Bände Konstruktionszeichnungen für die Kriegsflotte aus den Jahren 1942 und 1943 mit.[12] Rossel hatte in der Patentabteilung des Kriegsministeriums gearbeitet. Besonders wichtige Unterlagen leitete Serow selbst an Beria nach Moskau weiter, so im August 1945 Zeichnungen und Fotografien »des überschnellen deutschen Flugzeuges ›Arado 234‹, das mit zwei doppelten turboreaktiven Triebwerken angetrieben wird«.[13] Die »Arado« war kurz vor Kriegsende der erste tatsächlich eingesetzte strahlgetriebene Bomber der Welt gewesen.

Anderswo gingen Offiziere des Geheimdienstes nach ihrer Standardmethode vor: Sie verhafteten deutsche Spezialisten einfach, in der Überzeugung, diese würden über kurz oder lang unter Druck Geheimnisse preisgeben. So teilte der Chef des Operativsektors Brandenburg, Generalmajor Stepan Filatow, am 7. September 1946 dem Stabschef der sowjetischen Militärregierung mit, er habe drei deutsche Spezialisten in seinem Gefängnis sitzen: einen Fachmann für Flugzeugmotoren, einen Erfinder für die Rückführung von Munition sowie einen Spezialisten für Atomenergie. Er bitte darum, entsprechende sowjetische Spezialisten zu entsenden, um die Deutschen zu verhören.[14]

Zu den Wissenschaftlern oder Ingenieuren, die sich selbst dem Geheimdienst anboten – nicht nur dem sowjetischen –, gehörte der deutsche Flugzeugkonstrukteur Kurt Waldemar Tank. In die Affäre, die sich bald um seinen Namen ranken sollte, war auch Stalin involviert. Sie ist deswegen bemerkenswert, weil sie reich an Intrigen und ohne Serows Tagebuch bisher kaum zu entschlüsseln war.

Tank hatte 1931 als Technischer Leiter des Entwurfsbüros bei der Focke-Wulf-Flugzeugbau in Bremen angeheuert, zwei Jahre später war er schon alleiniger Technischer Direktor und Chefkonstrukteur des Unternehmens, ab 1937 auch Mitglied der Geschäftsführung. Der

Konstrukteur und Flieger entwickelte zahlreiche Flugzeugtypen für die deutsche Luftwaffe und den zivilen Luftverkehr, darunter das Jagdflugzeug Fw 190 und kurz vor Kriegsende den strahlgetriebenen Jäger Fw Ta 183. Schon seit 1932 war Tank NSDAP-Mitglied gewesen und wurde in den Rang eines Wehrwirtschaftsführers erhoben, 1943 ernannte Hitler ihn zum Professor.

Im April 1945 nahm ihn der englische Geheimdienst fest. Tank wurde auf der Schaumburg in Niedersachsen interniert, allerdings mit beachtlicher Bewegungsfreiheit. Die aus seiner Sicht missliche Lage und die Befürchtung, nie wieder Flugzeuge bauen zu dürfen, bewogen Tank im Jahre 1946, auf den Vorschlag von linksgerichteten Freunden einzugehen und Kontakt zur sowjetischen Militärregierung zu suchen.

Bei einem ersten Treffen im September 1946 in Berlin übergab Tank seine Vorschläge und Forderungen: Weiterentwicklung des Strahljägers Ta 183 und Entwicklung von Langstrecken- sowie Überschallflugzeugen. Bis zu siebzig Spezialisten könne er für seine Arbeiten mitbringen. Als Bedingungen nannte er: Gehälter, die etwa 50 Prozent über den früheren bei Focke-Wulf liegen sollten, Nachzug der Familien und angemessene Lebensbedingungen.[15] Als zwei seiner Vertrauten bei einer Fahrt von Berlin in die SBZ auf rätselhafte Weise verschwanden, kehrte Tank in den Westen zurück.

Knapp ein Jahr später bemühte sich die sowjetische Seite erneut um Kontakt mit ihm, und wieder lief dieser Versuch über höchste Geheimdienst-Kanäle. Am 30. August 1947 schrieb Iwan Serow an Stalin, man habe Tank am Tag zuvor in die sowjetische Zone Berlins gebracht und von ihm erfahren, dass er inzwischen sowohl in Paris als auch in London gewesen sei. In Paris sei ihm eine Arbeit zur Entwicklung strahlgetriebener Flugzeuge vorgeschlagen worden, Tank habe aber abgelehnt. Dann sei er nach England weitergereist, wo man ihm Werke zum Bau reaktiver Flugzeuge gezeigt und er ebenfalls ein Angebot zur Mitarbeit erhalten habe. Tank habe darauf verwiesen, dass er zurzeit Gespräche mit einer anderen Macht führe und von ihr bis zum 1. Oktober eine Antwort erwarte. Serow weiter in seinem Brief an Stalin: »Im Verlauf des Gesprächs erklärte Tank, dass er das fertige Projekt und Zeichnungen des Düsenjägers ›Tank-183‹ mit einer projektierten Geschwindigkeit von 950 km in der Stunde besitze [...] sowie Zeichnungen eines weiteren reaktiven Bombers ›Tank-400‹ [...] mit einer Reichweite von 10 000 Kilometern und einer Bombenlast von 3000 kg.«[16]

Der Professor willigte ein, zu Verhandlungen mit allerhöchsten Stellen nach Moskau zu fliegen. In der sowjetischen Besatzungszone wolle er nicht arbeiten, sondern lieber in der UdSSR. Tatsächlich vereinbarten beide Seiten einen Flug nach Moskau, der am 9. September 1947 stattfinden sollte. Doch Tank wartete in Berlin vergeblich auf den Start, schlechtes Wetter verhindere ihn, teilten ihm die Sowjets mit. Selbst als sich das Wetter besserte, kam die Reise nicht zustande.

Tank konnte und wollte nicht länger warten, zumal er sich krank fühlte. Er musste zurück in die englische Zone. Doch vorher schrieb er noch einen Brief an den »Generalissimus der Sowjetunion J. W. Stalin«. In ihm wies er darauf hin, er sehe »in der Sowjetunion größere Perspektiven für die Entwicklung der Flugzeugtechnik als in England, das wegen seiner Wirtschaftskrise in seinen Mitteln stark beschränkt ist«. Dann bekräftigte er seinen Wunsch, nach Moskau zu fliegen, um sich dort mit den Arbeitsplätzen und Arbeitsbedingungen für die deutschen Mitarbeiter vertraut zu machen. Es sei ihm versprochen worden, all diese Wünsche, die im beiderseitigen Interesse lägen, zu erfüllen. Er hoffe, dass »die Schwierigkeiten, die sich von Seiten der Sowjetunion ergeben haben, überwunden werden und in nächster Zeit das Gespräch stattfinden kann«.[17]

Dies wurde Stalin, der sich zu dieser Zeit in Sotschi am Schwarzen Meer aufhielt, tatsächlich sofort übermittelt. Der Generalissimus wies daraufhin seine Leute in Berlin an, Tank erst einmal wieder in die englische Zone zu entlassen. Wenn er sich erholt habe, könne er »auf einen Flug nach Moskau rechnen«, heißt es in seinem Telegramm.

Doch dazu kam es nicht mehr: Tank reiste plötzlich über Dänemark nach Argentinien aus und mit ihm ein großer Teil der für die Sowjetunion vorgesehenen Mitarbeiter. Man darf das als Flucht verstehen. Tank war mit Moskau bislang zu keinem Abschluss gekommen, befürchtete aber zugleich, von den Briten wegen seiner Vergangenheit im Dritten Reich belangt zu werden. In Argentinien arbeitete die Gruppe in den folgenden Jahren an Rüstungsprojekten für Präsident Juan Perón.

Dass die Zusammenarbeit mit Moskau nicht zustande kam, lag offenbar nicht an Stalin. Zwei Männer spielten in dieser Affäre eine entscheidende Rolle: Generaloberst Iwan Serow und Oberstleutnant Grigori Tokajew. Tokajew, ein Flugzeug- und Raketenspezialist der SMAD, war Tanks wichtigster Ansprechpartner in Berlin. War er es gewesen, der dessen Flug nach Moskau verhindert hatte? Die Tatsache, dass Tokajew im November desselben Jahres mit seiner Familie nach Westberlin flüchtete und zu den Engländern überlief, könnte dafür sprechen. Er wurde später Universitätsprofessor in Großbritannien und profilierte sich als Ankläger des Stalin-Regimes. Hatte er schon in der Zeit vor seiner Flucht für die Engländer gearbeitet, die Tank möglicherweise ungern in sowjetischen Diensten sehen wollten? Im Januar 1949 wurde Tokajew vom Militärtribunal der SMAD in Abwesenheit zu 25 Jahren Lagerhaft verurteilt[18] (die Todesstrafe war zu jener Zeit im sowjetischen Strafgesetzbuch vorübergehend abgeschafft).

Was allerdings erheblich gegen die These von der Boykottierung Tanks durch Tokajew spricht: Er selbst war es gewesen, der Stalin auf Tank aufmerksam gemacht hatte.[19]

Serow dagegen hatte in seinem Schreiben an Stalin vom August 1947 Zweifel an den hehren Absichten Tanks geäußert. Wenn man an die Englandreise Tanks denke und an seinen ausdrücklichen Wunsch, in der UdSSR zu arbeiten, dann ergebe sich die Vermutung, Tank könne von den Engländern angeworben sein, mit dem Ziel, »ihn in unsere Flugzeugindustrie einzuschleusen«. Hatte womöglich der Geheimdienst seine eigenen Zweifel höher bewertet als den Wunsch Stalins, Tank in die Sowjetunion zu holen? Oder wollte Serow die Angelegenheit aus ganz persönlichen Gründen zum Scheitern bringen?

Stalin bezog Informationen zu ein und demselben Problem oft über verschiedene Kanäle, sodass er Informanten gegeneinander ausspielen konnte. So war es auch in diesem Fall gewesen. Tokajew hatte Stalin nicht nur über Tank, sondern auch über den österreichischen Luft- und Raumfahrtspezialisten Eugen Sänger informiert. Diese Meldung hatte wiederum ein schlechtes Licht auf Serow geworfen, der qua Amt von beiden Experten hätte wissen müssen und nun von Stalin beauftragt wurde, als Leiter einer Sonderkommission Tokajews Aussagen zu überprüfen.

Nicht ausreichend informiert zu sein war bei Stalin ein schwerer Makel. Dass Sänger zu der Zeit in Frankreich lebte und Tank in der britischen Zone, entlastete Serow zwar ein wenig, trotzdem suchten die Sowjets den Weg zu beiden. Im Fall Sänger spielte man offenbar sogar mit dem Gedanken einer Entführung.

In jedem Fall war Tokajew aus Sicht Serows fortan ein Gegner. Er diffamierte ihn als »Lügner«, »Mistkerl« und einen, der schon »vom Äußeren her wie ein Jude aussieht«. Serow zwang ihn, einseitig formulierte Protokolle zu unterschreiben, und wies die SMAD-Führung an, Tokajew genauestens beobachten zu lassen.[20] Am wahrscheinlichsten ist, dass dieses Observieren und die Angst vor einer Verhaftung Tokajews Flucht auslösten. Rache für eine vermeintliche oder tatsächliche Erniedrigung vor Stalin war in den Kreisen der politischen Polizei sehr verbreitet. Und die Männer des Geheimdienstes waren die einzigen, denen dafür unter irgendeinem Vorwand das Mittel der Verhaftung zur Verfügung stand.

In seinem Tagebuch erwähnt Serow mit keinem Wort, dass die sowjetische Seite tatsächlich lange Zeit mit Tank verhandelt hatte. Er erweckt vielmehr den Eindruck, Tank sei für die Sowjets nie erreichbar gewesen.

15

Zwei ungleiche Partner: Wassili Stalin und Geheimdienstchef Iwan Serow

Wenn von deutschen Luftfahrtspezialisten der Nachkriegszeit die Rede ist, kommt man an dem Namen Wassili Stalin nicht vorbei. Der jüngste Sohn des Kremlchefs war mit den sowjetischen Truppen im Frühjahr 1945 nach Deutschland einmarschiert. Mehrfach kreuzte er in den kommenden Monaten und Jahren die Wege von Geheimdienst und Politik und insbesondere die von Generaloberst Iwan Serow.

Die Söhne Stalins hatten, wie man sich denken kann, kein leichtes Leben. Stalins ältester Sohn, Jakow Dschugaschwili, der aus der ersten Ehe des Kremlführers stammte, war kurz nach Kriegsbeginn von der deutschen Wehrmacht gefangen genommen worden und 1943 im KZ Sachsenhausen ums Leben gekommen. Stalin hat, wie es heißt, einen Austausch Jakows gegen deutsche Gefangene stets abgelehnt. Wassili dagegen, 14 Jahre jünger als Jakow, hatte den Krieg als Flieger mitgemacht und war 1945 mit der 1. Belorussischen Front im besiegten Deutschland eingerückt, als Kommandeur der 286. Jagdflieger-Division. Nur wenige Monate später wurde er zum Generalmajor ernannt. Im Juli 1946 übernahm General Wassili Stalin – als gerade 25-Jähriger, was völlig ungewöhnlich war – das 1. Garde-Jagdflieger-Korps, das auf dem Gelände der ehemaligen Fallschirmjägerschule 2 in Alt Daber bei Wittstock / Dosse stationiert worden war.[1] Angeblich soll er im Krieg 27 Kampfeinsätze geflogen und zwei deutsche Flugzeuge abgeschossen haben.

Stalin junior stammte aus Stalins zweiter Ehe mit Nadeschda Allijujewa, die 1932 Selbstmord begangen hatte – der Junge war beim Tod der Mutter gerade mal elf Jahre alt. In der Folgezeit wuchs er unter der Aufsicht von Stalins Leibwächtern heran. Deren Chef, Geheimdienst-General Nikolai Wlassik, nahm ihn unter seine besondere Obhut und befriedigte mit viel Geld jede seiner Launen. Wassilis Schwester Swetlana war später davon überzeugt, Wlassik und seine Männer hätten Wassili Stalin das Trinken und Fluchen beigebracht und ihm ständig eingeflüstert, er sei der Sohn eines großen Menschen.[2] Wassili selbst bekannte später: »Nachdem ich ohne Mutter geblieben war und ohne Möglichkeit, unter ständiger Aufsicht des Vaters erzogen zu werden, wuchs ich in einem Kreis von Männern auf, die sich nicht durch Moral und Mäßigung auszeichneten. Das drückte mir den Stempel für mein ganzes folgendes Leben und für meinen Charakter auf. Ich begann früh zu rauchen und zu trinken [...].«[3]

Wassilis tragisches Ende war somit fast vorprogrammiert: Er wurde zum Trinker, fuhr später in Moskau einen Fußgänger tot und endete nach dem Tod des Vaters im Gefängnis. Zum Schluss war er Invalide, fünf Tage vor seinem 41. Geburtstag starb er, im Jahr 1962.

Noch erhaltene Briefe von Wassili belegen die große Distanz zum Übervater. In fein säuberlicher Handschrift meldet der Zwölfjährige ihm, dass er in der Schule gut lerne und in der ersten Fußballmannschaft spiele – nur dürfe er das leider aus Gründen der Vorsicht oft nicht. »Papa schreib mir, wie Du lebst und Dich erholst.« Mit »Waska der Rote« unterschreibt er die Briefe.[4]

Dass ihn die Kommandeure aus Sicherheitsgründen auch nicht fliegen lassen, darüber beklagt er sich später während der Ausbildung als Flieger. Denn natürlich waren alle, die mit Stalins Sohn zu tun hatten, von der Angst getrieben, beim Zögling des Kremlherrn irgendetwas falsch zu machen. Den jungen Stalin trieb das um, wie den Briefen zu entnehmen ist.

Serow hat die dunklen Seiten Wassili Stalins, die später zu dessen Degradierung, zu Haft, Verbannung und frühem Tod führen sollten, in seinem Tagebuch nicht ausgespart. Er hatte Wassili schon in der Heimat kennengelernt, kurz nachdem der die Fliegerschule verließ. Stalin junior war damals Hauptmann und kommandierte eine Fliegerstaffel unweit von Moskau. Er bat Serow, der zu jener Zeit bereits als stellvertretender Chef des NKWD fungierte und Verantwortlicher für das Nachrichtennetz der sowjetischen Führung war, um den Anschluss ans Telefonnetz der Regierung. Serow will das abgelehnt haben. Schon damals habe der junge Stalin auf ihn den Eindruck eines sprunghaften, unausgeglichenen Menschen gemacht.[5]

In der SBZ lief Wassili ihm bald wieder über den Weg. Dieser habe dort »allerhand Unfug getrieben«, sei von deutschen Beute-Autos fasziniert gewesen und habe deutschen Frauen nachgestellt. Trotzdem sei ihm alles von der Hand gegangen, man sah es ihm offenbar nach. Silvester 1945, den ersten Jahreswechsel nach dem Krieg, verbrachte er gemeinsam mit Serow und SMAD-Chef Schukow, ansonsten ging er viel auf die Jagd. (Das tat er übrigens auch in meiner brandenburgischen Heimatstadt, in der ein Freund von ihm – ein Flieger-Oberst – das Sagen hatte. Den besuchte er und ging mit ihm im Stadtforst auf Sauenjagd.)[6]

Serow lud er in jener Zeit ebenfalls zur Wildschweinjagd ein, ganz in der Nähe, in der Gegend von Wittstock. Serow schoss dort nach eigenen Aussagen auf einen großen Eber, welcher verletzt im Gebüsch verschwand. Stalin junior sei am nächsten Tag mit dem zuständigen deutschen Förster ins Jagdgebiet zurückgekehrt, und tatsächlich hätten sie das inzwischen verendete Tier gefunden, wie Stalins Fahrer später Serow erzählte. Der Förster lud den Gast zum Essen nach Hause ein. Dort habe der Sohn des Kremlchefs den Deutschen volltrunken gemacht, dann mit dessen Frau geschlafen, danach den Eber genommen und sei nach Hause gefahren. Serows Kommentar: »Das eben ist Stalins Sohn.«[7]

Gleichwohl hielt er weiter Kontakt zu ihm, schon um herauszufinden, was Stalin junior seinem Vater aus Deutschland berichtete. Beide trafen sich zum Essen, und Serow nahm den Stalin-Sohn manchmal in seinem Flugzeug mit nach Moskau. Problematisch für ihn war das Bestreben des jungen Stalin, sich mit verschiedenen Mitteln die Gunst des Vaters zu erhalten – wusste Wassili doch, wie kritisch dieser die Eskapaden seines Sohnes sah. Beim Buhlen um den Vater kam er mitunter Geheimdienst und Politik in die Quere.

Ein für Serow bedenklicher Vorfall ereignete sich im März 1946. Wassili Stalin hatte zu Jahresbeginn zusammen mit ihm die Junkers Flugzeug- und Motorenwerke Dessau besucht, die in der Zeit des Nationalsozialismus einer der größten Hersteller von Militärflugzeugen waren. Junkers war für die Sowjets ein Begriff – nach dem Rapallo-Vertrag von 1922 hatte das Dessauer Unternehmen am Rande von Moskau ein Flugzeugwerk gebaut. Dort wurden die russischen Aufklärer Ju 20 und Ju 21 gefertigt. Gut zwanzig Jahre später war die sowjetische Besatzungsmacht nun dabei, im nach Luftangriffen schwer beschädigten Stammwerk Dessau die Produktion von Flugzeugen wieder in Gang zu bringen.

Wassili Stalin nahm aus Dessau Fotografien und Miniaturmodelle eines reaktiven Jagdflugzeuges sowie eines sechsstrahligen Bombers mit und überbrachte sie seinem Vater. Das tat er, ohne Serow davon zu unterrichten. Der aber wollte alle Informationen, die den Kremlchef aus Deutschland erreichten, unbedingt kontrollieren. Stalin senior zeigte sich denn auch von den Mitbringseln seines Sohnes sehr beeindruckt – die Sowjetunion lag zu der Zeit bei der Entwicklung von strahlgetriebenen Maschinen weit zurück. Und so rief er Serow umgehend zu sich nach Moskau.

Serow wurde von der Tatsache, dass Wassili Stalin ohne Absprache mit ihm Details aus seinem Machtbereich weitergetragen hatte, unangenehm überrascht. Denn der Vater fragte ihn sofort nach den Junkers-Werken – Wassili habe ihm davon erzählt, dass die Deutschen dort Düsenbomber und -jäger bauten. Der NKWD-Bevollmächtigte bestätigte das und erklärte, dass dies unter Leitung sowjetischer Luftfahrtspezialisten geschehe. Stalin sagte daraufhin: »Ich dachte, Wassili lügt.«

Noch am selben Abend versammelte Stalin Molotow, Beria und die führenden sowjetischen Flugzeugkonstrukteure bei sich im Kreml. Er befahl die Bildung einer Kommission, um das Know-how von Junkers für sowjetische Zwecke zu verwenden.[8]

Schon zwei Tage später war die Kommission in Dessau. Nach ihrem Besuch trieb sie die Produktion des Strahlbombers Ju 287 und des Schlachtflugzeuges EF 126 voran. Als führender Kopf des Konstruktionsbüros wurde der Junkers-Mann Brunolf Baade eingesetzt. Es vergingen nur noch wenige Monate, bis Baade – wie viele Hundert andere deutsche Spezialisten – im Rahmen einer für Deutschland bislang beispiellosen Deportation in die Sowjetunion verbracht werden sollte. Stalins Staatssicherheit spielte dabei die entscheidende Rolle. (Davon wird im nächsten Kapitel ausführlicher die Rede sein.)

Der Zwischenfall mit Wassili Stalin mag nach außen hin nicht sehr bedeutsam erscheinen. Allerdings spielte sich hinter den Kulissen in diesem Zusammenhang längst eine größere und gefährlichere Intrige ab. Sie sollte bald SMAD-Chef Schukow und Serow selbst ins Wanken bringen, eine Bedrohung, die der NKWD-Bevollmächtigte zu jener Zeit nicht realisierte. Diese Affäre ist insofern ein Beispiel dafür, wie sehr Auseinandersetzungen innerhalb der Moskauer Führung ihre Schatten bis in die sowjetische Zone warfen und dann Folgen für die Besatzungspolitik hatten – aber auch dafür, auf welch absurde Weise in jener Zeit Anklagen fabriziert wurden und wie sehr Stalins Paranoia dabei eine Rolle spielte.

Bereits zur Potsdamer Konferenz im Sommer 1945 waren einige Flieger an Stalin herangetreten, um ihn darauf aufmerksam zu machen, dass sich in der sowjetischen Luftwaffe eine »Katastrophe« anbahne. Zu ihnen gehörte offenbar auch Stalins Sohn. So jedenfalls erinnerte sich später der damalige Außenminister Wjatscheslaw Molotow. Äußerer Anlass der Hinweise waren ernsthafte Mängel bei der Herstellung der Motoren für den sowjetischen Jäger Jak-9 und die inzwischen veralteten russischen Kampfflugzeuge insgesamt. Für all das wurde bald darauf der Kommandeur der Luftstreitkräfte, Hauptmarschall Alexander Nowikow, verantwortlich gemacht. Zuerst bekam er nur einen Verweis. Im April 1946, nachdem die von Stalin eingesetzte Kommission die Junkers-Werke in Dessau besucht hatte, wurde er dann jedoch abgesetzt, aus der Partei ausgestoßen und verhaftet, zusammen mit dem Minister für Flugzeugindustrie und weiteren Funktionären.

In wenigen Wochen entwickelte sich aus dieser Kritik an den Zuständen bei der Luftwaffe die sogenannte Fliegeraffäre, die heute als erster spektakulärer Prozess der sowjetischen Nachkriegszeit gilt. Auslöser der Affäre soll Stalins Sohn Wassili gewesen sein, der seinen Vater auch schriftlich auf die Mängel in den Fliegereinheiten hingewiesen hatte, wohl, um ihm gegenüber seinen Ruf aufzubessern. Interessanterweise wurde Wassili Stalin just in jenen Tagen zum General befördert.

Seinen Vater schriftlich auf Probleme in seiner Umgebung aufmerksam zu machen – das hatte Wassili schon während seiner Ausbildung in der Nähe von Moskau getan. So hatte er ihm in einem Brief vom März 1941 mitgeteilt, dass sie leider in alten und unzuverlässigen Flugzeugen fliegen müssten. Entsprechend groß sei das Risiko, dass etwas schiefgehe. »Zum Beispiel lösten sich die Scheinwerfer, oder die Befestigungen der Maschinengewehre auf den Tragflächen flogen weg. Selten gehen solche Fälle gut aus«, so Stalin junior.[9] Obwohl nun schon zwanzig Jahre alt, fügt er auch hier fast flehentlich die Bitte hinzu: »Wenn Du Zeit hast, schreib mir wenigstens ein paar Worte, das wäre für mich die größte Freude.«

Die technischen Unzulänglichkeiten wurden schnell zu »staatsfeindlichen Bestrebungen in den Luftstreitkräften« aufgeblasen. Wie in solchen Fällen üblich, bezichtigten sich die Beschuldigten bei den Geheimdienst-Verhören selbst aller nur denkbaren verbrecherischen Taten. Marschall Nowikow verschwand dadurch für Jahre im Gefängnis und wurde erst nach Stalins Tod rehabilitiert. In seinen (und anderen) »Geständnissen« wurden Gespräche in der sowjetischen Zone und das Verhalten der obersten Besatzungsbehörden gegenüber Stalins Sohn Wassili erwähnt. So erklärte Nowikow, er sei kurz vor seiner Festnahme mit Marschall Schukow zusammengetroffen. Dabei habe er, Nowikow, sich abfällig über Wassili Stalins anstehende Beförderung geäußert. »Im Gespräch mit mir unter vier Augen äußerte sich Schukow über Wassili Stalin aber noch schärfer als ich und beleidigte ihn in unflätiger und widerwärtiger Form.«[10]

Nowikows Verhaftung war nur der Auftakt zu einer großen Verfolgungswelle, die in den kommenden Monaten zahlreiche hohe Militärs traf und einmal mehr das Misstrauen Stalins gegenüber seinen Armeekommandeuren illustrierte. Auch Marschall Schukow, gerade erst zum Oberkommandierenden der sowjetischen Landstreitkräfte und zum Vize-Verteidigungsminister ernannt, wurde nicht verschont, ebenso wenig wie viele aus der Sowjetischen Besatzungszone zurückgekehrten Generäle. Ihnen wurde Zügellosigkeit bei der Ausübung ihrer Funktionen in Deutschland zur Last gelegt.

Schukow zeige Züge von Bonapartismus und habe in Deutschland Unmengen von Beutegut für sich privat abgezweigt, warf ihm der sowjetische Militärrat vor. Er wurde daraufhin als Heereskommandeur abgesetzt und nach Odessa verbannt. Es war der Anfang vom Ende seiner Karriere.

Auch Serows Name tauchte in den kompromittierenden Materialien jener Tage auf – was ihm in der kommenden Zeit zu schaffen machte. Denn nun musste er Stalin mit umso größerem Eifer beweisen, dass er der Sowjetmacht und ihrem Führer treu ergeben war. Die nächste Gelegenheit dazu bot sich bald: im Oktober 1946.

16

Nächtliche Verschleppung: Die Deportation vom Oktober 1946

»Unfaßbar, das Ganze! Ich kann nicht nachdenken, nur mich an mein Tagebuch klammern, wie schon so oft.« Irmgard Gröttrup schrieb das, die Frau des von den Sowjets eingesetzten Generaldirektors der Mittelwerke bei Nordhausen, in denen Hitler einst seine Wunderwaffe V2 produzieren ließ. Es war der 22. Oktober 1946. Weiter notiert sie:

> Im Haus – vermutlich zum letztenmal. Es ist schon fast alles ausgeräumt. Nur noch Schmutz, Scherben, Leere [...]. Der erste Anruf kurz nach drei Uhr früh, die aufgeschreckte Stimme von R.: »Müssen Sie auch nach Moskau?« [...] Dann klingelt es pausenlos. Anrufe von allen Seiten und immer das gleiche: »Müssen Sie auch nach Moskau? Bei uns sind die Russen schon im Haus!« Motorengeräusch [...]. Ich fange an, zu begreifen, springe aus dem Bett. Aus allen Fenstern der gleiche Anblick: die Russen. Das ganze Haus ist umstellt. Soldaten, Maschinenpistolen im Arm. Dienstwagen, Lastwagen – einer hinter dem anderen.
> Die Hausglocke läutet Sturm. Schläge an der Tür – es hallt durch die Flure [...].[1]

Irmgard Gröttrups Mann Helmut war zu dieser nächtlichen Stunde – wohl nicht zufällig – zu einer Besprechung mit den sowjetischen Vorgesetzten gerufen worden. Er stieß erst später, im Zug, zu Frau und Kindern. Irmgard Gröttrup schildert das Geschehen weiter:

Währenddessen höre ich, wie die Möbel heruntergetragen werden. Unaufhörlich poltern die schweren Militärstiefel treppauf, treppab. Aus dem Esszimmer Scherbenklirren, Schreie, Schimpfen von Anni [dem Kindermädchen, d.A.]. Söhne Sibiriens packen. Das heißt, sie werfen unser mühsam durch den Bombenkrieg gerettetes Geschirr stoßweise in Säcke! Aus dem Keller die gleiche Musik: Flaschen mit Himbeersaft und Heidelbeeren zerbrechen, Weckgläser, Steintöpfe mit Sauerkraut. Die Kinder spielen friedlich mit Bauklötzchen. Chaos in den Zimmern, in den Säcken, in den Kisten. Chaos auf den schweren Lkws.
Ich sitze auf einer Kiste, starr vor Schreck und Kälte.

Die Aktion, die Irmgard Gröttrup beschreibt, hatte zehn Tage zuvor ihren Anfang genommen. Am 12. Oktober 1946 war ein dringlicher Befehl von Marschall Wassili Sokolowski, Schukows Nachfolger als SMAD-Chef und Oberbefehlshaber der Sowjetischen Streitkräfte in Deutschland, an alle Abteilungen der Militäradministration ergangen: »Für die Durchführung außerordentlich wichtiger Maßnahmen befiehlt der Oberbefehlshaber: Von allen Deutsch-Dolmetschern Ihrer Abteilung drei Personen – ausschließlich Männer – zur Verfügung zu stellen und sie dem Chef der Kaderabteilung der SMAD bis zum 19. Oktober 1946, 8.00 Uhr, bereitzustellen. Sie müssen im Besitz von Lebensmittelkarten und von Trockenrationen für 2 Tage sein. Dauer der Dienstreise: 5 Tage.«[2]

Insgesamt 1500 Übersetzer waren bis zum besagten 19. Oktober gemeldet und 2500 operative Mitarbeiter des Ministeriums für Staatssicherheit alarmiert. Gleichzeitig wurde das 127. Grenzregiment des Geheimdienstes in Bereitschaft versetzt.[3]

Dies war der unmittelbare Auftakt zur »Aktion Osoawiachim«, in deren Verlauf im Oktober 1946 über Nacht rund 2500 deutsche Spezialisten, meist zwangsweise, in die Sowjetunion deportiert wurden. Ihre Familienangehörigen mitgerechnet, betraf das Geheimunternehmen über 6000 Menschen. »Osoawiachim« war das Kürzel der sowjetischen »Gesellschaft zur Förderung der Verteidigung, des Flugwesens und der Chemie«, einer 1927 gegründeten vormilitärischen Massenorganisation. Im westlichen Verständnis diente dieser

Begriff fortan als Deckname für die Verschleppung von mehreren Tausend Deutschen.

Betroffen waren Fachleute aus den Zeiss-Werken in Jena und von Siemens & Halske in Berlin, vom Maschinenbau-Unternehmen Montania in Nordhausen und den Heinkel-Werken in Oranienburg, von Junkers in Dessau und den Siebel Flugzeugwerken in Halle. Es handelte sich um Triebwerksspezialisten, Waffenkonstrukteure, U-Boot-Experten, namhafte Elektrotechniker und Radarspezialisten, Physiker und Regelungstechniker. Ganz oben auf der Liste aber standen Atomforscher und Raketenspezialisten, zumindest jene, die sich noch nicht in den Westen abgesetzt hatten.

Die Deportation dieser Fachleute – fast anderthalb Jahre nach Kriegsende – ist vielfach beschrieben worden.[4] Man kennt ihren Ablauf und die wichtigsten Hintergründe. Warum sie aber so plötzlich erfolgte und weshalb das NKWD dabei besonders drastisch vorging, erschließt sich erst mithilfe des Tagebuchs von Iwan Serow.

Das NKWD hatte, der Anweisung Stalins folgend, sofort nach dem Einmarsch in Deutschland die Produktionsanlagen der V1- und V2-Raketen gesucht. Durch Agenten, aber auch durch den britischen Premier Winston Churchill war Stalin über die deutschen Fortschritte auf dem Gebiet der Raketentechnik informiert. Ihm war klar geworden, welche Hochtechnologien die Deutschen in der Rüstungsindustrie bereits genutzt hatten und welche technologische Lücke sich zwischen der UdSSR und dem Westen auftat. Den Vorsprung aufzuholen, über den offenbar auch schon die USA verfügten, wurde für Stalin daher zu einem besonders wichtigen Ziel. Das sogenannte Aggregat 4, später V2 genannt, die erste weltweit funktionsfähige Großrakete mit Flüssigkeitstriebwerk, symbolisierte den hohen Stand der deutschen Rüstungsindustrie. Es galt also, die entsprechenden Produktionsstätten und deren Dokumentationen im eigenen Interesse zu nutzen.

Bereits am 1. Juli 1945, wenige Stunden nach dem Rückzug der Amerikaner, besetzten sowjetische Truppen die Rüstungswerke im Kohnstein bei Nordhausen, das sogenannte Mittelwerk, in dem Hitlers »Vergeltungswaffe« mithilfe von Zwangsarbeitern und KZ-Häftlingen produziert worden war. Die später von der sowjetischen Geschichtsschreibung verbreitete Behauptung, die Amerikaner, die das Gebiet am Harz als Erste eingenommen hatten, hätten alles Wertvolle aus dem Werk mitgenommen oder zerstört – die fertigen Raketen, Dokumentationen und Laboratorien –, entsprach nicht der Realität. Denn, so der Historiker Matthias Uhl, die Sowjets nahmen »eine unterirdische Raketenfabrik in Besitz, die im Wesentlichen noch intakt war«. Sie fanden Tausende Werkzeugmaschinen, Pressen, Schweißmaschinen und viele Bauteile für die V2 vor, darunter 75 komplette Triebwerke. Laut Uhl hatten die nach Deutschland entsandten sowjetischen Raketentechniker die Version vom geplünderten Mittelwerk »zum Schutz vor Angriffen von Konkurrenten aus der UdSSR und zur Hervorhebung ihrer in der SBZ geleisteten Arbeit entwickelt. Später wurde sie als wirksames Propagandamittel verwendet«.[5]

Der Geheimdienst sperrte die Region sofort ab. Wenige Wochen später führte NKWD-Chef Serow eine hochrangige Moskauer Delegation durch die unterirdische Anlage. Ihr gehörten neben den Volkskommissaren für Bewaffnung und Munition der Raketenkonstrukteur Sergej Koroljow sowie Generalmajor Lew Gajdukow an, den die Regierung zum Leiter der »Kommission zum Studium der erbeuteten deutschen Raketenwaffe« ernannt hatte.

Neben den Mittelwerken bei Nordhausen hatten sowjetische Suchtrupps in der Nähe der thüringischen Stadt Saalfeld eine Erprobungsstation für die V2-Triebwerke entdeckt und in Bleicherode, nicht weit von Nordhausen entfernt, das aus der Heeresversuchsanstalt Peenemünde (dem Startplatz der V2-Raketen) verlagerte Forschungszentrum. Bleicherode wurde denn auch als Sitz einer Einrichtung bestimmt, die zuerst als Institut »Rabe«, später als Institut »Nordhausen« für die Sowjets die Raketenforschung vorantreiben sollte. Für Forschung und Entwicklung waren sowjetische Fachleute verantwortlich, die von Moskau in den Harz entsandt worden waren.

Das NKWD sah seine Aufgabe darin, die Werke und Institute der V2-Entwicklung durch Spezialeinheiten abzusichern, Spionageversuche durch die Briten und Amerikaner zu verhindern und mittels Verhören herauszufinden, wo weitere namhafte Spezialisten aufzufinden waren. Ohne deutsche Wissenschaftler war die Rekonstruktion von Hitlers »Wunderwaffe« nicht möglich. Die meisten von ihnen waren jedoch mit den Amerikanern in den Westen gegangen und im hessischen Witzenhausen interniert worden, unter ihnen der frühere technische Direktor von Peenemünde, Wernher von Braun. Doch fanden Serows Leute noch zahlreiche Spezialisten, die in der sowjetischen Zone geblieben waren. Vor allem gelang es ihnen, Brauns rechte Hand, den Ingenieur Helmut Gröttrup, zu überreden, mit seiner Familie aus Witzenhausen zurück in die sowjetische Zone zu kommen. Die Amerikaner hatten Gröttrup angeboten, in die USA zu gehen, und ihm sogar einen entsprechenden Vertrag vorgelegt, allerdings hätte er seine Familie nicht mitnehmen dürfen. So folgte er dem Ruf der Sowjets – unter der Bedingung, die Leitung des Instituts in Bleicherode zu übernehmen.

Schritt für Schritt wurden Labors, Konstruktionsbüros und Produktionsstätten für die einzelnen Komponenten der V2 eingerichtet, denn in der Sowjetunion gab es noch nicht genügend technische Möglichkeiten für den Nachbau der Rakete. Laut Uhl gelang dem Institut »Rabe« bis Ende 1945 die Montage von acht V2, von denen drei sofort nach Moskau geschickt wurden.[6] Serow sprach im Frühsommer 1946 von insgesamt 17 fertigen Raketen, die er auf Weisung Moskaus plombiert und unter besonderer Bewachung in die Sowjetunion gebracht haben will.

Nach Uhls Angaben arbeiteten mehr als 7300 deutsche und sowjetische Rüstungsspezialisten, Konstrukteure, Ingenieure, Techniker und Facharbeiter an zehn verschiedenen Standorten in der Sowjetischen Besatzungszone an verschiedenen Typen von ballistischen Fernkampf-, Luftabwehr- und Panzerabwehrraketen. »Unter großen Anstrengungen«, so Uhl, »war es der UdSSR gelungen, im Bereich der Raketentechnik eine Forschungslandschaft aufzubauen, die, zumindest den Zahlen nach, der deutschen während des Krieges kaum nachstand.«[7]

Der NKWD-Bevollmächtigte Serow hatte das Thema zur Chefsache erklärt. Wie sehr er die Produktion der Raketen mit seinen Mitteln vorantrieb und seinen eigenen Anteil am späteren Erfolg herauszustreichen versuchte, wird an vielen Stellen seines Tagebuchs sichtbar. Er ließ verhaftete Spezialisten (wie den Experten für die V2-Antriebsaggregate Oswald Putze[8]) aus den Gefängnissen holen und in den Harz bringen, stellte den Ingenieuren Ultimaten für den Abschluss der Arbeiten, führte SMAD-Chef Sokolowski die Anlagen bei Nordhausen vor und war auch beim allerersten Triebwerkstest in Thüringen dabei: »Wir sahen erstmals, wie die V2-Triebwerke mit ihren Tausenden von Pferdestärken arbeiteten. Der Eindruck war gewaltig [...]. Es war ein großer Erfolg für uns: Wir hatten es geschafft, die V2 aufzustöbern, hatten die Deutschen gezwungen, sie zusammenzubauen und zu erproben. [Hauptingenieur] Koroljow und die anderen sowjetischen Ingenieure strahlten vor Freude und dankten mir [...].«[9]

Stalins Geheimdienstbeauftragter besaß keine Expertise auf diesem Gebiet. Wie unwissend der General in Sachen Atom- und Raketenforschung war, zeigte sich beim Besuch des Kurators des sowjetischen Atomprojekts, General Abram Sawenjagin, in der SBZ. Ingenieur Sawenjagin hatte in den 1930er-Jahren mithilfe von Strafgefangenen die großen sowjetischen Metallurgiekombinate von Magnitogorsk und Norilsk aufgebaut und war kurz vor Kriegsbeginn stellvertretender Volkskommissar des NKWD geworden. Nun suchte er Uran für das sowjetische Atomprojekt. Serows Geheimdienst hatte zu der Zeit in Sachsen und Ostthüringen bereits jene Bergwerke ausgemacht, die später unter der Tarnbezeichnung »Wismut« in sowjetisches Eigentum überführt wurden und sich zum weltweit viertgrößten Produzenten von Uran entwickeln sollten.

Serow reichte Sawenjagin bei dessen Besuch unbefangen einen Klumpen Uran, der auf seinem Schreibtisch lag, riss ihn mit einem Nagel an und führte vor, wie sich Teile des Nagels unter Einwirkung des Urans in glühende Teilchen verwandelten und zu Boden fielen. Sawenjagin geriet in heftige Erregung und rief: »›Wirf sofort das Uran weg, bring es aus dem Zimmer und fass es nie wieder mit den Händen an. Du wirst sonst strahlenkrank oder noch schlimmer.‹ Nun, ich musste mich seinen Empfehlungen beugen«, räumte Serow ein.[10]

Der General behauptet in seinem Tagebuch, ihm sei schon früh die Idee gekommen, dass man eine größere Zahl deutscher Fachleute in die Sowjetunion bringen müsse. Ohne deutsche Spezialisten, das sei ihm klar gewesen, wären die V2-Raketen mit ihrer schwierigen Technik nicht in Betrieb zu nehmen. Dass die Idee der Deportation allein von Serow stammte, darf freilich bezweifelt werden. Bei Treffen Stalins mit Raketenexperten klang sie schon früher an. Tatsächlich aber wurde Serow zur Schlüsselfigur jener spektakulären Aktion, und das aus zwei Gründen: Erstens war er einer der rücksichtslosesten NKWD-Funktionäre, und zwar einer mit einschlägigen Erfahrungen. Er hatte während des Krieges die Verschleppung der Deutschen aus dem Wolga-Gebiet, der Tschetschenen und Inguschen aus dem Kaukasus sowie die der Krimtataren von der Halbinsel Krim geleitet und sich dabei den Ruf eines Mannes erarbeitet, der auch bei der Vertreibung Hunderttausender Zivilisten keinerlei Umstände macht. Als es im April 1944 darum ging, die Autonome Sowjetische Sozialistische Republik Krim von »antisowjetischen Elementen« zu säubern, schlug Serow der Führung in Moskau vor, gleich sämtliche Krimtataren mit umzusiedeln, also nicht nur die sogenannten Volksfeinde.[11] Das Staatliche Verteidigungskomitee verkündete genau dies dann am 11. Mai 1945 als seinen Beschluss, und schon am selben Abend meldete Serow Stalin erste Verhaftungen in der Hafenstadt Sewastopol. Binnen weniger Tage verloren auf diese Weise 238 000 Krimtataren, überwiegend Frauen und Kinder, ihre Heimat (die meisten Männer dienten zu der Zeit in der Roten Armee). Die Tatsache, dass Serow insistierte, gleich auch noch die auf der Krim lebenden Armenier zu deportieren, später zudem die Bulgaren und die Griechen, ließ ihn in Stalins Achtung weiter steigen.

Zweitens lag die Deportation der Raketenfachleute in der SBZ Serow auch aus persönlichen Gründen am Herzen. Denn 1946 war das Jahr, in dem Viktor Abakumow zum Minister für Staatssicherheit ernannt wurde: ausgerechnet sein Todfeind, den er seit Jahren hasste – wie der auch ihn. Im Rang waren sie etwa gleichzeitig aufgestiegen, doch waren sie von Anbeginn ihrer Karrieren Antipoden. Abakumow, Sohn eines Heizers und kaum gebildet, dafür aber groß gewachsen, kräftig und vor allem eitel, stand der kleine, schmal gewachsene Serow gegenüber, ein Mann aus wohlhabender Familie und mit Hochschulbildung. Seit Kriegsanfang hatten sich die beiden, die nun fast an der Spitze des NKWD standen, gegenseitig der Inkompetenz bezichtigt. Es war nur eine Frage der Zeit, bis Abakumow Serow die Rolle des alleinigen Geheimdienstchefs in der sowjetischen

Zone streitig machen würde. Und: In ebenjenen Wochen wurde Marschall Georgi Schukow als Chef der sowjetischen Besatzungsmacht aus Deutschland abberufen und auf den Posten des Militärbefehlshabers im Bezirk Odessa abgeschoben. Der Vorwurf lautete: »Überschätzung der eigenen Person«. Serow verstand das zu Recht als Warnzeichen auch an ihn selbst. Als enger Vertrauter Schukows musste er zwangsläufig ebenfalls in die Schusslinie geraten.

All diese bedrohlichen Umstände führten dazu, dass sich der Geheimdienst-Bevollmächtigte 1946 in ganz besonderem Maße bemühte, seine Loyalität zu Stalin sowie seine Entschlossenheit als NKWD-Führer zu beweisen. Und ebendas war einer der Gründe dafür, dass Serow eine Verschärfung der Direktiven zur Deportation der deutschen Spezialisten anstrebte.

Nicht einmal Stalin hatte den Verlauf der Aktion so vorgesehen, wie Serow ihn empfahl und schließlich organisierte. Bereits am 14. März 1946 hatte der Kremlhausherr führende sowjetische Flugzeugkonstrukteure zu sich gerufen. Bei dem Treffen war es erstmals um die Umsiedlung deutscher Spezialisten und von Anlagen zur Flugzeugproduktion gegangen. Im April kam noch ein wesentlicher Grund für eine wahrscheinliche Deportation deutscher Wissenschaftler und Ingenieure hinzu: das Kontrollratsgesetz Nr. 25. Dieses Gesetz der Alliierten, auf sowjetischer Seite von SMAD-Chef Sokolowski unterzeichnet, trug den harmlosen Titel »Regelung und Überwachung der naturwissenschaftlichen Forschung«. Für Moskau war es fatal, zielte es doch darauf ab, auf deutschem Gebiet künftig Forschungen für militärische Zwecke zu verhindern. Unter das Verbot fielen neben der angewandten Kernphysik die Bauplanung für Luftfahrt, Raketen- und Düsenantriebe – und damit alles, was die industrielle Nutzbarmachung wissenschaftlicher Erkenntnisse in diesen Bereichen betraf. Weiterhin bestehende Forschungsinstitute mussten detailliert nachweisen, dass sie mit solchen Themen nichts zu tun hatten. Für Vergehen wurden Strafen bis zu lebenslänglichem Zuchthaus und sogar die Todesstrafe angedroht.[12] Damit war klar, dass die meisten der von Moskau in der sowjetischen Zone eingerichteten Institute bald nicht mehr arbeitsfähig sein würden.

Serow verschweigt das in seinem Tagebuch. Dafür hebt er hervor, dass er im Spätsommer 1946 eine Denkschrift an die Parteiführung in Moskau sandte: Er halte es für zweckmäßig, die führenden deutschen Spezialisten auf den Gebieten der reaktiven und der Atomtechnik sowie der Rüstungsindustrie mitsamt ihren Familien für einige Jahre in die Sowjetunion zu bringen. Mit ihrer Hilfe könne man die Entwicklung von Rüstungsobjekten beschleunigen. Gleichzeitig wies Serow die Chefs aller Operativgruppen in der sowjetischen Zone an, Listen mit den Namen entsprechender Kandidaten anzufertigen.

Kurz darauf rief Stalin ihn wegen dieser Denkschrift nach Moskau. Die entscheidende Besprechung über den weiteren Umgang mit den deutschen Wissenschaftlern und Ingenieuren fand am 7. September 1946 statt – wie im Kreml üblich nachts, sie begann um 0.10 Uhr. Anwesend waren neben Stalin der frühere Geheimdienstchef und nunmehrige oberste Atomkurator Lawrenti Beria, Politbüro-Mitglied Georgi Malenkow, die Vize-Ministerpräsidenten Anastas Mikojan und Alexei Kossygin sowie der stellvertretende Armeeminister Nikolai Bulganin. Stalin habe Bezug auf sein Schreiben genommen, schildert Serow, und dann gesagt: »Wir haben entschieden, so vorzugehen: Sie [Serow, d. A.] als Stellvertreter des Oberkommandierenden erklären ihnen, dass das sowjetische Oberkommando sie, die Deutschen, für zwei Jahre mobilisiert, damit sie entsprechend ihrer Fachrichtung in der UdSSR arbeiten. Dann geben Sie ihnen Waggons, wer möchte, nimmt seine Familie, und dann verladen Sie sie und schicken sie los, und hier bringen die entsprechenden Minister sie gemäß ihrer Spezialrichtung in den Werken unter und stellen ihnen Unterkunft und Verpflegung. Ist das richtig so?«[13]

Die Politbüro-Mitglieder hätten zustimmend genickt, berichtet Serow, er aber habe geschwiegen, was Stalin aufgebracht habe. Der Kremlchef sei zum Schreibtisch gegangen, habe zwei Papirossi seiner Lieblingsmarke Herzegowina Flor zerbrochen, sie dann in eine Pfeife gestopft und heftig geraucht. Währenddessen habe er, Serow, krampfhaft überlegt, wie er seine ablehnende Haltung zu Stalins Vorschlag erklären könne – Stalin duldete keine Einwände, wenn sie nicht begründet waren. Wenn man den Deutschen von vornherein in aller Offenheit sagte, dass sie in die UdSSR gebracht würden, so die Überlegung des NKWD-Bevollmächtigten, würden sie sofort zu den Engländern und Amerikanern in den Westen flüchten. Denn die UdSSR sei für sie gleichbedeutend mit Sibirien. Und dann würden ebenjene Politbüro-Mitglieder, die gerade noch genickt hätten, ihm den Kopf abschlagen.

»Genosse Stalin, Ihr Beschluss ist im Grunde richtig«, so habe Serow nach eigenen Angaben schließlich geantwortet. »Aber gestatten Sie mir, den Deutschen erst, wenn ich sie und ihre Familien bereits in die Waggons gesetzt habe, zu sagen, dass wir sie für zwei Jahre mobilisieren?« – »Warum das?«, habe Stalin daraufhin gefragt. Serow habe ihm erklärt, dass es so sicherer sei und die Deutschen bei diesem Vorgehen vor der Deportation keine Gelegenheit mehr bekämen zu flüchten, weil der Abtransport unangekündigt vonstattengehen würde.

Stalin habe schließlich zugestimmt, auch die Politbüro-Mitglieder hätten erneut genickt (was Serow in seinem Tagebuch mit einer abfälligen Bemerkung über deren Opportunismus versah).

Ob Serows Schilderungen tatsächlich in jedem Detail der Wahrheit entsprechen, bleibt dahingestellt. Dass er es jedoch war, der die Ausreise der deutschen Wissenschaftler zu einer Deportation im Stile des NKWD der 1930er-Jahre machte, geht auch aus anderen russischen Quellen hervor.

Malenkow und Stalins Sekretär Poskrebyschew wurden nach dem Gespräch bei Stalin beauftragt, den Entwurf eines entsprechenden Papiers auszuarbeiten, das zwei Tage später als Beschluss des Ministerrates Nr. 10805-rs vorlag. Damit war der Weg für die geplante Aktion frei. Serow ging in Berlin sofort ans Werk. Er versammelte die Geheimdienst-Bevollmächtigten der deutschen Länder und Provinzen und wies sie an, endgültig die entsprechenden Namenslisten aufzustellen und die Kandidaten für die Deportation zu überwachen. Mit SMAD-Chef Sokolowski sprach er bis ins Detail die logistischen Dinge ab.

Die Operation begann am 22. Oktober 1946, einem Dienstag. Die »Verladung«, wie Serow es nannte, »verlief im Großen und Ganzen gut«. Natürlich hätten die Deutschen »finster, böse und wütend ausgesehen, weil sie nicht glaubten, dass sie nicht nach Sibirien gebracht würden [...]. Aber es ging auch nicht ohne Gelächter ab. Um sich ihrer

Frauen zu entledigen, nahmen einige Deutsche die Freundinnen mit und schrieben sie als Familienmitglieder ein«.[14] So schilderte Serow den Beginn einer Operation, die nichts anderes als eine Verschleppung von Menschen war. Für die meisten wurde es eine Reise, die erst sieben oder acht Jahre später enden sollte. Die Deportation bedeutete einen tiefen Einschnitt im Leben der betroffenen Deutschen, auch für ihre Kinder. Man kann das etwa dem Tagebuch von Irmgard Gröttrup entnehmen. Andere Betroffene schilderten den Beginn der »Aktion Osoawiachim« ähnlich.

Der spätere Physiker Dieter Scheller aus Dresden war zehn Jahre alt, als er mit auf den Transport musste. Sein Vater habe zu dem Offizier, der ihn nachts aufsuchte, gesagt, er brauche Bedenkzeit. »Darauf sagte der Dolmetscher: Wir dachten, dass Sie heute mitkommen. – Nein, heute, sagte mein Vater, so plötzlich nicht. Dann sagte der Dolmetscher: Aber wenn Sie mjussen [...] Mein Vater entschied, dass alle Familienangehörigen, auch beide Kinder mitkommen. Ein russischer Lastwagen fuhr vor [...] Die Gestapo hat auch früh um fünf abgeholt. Das ist so eine Zeit, zu der die meisten Menschen nicht voll handlungsfähig sind, wenn sie aus dem Schlaf gerissen werden. Das war auch die Methode des KGB [gemeint ist hier das MGB, d.A.], in den Morgenstunden um diese Zeit Leute plötzlich aus dem Schlaf zu holen, die dann auch nicht in der Lage sind, an Flucht zu denken.«[15]

»Das Haus war umstellt«, so berichtete die damals 20-jährige Gisela Franke aus Aue, »in der Wohnung saßen die Russen, wir hatten einen langen Korridor, da saß alle zwei, drei Meter ein Russe mit ›Mandoline‹ [der russischen Maschinenpistole, d.A.], die haben den Vater zur Toilette beobachtet, und dawei dawei Einpacken, Einpacken. Es war ein kalter, regnerischer, nasser Tag.«[16]

Noch im Zug – man schrieb inzwischen den 29. Oktober – entwarfen Generaldirektor Helmut Gröttrup und seine Mitarbeiter einen formellen »Protest gegen den Abtransport von Betriebsangehörigen der Zentralwerke nach Rußland«. Bis in die letzten Tage vor dem Abtransport sei immer wieder betont worden, dass bei einer eventuellen späteren »Verlagerung nach der UdSSR das Prinzip der Freiwilligkeit absolut herrschen sollte. Es sollte also niemand gezwungen sein, gegen seinen Willen an der Verlagerung teilzunehmen bzw. gegen seinen Willen Familienangehörige mitzuverlagern. Der Abtransport der Mitarbeiter der Zentralwerke und ihrer Familienangehörigen erfolgte eindeutig unter Zwang. Es bestand für keinen Mitarbeiter die Möglichkeit, von der Verlagerung zurückzutreten, den Verlagerungstermin für seine Person zu verlegen oder seine Familienangehörigen in der Heimat zu lassen«.[17] Protestiert wurde in dem Schreiben auch gegen die Art und Weise, wie der Transport aus den Wohnorten durchgeführt wurde, und gegen die Form, in der die Überwachung der Mitarbeiter während des Abtransportes erfolgte.

Nach der Ankunft in Moskau entwarf Gröttrups Gruppe einen Vertrag, in der Hoffnung, den künftigen Arbeitsverhältnissen in der UdSSR wenigstens eine Rechtsgrundlage zu geben. »Von russischer Seite wurde der Vertragsentwurf nicht einmal als Diskussionsgrundlage anerkannt.« Der Aufenthalt in Russland blieb somit laut Gröttrup »eine einseitige Zwangsmaßnahme«.[18]

Natürlich war den Raketenspezialisten bewusst gewesen, dass ihre Produktions- und Forschungsstätten irgendwann nach Osten verlagert werden würden. Viele von ihnen wollten sich einem Einsatz in der UdSSR auch gar nicht verschließen. Von sowjetischer Seite war ihnen jedoch versprochen worden, eine solche Aktion werde langfristig und transparent vorbereitet. Diese Versprechungen waren durch das Vorgehen des NKWD-Bevollmächtigten wertlos geworden – was einen immensen Vertrauensbruch bedeutete. Dieser sollte sich in der Folgezeit negativ bemerkbar machen, wie so oft, wenn der Geheimdienst die Regie übernahm.

Noch etwas anderes hatten die Männer der Staatssicherheit unterschätzt. Sie waren gewohnt, dass ihre Maßnahmen in der Öffentlichkeit nie kritisiert und – wenn überhaupt – nur in der offiziellen, von der Parteiführung genehmigten Variante dargestellt wurden. Dass sie in der sowjetischen Zone nicht weit von Amerikanern und Engländern entfernt operierten, ja dass die westlichen Alliierten mit Westberlin eine Insel mitten im Machtbereich der Sowjets besaßen und damit medialen Einfluss auf die Bevölkerung im Osten ausüben konnten, hatten Leute wie Serow nicht genügend bedacht.

Die Deportation der Spezialisten ließ sich deswegen nicht lange geheim halten. In der sowjetischen Zone sprach sich die Nachricht wie ein Lauffeuer herum. »Verwandte der Betroffenen, aber auch Betriebsdelegationen, Bürgermeister und Stadträte suchten den Bundesvorstand des FDGB und die Büros des Zentralsekretariats der SED auf und schilderten das Vorgehen der Besatzungsmacht und die Unruhe, die diese Aktionen bei der Bevölkerung ausgelöst hatten«, so schilderte Erich Gniffke, Mitglied des SED-Parteivorstands, die Ereignisse später.[19]

Im Westen drohte der Protest gegen die Verschleppungen schnell öffentlich zu werden. Kurze Zeit nach Beginn der Operation schickte das Moskauer Innenministerium ein Papier an Poskrebyschew, in dem es den Sekretär Stalins und damit den Kremlchef über einen Anruf Serows unterrichtete. Der NKWD-Bevollmächtigte sah Ungemach heraufziehen und den Erfolg seiner Mission propagandistisch gefährdet. Die Operation zum Abtransport der deutschen Spezialisten gehe erfolgreich zu Ende, meldete Serow dem Kremlchef. »Wie zu erwarten war«, gebe es jedoch eine »kleine politische Komplikation«. Der Sekretär der Sozialdemokratischen Partei in der britischen Zone, Norman, habe auf einer Veranstaltung zur Auswertung der Wahlen zur Berliner Stadtverordnetenversammlung am 20. Oktober über den Vorgang informiert, und die Versammlung habe daraufhin einen Protest gegen die Deportation der deutschen Fachleute verabschiedet. Der solle am nächsten Tag in der Presse veröffentlicht werden.

Um einem Dementi vorzubeugen, so schlug Serow vor, solle in einer Zeitung der sowjetischen Zone an ebendiesem Tag eine Mitteilung folgenden Wortlauts veröffentlicht werden: »Wie uns durch unseren Korrespondenten bekannt wird, sind in den letzten Tagen einige Gruppen deutscher Ingenieure und Techniker aus der Sowjetischen Besatzungszone Deutschlands gemäß ihrer Qualifikation zur Arbeit in die Sowjetunion abgereist. Viele von ihnen haben auch ihre Familien mitgenommen. Für die deutschen Ingenieure mit ihren Familien wurden Passagierwaggons zur Verfügung gestellt, für ihr Eigentum Güterwaggons.« Er bitte um Moskaus Meinung dazu.[20]

Serows Vorschlag zeigte, wie wenig geschult die Sowjets und erst recht ihr Geheimdienst im Umgang mit einer Presse waren, die anders als die sowjetische funktionierte. Sie hielten eine lakonische Meldung, die eine Tatsache zugab, aber deren Hintergründe mit bürokratischen Formulierungen verschleierte, für eine ausreichende Gegenmaßnahme.

Tatsächlich erschien am 24. Oktober auf Seite 1 der Besatzungszeitung *Tägliche Rundschau* eine Notiz des von den Sowjets gerade zugelassenen Allgemeinen Deutschen Nachrichtendienstes ADN. Der Vorsitzende der Leitung der Berliner Gewerkschaften [Roman] Chwalek, so hieß es dort, habe »unserem Korrespondenten erklärt, daß er sich gestern an einen Mitarbeiter der Sowjetischen Kommandantur um Aufklärung über die Abreise deutscher Spezialisten aus Berlin gewandt habe. Ihm wurde geantwortet, daß in den letzten Tagen tatsächlich einige Gruppen deutscher Ingenieure und Techniker auf Grund von Vereinbarungen mit sowjetischen Wirtschaftsunternehmungen zur Arbeit in Industrieunternehmungen in der Sowjetunion abgereist seien«.[21] Es folgte fast wörtlich der von Serow vorgeschlagene Text.

Am selben Tag veröffentlichte der Westberliner *Tagesspiegel* eine Meldung der in der amerikanischen Zone arbeitenden Deutschen Allgemeinen Nachrichtenagentur DANA, die klarstellte, dass die deportierten Arbeiter des Berliner AEG-Werkes Oberspree durchaus nicht freiwillig auf die Reise in die UdSSR gegangen waren. »Der Auszug trug [...] offensichtlich keinen glücklichen Charakter. Berufene Beobachter berichteten, daß Kinder weinten und Frauen schrien.«[22]

Welche Spezialisten da abtransportiert worden waren, wurde in der *Täglichen Rundschau* mit keiner Silbe erwähnt. Damit war die Eskalation des Themas vorprogrammiert. Am 26. Oktober berichtete der SPD-nahe Westberliner *Telegraf*, die Deportation, von der auch Einwohner des britischen Sektors betroffen waren, sei eine Frage der »Rechtmässigkeit und Menschlichkeit« und verstoße gegen Anordnungen der Alliierten Kommandantur sowie des Alliierten Kontrollrates. Das Blatt machte öffentlich, dass es sich um Spezialisten aus den Carl-Zeiss-Werken, dem Jenaer Glaswerk Schott & Söhne, den Siebel-Flugzeugwerken in Halle, um Hochfrequenztechniker aus dem Berliner AEG-Werk Oberspree sowie um Raketentechniker aus Bleicherode handele.[23]

Die vom Bevollmächtigten Serow durchgesetzte Überrumpelung der Deutschen zeitigte auch politische Auswirkungen, denn der Geheimdienst hatte nicht einmal die SED-Führung eingeweiht. Die geriet dadurch erneut unter Druck und büßte einmal mehr Glaubwürdigkeit innerhalb der eigenen Partei, aber auch in der Bevölkerung ein. Laut dem Mitglied im SED-Zentralsekretariat Erich Gniffke gab es vor Aktionen der Besatzungsmacht sonst vorab erste Informationen, zumindest an Ulbricht. »Im Falle der Aktion ›Ossawakim‹ [sic] waren alle Mitglieder des ZS überrascht worden, ebenso die Vorstände der Gewerkschaften [...]. Am Vormittag des 22. Oktober gab es im Hause nur ein Gesprächsthema: der nächtliche Abtransport. Gerüchte schwirrten umher, alle waren von einer großen Ratlosigkeit ergriffen. Ich ging zu Grotewohl, bei dem schon Pieck und Ulbricht saßen. Sie hatten mit Karlshorst telefoniert, ohne eine kompetente Auskunft zu erhalten [...]. Nach einigen Stunden faßte das ZS folgenden Beschluss: ›Das Zentralsekretariat der SED bedauert, daß Arbeitsverpflichtungen vorgenommen worden sind, die nicht im Einklang stehen mit unseren gewerkschaftlichen Grundsätzen [...], [nach denen] Arbeitsverpflichtungen nur auf freiwilliger Grundlage durchgeführt werden sollten.‹«[24] Veröffentlicht wurde diese Stellungnahme allerdings nicht.

Noch unangenehmer wurde es für die ostdeutsche wie die sowjetische Seite, als der *Telegraf* am 27. Oktober von einem Jenaer Appell berichtete. Demnach habe eine Betriebsvertretung der Zeiss- und Schott-Werke Jena via Marschall Sokolowski ein Telegramm an Generalissimus Stalin gerichtet. Es enthalte ein Angebot der Jenaer Werktätigen, »zusätzliche Arbeitsschichten zu leisten, und mit dieser Arbeit die Errichtung eines Werkes für Jenaer Glas und eines Karl-Zeiss-Werkes in Russland zu ermöglichen« – damit die abtransportierten deutschen Fachleute nach Deutschland zurückkehren könnten.[25] Gleichzeitig druckte die Zeitung eine Stellungnahme der SPD zu den Deportationen ab, wonach unmittelbar vor dem Abtransport Zustimmungserklärungen verlangt worden seien, deren »Verweigerung [...] den zwangsweisen Abtransport zur Folge« gehabt habe. Die SPD sprach von einer »Demontage von Menschen«. »Die der SED und dem massgebend von der SED beeinflussten FDGB-Vorstand nahestehenden Organe und auch das offizielle Blatt einer Besatzungsmacht haben die Vorgänge bagatellisiert [...]. Die

Sozialdemokratische Partei ist tief beunruhigt über die Tatsache, dass einseitig über Leben und Arbeit von deutschen Staatsbürgern verfügt wird.« Die Westberliner Zeitungen *Kurier*, *Sozialdemokrat* und *Tagesspiegel* berichteten ebenfalls über den Protest.

Damit hatte die Reaktion der westlichen Öffentlichkeit ein Ausmaß erreicht, das die Militäradministration und den Geheimdienst im Osten Deutschlands beunruhigen musste. Die sowjetische Seite reagierte mit einer Gegenkampagne, deren Stil jedem vernünftigen Menschen als absurd erscheinen musste. Er gehörte jedoch zum Standardrepertoire der sowjetischen Presse und wurde von den Medien der SBZ und später auch denen der DDR in ähnlich gelagerten Fällen gern kopiert. Die Methode, Vorwürfe zurückzuweisen, sie einfach umzudrehen und den Gegner anzuklagen, gehört bis heute zum Instrumentarium russischer Propaganda, so zuletzt etwa im November 2023. Da rechtfertigte Kremlchef Wladimir Putin bei einem Treffen mit Vertretern der russischen Öffentlichkeit einmal mehr Russlands Einmarsch in die Ukraine vom Februar 2022 mit dem Argument, man habe sich ja wehren und der Ukraine zuvorkommen müssen. Denn »man hatte uns ja bereits angegriffen«, behauptete Putin – womit er die militärischen Auseinandersetzungen in der Ostukraine nach 2014 meinte. In Wirklichkeit waren diese von Moskau-treuen Ukrainern ausgelöst worden.[26]

»Die Wahrheit über die Spezialisten« – mit dieser Schlagzeile erschien am Sonntag, dem 27. Oktober, fünf Tage nach Beginn der Deportation, ein groß aufgemachter Artikel in der *Täglichen Rundschau*. Unterzeile: »Warum sind die Gauner des ›Telegraf‹ und ihre Genossen so erregt? Motive und Quellen der antisowjetischen Verleumdung.«[27] Statt, wie angekündigt, die Wahrheit zu veröffentlichen, erging sich das Blatt in Polemik. »Eine Abreise von Spezialisten zur Arbeit in ein anderes Land scheint nichts Ungewöhnliches zu sein«, hieß es im Text. Einzelheiten der Aktion las man nicht, schon gar nicht, dass es einen Zusammenhang zwischen den Ausreisen und der Raketenforschung gab. Dafür wurde auf derselben Seite vom Sowjetischen Nachrichtenbüro SNB kommentarlos gemeldet, dass sich der Erfinder der V2, Wernher von Braun, bereit erklärt habe, seine Arbeiten in den USA fortzusetzen, und dass deutsche Raketentechniker bereits in Frankreich arbeiteten. Wer wollte, konnte den Zusammenhang zur Aktion des sowjetischen Geheimdienstes selbst herstellen. Der Artikel der *Täglichen Rundschau* qualifizierte die Veröffentlichungen im *Telegraf* als »Schamlosigkeit« und »antisowjetische Goebbelsche Verleumdungen«.

Zur Gegenkampagne gehörte die Umdeutung der Deportation in ein von vielen Deutschen selbst gewünschtes Ziel. Das war die Aufgabe eines weiteren Artikels, der am selben Tag in der *Täglichen Rundschau* abgedruckt wurde. In ihm hieß es: »Wie uns aus der Berliner Leitung des Metallarbeiterverbandes und des Verbandes deutscher Ingenieure und Techniker mitgeteilt wird, hat sich dort eine große Zahl von qualifizierten Arbeitern, Technikern und Ingenieuren eingefunden und erklärt, daß sie zwecks Arbeitsaufnahme in die Sowjetunion zu reisen beabsichtigen.« Die Behauptung, es gebe genügend Deutsche, die freiwillig ihr Glück in der Sowjetunion suchen wollten, wurde von nun an regelmäßig in den Zeitungen der sowjetischen Zone wiederholt, gemäß dem Motto des französischen Psychologen Gustave Le Bon, man müsse eine Behauptung nur ständig wiederholen, bis sie schließlich als bewiesene Wahrheit angenommen werde.[28] Die *Tägliche Rundschau* veröffentlichte fortan Briefe von Lesern, die mit ihrer Familie nach Moskau ausreisen wollten. Anfang November berichtete sie gar von einer Warteschlange »im Haus der Sowjetischen Zentralkommandantur in der Schumannstraße 18«: »Täglich stehen sie hier, Männer und Frauen, und warten, bis sie abgefertigt werden. Von diesem Hause aus wollen sie den Weg antreten in eine neue Zukunft. Sie alle wollen in die Sowjetunion! Sie wollen arbeiten und leben als freie Menschen mit der Aussicht auf ein friedliches Glück […]. Etwa hundert Personen melden sich jeden Tag allein in diesem einzelnen Büro. Und überall in der sowjetischen Zone gibt es solche Annahmestellen.«

Nach den schwülstigen Volksbeschwörungen in den Jahren des Dritten Reiches muss der Duktus der Berichterstattung in der *Täglichen Rundschau* vielen vertraut vorgekommen sein: »Die Stimmung ist erregt wie vor einem großen Ereignis. Und es ist ja auch ein großes Ereignis für diese Menschen, die nun bereit und entschlossen sind, ihre Heimat für längere Zeit aufzugeben, um in einem anderen

Lande, in einem anderen Volke zu schaffen. Jeder hat schon etwas gehört, wie es in Rußland ist.«[29] Die unausgesprochene Schlussfolgerung sollte lauten: Die in die UdSSR deportierten Spezialisten hätten Glück gehabt, und viele Deutsche würden sie beneiden. Von Deportation oder Verschleppung könne also keine Rede sein.

Victor Klemperer, der Dresdner Romanist, der als Jude nur knapp die Hitler-Zeit überlebt hatte, notierte in jenen Monaten über die Propaganda in der sowjetischen Zone: »Ich fürchte, man macht hier genau den Fehler der Gegner: man verprellt, stumpft ab, langweilt, setzt sich ins Unrecht durch den Fluch des Superlativs und durch die unendliche Wiederholung und Einseitigkeit [...]. Und weil ich dies alles am dritten Reich beobachtet habe, so ist mir peinlich zumut.«[30]

Das Schicksal der deportierten Spezialisten ist ein Kapitel für sich. Sie wurden verschiedenen sowjetischen Ministerien unterstellt und in unterschiedliche Gegenden des Landes gebracht. Die Gruppe um Helmut Gröttrup arbeitete auf der Insel Gorodomlja im Seligersee, knapp 400 Kilometer nordwestlich von Moskau. Gegen Ende der 1940er-Jahre hatten die Deutschen dann ihre Aufgabe erfüllt. Sie wurden von den Raketenprojekten abgezogen und verbrachten die nächsten Jahre ohne sinnvolle Arbeit – ihre Spezialkenntnisse sollten vor einer Rückkehr veraltet sein. Gröttrup kam mit seiner Familie erst Ende 1953 wieder nach Deutschland und floh kurz darauf mithilfe englischer und amerikanischer Geheimdienste in die britische Zone nach Köln.

Die Aktion vom Oktober 1946 war die größte ihrer Art, deswegen erregte sie auch große Aufmerksamkeit. Deutsche Wissenschaftler waren jedoch schon früher in die Sowjetunion »eingeladen« worden, so 1945 die Physiker Manfred von Ardenne und Max Steenbeck, der Chemiker Peter Adolf Thiessen und der Molekularbiologe Wilhelm Menke. Die vier Männer waren im sogenannten Institut A, das in Suchumi am Schwarzen Meer eingerichtet wurde und dem NKWD unterstand, mit Arbeiten zum Atomprogramm befasst: Sie entwickelten Geräte zur Isotopentrennung. Der deutsche Nobelpreisträger Gustav Hertz leitete dort ebenfalls ein Institut, das unter dem Kürzel »G« firmierte.[31]

Dass die Einladungen meist nur notdürftig kaschierte Befehle waren, bekam der Berliner Chemieprofessor Paul Peter Kronenberg, ein Fachmann für Fluorverbindungen, zu spüren. Kronenberg war bereits Ende 1945 umworben worden und erhielt im Mai 1946 erneut eine Einladung, für zwei Wochen in die UdSSR zu kommen. Er argwöhnte jedoch, dass er Deutschland vielleicht nicht wiedersehen werde, und verlangte die Zusicherung einer freien Rückkehr. Als ihm das NKWD dies versprach, reiste er im Juli 1946 tatsächlich nach Moskau. Dort wurde ihm allerdings eröffnet, dass er im Atomprojekt zu arbeiten habe. Weil Kronenberg sich jedoch weigerte, für das NKWD zu forschen, schickte man ihn zum Arbeiten in eine Rüstungsfabrik nach Gorki.[32] Er wurde bald darauf zu zehn Jahren Arbeitslager verurteilt und erst im August 1954 nach Ostberlin entlassen.

Zimperlich war die Führung in Moskau also nicht. Sie war auch durchaus geneigt, deutsche Fachleute mit Gewalt nach Moskau bringen zu lassen. Doch kollidierten dabei oft Ansprüche und Möglichkeiten. So zeigte der sowjetische Minister für Schiffbau im Frühjahr 1948 ebenfalls Begehrlichkeiten, deutsche Spezialisten zugeführt zu bekommen. Er bat die Regierung, das NKWD möge von ihm gewünschte Fachleute aus Deutschland in die Sowjetunion bringen. Innenminister Kruglow schickte daraufhin eine Sonderkommission in die Sowjetische Besatzungszone. Die fand heraus, dass von den 17 gewünschten deutschen Spezialisten 13 »besonders wertvolle in der englischen, amerikanischen und französischen Zone Berlins leben« – woraufhin sich das MWD mit der Frage an Stalin wandte, ob man diese Fachleute zwangsweise aus Westberlin herausholen solle, mithilfe russischer Agenten.[33] Der ebenfalls befragte Oberkommandierende der SMAD, Marschall Sokolowski, hielt die ins Auge gefasste Operation für politisch so abenteuerlich, dass er sowohl Stalin als auch Molotow telegrafisch vor einer solchen Aktion warnte. Auch das MWD kam schließlich zu der Meinung, es gebe »keine vollständige Gewissheit, ob es gelingt, die deutschen Spezialisten aus der englischen, amerikanischen und französischen Zone herauszuholen – nach unseren Erkenntnissen verhaftet die Militärpolizei dieser Zonen sowjetische Bürger, die privat einreisen«. Kruglow schloss seinen Brief an Beria mit der Bitte, das MWD von dieser Aufgabe zu befreien.

Jenen deutschen Fachleuten, die mehr oder weniger freiwillig in die UdSSR kamen und sich den Wünschen des NKWD nicht verweigerten, schuf man meist leidliche Arbeits- und Lebensbedingungen. Doch man traute ihnen nicht wirklich über den Weg. Die Raketenspezialisten um Gröttrup wie auch andere deutsche Fachleute durften zwar ab und an unter Aufsicht nach Moskau fahren, aber man versuchte, sie möglichst zu isolieren. Im März 1947 schrieb Michail Perwuchin, der Minister für Chemieindustrie, an Beria, dass in einem seiner Forschungsinstitute 13 aus Deutschland herbeigeschaffte Spezialisten arbeiten würden, die sich »mit einer Spezialthematik« beschäftigten. Sie würden mit ihren Familien in einem Erholungsheim des Ministeriums bei Moskau leben – es gebe aber »Hinweise auf Versuche einiger deutscher Spezialisten, Verbindungen mit ausländischen Konsulaten in Moskau zu bekommen«. Perwuchin bat darum, Innenministerium und Staatssicherheit anzuweisen, »die Beobachtung der deutschen Spezialisten zu verstärken«. Beria schrieb an den Rand des Briefes: »Unternehmen Sie Entsprechendes!«[34]

Was die große Deportation vom Oktober 1946 betrifft, so endete sie für die von ihr Betroffenen alles in allem glimpflich. Die meisten Spezialisten kamen spät, aber in der Regel gesund nach Deutschland zurück. Man darf sich bei dieser Feststellung auf Nikita Chruschtschow berufen. Als der sowjetische KP-Chef 1955 die DDR und dabei die Buna-Werke südlich von Halle besuchte, wurde ihm auch der Atomforscher Manfred von Ardenne vorgestellt – der eben erst mit seiner Familie und seinen Mitarbeitern nach Deutschland zurückgekehrt war.

»Wir haben beide Glück gehabt«, sagte Chruschtschow im Gespräch zu Ardenne. Der fand den Satz etwas kryptisch und fragte das neben ihm stehende SED-Politbüro-Mitglied Karl Schirdewan, zu jener Zeit der zweite Mann hinter Walter Ulbricht, was Chruschtschow damit gemeint haben könne. Dessen Antwort lautete: »Daß Sie und Chruschtschow noch leben.« Schirdewan, der als Sekretär der Kaderabteilung und Mitglied der Sicherheitskommission des SED-Zentralkomitees viel über die politischen Intrigen jener Jahre wusste, war überzeugt davon, dass »Stalin und Beria [...] die Absicht hatten, die deutschen Wissenschaftler als Geheimnisträger zu liquidieren, damit es keinen Weg zurück nach Deutschland gäbe«.[35]

Auch Serow dürfte sich 1946 nicht sicher gewesen sein, dass die von ihm Deportierten Deutschland jemals wiedersehen würden.

TÄGLICHE RUNDSCHAU

Zeitung für die deutsche Bevölkerung

Sonntag, 27. Oktober 1946

Die Wahrheit über die Spezialisten

Warum sind die Gauner des „Telegraf" und ihre Genossen so erregt?

Motive und Quellen der antisowjetischen Verleumdung

Ingenieure und Facharbeiter wollen in die Sowjetunion

Grundlage der Zusammenarbeit

Heute in der TÄGLICHEN RUNDSCHAU

Deutsche Raketentechniker in Frankreich

Spanienfrage und Vetorecht

Hollands Außenpolitik kritisiert

So berichtete die *Tägliche Rundschau* vom Oktober 1946 über die Verschleppungen aus der SBZ.

17

»Überflüssige Reserven« – Katzbuckeln vor Josef Stalin

Im sächsischen Olbernhau, einer kleinen Industriestadt im östlichen Erzgebirge, kam es am 18. Juli 1946 zu einem für damalige Verhältnisse unerhörten Vorgang. Gegen 11 Uhr versammelten sich nahezu 400 Frauen vor der sowjetischen Kommandantur und forderten mehr Brot und Kartoffeln.

»Der Polizei gelang es nicht, die Versammlung aufzulösen«, heißt es dazu in einem Bericht, der dann fortfährt:

> Ein Teil der Demonstrantinnen kam aus der Wachsblumenfabrik Otwin Jehmlich, wo auf Nachfrage von vier Beschäftigten vom Betriebsleiter wie auch vom Betriebsobmann die Teilnahme an der Demonstration genehmigt worden war, da wegen Stromausfalls die Produktion ohnehin ruhte.
>
> Kurze Zeit später erschien der sowjetische Kommandant aus Marienberg und bat einige Frauen zu sich, um ihre Anliegen zu erfahren. Die Frauen brachten folgende Punkte vor: Es seien keine Kartoffeln vorhanden; die berufstätigen Frauen klagten, dass sie nicht nach Lebensmitteln anstehen könnten, und forderten das Bereithalten von Lebensmitteln für diesen Kundenkreis; es wurde schließlich die ausreichende Belieferung mit Kleidung, Schuhwerk und Wäsche verlangt.
>
> Kurz nach dem Kommandanten tauchte ein Kapitän* der »Sonderstelle Marienberg« der Sowjetischen Militäradministration

* Hauptmann

auf und nahm nach Ermittlungen drei Frauen fest. Dabei handelte es sich um drei der vier Frauen, die in der Wachsblumenfabrik um die Genehmigung zur Teilnahme an der Demonstration nachgesucht hatten.[1]

Schon das ganze Frühjahr über hatte es in der Gegend kleinere Streiks gegeben. Im Mai hatte die *Sächsische Zeitung* in Dresden gemeldet, dass sämtliche Verbraucher auf den Gemüseabschnitt der Mai-Lebensmittelkarte lediglich 125 Gramm Essiggemüse erhielten. Für Kinder bis zu einem Jahr gab es gegen 2000 Gramm Brot-, 120 Gramm Zucker- und 20 Gramm Fettabschnitte ein Kilogramm Hultsch-Zwieback. Alle Verbraucher erhielten 300 Gramm Marmelade und auf die Aprilkarte nachträglich 330 Gramm Kunsthonig. Für Schwerarbeiter, Arbeiter und Kinder wurden für Mai 125 Gramm, für Angestellte 62,5 Gramm und für sonstige Verbraucher 50 Gramm Butter aufgerufen. Für Säuglinge gab es auf die Vollmilchkarte ein Stück Seife und zwei Normalpakete Seifenpulver.[2]

Dramatisches kündigte sich hier an: eine Lebensmittelkrise, die sich mit dem folgenden Winter noch katastrophal verstärkte. Viele Tausend Menschen sollten in den kommenden Monaten an den Folgen von Hunger und Kälte sterben.

Die Demonstrationen hielten bis ins nächste Jahr hinein an. In der Gemeinde Schöneiche im Landkreis Niederbarnim tauchten im April 1947 in den amtlichen Anschlagkästen Aufrufe an die »Frauen von Schöneiche« auf. »Heraus zur Hungerdemonstration am Sonnabend den 12.4. 14 Uhr vor dem Rathaus« hieß es auf den handgefertigten Zetteln. »Bringt Eure verhungerten Kinder mit. Wir fordern Kartoffeln und Stärkemittel. Die Frauenliga«.

Als die örtlichen Machthaber Wind von der Aktion bekamen, hatten sich bereits 300 bis 400 Menschen am angegebenen Ort versammelt. Mit Mühe wurden die Protestler zur »Diskussion der Probleme« in ein nahes Kino abgedrängt, wo die Polizei drei der Redner festnahm und dem NKWD als Rädelsführer übergab. Es habe sich keine zufällig zusammengewürfelte Menge versammelt, sondern es seien vielmehr organisierte Störungen gewesen, analysierte das Kreiskriminalkommissariat.[3]

Ausgerechnet in jenen kritischen Monaten griff der Geheimdienst erneut aus purem Ehrgeiz in die Politik der Sowjetischen Militäradministration und die Pläne der SED-Führung ein. Und wieder spielte Generaloberst Serow dabei eine entscheidende Rolle.

In Bewegung kam der Vorgang durch eine Anweisung Stalins, die er am 3. November 1946 in seinem Urlaubsort Sotschi am Schwarzen Meer traf. Er ließ sie an die Politbüro-Mitglieder Schdanow und Chruschtschow, den Vorsitzenden des Planungskomitees und weitere ZK-Mitglieder gehen und fügte eine Denkschrift Serows bei, die er von Beria erhalten hatte. Man könne die darin enthaltenen Vorschläge annehmen, teilte er den Genossen in Moskau mit – wenn nicht alle, so doch die überwiegende Mehrheit davon. Aber schon jetzt solle man »für die Ausfuhr [aus der sowjetischen Zone, d. A.] in die Sowjetunion sofort 100 000 Tonnen oder mehr Getreide freigeben, 100 000 oder 150 000 Tonnen Zucker und 250 000 Tonnen Kartoffeln. Das alles für die Reserve – zum Verbrauch in der UdSSR«. Genosse Sokolowski möge nach Moskau gerufen werden, um ihm seine, Stalins, »Bitte« zu übergeben. »Genossen Serow übermitteln Sie meinen Dank für seine Mitteilung.«[4]

Worin bestand Serows Vorschlag? Er betraf die Ausfuhr angeblich überschüssiger Lebensmittel aus der Sowjetischen Besatzungszone in die UdSSR und war von ziemlicher Brisanz. Seine Anregung, die überhaupt nicht in seinen Kompetenzbereich fiel, war zugleich eine Denunziation – denn er unterstellte der SMAD unter Marschall Sokolowski, dass sie viel zu nachgiebig mit den Deutschen sei, und gab dies auch Stalin zu verstehen.

Serow erwähnt die Entstehung der Notiz an Stalin kurz in seinem Tagebuch. Demnach habe er bei einem Besuch in Moskau davon erfahren, dass sich das Handelsministerium bei der Berechnung des Brotbedarfs für die sowjetische Bevölkerung im Jahre 1946 verkalkuliert habe und bis zur neuen Ernte fast kein Getreide übrig geblieben sei. Dass es 1946 wie schon im Vorjahr eine äußerst schlechte Ernte in der Sowjetunion gegeben hatte, erwähnt er nicht.

Zurück in Berlin, ließ Serow den stellvertretenden Chef der SMAD für Wirtschaftsfragen kommen und bat ihn um eine genaue Aufstellung darüber, welche Brotrationen die sowjetischen Besatzungstruppen derzeit erhalten würden und welche die deutsche Bevölkerung. »Es stellte sich heraus, dass unsere Berater und ihre Familien in Deutschland 3–4-mal mehr bekommen, als unsere Moskauer, aber das Wichtigste war, dass die Deutschen bis zur neuen Ernte bis zu einer halben Million Tonnen Getreide hatten, aus denen man 40 Millionen Pud [655 Millionen Kilogramm, d. A.] Brot backen kann. Wobei unsere Ökonomen in Berlin vermuten, dass diese Reserve für die Herstellung von Bier verwendet werden soll, nach dem die Deutschen sich zu Tode grämen, wie sie sagten.«[5]

In dem Schreiben nach Moskau hatte Serow seine sowjetischen Genossen in der SBZ heftig wegen ihrer Selbstbedienungsmentalität gerügt. So seien »die gegenwärtige Versorgungslage der Generale, Offiziere und sowjetischen Mitarbeiter, die sich in Deutschland befinden, [...] nicht richtig und die herausgegebenen Normen der Lebensmittelversorgung [...] übertrieben hoch«. Tatsächlich wurden die sowjetischen Besatzungsfunktionäre nach den erhöhten Normen sowjetischer Sanatorien verpflegt.

Direkte Kritik übte Serow am Mitglied des Kriegsrates der Besatzungs-Streitkräfte in Deutschland, General Fjodor Bokow. Demnach sei die SMAD-Führung vom Parteivorstand der SED gebeten worden, diejenigen Deutschen, die Lebensmittelkarten der vierten Kategorie erhielten, in die dritte Kategorie heraufzustufen. »Ernst zu nehmende Beweggründe hierfür wurden nicht genannt«, schrieb Serow dazu. »Die Anzahl der Deutschen, die Lebensmittelkarten der vierten Kategorie erhalten und nirgendwo arbeiten, beträgt über acht Millionen. Dies wird große Ausgaben an Getreidevorräten erfordern.« Bokow sei, wie er höre, bereit, diese Bitte teilweise zu unterstützen. Serows Kommentar dazu: »Ich halte die Bitte der SED für falsch, da sie versucht, sich auf Kosten der SMAD Autorität beim Volk zu verschaffen und nicht durch Arbeit.«[6] Blieben die Normen unverändert, wie er selbst es vorschlage, stünden als Reserve noch 150 000 Tonnen Getreide, 250 000 Tonnen Zucker und bis zu 400 000 Tonnen Kartoffeln zu Verfügung. Die SMAD, so fügte er hinzu, habe Moskau nicht über diese Reserven informiert. Sie seien in Deutschland nicht vonnöten und könnten »in die Sowjetunion geschickt werden«.

Die Behauptung, die sowjetische Militärregierung verheimliche beträchtliche Lebensmittelvorräte, was wiederum erst der Geheimdienst-Bevollmächtigte offenlegen müsse, war infam. Denn es gab sehr wohl »ernst zu nehmende Gründe«. Die SMAD hatte ein bestimmtes politisches Ziel verfolgt: Durch Anhebung der Normen wollte sie die politische Stimmung in der SBZ verbessern und damit der SED unter die Arme greifen. Offenbar war Stalin von Serows Vorstoß jedoch sehr angetan.

Die Sowjetische Militäradministration und erst recht die SED-Führung müssen von der Einmischung des Geheimdienstes alles andere als begeistert gewesen sein. Denn die Versorgungslage in der sowjetischen Zone war in jenen Monaten extrem angespannt, und der strenge Winter 1946/47 sowie die darauffolgende schlechte Ernte sollten die Situation noch weiter verschärfen. Einige Rationen waren in den Monaten zuvor bereits herabgesetzt worden, so etwa bei Eiweiß von 85 auf 35 Gramm und bei Fett von 120 auf 13,5 Gramm pro Tag.

Dass die SED in diesen Monaten bei der SMAD um Hilfe nachsuchte, lag auf der Hand und lässt die Serow-Botschaft an Stalin geradezu zynisch erscheinen. Die Lebensmittelversorgung bedürfe »dringend einer Verbesserung«, hatte sie bereits Anfang Juli in einem Brief an SMAD-Chef Marschall Sokolowski geschrieben.

> Eine eingehende Prüfung der Ernährungslage ließ das Zentralsekretariat der Sozialistischen Einheitspartei Deutschlands zu der Schlußfolgerung kommen, daß in dieser Hinsicht eine Hilfe erforderlich ist. Besonders erscheint neben der Aufbesserung der Rationen für die verschiedenen Kategorien der Berufstätigen eine Verbesserung der Zuteilungen an die Kinder, Hausfrauen und unbeschäftigten älteren Personen zwingend geboten […]. Jede erhöhte Zuteilung würde eine große Hilfe bedeuten und es ermöglichen, den Neuaufbau unserer zerstörten Städte und der Wirtschaft auf der Grundlage einer konsequenten Friedenswirtschaft zu beschleunigen, die Industrieerzeugung zu steigern sowie die Hilfe für die Landwirtschaft bei der Einbringung der Ernte zu verstärken.[7]

Im Winter 1946/47 kam die SMAD gar nicht mehr umhin, angesichts der immer dramatischer werdenden Lage zusätzliche Lebensmittel für die deutsche Bevölkerung freizugeben. Zuvor waren die beiden SED-Vorsitzenden Otto Grotewohl und Wilhelm Pieck zusammen mit ihren Stellvertretern Max Fechner und Walter Ulbricht bei SMAD-Chef Sokolowski vorstellig geworden, um die sowjetische Seite zu sofortigen Hilfsmaßnahmen zu bewegen.[8] Tatsächlich wurden daraufhin für etwa fünf Millionen Bürger die Lebensmittelrationen erhöht. Die niedrigen Kartengruppen V und VI wurden aufgehoben.[9]

All das zeigt, dass der Geheimdienst unter Iwan Serow von der politischen Realität in der Sowjetischen Besatzungszone wenig verstand oder dass er sie einfach ignorierte. Er hatte sich bei seinem Vorschlag allein an Zahlen orientiert und war über die Bedürfnisse der Deutschen hinweggegangen – ganz nach jenem Muster, nach dem Stalin Anfang der 1930er-Jahre mithilfe des NKWD die Kollektivierungspolitik auf dem Lande durchgesetzt und damit den Hungertod von Millionen sowjetischer Bürger in Kauf genommen hatte. Serows Aufforderung, Getreide, Zucker und Kartoffeln aus der SBZ abzuziehen und in die UdSSR zu bringen, lief nicht nur der Politik der SMAD zuwider. Sie war der Reflex eines Geheimdienst-Bürokraten, der sich in den Augen des großen Stalin auszeichnen wollte.

In den von Serow geführten Speziallagern in der sowjetischen Zone führte seine Initiative zu einer Katastrophe. Dort sanken die Versorgungsnormen ab November 1946 um fast die Hälfte. Für die nicht arbeitenden Häftlinge – viele waren infolge von Krankheiten und Misshandlungen geschwächt – gab es künftig statt 600 Gramm Brot täglich nur noch 300 Gramm. Auch die Rationen für Kartoffeln, Graupen und Fleisch wurden drastisch gekürzt. Die Sterberate verdoppelte sich daraufhin. Allein in den ersten drei Monaten des Jahres 1947 starben in den Speziallagern des sowjetischen Innenministeriums 9064 Menschen. Für viele dieser Todesfälle trug Iwan Serow die Verantwortung.[10]

18

Demontagen für den Gulag

Am 1. Oktober 1892 – es war Gründerzeit in Deutschland – hatte zwischen Berlin und Stralsund eine Kleinbahn ihren Betrieb aufgenommen, die später zu einer der modernsten Deutschlands ausgebaut wurde. Sie hatte ihren Ausgangspunkt im Staatsbahnhof Ferdinandshof und führte über Friedland bis nach Jarmen an der Peene – mit mehreren Querverbindungen, unter anderem nach Anklam. Die Betreibergesellschaft nannte sich Mecklenburg-Pommersche Schmalspurbahn und verfügte bald über ein 250 Kilometer umfassendes Netz, das die Land- und Rittergüter mit den Zucker- und Stärkefabriken der Gegend sowie Dörfer und Städte in Vorpommern miteinander verband. Ihre Züge, gezogen von Lokomotiven aus den Kasseler Henschel-Werken und den Jung-Werken in Rheinland-Pfalz, beförderten jährlich bis zu 400 000 Tonnen Güter und 80 000 Personen.[1]

Nach 53 Jahren kam das Aus für die erfolgreiche Pommern-Bahn. Die sowjetische Besatzungsmacht wollte sich an den Besiegten schadlos halten. Die Schienen, über die ein halbes Jahrhundert lang Züge durch die Region rund um Friedland rollten, wurden herausgerissen und zusammen mit den meisten Lokomotiven als Reparationsgut in die UdSSR verbracht.[2]

Die Kriegsentschädigungen, die die Ostdeutschen in jenen Jahren leisteten, waren immens: Die Sowjetisch Besetzte Zone und die spätere DDR mussten die höchsten im 20. Jahrhundert bekannt gewordenen Reparationsleistungen erbringen. Allein 11 800 Kilometer Eisenbahnschienen wurden demontiert und in die Sowjetunion transportiert – damit schrumpfte das Schienennetz im Vergleich zu 1938 um fast die Hälfte.[3]

Wo kam das Beutegut hin? Wie gedachten die Sieger es zu verwenden? Und wer genau sollte in der Sowjetunion darüber verfügen? Dazu hat es bisher wenig Nachforschungen gegeben, und erst recht dürfte kaum bekannt sein, dass das Beutegut zu einem großen Teil in den Strukturen des sowjetischen Geheimdienstes und im System des Gulag verschwand.

Das NKWD nahm im Wirtschaftsmodell unter Stalin eine besondere Rolle ein, schon allein weil es einer der größten Investoren und Arbeitgeber des gewaltigen Landes war. Fast alle bedeutenden Objekte der ersten Fünfjahrespläne wurden vom NKWD aus dem Boden gestampft. Das betraf vor allem jene, die eine massenhafte Nutzung unqualifizierter Arbeitskräfte erforderten und meist unter unwirtlichen Klimabedingungen entstanden, bei Abwesenheit irgendeiner brauchbaren Infrastruktur. Moskau benötigte dafür billige und mobile Arbeitskräfte, die man unter unmenschlichen Bedingungen gnadenlos ausbeuten konnte. Wo anders waren sie zu bekommen als in den Straflagern, in die Stalin ab Ende der 1920er-Jahre Zehntausende seiner Landsleute trieb? Der russische Historiker Oleg Chlewnjuk sieht hier den »Kern der Stalinschen Variante einer Ökonomie der Zwangsarbeit«.[4]

Dieses Zwangsarbeitersystem begann sich mit der 1929 einsetzenden Entkulakisierung – der Enteignung der Groß- und Mittelbauern – auszuweiten. Das erste große Objekt war der Weißmeer-Kanal, der die Barentssee mit Leningrad verbinden sollte. Die 227 Kilometer lange Wasserstraße wurde mithilfe von bis zu 100 000 Häftlingen erbaut. Zwei Jahre später wurde Dalstroi gegründet, das berüchtigte Gulag-System an der Kolyma in Fernost, wo fortan Gold, Uranerze, Edelsteine und Kobalt abgebaut wurden. Die nächsten Projekte waren der Wolga-Moskwa-Kanal, die Baikal-Amur-Magistrale BAM und der Petschorsker Trust, der die Kohlebergwerke im Norden vereinte. Im Jahre 1935 schufteten bereits 150 000 Strafgefangene an der BAM, 196 000 am Moskwa-Kanal und weitere Hunderttausende bei der Eisenbahn, auf Schiffswerften oder beim Holzeinschlag in Sibirien. Lager wie das mittelasiatische Karlag bei Karaganda spezialisierten sich auf Landwirtschaft.

Der Gulag war für die sowjetische Führung unentbehrlich: An der

Kolyma förderten Häftlinge 1937 bereits mehr als 50 Tonnen Gold.[5] 1938 lieferten die Straflager 23 Millionen Kubikmeter Holz. 1939 – nach den Jahren des Großen Terrors – war die Zahl der Zwangsarbeiter sogar auf 1,7 Millionen Menschen angestiegen. Der darauffolgende Krieg forcierte die Ausbeutung der Häftlinge ein weiteres Mal: Sie bauten Eisenbahnen im hohen Norden und in Fernost, Wasserkraftwerke, Häfen und Flugzeugwerke. Dass sie zu Tausenden starben, weitgehend vergessen vom Rest des Volkes und manchmal sogar von den eigenen Verwandten, war damals keiner Erwähnung wert. Knochenarbeit, Hunger und Kälte dezimierten diese Sklavenarmee; allein während des Krieges kamen mehr als eine Million Häftlinge in Gefängnissen und Lagern ums Leben.[6]

Kohle, Öl, Holz – was wäre die Stalin'sche Sowjetunion ohne den Gulag gewesen? Das NKWD war der größte Bauunternehmer des Landes: 1940 verlegten seine Abteilungen 1731 Kilometer Schienenwege und bauten 1480 Kilometer Chausseen. Unter seiner Aufsicht entstanden das Solikamsker Zellulosewerk, das Archangelsker Papierkombinat, das Nickelkombinat in Norilsk und das Autowerk bei Kuibyschew. Bei der Förderung von Nickel, Zinn, Kobalt und Gold war das NKWD Monopolist.[7] Bei Kohle sah es nicht anders aus: Burjatien, das Gebiet um Tschita und das Amur-Gebiet waren Schwerpunkte, bevor das Petschorsker Kohlebecken im Norden zur Kohlebasis der UdSSR wurde. Dort arbeiteten 180 000 Häftlinge. Das Lager Workuta wurde auch für unzählige deutsche Kriegsgefangene ein Ort des Albtraums. Unter ihnen war auch meine Lehrerin.

Allerdings war das Gulag-System nie effektiv. Die Investitionen waren zu wenig durchdacht, Bahnstrecken zum Teil wieder stillgelegt worden. Zudem riss der Krieg eine gewaltige Lücke in das Zwangsarbeitersystem – um die von Moskau gestellten Planziele zu erreichen, fehlten ihm 1945 infolge von Abkommandierungen zur Armee, aber auch von Amnestien 750 000 Arbeitskräfte.

Das eroberte Ostdeutschland musste dem NKWD daher wie eine Goldgrube erscheinen, sowohl was Material als auch was Arbeitskräfte betraf. Schon im Mai 1945 – die Kämpfe waren gerade erst zu Ende gegangen – gab das Staatliche Komitee für Verteidigung der UdSSR, die oberste Entscheidungsinstanz während des Krieges, dem NKWD grünes Licht für die Demontage und Ausfuhr zahlreicher Betriebe in der Sowjetisch Besetzten Zone. Allein die Liste jener Ausrüstungen, die das NKWD aus Mecklenburg-Vorpommern ausführen durfte, ist beeindruckend.

Aus Torgelow wurden dem Geheimdienst fünf Eisengießereien, darunter die Haller-Werke und die Gießerei »Gebrüder Sauer«, freigegeben, »für Baustellen der Schwarzmetallurgie, das Petschorsker Kohlebecken und die Ölwirtschaft des NKWD«. Demmin verlor eine Bindfadenfabrik für die »landwirtschaftlichen Lager des Gulag«. Die mechanischen Werkstätten der Demminer Firma Schwarz gingen an die Hauptverwaltung Chausseewesen des NKWD und eine Metallwerkstatt in derselben Stadt an die Kinderlager des Geheimdienstes. Neustrelitz stand mit seiner Käse- und Butterfabrik auf der Liste, sie sollte ebenfalls »im Gulag« zum Einsatz kommen, des Weiteren die Stärkefabrik aus Anklam, aus Pasewalk Werkstätten zur Reparatur von Werkzeugmaschinen, vier Ziegelwerke aus Falkenberg sowie Betriebe aus Ueckermünde, Marienburg, Neubrandenburg, Feldberg und Prenzlau. Auch die Schmalspurbahn aus Friedland war mit 220 Kilometer Schienen, 27 Lokomotiven und 845 Waggons in der Liste aufgeführt – sie sollte fortan bei der Waldaufarbeitung des NKWD und in einer NKWD-Keramikfabrik ihre Dienste tun.

Das Telegramm mit den entsprechenden Begehrlichkeiten war an Georgi Malenkow, seines Zeichens Mitglied des Verteidigungskomitees, gerichtet. Für den Abtransport der erwähnten Ausrüstungen, so hieß es noch, brauche man »666 Waggons«.[8] Das war eindeutig zu gering bemessen.

NKWD-Beauftragte schwärmten in den folgenden Wochen und Monaten in der sowjetischen Zone aus, um weitere Anlagen aufzuspüren, die man für das Zwangsarbeitersystem requirieren konnte. Immer länger wurden die Listen an Malenkow: Im Juni 1945 wollte das NKWD gleich einige Dutzend Betriebe ausgehändigt bekommen, darunter mehrere metallverarbeitende Unternehmen in Berlin, deren Werkzeugmaschinen »in den Gulag-Lagern in Charkow und Odessa« zum Einsatz kommen sollten, ein Sägewerk in Dresden, ein Walzwerk in Forst sowie 300 Tankstellen.[9]

Auch im Juli und August 1945 wurden die Spezialisten vom

NKWD fündig. Nun sollten die Ausrüstungen der Eisenacher Herd- und Ofenfabrik »Gebrüder Demmer« in die Sowjetunion geschickt werden (»für die Gulag-Verwaltung im Gebiet Rostow«), die Leipziger Eisengießerei von Rudolph Herrmann (»für das NKWD der Nord-Petschorsker Eisenbahn«) und die Brikettfabriken Clara-1 und Clara-2 in Welzow in der Lausitz mit 546 000 Tonnen Jahresleistung (auch sie sollten ins Petschorsker Kohlebecken gehen). Dazu kamen Möbelfabriken aus Arnstadt, ein Plastikwerk aus Suhl, ein Holzverarbeitungswerk aus Waltershausen, weitere Firmen aus Leipzig, Bautzen und Schkeuditz sowie dreißig Schiffe, die in den Häfen Rostock und Stralsund zu übergeben seien.[10]

Systematisch wurde die sowjetische Zone nach Brauchbarem durchkämmt, und davon gab es viel. Regelmäßig ergingen Bitten an Moskau, Mitarbeiter des Geheimdienstes in die sowjetische Zone zu entsenden, etwa um dort Laboreinrichtungen und spezielle Elektrotechnik aufzuspüren. Die NKWD-Zentrale wiederum wandte sich an Malenkow und gab detaillierte Wunschlisten ab. Im Juni 1945 schrieb der stellvertretende NKWD-Chef ans Verteidigungskomitee, das Ministerium mitsamt dem Geheimdienst besitze 126 Lager für »obdachlose und unbeaufsichtigte Kinder«, in denen sich 50 000 Zöglinge befänden. Zur »kulturellen Massenarbeit« unter ihnen benötige man Kulturinventar, weshalb man darum bitte, aus Beutegut 50 Kinoanlagen, 25 Akkordeons, 50 Radios, Ausrüstungen für 15 Blas- und 25 Streichorchester sowie 100 Fotoapparate und 100 Uhren bereitzustellen.[11]

Beim Requirieren von Beutegut ging es auch um Schnelligkeit – denn das NKWD war nur einer von vielen Interessenten, die sich in der sowjetischen Zone deutsche Ausrüstungen sichern wollten, wenn auch ein bevorzugter, denn es galt als mächtigstes Ministerium. Es kam jedenfalls zu Rangeleien unter den sowjetischen Behörden. So beschwerte sich der Vize-Chef des NKWD im August 1945 an höchster Stelle darüber, dass man zehn angeforderte Betriebe in Mecklenburg-Vorpommern und Sachsen bereits anderen Ministerien übergeben habe, bevor die Demontage-Trupps des NKWD vor Ort gewesen seien.[12]

Auch hatten die hohen Zielvorgaben mitunter wenig mit der

Realität zu tun – für die Demontage fehlten schlicht Arbeitskräfte. Anfang September 1945 erließ das NKWD einen Befehl, die Heranziehung von Arbeitern bei Demontage und Abtransport der Unternehmen besser zu organisieren. Von den zu jener Zeit 86 ins Auge gefassten Betrieben seien erst lediglich 37 auf den Weg in die UdSSR gebracht worden, wie sich der stellvertretende Volkskommissar beschwerte.[13]

So wie Milliardenwerte für die eigenen Belange hin und her geschoben wurden, verfuhr das NKWD auch mit den Menschen in der sowjetischen Zone. In vielen der nach Kriegsende verhafteten Deutschen sahen die Sowjets nicht allein wirkliche oder vermeintliche politische Gegner, sondern auch vor allem Arbeitskräfte. Die in die Archive gelangten »Sondermappen« der Politbüro-Mitglieder bieten viele Belege dafür: Täglich bekam die Kremlführung vier- oder fünfstellige Zahlen auf den Tisch, hinter denen sich meist dramatische menschliche Schicksale verbargen.

Im Frühjahr 1947 beschwerte sich der stellvertretende Minister für den Bau von Brennstoff-Betrieben beim früheren Geheimdienst-Chef Beria, dass es lediglich gelungen sei, »aus der Zahl der internierten und verhafteten Deutschen in Deutschland [...] 5000 Menschen zu erhalten und in die UdSSR zu bringen, die dem Ministerium für Kohleindustrie und dem für den Bau von Brennstoff-Betrieben geschickt wurden«.[14] Offenbar reservierten das NKWD und seine Nachfolgeorganisationen verhaftete Deutsche erst einmal für sich, um irgendwo im weit verzweigten Gulag-System eine Personallücke zu stopfen. Fast zwei Jahre nach Kriegsende versiegten allerdings allmählich die Quellen für den Nachschub von Verhafteten.

Auch umgekehrt gab es einen Menschentransfer – um Arbeitskräfte für die vom NKWD in der sowjetischen Zone betriebenen Unternehmen bereitzustellen. Das betraf vor allem den Uranbergbau, den das NKWD gleich nach Kriegsende im Osten Deutschlands in Gang gebracht hatte. Mit einer speziellen geologischen Gruppe hatte es ab September 1945 im Erzgebirge nach entsprechenden Erzlagerstätten gesucht, denn die USA hatten mit den Atombombenabwürfen auf Hiroshima und Nagasaki eben erst ihre nukleare Überlegenheit demonstriert und damit einen atomaren Wettlauf mit der Sowjetunion ausgelöst. Uran wurde also auch in der UdSSR dringend gebraucht, um dort nach amerikanischem Vorbild eine Atomindustrie zu entwickeln.

Bereits 1946 begann erst in der Nähe von Johanngeorgenstadt und Schneeberg, dann auch in Thüringen die Förderung – in Bergwerken, die später sowjetisches Eigentum und in der sogenannten Wismut Aktiengesellschaft zusammengefasst wurden. Mit einer jährlichen Ausbeute von 145 Tonnen Uran stieg die Wismut bereits 1947 zum wichtigsten Uranproduzenten im Machtbereich der UdSSR auf.

Das NKWD führte die Gruben nicht nur, sondern es überwachte die sensiblen Anlagen auch. Der Bedarf an Arbeitskräften war gewaltig, doch trotz intensiver Werbung meldeten sich nicht genügend Freiwillige. So wurden viele Deutsche zum Arbeitseinsatz in den Wismut-Bergwerken gezwungen – allein zwischen Oktober 1946 und Dezember 1947 sollen es mehr als 43 000 Menschen gewesen sein.[15]

Als 1948 der Druck zur Fertigstellung einer ersten sowjetischen Atombombe immer größer wurde, schickten die Chefs der Militäradministration in Deutschland ein Telegramm an Innenminister Sergej Kruglow mit der Bitte, 50 000 deutsche Kriegsgefangene für die AG »Wismut« zu schicken. Gemeint waren nicht irgendwelche Deutschen, sondern ausdrücklich ehemalige Bürger der Tschechoslowakei – also Sudetendeutsche – und aus Rumänien, also Deutsche aus Siebenbürgen und dem Banat.

Kruglow schrieb daraufhin an den Leiter des sowjetischen Atomkomplexes und früheren Geheimdienstchef Beria, er könne nicht ganz so viele Arbeitskräfte zur Verfügung stellen. »In den Kriegsgefangenenlagern des MWD werden 14 759 arbeitsfähige Deutsche ohne deutsche Staatsangehörigkeit festgehalten, unter ihnen 8468 tschechoslowakische, 1716 aus Jugoslawien, 2072 aus Polen und 2503 aus Rumänien.« In den Arbeitsbataillonen internierter Ausländer befänden sich noch einmal 24 481 Personen. »Diese 39 240 können übergeben werden«, so Kruglow. Es würden nur solche geschickt, die sich bereit erklärten, mindestens drei Jahre bei der Wismut zu arbeiten, und die nicht bei SS, SD, SA oder der Gestapo gewesen seien. Man werde die Leute ins Repatriierungslager Nr. 69 in Frankfurt / Oder bringen, wo sie der Wismut übergeben werden könnten.[16]

Auch aus diesem Dokument spricht die Kälte jener Behörde, die nun schon zwei Jahrzehnte lang gewohnt war, Hunderttausende Menschen als Zwangsarbeiter für das sowjetische System zu rekrutieren und sie wie Schlachtvieh in Stalins Machtbereich hin und her zu treiben.

19

Verräter und Abtrünnige

Am 13. August 1947 meldete das 33. selbstständige Nachrichtenregiment der sowjetischen Besatzungsstreitkräfte in Deutschland einen Zwischenfall. Ein Diensthabender hatte um sechs Uhr früh an der Rückseite der Kaserne ein mit Harz an die Mauer geklebtes »antisowjetisches Flugblatt« entdeckt. Es war in auffällig fehlerhaftem Russisch geschrieben und mit dem Namen »Kamorkin« unterzeichnet.

»Erklärung, warum ich mein Heimatland und die sowj. Armee verlassen habe«, hieß es eingangs auf dem Zettel. Die Führer von Partei und Armee hätten den Schreiber zur Flucht gezwungen, es seien »Führer, die die Leute schikanieren«. In absichtlich ungelenker Handschrift stand dort weiter zu lesen: »Sie sind keine Bolschewiken, sondern graue Wölfe, die das Blut der Menschen saufen. Sie haben gesagt, bei uns gebe es keine Ausbeutung, dabei gibt bei uns nichts anderes als Ausbeutung [...].«[1]

Die Nachricht alarmierte die Militärführung, vor allem aber die Spitzen der sowjetischen Staatssicherheit in der sowjetischen Zone – auch wenn der amtierende Chef der Politverwaltung der SMAD-Führung zur Beruhigung mitteilte, keiner der Soldaten habe das Flugblatt lesen können, da es noch vor dem Wecken von der Mauer entfernt und dem Vertreter des Ministeriums für Staatssicherheit im Regiment überbracht worden sei.

Es könne im Übrigen nicht von Kamorkin geschrieben worden sein, ergänzte der berichterstattende Oberstleutnant, denn der sei bereits am 9. August dieses Jahres desertiert. Der Verfasser habe den »Fall Kamorkin« lediglich benutzt. »Das Auftauchen eines solchen

Flugblatts zeugt von der Existenz einzelner Leute im Regiment, die antisowjetisch gesinnt sind«, so die scharfsinnige Schlussfolgerung.

Der Vorfall war nur einer von Tausenden ähnlichen, mit denen die Ministerien für Inneres und für Staatssicherheit in der Sowjetischen Besatzungszone konfrontiert wurden. Sie hatten nicht unmittelbar etwas mit den besiegten Deutschen zu tun, sondern betrafen das Innenleben der Besatzungsmacht.

Die war zahlenmäßig immer weiter angewachsen. Auf dem von ihr besetzten Territorium standen schon im Sommer 1945 zehn Armeen – eine Streitmacht, deren Personalbestand bis 1949 kontinuierlich aufgebläht wurde. Dazu kamen die knapp 50 000 Mitarbeiter der Sowjetischen Militäradministration, von denen nur ein geringer Teil Deutsch sprach und deren Qualifikation für den Einsatz in Deutschland oft mehr als zweifelhaft war. Sie waren auf die Kontroll- und Verwaltungsarbeit kaum vorbereitet und betrachteten ihren Einsatz oft nur als lukrative Einkommensquelle. In den Besatzungsorganen befände sich »eine bedeutende Zahl von Menschen, die unser Land diskreditieren und die Besatzungspolitik behindern«, vermeldete denn auch Ende 1946 eine eigens aus Moskau angereiste Kommission der Kaderabteilung des ZK der Kommunistischen Partei. In einer Säuberungsaktion wurden daraufhin mehrere Tausend Besatzer in die UdSSR zurückgeschickt.[2]

Die Gruppe der übrigen Sowjetbürger, die sich nach Kriegsende in Deutschland-West wie auch Deutschland-Ost aufhielten, umfasste weit mehr als zwei Millionen Menschen, meist ehemalige sowjetische Kriegsgefangene und Zwangsarbeiter.[3]

Natürlich hatte der Geheimdienst auch diese Gruppen von Landsleuten im Blick. Es gab darüber hinaus Deserteure, Überläufer und sogenannte Verräter, Unzufriedene und Kriminelle, ja sogar herumstreunende Minderjährige aus der Sowjetunion, die es nach Kriegsende auf verschiedenen Wegen geschafft hatten, nach Deutschland zu kommen – »mit dem Ziel der Plünderung und des Diebstahls von Trophäen bei der örtlichen Bevölkerung«, wie der Moskauer Historiker Nikolai Petrow schreibt.[4] Allein im September 1945 und in der ersten Hälfte des Oktobers wurden 150 solcher Jugendlichen festgenommen. Man steckte sie, wie etwa den 16-jährigen Alexander Below aus Kujbyschew, in eines der Repatriierungslager.[5]

Die vielen Sowjetbürger, die sich zu der Zeit – kontrolliert oder unkontrolliert – in der östlichen Besatzungszone aufhielten, machten der Militäradministration und dem Geheimdienst zu schaffen. Allein im August und im September 1945 nahmen die Berliner Militärkommandantur und die Spionageabwehr SMERSCH etwa achtzig sowjetische Bürger fest, die des Banditentums angeklagt wurden. Bei den meisten handle es sich um »Deserteure oder Sowjetbürger, die der Repatriierung in die UdSSR unterliegen«, teilte der NKWD-Bevollmächtigte Serow der Parteiführung in Moskau mit. Sie hätten in der Regel Einbrüche in Wohnungen von Deutschen verübt. Wohl um dem Vorwurf zuvorzukommen, seine Mitarbeiter hätten die Situation nicht im Griff, versah Serow diese beunruhigende Bilanz mit dem Hinweis, dass »das verbrecherische Banditentum in Berlin« immer mehr eine politische Färbung bekomme. Vertreter der Alliierten, »die in Presse und Radio Armeeangehörige der Roten Armee beschuldigen, Ausschreitungen auf dem Territorium Berlins zu begehen«, organisierten »das Banditentum mithilfe von Deserteuren der Roten Armee und Repatrianten selbst«. Englische und amerikanische Offiziere würden Banden aus russischen Bürgern bilden, indem sie ihnen mit Lebensmitteln hülfen und sowjetische Uniformen verschafften.[6]

Auch wenn es solche Fälle in Berlin gegeben haben wird, erklären sie nicht die ähnlich dramatische Lage in den Ländern und Provinzen der SBZ. Serow suchte ganz offensichtlich nach einer Entschuldigung – und fand sie bei den Alliierten, die aus sowjetischer Sicht immer mehr zu Gegnern wurden. Er hatte das sowjetische Propagandaprinzip verinnerlicht, auf Vorwürfe nie sachlich, sondern stets mit einem Gegenangriff zu antworten.

Für sowjetische Bürger, die von den Suchtrupps der Armee, des NKWD und der SMERSCH aufgegriffen wurden und keine plausible Rechtfertigung für ihren Aufenthalt in Deutschland parat hatten, gab es kaum Hoffnung auf einen guten Ausgang. Einen Rechtsanwalt konnten sie sich für das folgende Verfahren nicht nehmen – noch 1947 fanden die Sitzungen der Militärtribunale ohne Vertreter der

Verteidigung oder der Anklage statt. Die üblichen, wenn auch oft nur formalen Regularien von Gerichtsprozessen waren in der SBZ außer Kraft gesetzt.[7] Abgeurteilt wurde nach den Gesetzen der Kriegszeit.

Trotzdem waren die Versuchungen groß, sich der Aufsicht der Besatzungsmacht zu entziehen, auch für die sowjetischen Soldaten. Schlecht versorgt und oft vergeblich auf Demobilisierung wartend, standen sie in einem Land, das ihnen trotz der Kriegstrümmer interessant oder gar verlockend erschien. Sie stellten Vergleiche mit der Heimat an, und bei vielen fielen diese Vergleiche nicht zugunsten der Sowjetunion aus.

Die Militärzensur öffnete die Briefe, die aus den Garnisonen nach Osten geschickt wurden, um die tatsächliche Stimmung unter den Soldaten mitzubekommen. Ihre Erkenntnisse leitete sie an die Politverwaltungen der SMAD und die Bevollmächtigten des NKWD weiter. Oft klangen die Einschätzungen der Soldaten und Offiziere in den Briefen an Angehörige ganz anders als auf den Politveranstaltungen, bei denen sie sich regelmäßig zur Politik von Partei und Regierung äußern mussten. Das hatte Konsequenzen: Schon die kleinste Kritik am System bekam das Etikett »antisowjetisch« und zog strenge Erziehungsmaßnahmen nach sich.

Selbst übermäßiges Trinken und moralisches Fehlverhalten wurden registriert. In einem Brief von B. Korostajew, einem Angehörigen der Bitterfelder Militärkommandantur, vom 16. November 1947 fanden die Überwacher den Satz: »Ich arbeite in der Kommandantur. Hier lebt es sich sehr gut. Kino, Wodka im Überfluss. Ich habe gerade zu arbeiten begonnen und bin betrunken, benebelt. So kann man noch 10, 15 Jahre dienen.« Und ein W. Bulytschew schrieb: »Ich verbringe meine Zeit mit deutschen Frauen. Im Moment habe ich ein 18-jähriges Mädchen. Wodka, Wurst, Speck – das alles gibt es bei mir, und kein einziger Tag vergeht ohne Sauferei. Ich arbeite in der Zentralen Kommandantur in Halle.« Unter der Mitteilung an die Politverwaltung über diese beiden Offiziere stand die Aufforderung: »Ergreifen Sie Maßnahmen und melden Sie die.«[8]

Dies waren gleichwohl eher Kleinigkeiten. Weit mehr interessierten sich die Überwacher für politische Äußerungen, und sie entnahmen diese nicht nur den Briefen, sondern ließen sich auch von

Zuträgern informieren – etwa im Fall des Soldaten Wassiljew aus der Kommandantur Greifswald. Der habe, so hieß es in einem Bericht, im betrunkenen Zustand gesagt: »Die Sowjetmacht hat mir nichts gegeben, ich habe mein Blut für sie umsonst vergossen.«[9]

Kritik an den Zuständen in der Armee wurde in sehr vielen Briefen und Gesprächen geäußert, die Monatsberichte der Chefs der Politverwaltungen liefern unzählige Beispiele dafür. Vor allem die Klagen über den sich hinziehenden Militärdienst häuften sich. Viele Soldaten und Unteroffiziere hatten fast vier Jahre an den Kriegsfronten gekämpft. Nun waren sie in Deutschland eingesetzt, und eine Demobilisierung war nicht abzusehen. Viele »hassten« es inzwischen, weiter in der Armee zu dienen, notierten die Überwacher. Unverheiratete Offiziere beschwerten sich zudem darüber, dass man ihnen keinen Heimaturlaub gewähre. In den Kommandanturen Meißen und Chemnitz reichten im Sommer 1947 zahlreiche Unter- und Oberleutnants Anträge auf Demobilisierung ein.

Negative Aussagen über die Armee wurden schnell als »feindlich« eingestuft, etwa die eines Soldaten, der 1944/45 vorübergehend in deutscher Gefangenschaft gewesen war und gesagt haben soll: »In der Gefangenschaft kann man besser leben als in der Sowjetarmee.«[10] Von einem Soldaten namens Nester aus der Kommandantur Eberswalde notierten die Berichterstatter die Aussage: »Als bei uns die Deutschen waren, haben sie uns besser behandelt.«

Sehr verbreitet waren Klagen über schlechte Ausrüstung und Versorgung. So habe ein Leutnant Luwski von der Leipziger Militärkommandantur Nr. 7 im Sommer 1947 erklärt: »Ich arbeite schon zwei Jahre in der Kommandantur und habe kein einziges Mal die mir zustehende Bekleidung erhalten, ich bin barfuß geblieben. Ich war gezwungen, zu einem Deutschen zu gehen und mich zu demütigen, damit er mir [...] Stiefel näht.«[11] Die Politverwaltung gestand die Probleme ein und meldete in diesem Zusammenhang, dass allein in den Kommandanturen des Kreises Eberswalde 30 Prozent des Schuhwerks unbrauchbar seien. In Frankfurt säßen neun Soldaten gänzlich ohne Stiefel da. Um sie einzusetzen, müsse man auf Soldaten warten, die vom Postendienst zurückkämen, damit die den anderen ihre Stiefel übergäben.

Nicht besser sah es in der Lebensmittelversorgung aus. Zahlreiche Besatzungssoldaten beschwerten sich darüber, dass sie für ihr Geld nichts kaufen könnten. Die einzige Möglichkeit, es auszugeben, sei, bei den Deutschen Wodka zu beschaffen. Das sei auch der »Grund für die Trinkerei und die unerlaubten Entfernungen aus der Kaserne«. Ebenso empörend fanden sie die Belieferung mit äußerst schlechtem Machorka* und vergammeltem Fleisch, Kartoffeln blieben oft gänzlich aus. »Sie stopfen uns mit Graupen voll. Selbst die Zwiebeln, die man uns gibt, sind vertrocknet, während ringsherum alles grünt«, beklagte sich Unterfeldwebel Spirin aus der Kommandantur Borna.[12] »Nach dem Abendessen stehst du hungrig auf«, erklärte der Soldat und Komsomolze Galkin aus der Kommandantur Burg. Und in der Kommandantur Berlin-Köpenick beschwerten sich die Offiziere Lapinis und Mossin darüber, dass »die Deutschen schon lange frisches Gemüse bekommen, wir aber nicht«.

Das alles konnten die Politoffiziere noch mit den Schwierigkeiten in der Sowjetischen Besatzungszone erklären. Viel substanzieller war die wachsende Kritik an den Zuständen in der Sowjetunion selbst.

Offiziere, die vom Heimaturlaub zurück nach Deutschland kamen, brachten unangenehme Nachrichten über die Lage zu Hause mit. Oberleutnant Oleschtschenko, der im Frühjahr 1947 im Urlaub bei Poltawa gewesen war, habe nach seiner Rückkehr Folgendes verbreitet, notierten die Überwacher: »In der Ukraine laufen die Leute mit aufgeblähten Bäuchen herum und sterben, und alles, was die sowjetischen Zeitungen schreiben, ist unwahr.«[13] In ähnlich schädlichem Sinne habe sich der lettische Unteroffizier Dedolips gegenüber Kameraden geäußert: »Als es in Lettland keine Sowjetmacht gab, war alles gut und man konnte leicht leben, jetzt aber ist alles schwer.«[14]

Verwerflich fanden die Kontrolleure der Politverwaltungen und des Geheimdienstes Vergleiche zwischen dem Lebensstandard in der Sowjetunion und dem in Deutschland. Es gebe viele Fälle, in denen Offiziere alles Sowjetische schlecht machten, alles Ausländische dagegen loben würden, notierten sie. Das KP-Mitglied Oberstleutnant

* Grober russischer Bauerntabak mit hohem Nikotingehalt, von den Deutschen damals verächtlich »Stalinhäcksel« genannt.

Walakin von der Verwaltung des Kommandanturdienstes habe sich im Gespräch mit Offizieren über die Ähnlichkeit des sowjetischen Kleinwagens »Moskwitsch« mit dem »Opel-Kadett« geäußert und gesagt: »Der ›Moskwitsch‹ – das ist genau jener ›Kadett‹, nur in Strohschuhen.«[15] Das Parteibüro habe Walakin verwarnt und darauf hingewiesen, dass solche Gespräche antisowjetischen Charakter trügen. (Dabei entsprach Walakins Aussage den Tatsachen: Der »Moskwitsch« wurde, wie erwähnt, dem »Opel Kadett« nachgebaut.)

Das große Interesse sowjetischer Besatzungsoffiziere an deutschen Autos war ohnehin ein Sorgenthema der SMAD-Führung. Mithilfe verschiedener Vorschriften versuchte sie, die private Beschaffung von Pkw und deren Verschickung in die Heimat einzuschränken. Benzin für solche Wagen zu bekommen, war für die Offiziere oft schwer. Sie sahen sich daher gezwungen, sich gegen Zigaretten und Lebensmittel Treibstoff bei den Deutschen zu beschaffen, was große Unzufriedenheit hervorrief. Die niederen Offiziersränge registrierten im Übrigen sehr wohl, wie sich Kommandeure oberer Ränge Beuteautos beschafften und diese ungestört und unverzollt in die Heimat schaffen ließen.

Aus den Berichten über »außergewöhnliche Vorkommnisse« geht hervor, dass Deserteure den Besatzungsbehörden die größten Sorgen bereiteten, und das nicht nur unmittelbar nach Kriegsende. Regelmäßig wurden »Entfernungen« von der Truppe gemeldet, viele der Flüchtigen versuchten, in die Westzonen zu entkommen. So meldete die Spionageabwehr SMERSCH der 94. Gardeschützen-Division im April 1947, dass der Soldat Silitschenkow aus Wismar geflüchtet sei, kurz darauf desertierte ein Major.[16]

Aber auch jene sowjetischen Militärangehörigen, die ordnungsgemäß demobilisiert wurden, waren nicht immer darauf aus, ins Heimatland zurückzukehren. Mitte 1946 erließ der Oberbefehlshaber der Landstreitkräfte, Marschall Iwan Konew, eine Weisung, wie in solchen Fällen zu verfahren sei. Wer die Order zur Rückkehr in die UdSSR bekam, sich nach fünf Tagen aber immer noch in der sowjetischen Besatzungszone aufhielt, war zu verhaften und dem Gericht zu übergeben.[17]

Das NKWD und später das Ministerium für Staatssicherheit schufen eigens Apparate, die abtrünnige Landsleute möglichst früh aufspüren sollten. Im Übrigen existierte ein Geheimabkommen zwischen dem amerikanischen Militärgouverneur und dem sowjetischen Oberkommando, wonach sich beide Seiten verpflichteten, Deserteure auszuliefern. Daran hielten sie sich zwar nicht immer. Da aber die Sowjets jeden Flüchtling prophylaktisch sofort schwerer »Kriminalverbrechen« beschuldigten, konnten sie auf dieser Grundlage wesentlich leichter seine Überstellung verlangen – zumindest von den Amerikanern.[18] Mit den Briten gab es eine solche Vereinbarung nicht.

In die Kategorie der Verdächtigen, ja der potenziellen Volksfeinde gerieten vor allem jene sowjetischen Bürger, die während des Krieges jenseits des Frontgeschehens auf irgendeine Weise mit den Deutschen in Berührung gekommen waren. Sie passten nicht zur Stalinschen Erzählung vom Sieg, so die russische Historikerin Irina Scherbakowa: ehemalige KZ-Häftlinge, sowjetische Kriegsgefangene und die sogenannten Ostarbeiter – alles Menschen, deren »Kriegserfahrung besonders traumatisch gewesen« war.[19]

Die sogenannten Repatrianten waren eines der größten Probleme der Besatzungsmacht und speziell des NKWD. Stalin hatte auf der Konferenz von Jalta im Februar 1945 erreicht, dass Amerikaner wie Briten der Repatriierung jener Menschen zustimmten, die 1939 Bürger der Sowjetunion waren. Die Rückführung sollte unabhängig vom Willen der Betroffenen und unabhängig von deren persönlichen Wünschen durchgeführt werden und sollte auch jene betreffen, die sich nach Kriegsende in den Westzonen befanden. Zu dieser Gruppe gehörten neben den Kriegsgefangenen auch Ostarbeiter und Kollaborateure, Internierte und Flüchtlinge, dazu Emigranten aus vorwie nachrevolutionärer Zeit.

Die sowjetische Führung ging 1945 davon aus, dass während des Krieges 4 594 745 Sowjetbürger zwangsweise nach Deutschland gebracht worden waren und dass es noch einmal bis zu vier Millionen sowjetische Kriegsgefangene gegeben hatte. Über drei Millionen sowjetische Zivilisten sollten sich im Mai 1945 noch in Deutschland aufhalten.[20] Die Zahlen betrafen Gesamtdeutschland. Bis Anfang

Juni wurden allein aus dem Gebiet der Alliierten mehr als 600 000 sowjetische Bürger in die sowjetische Zone überstellt.[21]

Die Besatzungsmacht richtete zahlreiche Lager auf dem Gebiet der SBZ ein, in denen sie die sowjetischen Bürger internierte, registrierte und befragte, bevor diese befehlsgemäß in die UdSSR abtransportiert wurden. Die beiden bekanntesten Repatriierungslager, Nr. 232 und Nr. 226, befanden sich in Frankfurt / Oder und in Brandenburg (Brandenburg war für die in Westdeutschland aufgefundenen Kriegsgefangenen und Zivilisten zuständig). Weitere Lager wurden in Rostock, Bützow, Waldheim und Döbeln / Oschatz eröffnet.[22]

In all diesen Lagern schuf das NKWD Filtrationspunkte, in denen jeder Lagerinsasse einer entwürdigenden Überprüfung unterzogen wurde. Mittels intensiver Befragungen versuchte der Geheimdienst herauszufinden, wie die aufgegriffenen Landsleute nach Deutschland gekommen und ob sie politisch belastet waren. Ihre Rückführung in die UdSSR erfolgte ohne Pardon. »Kein einziges Land kannte solch eine Praktik des totalen Misstrauens und der Geringschätzung gegenüber den eigenen Bürgern und der Beziehung zu ihnen wie zu einem Stück Eigentum«, kommentierte der Moskauer Historiker Nikita Petrow die Rückholaktion.[23] Sie lief über mehrere Jahre. Zum 1. Mai 1947 meldete die Militärregierung nach Moskau, dass sie seit Juni 1945 exakt 1 950 503 Repatrianten registriert und davon 1 942 603 in die Heimat abtransportiert habe. Mehr als 630 000 von ihnen waren ehemalige Kriegsgefangene.[24]

Das Problem für die sowjetischen Sicherheitsdienste: Viele der für die Repatriierung vorgesehenen Menschen versuchten der Rückführung in die UdSSR zu entkommen, vor allem jene, die sich bei Kriegsende in Westdeutschland befunden hatten. Sie waren dort in sowjetischen Sammellagern erfasst, die unter Aufsicht der Sowjets standen, und in einem ersten Schritt in die SBZ gebracht worden. Einer der Übergabepunkte befand sich in Eisenach, wo sich die Spionageabwehr SMERSCH sofort der Repatrianten annahm.

Selbst die Geheimdienstler konnten oft nicht verhindern, dass die Zugeführten aus Eisenach wieder zurück in die amerikanische Zone flüchteten. Ein Bericht vom November 1945 listete mehrere Fälle russischer Frauen auf, die bereits im Sammelpunkt Hanau offen und »unpatriotisch« gegen die Rückführung in die Sowjetunion agitiert hätten. Sie seien deshalb unter besonderer Beobachtung nach Eisenach gebracht worden, von dort jedoch wieder geflohen. Auch mehrere ehemalige kriegsgefangene Offiziere seien in die amerikanische Zone zurückgekehrt, darunter ein Unterleutnant Beloussow und ein Unterleutnant Jewdokimow. Beide würden sich nach ihrer Flucht in einem polnischen Lager in Wiesbaden befinden und dort antisowjetische »Räubergeschichten« erzählen, wonach sie sich in Eisenach unter Bewachung befunden hätten und vom Geheimdienst penetrant verhört worden seien. Von der Wiesbadener Militärregierung müsse die Auslieferung all dieser Menschen verlangt werden, weil solche Fälle die Repatriierung erheblich behindern würden.[25]

Natürlich waren die Berichte entlaufener Repatrianten alles andere als Räubergeschichten. SMERSCH und NKWD gingen beim Einsammeln ihrer Landsleute so grob vor, dass sich das schnell herumsprach. Der stellvertretende Regierungsbeauftragte für die Repatriierung beschwerte sich in einem Brief an den Chef der Spionageabwehr, Viktor Abakumow, über eine Gruppe der SMERSCH, die auf dem Bahnhof Eisenach als Erkennungsdienst arbeitete: »Die Begrüßungsworte des Sprechers sind noch nicht verklungen, da werden Identifizierte [Verdächtige, d. A.] vor den Augen aller übrigen Repatrianten bereits aus den Waggons geholt und isoliert.« Mit »allen nur möglichen Begründungen« würden die Züge außerdem geplündert und den Repatrianten Fahrräder, Fotoapparate und Radioempfänger weggenommen.[26]

Dass den ehemaligen Zwangsarbeitern und Kriegsgefangenen bei dieser Art Behandlung durch die eigenen Landsleute nichts Gutes schwante, verwundert nicht. So untergruben NKWD und SMERSCH mit ihren Methoden ein weiteres Mal die Arbeit der eigenen Militärregierung, die den Rückkehrern eine glückliche Zukunft in der Sowjetunion auszumalen versuchte.

Statt den Umgang mit den Repatrianten freundlicher zu gestalten, wurden die Repressionen im Juli 1946 sogar noch verschärft. In einem Brief an den NKWD-Beauftragten Serow teilte Generalmajor Filatow von der Repatriierungsverwaltung mit, man habe in den Lagern zwar die Kontrolle der ausgehenden Post intensiviert, den Empfängern würden aber weiterhin verbotene Dinge geschrieben. So habe die Repatriantin Stanislawa Musykewitsch, Lager 226, ihrem Freund A. K. Tjutjunin in der englischen Zone mitgeteilt, dass sie heute »zum Verhör beim NKWD« gewesen sei. Er, Filatow, bitte darum, alle ausgehenden Briefe einer genauen, ja mehrfachen Kontrolle zu unterziehen und »alle Angaben über das Leben in den Lagern – Worte wie ›Wir sitzen hinter Stacheldraht‹, ›Er erholt sich in Brandenburg oder Waldheim‹ [Synonym für »im Lager einsitzen« – d. A.] –, über Verhöre beim NKWD, Überprüfungen, Registrierungen und das Lagerregime zu entfernen«.[27]

Die Losungen, mit denen die Lokomotiven der Rückkehrerzüge bei ihrer Ankunft in der UdSSR oft geschmückt waren – »Guten Tag, Heimat!« oder »Danke, Stalin!« –, trafen bei Weitem nicht die Stimmung aller Zuginsassen. Bis zum letzten Moment versuchten Repatrianten, der Rückführung in diese Heimat zu entgehen. Sie sprangen etwa des Nachts aus den Zügen, die sie aus den Filtrationslagern in die Sowjetunion bringen sollten[28] – so im Juni 1946 aus dem Zug Nr. 50371, in dem 965 Menschen aus dem Lager Brandenburg saßen. Bestimmungsort war Grodno, doch dort kamen nur 934 Repatrianten an, weswegen der Zugleiter, Hauptmann Lebedew, sich wegen »verbrecherischer Fahrlässigkeit« verantworten musste.[29]

Andere Repatrianten wagten schon im Lager den Ausbruch – so drei junge Frauen, die am 14. September 1946 in Frankfurt / Oder den Stacheldrahtzaun überwinden wollten. Eine der drei wurde von der Wache erschossen, die anderen beiden Frauen ergaben sich.[30] Fast jede Woche wurden im System des NKWD Fahndungen nach Repatrianten ausgerufen.

In den Lagern häuften sich zudem Selbstmorde. Oft handelte es sich um Menschen, die freiwillig nach Deutschland gegangen waren und nach der Rückkehr in die Heimat harte Strafen befürchteten, oder um Männer, die aufseiten der Deutschen gekämpft hatten. Zu Letztgenannten zählte der 41-jährige Ukrainer Alexander Mischtschenko, der sich am 12. August im Lager 226 erhängt hatte. Mischtschenko habe Selbstmord verübt, weil er »Angst vor der Verantwortung für den Verrat an der Heimat« hatte, schrieb der Lagerkommandant ins Protokoll.[31] Im Lager 211 in Bützow schnitt sich der lettische Polizist

Pawel Pisamik, der ebenfalls in der deutschen Armee gedient hatte, die Venen auf.[32]

Der Geheimdienst hatte die Wachmannschaften instruiert, niemanden der aus seiner Sicht oft verdächtigen Repatrianten entkommen zu lassen. Der Druck auf die eigene Truppe war offenbar so groß, dass auch Angehörige der Wachmannschaften Selbstmord verübten. Der 21-jährige Unteroffizier Alexej Maltjuchow, der im Lager Rostock Dienst tat, erschoss sich am 13. Juli 1946, nachdem ein aus Frankreich überstellter Kriegsgefangener während seines Dienstkommandos geflüchtet war.[33]

Stalins Geheimdienste jagten hinter jedem einzelnen Sowjetbürger her, der sich nach Kriegsende noch auf deutschem Boden aufhielt. Es traf auch die sogenannten Volksdeutschen. Mitarbeiter der Operativgruppen fanden beispielsweise im April 1947 heraus, dass im Dorf Kloster Chorin bei Eberswalde die Deutsche Warwara Melzel mit ihrem vierjährigen Sohn Iwan und der 17-jährigen Tochter Maria lebe. Die offenbar deutschstämmige Melzel hatte früher im Dorf Serafimowka im ukrainischen Gebiet Charkow gewohnt. Während der Besatzung durch die Wehrmacht hatte sie die deutsche Staatsbürgerschaft angenommen und war 1944 mit den Kindern nach Deutschland ausgereist. Der Bürgermeister von Angermünde hatte ihr und ihren Kindern noch 1946 deutsche Pässe ausgestellt. Unter dem Hinweis »Streng geheim« fragte der Chef Inneres der Provinz Brandenburg, ein NKWD-Mann, bei höheren Dienststellen an, wie mit Frau Melzel zu verfahren sei. Der handschriftliche Vermerk auf seinem Brief ließ keinen Zweifel: »Schreiben Sie dem Kommandanten, dass sie in unser Lager gebracht wird.«[34]

Die Zahl ehemaliger Sowjetbürger, die wie Warwara Melzel während der deutschen Besatzung die deutsche Staatsbürgerschaft angenommen oder Deutsche geheiratet hatten, war nicht gering. Das Moskauer Außenministerium verschickte 1947 eine Klarstellung in dieser Frage: »Sowjetische Bürger und Deutsche sowjetischer Staatsbürgerschaft, die freiwillig oder gewaltsam zwischen 1941–1945 nach Deutschland kamen und hier die deutsche Staatsbürgerschaft annahmen, gelten als sowjetische Bürger und unterliegen der Repatriierung in die UdSSR.«[35] Allein ins Lager Brandenburg wurden nach diesem Ukas 403 Menschen geschafft, die nach sowjetischer Auffassung »ungesetzlich die deutsche Staatsbürgerschaft angenommen« hatten – darunter, wie gesagt, viele Deutschstämmige.

Dass das Problem größer war, als von den Sowjets gedacht, zeigte sich auch an einer »Sondermeldung« des SMERSCH-Leiters in Schwerin. Der teilte im Januar 1947 dem Kriegsrat der Besatzungstruppen mit, dass sich bei Wittenburg »92 Familien von Deutschen aus der Sowjetunion« aufhielten, »die nicht zurückkehren wollen«.[36]

Für die Arbeit unter den regulär in Deutschland lebenden Sowjetbürgern gab es ab Ende 1946 die 5. Abteilung beim Geheimdienst-Bevollmächtigten. Sie hatte das Personal der Militäradministration und sowjetischer Zivileinrichtungen in der Zone zu bespitzeln und musste über die jeweiligen Stimmungen nach Moskau berichten. Das passierte natürlich fernab der Öffentlichkeit. Ein spezielles Problem jedoch erhielt zum Leidwesen sowjetischer Stellen große Publizität, zumindest in den Westzonen: das der Überläufer. Wie viele Mitarbeiter der Sowjetischen Militäradministration oder von NKWD und MGB in den Jahren der Besatzung zu politischen Dissidenten und damit zu »Verrätern« wurden, lässt sich schwer in Zahlen fassen. Denn bekannt wurden nur *gromkije*, besonders »laute« Affären, wie man sie im Russischen bezeichnet, etwa die des bereits erwähnten Raketenspezialisten Grigori Tokajew.[37] Bei Männern wie ihm handelte es sich um Offiziere, die später im Westen von sich reden machten.

Gleich mehrere solche Fälle ereigneten sich im Jahre 1947. Sie wurden durch den Befehl zur Rückkehr in die Sowjetunion oder durch eine Vorladung nach Moskau ausgelöst. So war es auch bei Grigori Klimow, der, wie schon erwähnt, in Wirklichkeit Igor Kalmykow hieß und sich später in Deutschland Ralph Werner nannte. Kalmykow stammte aus dem südrussischen Nowotscherkask, hatte am dortigen Industrie-Institut studiert und war nach Kriegsbeginn ans Moskauer Militärinstitut für ausländische Sprachen gegangen, eine Lehranstalt des Ministeriums der sowjetischen Streitkräfte. 1945 schickte man ihn als Dolmetscher zur SMAD nach Berlin, wo er als Unterleutnant in der Wirtschaftsverwaltung unter General Semjon Schabalin diente.

Kalmykow erhielt 1947 den Befehl, nach Moskau zurückzukehren, woraufhin er sich nach Westdeutschland absetzte. Er arbeitete später am Zentrum für russische Forschungen in Harvard, bevor er Journalist und Schriftsteller wurde. 1952 erschien sein Buch *Berliner Kreml*, das zu einem der erfolgreichsten Insider-Berichte aus der Sowjetischen Militäradministration wurde. Das Buch, das gleich in vier Ausgaben auf den Markt kam, erreichte bereits 1953 eine Auflage von 130 000 Exemplaren.[38] Bei aller Vorsicht, mit der man Erinnerungen von Überläufern lesen muss, bietet Kalmykows Werk eine Reihe überprüfbarer Fakten, die das Bild vom Wirken der sowjetischen Militärregierung ergänzen.

Ähnlich wie bei Kalmykow verlief der Weg bei Oberstleutnant Wladimir Schabinski, der als Ingenieur zur Militäradministration nach Deutschland abkommandiert und 1947 in Berlin demobilisiert worden war. Schabinski war in Rostow am Don aufgewachsen, Elektriker und dann Vorarbeiter im Putilow-Maschinenbauwerk in Leningrad geworden, bevor er Literatur zu studieren begann. 1937 hatte ihn jemand, der sich seines Zimmers bemächtigen wollte, unter falscher Anschuldigung denunziert. Der damals 23-jährige Schabinski wurde festgenommen und bekam acht Jahre Lagerhaft. Während eines Bombardements kurz nach Kriegsbeginn konnte er fliehen; er verbarg sich drei Jahre lang und begann mit gefälschten Papieren ein neues Leben. Nach der Einberufung zur Armee ging es mit ihm bergauf: Bei Kriegsende war Schabinski Oberstleutnant.

Zur SMAD kam er 1946. Als er im Jahr darauf den Befehl erhielt, zu einer Überprüfung nach Moskau zu kommen, flüchtete Schabinski nach Westberlin. Jahre später übersiedelte er in die USA, wo er das Pseudonym Wladimir Jurassow annahm, später nannte er sich Wladimir Rudolph. Fast dreißig Jahre lang arbeitete er für Radio Liberty und schrieb darüber hinaus zahlreiche Bücher.[39]

Auch Mitarbeiter der sowjetischen Geheimdienste wechselten auf die andere Seite, so etwa der 1897 bei Sankt Petersburg geborene Alexander Rebrow. Rebrow hatte bereits mehrere Jahre in der Roten Armee gedient, als er 1934 Mitarbeiter des NKWD wurde. Während des Krieges setzte man ihn als Operativ-Bevollmächtigten der Spionageabwehr SMERSCH in der 2. Stoßarmee ein und nach dem Krieg in der Verwaltung für Inneres der SMAD. Major Rebrow verschwand im März 1948 auf einer Dienstreise nach Schwerin. Bei der Durchsuchung seiner Wohnung fanden sowjetische Geheimdienstler sowohl die Uniform als auch die Lebensmittelkarten ihres Kollegen, wie sie in einer geheimen Mitteilung an den Chef Inneres in Berlin berichteten. Das lasse auf eine Flucht schließen.[40] Tatsächlich tauchte Rebrow später als Alexander Ruschitzki, dann als Theodore Z. Ostrum beim US-amerikanischen Geheimdienst wieder auf.

Tragischer verlief das Schicksal von Oberstleutnant Pjotr Popow. Der Bauernsohn aus der Gegend von Kostroma hatte bei Kriegsende den Rang eines Versorgungsoffiziers und war dann zum Kreis der Mitarbeiter von Generaloberst Iwan Serow gestoßen. Von dem NKWD-Mann protegiert, durfte er auf der Militärdiplomatischen Akademie studieren und wurde danach bei den sowjetischen Besatzungstruppen in Österreich eingesetzt. In Wirklichkeit war er als Agent der Militäraufklärung GRU tätig. Seine Aufgabe war die Verpflichtung österreichischer Staatsbürger für eine Tätigkeit gegen Jugoslawien, das sich unter Josip Broz Tito von Moskau losgesagt hatte. Nachdem Popow in Wien Kontakt mit der CIA bekam – der er sich offenbar selbst angeboten hatte –, wurde er Doppelagent und unter dem Decknamen »Attic« (Dachboden) zum ersten großen Ost-Spion der CIA.[41] Er lieferte den Amerikanern interne sowjetische Dokumente, Details über die GRU-Agenten in Österreich und über zahlreiche sowjetische Agenten im Westen sowie Angaben über sowjetische Atom-U-Boote und Lenkflugkörper. Nach einer kurzen Zeit in Moskau wurde Popow in die DDR geschickt, wo er von Schwerin aus Agenten für den Westen anwerben sollte.

Dass er ein Doppelagent war, ahnte man in Moskau lange Zeit nicht. Erst im Februar 1959 flog er auf – mit der Verhaftung auf dem Leningrader Bahnhof in Moskau ging seine Karriere zu Ende. Im Januar 1960 wurde der 36-jährige Popow zum Tode verurteilt und erschossen.

20

Der Kampf zwischen NKWD und Spionageabwehr

»Am 14. August 1947 bat mich der podpolkownik [Oberstleutnant, d. A.] Kulischew, ihm eine Übersetzung zu machen, er wolle mich nicht länger als 7 Minuten aufhalten. Er führte mich dann zur Mirbachstr. Irgendwie beklommen war mir zu Mute. An der Schwelle kam uns ein Sergeant entgegen. Ich schaute mich nach meinem Begleiter um. Der zögerte und versicherte, ich solle nur mit dem Soldaten gleich gehen, er komme sofort nach.«

So beginnt die Erzählung der in Riga geborenen Marie-Luise Steinert, die nach Kriegsende als Dolmetscherin bei der sowjetischen Spionageabwehr im Militärstädtchen Nr. 7 in Potsdam arbeitete. Das Städtchen war ein Quartier des Geheimdienstes gleich neben dem Cecilienhof im Neuen Garten, in dem im Sommer 1945 die Konferenz der Alliierten stattgefunden hatte.

»Ich folgte dem Soldaten, er ging die Treppe nach oben«, setzt Marie-Luise Steinert ihre Erinnerungen fort. »Dort in einem Zimmer angekommen, sagte er: ›Alle Schmucksachen abgeben, alle Haarnadeln‹, und verlangte sogar das Gummiband aus den Schlüpfern! Ich wurde ganz verwirrt. (Doch hatte ich 4 Taschentücher mit, die waren mein ganzer Reichtum. Eins zerriß ich gleich als Band für den Schlüpfer.) Dann führte er mich in eine Zelle, ich hielt die Hand am Bauch, um das Rutschen des Schlüpfers zu verhindern. Ich setzte mich auf die nary [Pritsche, d. A.] und fing an zu weinen.«[1]

Dafür gab es, wie sich später herausstellen sollte, durchaus Grund. Denn für Marie-Luise Steinert begann an diesem Sommertag ein mehr als sechsjähriger Leidensweg: zuerst die unerwartete Festnahme, später der Transport in die Moskauer Lubjanka, dann die Verurteilung zu 15 Jahren Lagerhaft und schließlich Zwangsarbeit in Kasachstan. Was sie sich angeblich hatte zuschulden kommen lassen, teilte ihr niemand mit. Noch kurz vor der Deportation nach Mittelasien wurde ihr in Moskau zugesichert, sie könne bald wieder nach Hause.

Erst viele Jahre später wurde klar: Frau Steinert war schuldlos. Sie war Opfer eines Machtkampfes zwischen den sowjetischen Geheimdiensten in Deutschland geworden.

Wer in die Mühlen solcher Auseinandersetzungen geriet, konnte sich die Zusammenhänge oft jahrelang nicht erklären. Bei Steinert sind sie inzwischen klar: Sie hatte zusammen mit einer weiteren Potsdamerin dem Chef der Spionageabwehr in der sowjetischen Zone, General Pawel Selenin, als Dolmetscherin gedient. Der damals 45-jährige Selenin war in der Ukraine geboren und hatte im Bürgerkrieg als Maschinengewehrschütze gedient. 1920 zum Geheimdienst gestoßen, war er bei Kriegsende Chef der Spionageabwehr der 3. Belorussischen Front. Schließlich stieg er – inzwischen Generalleutnant – zum Abwehrchef der gesamten sowjetischen Zone auf. Er war damit eine Art Counterpart zu NKWD-General Serow.

Anfang April 1947 wurde Selenin überraschend nach Moskau zurückgerufen, später verhaftet, wegen »subversiver Tätigkeit in den Organen der Staatssicherheit« angeklagt und zu einer »Zwangsheilung mit Isolation« verurteilt.[2]

Die Zeit bis zur Verurteilung nutzte die Staatssicherheit, um belastendes Material gegen Selenin zusammenzutragen. Deswegen hatte man auch Steinert und deren Kollegin verhaftet und in die Sowjetunion gebracht – zwei Frauen, die auf diese Weise zu Instrumenten einer Intrige wurden. Ihre Geschichte zeigt, dass selbst interne Auseinandersetzungen der sowjetischen Geheimdienste für Deutsche tragische Folgen haben konnten.

Auslöser der Abberufung Selenins, so nimmt man heute in Moskau an, könnte ein Brief des NKWD-Bevollmächtigten Iwan Serow an Stalin gewesen sein – ein Schreiben, in dem der Geheimdienst-General seitenlang die Unfähigkeit und Boshaftigkeit der Spionageabwehr, also der mit dem NKWD konkurrierenden Behörde, nachzuweisen versucht und dabei auch Selenin denunziert. Der habe ihn im Auftrage des Staatssicherheitschefs Abakumow überwachen lassen, so Serow.

Dieser Schriftwechsel war der – vorläufige – Höhepunkt einer Feindschaft, hinter der sich ein zäher Machtkampf verbarg. Er gehörte seit Bestehen des NKWD zum Wesenskern dieser Behörde. Die gegenseitige Unverträglichkeit von Serow und Abakumow war nur ein Spiegelbild dieses Problems. Innenministerium und Geheimdienst, ganz gleich, ob Letzterer zum NKWD gehörte oder gerade mal wieder ausgegliedert war, empfanden sich als Konkurrenten. Ihre Aufgaben, Kompetenzen und Weisungsbefugnisse überschnitten sich oft. Nicht selten ging es auch um Eigentumsfragen. Selbst in Zeiten, in denen der Geheimdienst selbstständig war, musste das NKWD für die Staatssicherheit Sowchosen für deren Versorgung betreiben, dazu Sanatorien, Klubs, Bibliotheken, Sonderläden, Druckereien und Telefonstationen.[3] Auch die 1923 von Geheimdienst-Chef Felix Dscherschinski gegründete Sportorganisation Dynamo wurde vom NKWD geführt.

Im Fall Serow und Abakumow hatte die Konkurrenz Auswirkungen auch auf die Sowjetisch Besetzte Zone. Beide Männer strebten danach, die Hoheit über die operative Geheimdienst-Arbeit und die Führung der NKWD-Truppen zu erlangen. Unmittelbar nach Kriegsende war Serow im Vorteil, denn er bildete zusammen mit Marschall Schukow die Spitze der Besatzungsbehörde vor Ort. Abakumow dagegen, der wie Serow ebenfalls stellvertretender Volkskommissar für Inneres und schon etwas länger beim Geheimdienst gewesen war als er, saß im fernen Moskau. 1943 zum Chef der Spionageabwehr ernannt, agierte er aus dem Volkskommissariat für Verteidigung heraus, ebenfalls als Vizeminister. Damit besaß er Möglichkeiten, sich in der sowjetischen Zone einzumischen. Er schickte eigene Operative Gruppen nach Deutschland, die für ihn Spionagearbeit leisten sollten. Mitunter meldeten sie sich bei Serow und verlangten Hilfe bei Unterbringung und Verpflegung. Im Juni 1945 entsandte Abakumow seinen Vertrauten, General Warlam Kakutschaja – er sollte die Spionagearbeit unter Emigranten in den Westsektoren Berlins organisieren. Auch der sprach nach seiner Ankunft bei Serow vor.

»Kakutschaja ist kein Arbeiter, aber er kann ganz gut saufen und den Bären tanzen lassen, so wie alle Georgier – dass er arbeitet, sollte man von ihm nicht erwarten. Jede Menge georgischen Wein, Käse und andere Leckereien hat er mitgebracht«, schrieb Serow voller Verachtung in sein Tagebuch.[4]

Von Untergebenen, die in Deutschland stationiert waren, hatte Abakumow zugleich verlangt, künftig ihm und nicht mehr Serow Bericht zu erstatten. General Alexander Wadis, vor Selenin Chef der »Besonderen Abteilung« in der sowjetischen Zone (wie sich die Spionageabwehr seit jeher nannte), vertraute diese Information Serow unter vier Augen an. Der brachte das Gehörte sofort zu Papier und nannte Abakumow einen »Scheißkerl« und »Schweinehund«.

Auch bei Verhaftungen und Deportationen kamen sich beide oft ins Gehege, jeder war um besondere »Trophäen« bemüht, wie die Festnahme des früheren Geheimdienstchefs Nicolai oder der in Kapitel 8 erwähnten Kaiser-Witwe Hermine Reuß zeigen.

Der Streit spitzte sich zu, als Moskau die Bildung eines eigenständigen Ministeriums für Staatssicherheit beschloss und ausgerechnet Abakumow zu dessen Leiter ernannte. Der war, wie schon erwähnt, nicht besonders intelligent, aber in Stalins Augen offenbar entschlossen genug, um in dessen Umgebung – die Politbüro-Mitglieder eingeschlossen – genügend Angst zu verbreiten. »Mich sollen alle fürchten, das hat man mir im ZK direkt gesagt. Was wäre ich sonst für ein Führer?«, soll Abakumow seinen Mitarbeitern berichtet haben.[5]

Mit seinem Amtsantritt als Minister für Staatssicherheit wurde das Verhältnis zwischen ihm und Serow noch problematischer. Entgegen seinen anderslautenden Beteuerungen gegenüber Stalin hatte Abakumow den Männern in der Spionageabwehr tatsächlich den Auftrag erteilt, Serow zu beobachten und belastendes Material über ihn zu sammeln. Auch versuchte er, Serows persönlichen Piloten auszutauschen – unter dem Vorwand, dieser sei psychisch auffällig und die Besatzung des Flugzeuges, über das Serow verfügte, technisch nicht erfahren genug. Anstelle der alten Besatzung sollten Leute aus der Spionageabwehr eingesetzt werden. Dahinter steckte die Absicht, Serow bei seinen Flügen nach Moskau auszuhorchen und gleichzeitig festzustellen, welche Mengen an Beutegut er privat in seinem Flugzeug nach Moskau bringen ließ.

Gleichzeitig hatte Serow über verschiedene Kanäle gehört, dass Abakumow Einzelheiten über seine engen Beziehungen zu Marschall Schukow, der inzwischen in Ungnade gefallen war, in Erfahrung zu bringen versuchte. In dieser Situation sah der NKWD-Bevollmächtigte nur noch einen Ausweg: erneut an den obersten Mann im Staate zu schreiben, an den »Ministerrat der UdSSR, Genossen Stalin, J. W.«.

Genau das tat er am 8. September 1946. »Ich halte es für unumgänglich, Ihnen, Gen. Stalin, über die unparteilichen Beziehungen von Gen. Abakumow zu mir zu berichten [...] und mich mit der Bitte um Hilfe an Sie zu wenden.«

Serow ging weit in die Geschichte des Krieges zurück und führte Beispiele an, dass Abakumow ihn immer wieder zu kompromittieren versucht habe – weil er, Serow, nach Inspektionen an der Front auf die schlechte Arbeit der Spionageabwehr hingewiesen habe. Als erster Beleg kommt an dieser Stelle jener Selenin ins Spiel, dessen Abberufung aus Potsdam später zur Verhaftung von Marie-Luise Steinert führt.

Laut Serow habe es seinerzeit an der Südfront viele Überläufer auf die deutsche Seite gegeben und Hinweise, dass sich der Leiter der Sonderabteilung, Major der Staatssicherheit Selenin, in dieser schweren Zeit nicht um die Verhinderung »solcher Fälle von Verrat« gekümmert habe, sondern moralisch verkommen gewesen sei, mit Stenotypistinnen zusammengelebt habe, und dass Selenin die Frau des Chefs der Politabteilung der Armee »in die Wohnung lockte, sie betrunken machte und vergewaltigte«. Offenbar habe das nicht zu entsprechenden Schlussfolgerungen geführt, fährt Serow fort, denn »Selenin hat jetzt den Rang eines Generalleutnants erhalten, arbeitet als Leiter der Spionageabwehr in Deutschland, hält sich als Frau eine der ehemaligen Stenotypistinnen und erfreut sich großen Ansehens bei Abakumow. Die tatsächliche Frau Selenins war bei den Deutschen in Gefangenschaft und lebt jetzt allein.«[6] So viel Denunziation durch einen hochgestellten Geheimdienstmann wird bei Stalin seine Wirkung getan haben.

Serow zählt in dem Brief an Stalin viele weitere Sünden Abakumows auf, erwähnt dessen Zweifel an Stalins Befehlen und seine Versuche, die Arbeit des NKWD an den Fronten zu unterlaufen. Von »Exzessen« bei der Arbeit der Spionageabwehr in Deutschland spricht er, von willkürlichen Hinrichtungen und von deutschen Häftlingen, die aus SMERSCH-Gefängnissen entlaufen seien – Dinge, die die Spionageabwehr zu vertuschen versucht habe.

Mitarbeiter der Spionageabwehr hätten ihn wiederholt gewarnt, dass der Spionagechef in Deutschland bereits Material gegen ihn sammele. Auch sein enges Verhältnis zu Marschall Schukow versucht Serow in dem Brief an den Generalissimus zu erklären und endet mit den damals üblichen Formeln der Ergebenheit: »Von meiner Seite versichere ich Sie, Gen. Stalin, dass jede beliebige Aufgabe von Partei, Regierung und von Ihnen ein Gesetz des Lebens für mich sind. Ihre persönlichen Weisungen – das sind freudige Tage in meiner Arbeit.«[7]

Stalin wies Abakumow daraufhin an, Serow künftig in Ruhe zu lassen. Gleichwohl war die Entscheidung, die gesamte operative Tätigkeit und Ermittlungsarbeit in der sowjetischen Zone aus dem früheren NKWD auszugliedern und dem neuen Ministerium für Staatssicherheit MGB, also Abakumow, zu übergeben, längst gefallen. Von nun an gab es einen »Bevollmächtigten des MGB der UdSSR in Deutschland«.

Für Serow bedeutete das, einen Großteil seiner Kompetenzen an die neue Spitzelbehörde abzugeben, vor allem die unmittelbaren Geheimdienststrukturen und die Repressionsorgane: das Netz der Operativen Gruppen und Agenten, die Untersuchungsgefängnisse, die entsprechenden Gebäude und das dazugehörige Eigentum. Ihm blieben nur die Vollzugsgefängnisse und Speziallager in der sowjetischen Zone. Immerhin gelang es ihm, die Abteilungen für Inneres der Militäradministration in den deutschen Ländern und Provinzen weiter unter seiner Befehlsgewalt zu halten, worüber sich Abakumows neuer Beauftragter in der sowjetischen Zone in Moskau bitter beschwerte: Er habe gegenüber Serow vergeblich darauf bestanden, dass den Abteilungen für Inneres verboten werde, weiterhin operativ in der Bevölkerung zu arbeiten und Verhaftungen vorzunehmen.[8] Nicht zuletzt wurde auch erbittert um die Verwendung der Truppen des Innenministeriums gestritten, die die Arbeit der Geheimdienstler abzusichern hatten.

Anfang November 1946 übergab Serow sein Amt, wie gefordert, an den Nachfolger Generalleutnant Nikolai Kowaltschuk, einen ukrainischen Geheimdienstmann. Er sah deshalb aber noch keinen Grund, Deutschland zu verlassen. Wahrscheinlich verspürte er keine große Lust, in Moskau auf Abakumow zu treffen. Außerdem unterstanden ihm ja weiterhin die Speziallager in der sowjetischen Zone und das Heer jener sowjetischen Offiziere mit Geheimdienst-Hintergrund, die in den Abteilungen für Inneres der Militärregierung dienten. So setzte er in den kommenden Monaten seinen Kampf gegen die Männer Abakumows fort – und wieder hatte dieser Kampf Auswirkungen auch auf die Deutschen, in diesem Fall unerwartete. Es war klar, dass Abakumows Geheimdienstler – trotz aller Differenzen mit dem NKWD – nahtlos fortsetzen wollten, was schon das NKWD getan hatte: ohne Federlesen wirkliche und vermeintliche politische Gegner zu verhaften und sie anschließend in die Speziallager zu schicken. Die aber unterstanden ja Abakumows Gegner Serow, und der entdeckte plötzlich gesetzliche Mängel bei der Behandlung der Deutschen. Serows Mitarbeiter forderten von den Organen der sowjetischen Staatssicherheit nun die Zustimmung eines Staatsanwalts, bevor sie die Verhafteten in eines der Lager brachten. Auch durften die Eingelieferten auf einmal nicht älter als 45 Jahre alt sein und mussten physische Arbeit leisten können.[9] Diese Forderung entbehrte nicht einer gewissen Ironie: Serow, der sich in solchen Fragen genauso wie Abakumow nie an die Gesetzlichkeit hielt, hatte über Nacht das angeblich segensreiche Wirken von Staatsanwälten entdeckt.

Bisher hatten sich die zehn Speziallager in der sowjetischen Zone, in denen mehr als 120 000 Personen als NS-Täter oder als Opfer kommunistischen Terrors interniert wurden – und von denen fast 43 000 starben –, auch ohne vorherige Prüfung von Staatsanwälten gefüllt. Niemand hatte bei der Anlieferung von Häftlingen nach einer juristischen Begründung gefragt. Jetzt aber wiesen Serows Leute viele der angelieferten Deutschen zurück. Bald waren die normalen Geheimdienst-Gefängnisse in der sowjetischen Zone überfüllt. Die neuen Regeln waren natürlich nicht Serows überraschender Gesetzestreue geschuldet, sondern seiner Feindschaft zur Abakumow. Entsprechend empört reagierte der auf Serows Anordnung und verlangte in Moskau, die alte Regelung wiederherzustellen.

War Serows Provokation für den Chef der Staatssicherheit der Auslöser, um endlich zu einem größeren Schlag gegen die bisherigen Geheimdienst-Verantwortlichen in Deutschland auszuholen? Bald wurde jedenfalls nicht nur gegen Serow, sondern auch gegen viele seiner früheren Mitarbeiter ein Vorwurf erhoben, der vernichtender nicht sein konnte: eine Verschwörung gegen Stalin geplant zu haben.

Haftzellen in der Zentrale der Spionageabwehr in der Potsdamer Leistikowstraße

21

Abrechnung in Moskau

Jagodin ist ein kleiner ukrainischer Grenzort an der Straße, die von Kowel westwärts ins polnische Lublin führt. Einst war das eine eher unbedeutende sowjetische Grenzstation, aber im Sommer 1946 erlangte sie eine gewisse Berühmtheit.

Am 23. August jenes Jahres teilte der stellvertretende Verteidigungsminister Nikolai Bulganin dem »Genossen Stalin« mit, dass vom Jagodiner Zoll sieben Waggons festgehalten worden seien, in denen sich 85 Kisten mit Möbeln befunden hätten. Diese Möbel seien laut Transport-Begleitschreiben vom Marschall der Sowjetunion, Genossen Schukow, Georgi Konstantinowitsch, »persönlich und auf persönliche Rechnung in der Möbelfabrik Albin May in Deutschland bestellt und ihre Ausfuhr durch den Kriegsrat der Sowjetischen Besatzungstruppen in Deutschland genehmigt« worden. Der Transport werde von einem Hauptmann Jagelski begleitet und sei nach Odessa weitergeleitet worden, der dortige Zoll habe die Sendung aber bis zum Erhalt einer weiteren Order erst einmal festgesetzt.[1]

Albin May war eine 1890 im thüringischen Zeulenroda gegründete Kunstmöbelfabrik, bekannt für ihre erlesenen Produkte. Wer bei Albin May bestellte, tat das mit Bedacht. Eine detailliertere Aufstellung des sowjetischen Zolls verriet, dass die in Chemnitz auf die Reise geschickten 85 Kisten insgesamt »194 Möbel für Schlaf-, Wohn- und Arbeitszimmer sowie Küchen« enthielten. Besonders stachen »Wohnzimmermöbel aus rotem Holz mit Bezügen aus goldenem Plüsch hervor sowie ein großer runder Tisch, der aus poliertem Nussbaumholz mit matten Einlegearbeiten angefertigt worden war«.

Als Bulganin diese Notiz an Stalin schickte, war Schukow bereits von seinen Funktionen als stellvertretender sowjetischer Verteidigungsminister und Oberkommandierender der Landstreitkräfte entbunden worden – dabei hatte er beide Posten erst im März desselben Jahres übernommen. In einem Schreiben an die Parteiführung bekannte Schukow reuevoll: »Ich bekenne mich als außerordentlich schuldig darin, dass ich all diesen unnötigen Plunder nicht irgendwohin auf ein Lager gegeben habe, weil ich hoffte, dass niemand ihn brauche [...] Ich schwöre den festen Eid des Bolschewiken, dass ich ähnliche Fehler und Dummheiten nicht mehr begehen werde.«[2]

Aber das half nichts mehr, Stalins Abstrafungsmaschine arbeitete bereits auf Hochtouren. Die Untersuchungen im Fall Schukow, der eben noch der »Held von Berlin« gewesen war, lösten eine Affäre aus: die sogenannte »Trophäen-Affäre«. In sie wurden in den folgenden Monaten viele namhafte Generäle hineingezogen: Iwan Serow, der NKWD-Bevollmächtigte in der sowjetischen Zone; Wassili Gordow, der als Chef der 3. Gardearmee Berlin mit befreit hatte; Wassili Terentjew, Sonderbeauftragter von Schukow in Deutschland; Konstantin Telegin, Mitglied des Kriegsrates der 1. Belorussischen Front und Vertrauter Schukows in Berlin; Leonid Minjuk, einst Schukows Generaladjutant und dann Stabschef der 1. Kaukasus-Front; Wladimir Krjukow, Chef einer großen Kavallerie- und Panzerbrigade, die zum Schluss des Krieges in Königsberg stationiert war; Grigori Kulik, Chef der 4. Gardearmee und zu Kriegsende stellvertretender Leiter der Armee-Beschaffungsstelle; Filipp Rybaltschenko, Vizekommandeur der 4. Gardearmee; Alexej Sidnjew, SMERSCH- und NKWD-Beauftragter an verschiedenen Fronten und später NKWD-Chef von Berlin; Grigori Beschanow, ab Juni 1945 NKWD-Leiter in Thüringen; sowie Sergej Kljopow, der nach dem Krieg den Geheimdienst in Sachsen leitete.

Dies waren nur die Generäle, die von der Affäre betroffen waren. Mehrere von ihnen wurden später erschossen, die anderen erhielten zwischen zehn und 25 Jahren Lagerhaft. Aber auch zahlreiche Untergebene wurden verhaftet, darunter Schukows Adjutanten.

Was bei den Verhören ans Tageslicht kam, dürfte von den Fakten her in etwa der Wahrheit entsprochen haben, und die war erschütternd genug. Erst später wurde klar, dass es gar nicht um diese Wahrheit ging.

Die russischen Generäle – viele von ihnen waren, wie erwähnt, Geheimdienst-Funktionäre – hatten aus Deutschland mitgehen lassen, was nicht niet- und nagelfest war. Damit waren sie niederen Rängen zum Vorbild geworden, die sich daraufhin ihrerseits an aufgefundenen Geldbeständen oder Wertgegenständen bedient hatten. Die dokumentierten Diebstähle aufzulisten, würde zu weit führen. Einige wenige Beispiele genügen, um zu zeigen, wie groß die Gier war.

Von Schukow hieß es, er habe nach der Potsdamer Konferenz im Sommer 1945 vieles von der Inneneinrichtung in den Räumen von Schloss Cecilienhof und den anderen Palästen mitgehen lassen, in denen die Staatsführer gewohnt hatten. Einer seiner Adjutanten berichtete im Verhör, dass der Marschall ihn in jenem Jahr zu sich gerufen und beschimpft habe, weil er nicht aktiv genug deutsches Beutegut für ihn heranschaffe. Der Adjutant seines Kollegen Telegin etwa habe den Landsitz von Joseph Goebbels am Bogensee bei Wandlitz aufgespürt und von dort für seinen Vorgesetzten Gemälde, Teppiche und Gobelins herbeigebracht. Sofort fuhr auch Schukows Adjutant zum Bogensee, fand das Goebbels-Haus aber schon weitgehend ausgeräumt vor. Nur einen Lüster schnitt er noch für den Marschall ab.[3]

Bei Generalleutnant Krjukow und seiner Frau fand man bei einer Hausdurchsuchung 1948 folgendes Beutegut: einen Achtzylinder-Cabrio Horch 951 A, zwei Mercedes, einen Audi, 208 Brillanten, Smaragde, Saphire, Perlen, 107 Kilogramm Erzeugnisse aus Silber, 132 Gemälde russischer Meister, 35 ältere Teppiche, Gobelins und antiquarische Services, Pelze, Skulpturen aus Bronze und Marmor, dekorative Vasen, eine große Zahl Bücher und 700 000 Rubel in bar.[4]

Auch Serow sah sich ähnlichen Vorwürfen ausgesetzt. Sein vermeintlicher Freund Wassili Stalin, dessen Datsche neben der seinen lag, ließ Bekannte wissen, man habe in Serows Keller aus Deutschland gestohlene Goldbarren gefunden.[5]

Das plötzliche rigorose Vorgehen gegen hohe Geheimdienstleute und Militärs in Sachen Beutegut – einer Angelegenheit, über die seit Kriegsende praktisch jedermann Bescheid wusste und die trotzdem nie geahndet worden war – erschien aus zwei Gründen rätselhaft. Warum befasste sich die sowjetische Militärjustiz nicht mit schlimmeren Vorgängen in der sowjetischen Besatzungszone:

den Vergewaltigungen deutscher Frauen, den willkürlichen Verhaftungen von Zivilisten, den Hinrichtungen vieler von ihnen oder dem Machtmissbrauch sowjetischer Militär- und Geheimdienststellen gegenüber liberalen politischen Parteien? Warum wählten ihre Auftraggeber ein vergleichsweise banales Thema als zentralen Vorwurf gegen die Angeklagten aus: die Raubzüge und Diebstähle der nach Deutschland entsandten Offiziere und Generäle?

Und zweitens: Warum zeigte die sowjetische Staatssicherheit bei diesen Untersuchungen einen so auffälligen Eifer?

Die Antwort darauf findet sich in den Verhörprotokollen der verhafteten Generäle: Es ging darum, die Betroffenen zu kriminalisieren, um ihre Vorgesetzten politisch ausschalten zu können. Wie eine bizarre Selbstbeschuldigung im Ton und Duktus der 1930er-Jahre liest sich die Befragung von Generalmajor Alexej Sidnjew, der nach Kriegsende mit 38 Jahren NKWD-Chef in Berlin geworden war. Ein Oberstleutnant der sowjetischen Staatssicherheit führte sie im Februar 1948 durch.

Frage: Wir zeigen Ihnen Fotos von 5 bei der Haussuchung bei Ihnen entnommenen einmaligen Gobelins flämischer und französischer Meister des 17. und 18. Jahrhunderts, die einen großen Wert besitzen. Wo haben Sie diese Gobelins gestohlen?

Antwort: Die Gobelins wurden in den Kellern der deutschen Reichsbank entdeckt, reiche Deutsche hatten sie zur Aufbewahrung während des Krieges dorthin gegeben. Ich befahl meinem Kommandanten Axjonow, sie in meine Leningrader Wohnung zu schicken.

Frage: Aber diese Gobelins gehören in ein Museum. Wozu haben sie die gebraucht?

Antwort: Ehrlich gesagt, habe ich nicht darüber nachgedacht, was ich stehle. Diese Gobelins gerieten mir unter die Finger, also nahm ich sie mit.

Frage: 15 goldene Uhren, 42 goldene Anhänger, Colliers, Broschen, Ohrringe und Ketten, 15 goldene Ringe und andere Goldsachen wurden bei Ihnen während der Durchsuchung sichergestellt. Wo haben Sie die gestohlen?

> **Antwort:** Ich habe sie aus deutschen Tresoren geraubt.
> **Frage:** 32 teure Pelzsachen, 178 Pelzfelle, 1500 Meter hochwertige Woll-, Seiden-, Samtstoffe, 405 Paar Damenstrümpfe, 78 Paar Schuhe, 296 Kleidungsstücke – das alles ist lediglich ein Teil der bei Ihnen beschlagnahmten Sachen. Wollten Sie mit diesen Dingen handeln?
> **Antwort:** Handeln wollte ich damit natürlich nicht. All das habe teilweise ich selbst gestohlen, unter aktiver Mitwirkung meiner Frau [...].
> Ich erkenne vor Partei und Staat vollständig meine Schuld an jenen Verbrechen an, die ich in Deutschland begangen habe. Ich bitte nur zu berücksichtigen, dass über mir Serow stand, der mich als mein Leiter nicht nur nicht zurechtwies, sondern mich im Gegenteil zu diesen Raubzügen ermunterte und von ihnen bedeutend mehr profitierte als ich.
> Es lässt sich wohl kaum ein Mensch finden, der in Deutschland war und nicht wüsste, dass Serow letztendlich der Hauptbonze bei der Aneignung des Gestohlenen war. Serows Flugzeug verkehrte ständig zwischen Berlin und Moskau und beförderte ohne Grenzkontrolle alle möglichen Wertsachen, Pelze, Teppiche, Gemälde und Kostbarkeiten für Serow. Mit ebensolcher Fracht schickte Serow Waggons und Autos nach Moskau [...].[6]

Soweit ein Auszug aus dem Verhör von General Sidnjew, dem obersten sowjetischen Geheimdienstmann Berlins. Man darf davon ausgehen, dass er die Antworten kaum so formuliert haben dürfte, wie sie protokolliert worden sind, sondern dass dies eine redigierte Fassung der sowjetischen Staatssicherheit ist.

Die Befragungen der übrigen Verhafteten klingen kaum anders. Schukows Nachfolger im Amt des Oberkommandierenden in Deutschland, Marschall Wassili Sokolowski, baute sich in der Nähe von Moskau eine teure Datsche, die aus mehreren Häusern und Hofgebäuden bestand. Das Material dafür sowie die Bauarbeiter – 400 Soldaten, 200 deutsche Kriegsgefangene – ließ er aus Deutschland dorthin bringen.[7] Offenbar nutzten fast alle höheren Dienstränge ihre Stellung in der sowjetischen Zone schamlos aus.

Das Militärkollegium des Obersten Gerichts der UdSSR verurteilte die festgenommenen Generäle und Offiziere wegen »Machtmissbrauchs« und »Verletzung der sozialistischen Gesetzlichkeit«. Die Geheimdienstchefs von Sachsen und Thüringen, beide Vertraute von Serow, bekamen jeweils zehn Jahre Lagerhaft. Sergej Kljopow, der ehemalige NKWD-Leiter in Dresden, wurde als Häftling zum Bau des Wolga-Don-Kanals geschickt.

Schukows Adjutanten, die Majore Sjomotschkin und Kurganski, traf es nicht besser, obwohl sie nur Mittel zum Zweck gewesen waren und verraten hatten, wo ihr Chef deutsches Beutegut versteckt hielt. In ihrem Fall lautete die Anklage nebulöser: Sie hätten über Jahre hinweg »eine verbrecherische Verbindung« zu Leuten unterhalten, die »eine feindliche Tätigkeit« durchführten. Sjomotschkin bekannte später, er habe das Untersuchungsprotokoll nur deswegen unterschrieben, weil er sich nach den Verhören in einem Zustand befand, in dem er »bereit war, Selbstmord zu begehen«.[8] Kurganski verschwand im Moskauer Geheimdienst-Gefängnis Lefortowo, wo er sieben Jahre zubrachte und durch die Haft zum Invaliden wurde.

Schon die Art und Weise, wie die Untersuchungsführer der Staatssicherheit in Moskau Geständnisse von den Verhafteten erpressten, lässt erahnen, dass es den Organisatoren der »Trophäen-Affäre« um etwas ganz anderes ging als um die Wiederherstellung von Gerechtigkeit. Bei genauerem Hinsehen erweist sich die Abrechnung mit den Raubzügen der sowjetischen Besatzer in Deutschland als verlogene Inszenierung.

Stalin habe sich zur Plünderung Deutschlands »ziemlich ungerührt« verhalten, sagt der russische Historiker Nikita Petrow.[9] Es gab also keine Veranlassung, in dieser Richtung ernsthaft zu ermitteln. Die Aktion hatte einen anderen, politischen Hintergrund: den in Stalins Augen allzu mächtig gewordenen Marschall Schukow zu demütigen und zu entmachten. Dazu wurden Generäle und Offiziere, die in seiner Nähe dienten, verhaftet und zu belastenden Aussagen gezwungen. Die betrafen seine Gier nach Beutegut, aber auch sein Privatleben, denn der verheiratete Schukow lebte während des Krieges und später in Deutschland mit mehreren Armeefrauen zusammen.

Sehr schnell mündeten die Denunziationen denn auch in politische Vorwürfe. Sie sollten den Marschall als einen Mann zeigen, der keine Achtung vor Stalin hatte und nach der Macht im Kreml strebte. So soll Schukows Adjutant Sjomotschkin in den Verhören eine Fülle von Details von sich gegeben haben, die seinen Vorgesetzten belasteten. »Schukow stellt sich gegen die Parteiführer und die sowjetische Regierung wie auch persönlich gegen Stalin, heckt im Geist Bosheiten aus, führt einen versteckten Kampf gegen sie und versucht, eine führende Stelle nicht nur in der Armee zu erreichen, sondern auch im Land«, ist in den Protokollen zu lesen.[10] Dass sich Schukows Adjutant tatsächlich in dieser Weise über den Marschall äußerte und damit den zentralen Vorwurf Stalins gegen ihn fast wörtlich selbst formulierte, ist unwahrscheinlich. Die Sätze dürften vom Geheimdienst stammen, Sjomotschkin musste sie nach der physischen Bearbeitung durch Abakumows Schläger wohl nur noch unterschreiben.

Tatsächlich nutzte der Geheimdienst bei der Bearbeitung der Verhafteten das gesamte Instrumentarium physischer und psychischer Einflussnahme. Das wird durch einen Bericht des ehemaligen NKWD-Chefs in Sachsen, Sergej Kljopow, deutlich. Kljopow sprach später in einer Eingabe an die Parteiführung von »infamsten Methoden« der Untersuchungsführer und beklagte, dass ihn die mehrjährige Haft in den Gefängnissen der sowjetischen Staatssicherheit »unter Bedingungen eines außerordentlich strengen Regimes und der Isolation, ohne ausreichend Essen und Luft Schritt für Schritt dem Grab nähergebracht« habe.[11]

Die Verfahren gegen ranghohe Militärs und Geheimdienstler, die in der sowjetischen Zone eingesetzt gewesen waren, zielten also zuallererst auf Schukow. Aber auch der Geheimdienst-Bevollmächtigte Serow gehörte im Zuge der Ermittlungen zum Kreis der Verdächtigen, war er doch einer der engsten Gefährten des Marschalls. In den Verhörprotokollen, die Staatssicherheitschef Abakumow an Stalin weiterreichte, wurde Belastung auf Belastung gehäuft. Schukow habe Serow mit dem Vorschlag gekauft, ihm den Titel »Held der Sowjetunion« zu verleihen, behauptete Sjomotschkin. Ein anderer Schukow-Adjutant berichtete, »dass Serow [...] bereits in der Zeit in Polen begann, Wertgegenstände an sich zu reißen«. So habe er aus dem Anwesen des deutschen Gauleiters in Łódź zahlreiche Gegenstände per Waggon nach Moskau geschickt und in der Berliner Villa von Hitlers früherem Marinechef Raeder sogar einen Marmorkamin herausbrechen lassen, um ihn später in seiner Moskauer Wohnung einzubauen.[12]

Viel gefährlicher jedoch war, was der ebenfalls verhaftete NKWD-General und frühere Verantwortliche für das interne Telefonnetz der Regierung, Michail Andrejew, laut Protokoll ausgesagt haben soll, dass Serow ab 1942 eigenmächtig die Gespräche des Oberkommandierenden Stalin abhören und sich täglich darüber berichten ließ.[13] Zusammen mit Stalin-feindlichen Äußerungen, die man Serows Freund Schukow unterschob, und der Behauptung, die beiden hätten gern sowjetfeindliche Anekdoten erzählt, ergab sich ein explosives Gemisch von Anschuldigungen, aus denen sich leicht der Vorwurf einer konspirativen Tätigkeit gegen die Moskauer Führung konstruieren ließ. Man halte sie beide für »Verschwörer gegen Stalin«, notierte Serow im September 1946 in sein Tagebuch.[14]

Er sah in dieser Lage keinen anderen Ausweg, als noch einmal einen persönlichen Brief an Stalin zu schreiben: Wegen der Verhaftungen in seiner Umgebung und den »verlogenen Aussagen« der Festgenommenen bitte er ihn, eine Kommission der Parteiführung mit der objektiven Untersuchung der Vorwürfe zu betrauen.[15] Damit nicht genug, führte er in dem Schreiben seinerseits belastendes Material über Staatssicherheitschef Abakumow an.

Dass jener Material nicht nur gegen Schukow, sondern auch gegen Serow sammelte, stimmte Stalin offenbar misstrauisch. Er argwöhnte, Abakumow wolle bei dieser Affäre gleich noch sein persönliches Problem mit Serow lösen. So wurde zwar Schukow versetzt und aus der Parteiführung ausgeschlossen, Serow dagegen blieb ungeschoren. Vom Militärtribunal belangt wurden nur subalterne Offiziere wie die NKWD-Chefs von Sachsen und Thüringen. Sie wurden zu langjähriger Lagerhaft verurteilt und bekamen die bürgerlichen Rechte und sämtliche Kriegsauszeichnungen aberkannt. Man stieß sie zudem aus der Kommunistischen Partei aus und konfiszierte ihr Eigentum.

Erst im Sommer 1953 wurde der politische Hintergrund der

»Trophäen-Affäre« offensichtlich. Da hob das Militärkollegium des Obersten Gerichts der UdSSR die Urteile gegen die früheren NKWD-Chefs in Sachsen und Thüringen sowie weitere hochrangige Militärs auf und rehabilitierte diese, allerdings unter dem Siegel »Streng geheim«. Generalleutnant Konstantin Telegin, seit 1948 wegen der Affäre ebenfalls im Gefängnis, zeigte Serow nach seiner Freilassung Flecken auf seiner Hand: »Sieh, die haben sie mir mit brennenden Papirossi eingebrannt, damit ich gegen dich und Schukow aussage.«[16]

Die Erklärung, warum die einst wegen der »Trophäen-Affäre« Verhafteten nun entlassen wurden, liegt auf der Hand: Der Chef der Staatssicherheit, Generaloberst Viktor Abakumow, der die Verhöre in Sachen Schukow und Serow vorangetrieben hatte, war im Sommer 1951 wegen »Staatsverrat« und einer angeblichen »zionistischen Verschwörung« in seinem Ministerium verhaftet worden. Und keine zwei Jahre später war Stalin gestorben, woraufhin sich die politische Wetterfahne in eine andere Richtung zu drehen begann. Auch die »Trophäen-Affäre« zeigte sich jetzt in einem anderen Licht.

Nunmehr befand das Oberste Gericht, Beschanow und Kljopow hätten dem sowjetischen Staat »nicht unmittelbar Schaden zugefügt«. Sie hätten vielmehr in der Vergangenheit »makellos und gewissenhaft die dienstlichen Verpflichtungen erfüllt« und nach der Kapitulation des faschistischen Deutschlands »eine große und anstrengende Arbeit zur Entdeckung und Ausrottung faschistischer Elemente in Thüringen und Sachsen« geleistet. Im Übrigen seien die Beschuldigungen »in einer Reihe von Punkten nicht objektiv und tendenziös« gewesen. Deswegen seien die Urteile aufzuheben und die Beschuldigten vollständig zu rehabilitieren.[17] Damit wurden die Plünderungen in Deutschland, die man ihnen vor der Verurteilung so ausführlich zur Last gelegt hatte, im Nachhinein wieder legitimiert. Man gab ihnen zudem die alten Dienstränge und die Auszeichnungen zurück; nur ihre Parteimitgliedschaft wurde nicht wiederhergestellt. Im Herbst 1953 versuchten die Freigesprochenen, auch das zu korrigieren, denn die Mitgliedschaft in der KPdSU war für sie eine existenzielle Frage. Interessant sind die Erklärungen, die sie dazu an das Komitee für Parteikontrolle beim Zentralkomitee sandten, denn in denen entwarfen sie noch einmal ein umfassendes Bild der Vorgänge in Sachen Beutegut.

Moralische Verfehlungen gaben sie durchaus zu. Diese lasteten sie jedoch weitgehend ihren Frauen und den Umständen im besetzten Deutschland an. Seine Gattin sei »unter den Bedingungen der verfaulten bürgerlichen Umgebung« dem verwerflichen Beispiel ihrer Freundinnen – allesamt Frauen des Kommandobestandes der Sowjetischen Armee – gefolgt und habe »in unbegrenzter Anzahl nötigen und unnötigen Krempel sowie verschiedenen Flitterkram gekauft [so im Original – d. A.] und diesen zu sich nach Hause nach Moskau geschickt«, schrieb der Ex-NKWD-Chef von Sachsen, Sergej Kljopow, an die Partei. »Dazu hatte sie umfassende Möglichkeiten, die sich aus meiner Dienststellung ergaben.« Er selbst habe so etwas gar nicht nötig gehabt, denn er sei materiell abgesichert gewesen – man habe ihm in der sowjetischen Zone monatlich an die 7000 Rubel sowjetisches Geld und 12 000 Besatzungsmark gezahlt. Zudem sei er Tag und Nacht derart beschäftigt gewesen, dass er »an solch schmutzigen Unternehmungen gar nicht teilnehmen« habe können. Gewusst habe er davon aber schon. »Wie konnte es passieren«, so sein scheinbar selbstkritisches Fazit, »dass ich, ein Arbeiter, der ein Vierteljahrhundert lang durch die Kommunistische Partei erzogen worden ist, der 28 Jahre, also fast sein gesamtes bewusstes Leben, in den Organen der proletarischen Diktatur verbracht hat, die Bedingungen meiner Auslandsarbeit nicht begriff und mir und meiner Familie gestattete, sich mit Dingen zu beschäftigen, die den Namen eines sowjetischen Bürgers in den Dreck ziehen [...]?«[18]

Kljopow und die anderen Rehabilitierten wiesen in ihren Schreiben an die Parteiführung aber auch detailliert auf die »lügenhaften Aussagen« der Zeugen und die »Fälschungen der Ergebnisse der Haussuchungen« durch den Geheimdienst hin, die zu ihrer ungerechten Verurteilung geführt hätten.

Die Rückkehr in die KPdSU blieb ihnen trotzdem versperrt, denn die Parteiführung zeigte sich von ihrer Darstellung der Ereignisse nicht überzeugt. Dem Kreml war zwar klar, dass man die Fälle von Kljopow & Co übertrieben und für andere Zwecke benutzt hatte, doch waren die Vergehen in Sachen Beutegut weitgehend belegt.

Der frühere NKWD-Chef für Thüringen, Grigori Beschanow, der außerdem wegen Amtsmissbrauchs und willkürlicher Verhaftungen in seinem Thüringer Amtsbereich angeklagt worden war, beschäftigte sich in seinem Schreiben an die Parteiführung ausführlich auch mit diesen Punkten. Er versuchte, die seinerzeit erhobenen Anschuldigungen durch Hinweis auf seine Leistungen in der sowjetischen Zone vergessen zu machen. So habe der Geheimdienst in seinem Bereich nach Kriegsende 135 faschistische Gruppen unschädlich gemacht und 110 geplante Sabotagefälle in Thüringer Werken verhindert. Die Fälle von Amtsmissbrauch seien dagegen übertrieben worden. Die Parteiführung kam nach nochmaliger Überprüfung dennoch zu dem Schluss, dass es unter Beschanows Führung in Thüringen »gröbste Verletzungen der sozialistischen Gesetzlichkeit«, »unbegründete Verhaftungen von Personen deutscher Nationalität« und Anwendung physischer Gewalt gegen jene gegeben habe. Zudem hätten seine Untergebenen deutschen Bürgern Verbrechen zugeschrieben, die von ihnen frei erfunden worden seien.[19] Das war, immerhin, eine kleine Geste historischer Gerechtigkeit – auch wenn die sowjetische wie die deutsche Öffentlichkeit nichts davon erfuhren. Die Prozesse gegen ehemalige hochrangige Geheimdienstler in der sowjetischen Zone waren ja auch nie als Mittel zur Aufarbeitung der sowjetischen Besatzungspolitik gedacht – sie waren ein Instrument, um vermeintliche Gegner Stalins kaltzustellen, erfüllten also einen rein innenpolitischen Zweck. Nur ganz am Rande kam dabei zutage, mit welcher Willkür Besatzungsoffiziere im Osten Deutschlands vorgegangen waren und wie sie sich an Beutegut bereichert hatten.

22

Die deutschen Erben des NKWD

In Deutschland waren die Strukturen der neuen Macht indessen weiter ausgebaut worden, mit intensiver Unterstützung der Besatzungsmacht. Ein Beispiel aus dem mecklenburgischen Ribnitz belegt das. Dort bewegte sich am 26. Juli 1949 ein Trauerzug zum örtlichen Friedhof. Zu Grabe getragen wurde der erste demokratisch gewählte Nachkriegsbürgermeister Hermann Mevius. Man hatte ihn zwei Tage zuvor in einem Torfmoor in der Nähe des Waldkrugs Freudenberg aufgefunden. »Freitod durch Ertrinken« lautete der Eintrag im Sterberegister. Mevius war 57 Jahre alt geworden.[1]

Was die Ribnitzer nicht wussten: In den Zug der Trauernden hatten sich zwei Männer vom Kommissariat 5 in Rostock eingereiht, um »auf diese Weise zu erfahren, wie die Stimmung der Ribnitzer Bevölkerung zum Tode des M e v i u s ist«. So stand es später unter dem Rubrum »Vertraulich« im Ermittlungsbericht.[2] Das Kommissariat 5 war eine Spezialabteilung der Kriminalpolizei. Fälle wie der Ribnitzer Suizid landeten umgehend auf ihrem Tisch.

»Der Trauerzug belief sich auf ca. 1500 bis 2000 Menschen, hierunter waren auch einige Betriebe geschlossen gekommen«, hieß es weiter in dem Papier. »Bemerkenswert war, dass ein Kranz der LDP besonders augenfällig auf dem Sarg-Wagen, der breiten Öffentlichkeit gut sichtbar, niedergelegt worden war. Hinter dem Trauerwagen ging ein Pastor neben der Familie M e v i u s . Der Pastor bemerkte bei der kurzen Trauerrede am Grabe: es gäbe noch einen gerechten Gott. Hierzu muss bemerkt werden, dass viele der Anwesenden zustimmend nickten. Allgemein wurde unter den Menschen zum Ausdruck gebracht, dass die SED den Mevius in den Tod getrieben habe.

In den Tagen danach wurden Gerüchte laut, wonach alle diejenigen, die bei den Begräbnisfeierlichkeiten auf dem Friedhof teilgenommen hatten, verhaftet werden sollten, und dass 3 Polizisten den Mevius in das Moorloch gestossen hätten.«

Es war ein tragischer Vorgang, obwohl Selbstmorde nach Kriegsende nicht selten waren. Der Zimmermann Hermann Mevius war seit 1917 Mitglied der USPD gewesen und kurz vor Hitlers Machtergreifung für die SPD jüngster Stadtverordneter in Ribnitz geworden. 1933 wurde er kurzzeitig inhaftiert, war zu Kriegsbeginn Soldat und nach dem Attentat auf Hitler nochmals sieben Wochen im Gefängnis. Im Herbst 1945 wählten ihn die Ribnitzer Sozialdemokraten zum 2. Vorsitzenden der wiedergegründeten SPD, nach der Zwangsvereinigung von KPD und SPD trat er in die SED ein.

Als Bürgermeister – er war 1947 zum Stadtoberhaupt gewählt worden – stand Mevius im Ruf eines eigenständig agierenden Mannes, welcher der örtlichen Wirtschaft mitunter auch ohne Zustimmung der Behörden half. Die Kreisparteikontrollkommission schloss ihn am 16. Juli 1949 aus der SED aus, »wegen Sabotage an der Bodenreform und parteifeindlicher Einstellung«. In der Begründung hieß es, Mevius habe zwei Jahre lang einen enteigneten Großgrundbesitzer namens Pätzold begünstigt und sei ihm behilflich gewesen, »die ihm im Zuge der Bodenreform enteigneten Möbelstücke, die in das Eigentum von Neusiedlern übergegangen waren, in das Eigentum des P. zurückzuführen«.[3] Bei der Entscheidung hatte offenbar eine Rolle gespielt, dass der Bürgermeister Verbindungen zur West-SPD unterhielt.

Mevius muss das als schreiende Ungerechtigkeit und Willkür empfunden haben. Im Abschiedsbrief an seine Familie schrieb er: »Ich habe nichts Unrechtes getan und immer versucht, das Beste für die Stadt zu tun. Ich habe keinen Pfennig unterschlagen. Ihr könnt mit erhobenem Haupt durch die Stadt gehen.«[4]

Die große Anteilnahme der Bevölkerung am Schicksal ihres Bürgermeisters alarmierte die Partei. Deswegen setzte sie das Kommissariat 5 ein, um festzustellen, »was das Motiv zum Selbstmord des M. sein könnte, ob Vergehen vorliegen und wie die Stimmung der Bevölkerung hierzu ist«. Das Kommissariat 5 war offiziell ein gleichberechtigter Teil der Kriminalpolizei – in Wirklichkeit aber die innerhalb der deutschen Polizei versteckte Keimzelle der späteren DDR-Staatssicherheit. Man hatte es scheinbar gleichberechtigt unter den verschiedenen Kommissariaten und Dezernaten eingereiht, denn seine Funktion durfte nach außen hin nicht sichtbar sein: Die Siegermächte ließen nach 1945 deutsche Polizeikräfte ausschließlich zur Wahrung von Ordnung und Sicherheit zu, politische Polizeiagenturen waren laut Kontrollratsgesetz Nr. 31 für ganz Deutschland verboten. Wie die Historikerin Monika Tantzscher, die sich eingehend mit der Geschichte des Ministeriums für Staatssicherheit befasst hat, feststellt, enthielt jedoch »der neu entstehende Polizeiapparat in der Sowjetisch Besetzten Zone [...] von Anfang an Elemente einer politischen Geheimpolizei«.[5]

Die mit der Nummer 5 gekennzeichneten Kommissariate hatten sich 1945 aus den Kriminal-Sondereinheiten für politische Angelegenheiten entwickelt. Sie hatten Aufträge der SMAD auszuführen und konzentrierten sich auf die Suche nach Kriegsverbrechern und ehemaligen NS-Funktionsträgern. Auch die politische Zuverlässigkeit des Personals für die neuen Verwaltungen überprüften sie. Für 1946 meldete das K 5 in Sachsen »insgesamt 13 869 Vorgänge, von denen 13 038 an die Staatsanwaltschaft und 783 an die SMA weitergeleitet wurden. 775 Verhaftungen fanden statt«.[6] Im Jahr darauf waren diese Zahlen bereits merklich gestiegen.

Auf das Kommissariat 5 als professionell agierende politische Polizei verständigte sich die Parteiführung erst im Oktober 1946.[7] Doch war den neuen Machthabern schon lange vorher klar, dass sie ohne ein solches Instrument nicht auskommen würden. Das zeigt sich an einem Beispiel aus der Stadt Bernburg, wo die örtliche KPD sehr früh sowjetische Geheimdienst-Praktiken übernahm und damit der Zeit quasi voraus war.

Im August 1945 meldete die in Bernburg gebildete Kriminalpolizeistelle an die Geschäftsstelle der KPD den Ausschluss des Hilfspolizisten Deckiert. Er sei ein »unzuverlässiges Element«: »Deckiert hat seine Machtbefugnisse als Hilfspolizist überschritten und seine Dienstgewalt missbraucht. Ausserdem hat er versucht, ohne Auftrag, im Namen der K.P.D. Geschäfte abzuschliessen.« Der Mann habe in den Augen der Außenstehenden das Ansehen der KPD geschädigt, hieß es weiter.[8] Der Kommentar belegt, dass sich die Polizei als Arm der KPD verstand.

Bemerkenswerter als die Causa Deckiert selbst ist jedoch die Tatsache, dass die Mitteilung auf einem Bogen geschrieben wurde, in dessen Kopf als Absender »Politische Polizei Bernburg« stand. Eine solche Polizei gab es zu dieser Zeit offiziell nicht, so nennen wollte man sie an oberster Stelle schon gar nicht. Man wollte schließlich den Eindruck vermeiden, die schändliche Verfolgungspraxis aus der Hitler-Zeit werde unter den Kommunisten fortgesetzt. Das gelang jedoch nicht: Auch das harmlos klingende »K 5« wurde später als »neue Gestapo« und »Parteipolizei« abgelehnt, sogar unter Polizeiangestellten.[9]

Abgesehen von den sowjetischen Besatzern, hielt zu dem Zeitpunkt, als man sich in Bernburg bereits als politische Polizei empfand, allein die KPD-Führung alle Sicherheitsfäden in der Hand. Schon früh hatte sie mit dem Informationsdienst der Partei (dem sogenannten Ifo-Dienst) eine eigene Schnüffelorganisation geschaffen, die später innerhalb der SED weiterarbeitete. Ihre Aufgabe sei es, so betonte die Provinzialleitung Sachsen, »durch fortwährende Überprüfungen aller Bevölkerungsschichten in Stadt und Land« die »wahren Stimmungen des deutschen Volkes« zu erforschen und »jede Regung jedes Gegners der Demokratie rechtzeitig zu erkennen«.[10] Der Chef des Ifo-Dienstes in Halle sprach im Februar 1947 vom »Ohr der Partei« und davon, dass der Dienst eng »mit der Kripo und der NKVD [sic]« zusammenarbeiten müsse. Als Zielgruppen nannte er CDU und LDP sowie illegale »Anti-SED-Organisationen«. Die Berichte seien täglich an die Sowjetische Militäradministration weiterzuleiten.[11]

Was die Parteiführung von ihren Horchern zu erfahren wünschte, geht aus Handreichungen für die Mitarbeiter des Ifo-Dienstes hervor: »Was sagt der Arbeiter über seine Lebensverhältnisse (Löhne, Ernährung, Mieten usw.)? Wie urteilen sie über die SMA?« Auch die »Stimmung der Arbeiter zu den innen- und außenpolitischen Ereignissen« sollte festgehalten und weitergegeben werden. »Der Ifo-Mann oder die Frau ist das Auge und Ohr der Partei. Ihr müßt über alles was ihr hört und seht berichten«, forderte die SED-Kreisleitung Haldensleben im Juli 1946 von den Genossen des Ifo-Dienstes.[12]

Der Dienst agierte so geheim, dass offenbar nicht einmal der SED-Kovorsitzende Otto Grotewohl von diesem Spitzelnetz wusste. Andererseits war er nicht so geheim, dass die Russen davon nichts mitbekommen hätten. Man könnte denken, das Vorgehen der deutschen Kommunisten sei ihnen durchaus recht gewesen, kopierten diese doch nur sowjetische Methoden des NKWD aus den 1930er-Jahren. Doch dem war nicht so: Staatssicherheitschef Abakumow beobachtete die Aktivitäten von Pieck und Ulbricht mit wachsender Eifersucht. Zweimal wandten sich die beiden Deutschen mit der Bitte an die Führung in Moskau, die Vollmachten der K-5-Kommissariate erweitern zu dürfen. Beide Male wurde ihnen Bescheid gegeben, »vorläufig davon Abstand zu nehmen«.[13]

Für die Zurückhaltung in Bezug auf eine selbstständige deutsche Staatssicherheit führt der Moskauer Historiker Nikita Petrow mehrere Gründe an. Zum einen habe Moskau angesichts der sich damals ohnehin zuspitzenden Spannungen zwischen Ost und West den ehemaligen Verbündeten keinen Vorwand liefern wollen, in den Westzonen analoge Aufklärungs- oder Abwehrdienste zu gründen. Die Sowjets seien davon ausgegangen, dass diese den ostdeutschen Diensten überlegen gewesen wären – wegen der größeren Möglichkeiten, ehemalige »Fachleute« aus dem Dritten Reich zu finden. Überprüfte und loyal zur SED stehende Kader als potenzielle Geheimpolizisten waren dagegen rar. Außerdem wäre der Status einer selbstständigen Staatsicherheitsbehörde unklar gewesen, denn noch existierte kein ostdeutscher Staat. Die Gründung eines eigenständigen Sicherheitsapparates für die gesamte sowjetische Zone wäre im Westen als Hinweis darauf gewertet worden, dass der Kreml die Schaffung eines Satellitenstaates anstrebte – das aber sollte zu diesem Zeitpunkt noch vertuscht werden.[14]

Diese Haltung änderte sich erst gegen Jahresende 1948, als mit der Berlin-Krise die Konfrontation der ehemaligen Alliierten einen vorläufigen Höhepunkt erreichte. Am 18. Dezember waren Pieck, Grotewohl und Ulbricht erneut nach Moskau gereist, wo sie abends um 20 Uhr Generalissimus Stalin empfing. Das Gespräch, das bis kurz vor Mitternacht dauerte, begann mit einer für die Deutschen peinlichen Frage. Ob es stimme, dass ein führender SED-Funktionär zu den Amerikanern übergelaufen sei, wollte Stalin wissen – und meinte damit das Mitglied des Zentralsekretariats Erich Gniffke. Gniffke habe »von Anfang an ein doppeltes Spiel gespielt«, antwortete Pieck – woraufhin Stalin zurückfragte, ob die SED-Führung denn ihre Leute so schlecht überprüfe. Pieck beteuerte, dass sie im Zusammenhang mit dieser Flucht die führenden Organe der SED reorganisieren würden und man die Sicherheitsorgane stärken werde.

Ulbricht nutzte diesen Moment jedoch und wandte sich nun mit der Bitte an Stalin, »deutsche Organe der Staatssicherheit zu gestatten«. Das wäre nicht schlecht, lautete dessen Antwort. Allerdings griff an dieser Stelle Wladimir Semjonow ein, der mit nach Moskau gereiste Politische Berater des SMAD-Chefs in der sowjetischen Zone. Er wies darauf hin, dass der Minister für Staatssicherheit Abakumow dagegen sei – worauf Stalin ziemlich grob entgegnete, es sei nicht Abakumows Sache, über solch eine Frage zu entscheiden. Es sei sehr wohl möglich, im Rahmen der deutschen Kriminalpolizei Organe der Staatssicherheit zu gründen. Man solle diese Kriminalpolizei mit Kadern aus der kasernierten Volks- und der Grenzpolizei ausstatten.[15]

Zehn Tage nach dem Treffen mit den deutschen SED-Funktionären diktierte Stalin einen Politbüro-Beschluss, der den Weg zu einer ostdeutschen Staatssicherheit endgültig öffnete: Das Ministerium für Staatssicherheit MGB und die SMAD seien zu beauftragen, bis zum 10. Januar 1949 Vorschläge für die Schaffung von deutschen Organen der Staatssicherheit vorzulegen. Die entsprechende Vorlage bekam Stalin von Abakumow allerdings erst Anfang März auf den Tisch.[16]

Es war eine Niederlage des sowjetischen Stasi-Chefs. Noch sieben Tage vor Stalins Treffen mit Pieck, Grotewohl und Ulbricht hatte er dem Kremlführer eine Aktennotiz zukommen lassen, in der er erneut von seinen Bedenken sprach, eine deutsche Staatssicherheit würde im Westen als neue »deutsche Gestapo« interpretiert. Den Kampf mit antisowjetischen Elementen und Spionen in der sowjetischen Zone sollten die sowjetischen Sicherheitsorgane führen, es gebe keine Notwendigkeit, einen deutschen Apparat für diese Ziele zu gründen.[17]

Die deutschen Kommunisten hatten auf derlei Bedenken offenbar schon nichts mehr gegeben, denn sie waren bereits mit einem klaren Konzept nach Moskau gekommen. »Die Kriminalpolizei ist zu säubern und besser zu schulen«, hieß es darin. »Die bisherige K5 wird aufgelöst. Es wird unter direkter Kontrolle der sowjetischen Besatzungsorgane und des Präsidenten der Verwaltung des Innern eine ›Hauptabteilung zum Schutze der Wirtschaft und der demokratischen Ordnung‹ geschaffen. Zu ihren Aufgaben gehört Abwehr von Sabotage [...], Attentaten und sonstige Verbrechen, Sprengstoff- und Waffenvergehen, Bekämpfung illegaler Organisationen sowie Kampf gegen antidemokratische Tätigkeit.«[18]

Mit der Moskaureise der drei Ostzonen-Funktionäre waren die Weichen gestellt – der Aufbau einer professionellen politischen Polizei konnte beginnen, natürlich unter sowjetischer Aufsicht. Schon im April 1949 berichtete Serows Nachfolger in der sowjetischen Zone, Nikolai Kowaltschuk, an Stalin, dass in allen Kreisverwaltungen des künftigen deutschen Staatssicherheitsdienstes MGB-Gruppen zur Leitung und Kontrolle der Sicherheitsorgane gebildet und zu diesem Zweck zusätzliche Mitarbeiter der Moskauer Staatssicherheit in die sowjetische Zone entsandt worden seien. Bis zur Gründung des DDR-Ministeriums für Staatssicherheit im Februar 1950 dauerte es nur noch wenige Monate.

Dass die künftige Stasi von Anfang an eng mit den sowjetischen Besatzern und den SED-Behörden verknüpft war, lässt sich auch aus den Parteidokumenten des Jahres 1949 herauslesen. Unter dem Siegel »Geheime Verschlusssache« berichtete etwa die mecklenburgische Landespolizeibehörde dem Schweriner Landesvorstand der SED regelmäßig über die politische Lage und wies auf verdächtige Funktionsträger hin. Auch das enttäuschende Wahlverhalten wichtiger Personen aus Verwaltung und Wirtschaft bei der Abstimmung über den Dritten Deutschen Volkskongress im Mai 1949 wurde den führenden Parteifunktionären gemeldet.[19]

Die versprochenen Säuberungen in der Polizei hatten bis 1949 dazu geführt, dass die entscheidenden Posten der Sicherheitsbehörden fest in kommunistischer Hand waren, auch im politisch eher unzuverlässigen Mecklenburg. Die deutschen Tschekisten gingen nicht weniger rigoros vor als die sowjetischen. Im Februar 1949 bekam der Polizeichef von Mecklenburg, Karl Kleinjung, ein Fernschreiben auf den Tisch, in dem das Greifswalder Kommissariat 5 von einer »Provokation« gegen die SED berichtet. Es seien Schreiben mit dem Titel »Marxismus unzeitgemäß« im Umlauf. Sie sollen vom Kreisgeschäftsführer der LDP, Walter Kleemann, verbreitet worden sein. Man beabsichtige, Kleemann bei Eintreffen in seiner Wohnung festzunehmen. »Da es sich um einen Kreisgeschäftsführer der LDP handelt, wird hiermit um die Genehmigung zur Festnahme gebeten«, so der Leiter des K 5.[20]

Zum Chef der Landesvolkspolizei war inzwischen mit Karl Kleinjung ein Mann aufgestiegen, der seine Prägung wie viele andere in sowjetischen Geheimdienstkreisen erhalten hatte. Der gelernte Friseur hatte sich 1929 der kommunistischen Bewegung zugewandt und nach der Teilnahme am Spanischen Bürgerkrieg in die Sowjetunion abgesetzt. Dort wurde er später als Aufklärer ausgebildet. Im Krieg war er bei den belorussischen Partisanen, und er wurde für Sonderaufträge des NKWD eingesetzt. Nach dem Krieg kehrte Kleinjung nach Ostdeutschland zurück und begann eine steile Karriere in den Sicherheitsbehörden. 1950 trat er in das brandneue Ministerium für Staatssicherheit ein. Er wurde Leiter der Verwaltung Groß-Berlin und schließlich Chef der Hauptabteilung I, die für die Militärabwehr zuständig war. Mehrfach war er mit Maßnahmen zur Verhinderung von »Provokationen« an der innerdeutschen Grenze befasst, was ihm nach dem Ende der DDR eine Klage wegen Totschlags einbrachte. Kleinjung war ein typischer Zögling des sowjetischen Geheimdienstes. Mit solchen Männern an der Spitze musste der Kreml eine eigenständige ostdeutsche Staatssicherheit nicht fürchten.

Am 8. Februar 1950 war es schließlich so weit: Nach ausführlicher Begründung durch den DDR-Innenminister Karl Steinhoff nahm die 10. Plenarsitzung der neuen Volkskammer ein Gesetz über die Errichtung eines Ministeriums für Staatssicherheit an. Die DDR besaß nun eine eigene politische Polizei.

Trotzdem blieb Moskau als Aufpasser vor Ort. Zwar wurden die

Abteilungen des sowjetischen Ministeriums für Staatssicherheit in den ostdeutschen Städten und Kreisen nach 1950 aufgelöst, als Ersatz richtete man jedoch überregionale Abteilungen ein: Fortan gab es 14 Operativsektoren in den DDR-Bezirken, die dem Bevollmächtigten der Moskauer Staatssicherheit unterstanden. Sie sollten die DDR-Staatssicherheit »mit Ratschlägen und Empfehlungen« unterstützen, die Spionageabwehr gewährleisten, sofern Interessen der Sowjetunion berührt wurden, und nachrichtendienstliche Arbeit in Westdeutschland leisten. Später fungierten die Tschekisten als »Berater« bei den MfS-Organen der DDR. In einem Brief an die Parteiführung aus dem Jahr 1953 forderte das Moskauer Staatssicherheitsministerium, seine Kontrolleure und Berater müssten in der DDR das Recht haben, die Arbeit der deutschen Staatssicherheit zu lenken und zu kontrollieren.[21]

Das taten sie allerdings schon seit 1950. Moskau hatte sich die direkte Einflussnahme schon dadurch gesichert, dass die beiden ersten Stasi-Minister frühere sowjetische Geheimagenten waren. Mit Wilhelm Zaisser setzten sie 1950 einen Mann durch, der bereits 1927 Mitarbeiter der Komintern in Moskau und später Militärberater der Kuomintang in der Mandschurei geworden war. Mitte der 1930er-Jahre leitete Zaisser, nunmehr Mitglied der Kommunistischen Partei der Sowjetunion, eine sowjetische Militärschule, war dann Kommandeur im Spanischen Bürgerkrieg und schließlich ab 1938 erneut in Moskau, als Mitarbeiter des Exekutivkomitees der Kommunistischen Internationale. Mit welchen speziellen Aufgaben er betraut wurde, wusste nicht einmal die deutsche KPD-Führung.

Als Zaisser 1953 im Zuge des Aufstands vom 17. Juni gestürzt wurde, gelangte erneut ein Mann Moskaus auf den Posten des DDR-Ministers für Staatssicherheit: der bereits erwähnte Ernst Wollweber. Der hatte in den 1920er-Jahren ebenfalls eine sowjetische Militärschule besucht, war Verbindungsmann zur Spionageabteilung der Roten Armee geworden und leitete ab 1934 eine Spezialabteilung des NKWD, deren Aufgabe Sabotage an Schiffen sogenannter faschistischer Mächte war, während er selbst in Skandinavien Untergrundarbeit leistete. Noch kurz vor Kriegsende erhielt er die sowjetische Staatsangehörigkeit.

Erst nachdem auch Wollweber 1957 zurückgetreten war – ebenfalls nicht freiwillig –, kam mit seinem Stellvertreter Erich Mielke ein Mann zum Zuge, der sich durch grenzenlose Loyalität gegenüber der SED-Führung auszeichnete. Bis zu diesem Zeitpunkt hatten die sowjetischen Instrukteure im Ministerium für Staatssicherheit bei wichtigen Entscheidungen das letzte Wort gehabt. Auch Struktur und Arbeitsweise der DDR-Geheimpolizei waren weitgehend aus Moskau übernommen worden. Die sowjetischen Berater leiteten die MfS-Einheiten sowohl bei der inneren Sicherheit als auch bei der Auslandsaufklärung an. Zumindest in den ersten acht Jahren haben sie, so der US-amerikanische Historiker Douglas Selvage, die ostdeutsche Staatssicherheit »regelrecht dominiert«.[22]

Erst nach dem Abgang Wollwebers bekamen die Deutschen das Sagen. Die Kompetenzen der Berater wurden begrenzt, sie waren nun Verbindungsoffiziere. Ziel war laut einer gemeinsamen Vereinbarung von 1959 die gemeinsame »Bekämpfung der gegen die Sowjetunion und die DDR gerichteten Wühlarbeit« westlicher »Geheimdienste, Spionage- und Propagandazentralen sowie der antisowjetischen Emigrantenorganisationen«. Die Kompetenzen der Verbindungsoffiziere waren ziemlich umfassend definiert. Die Mitarbeiter des MfS wurden verpflichtet, den sowjetischen Offizieren »unverzüglich alle Hinweise über die feindlichen Absichten und Handlungen« zu übergeben.[23] Fast alle Informationen für die SED-Führung wurden auch nach Moskau geschickt, fand der Historiker Walter Süß beim Studium der Stasi-Akten heraus, »häufig sogar die Eingangsinformationen von Westagenten, die sonst selbst im MfS außer den zuständigen HVA-Offizieren niemand zu sehen bekam. Auch eine Weitergabe qualifizierter IMs [Inoffizieller Mitarbeiter, d. A.] kam vor«.[24]

Ganz einseitig lief diese Kooperation allerdings nicht. Die Russen blieben auf DDR-Gebiet selbst überaus aktiv. Schließlich gab es noch die KGB-Residentur in Berlin-Karlshorst, die zuletzt zwischen 800 und 1200 Mitarbeiter gehabt haben soll. Sie war vor allem im »Operationsgebiet Bundesrepublik« tätig, wie Süß hervorhebt. Für den militärischen Bereich zuständig war eine weitere KGB-Residentur bei der Gruppe der Sowjetischen Streitkräfte in Potsdam. Außerdem gab es eine Residentur des Militärischen Nachrichtendienstes GRU in Wünsdorf. Und es existierten bis Herbst 1989 direkte Verbindungspersonen der russischen Botschaft und des KGB im Politbüro der SED. Ministerpräsident Willi Stoph gehörte zu ihnen.

Laut Douglas Selvage, viele Jahre Projektleiter in der Stasi-Unterlagen-Behörde, haben die Sowjets oft die gemeinsam aufgestellten Regeln der Zusammenarbeit mit der DDR-Staatssicherheit unterlaufen. Sie beschränkten sich durchaus nicht darauf, Spionage Richtung Westen zu betreiben oder Abwehrarbeit für die in Ostdeutschland stationierten sowjetischen Streitkräfte. Eine ebenso wichtige Aufgabe war es, gezielt Informationen über die Lage in ihrem Gastland zu sammeln. Dazu warben die aus Moskau entsandten Tschekisten eigene Quellen in der DDR-Bevölkerung an; zusätzlich nutzten sie weit mehr als 1000 ostdeutsche Bürgerinnen und Bürger als Agenten für die Westaufklärung des KGB.[25] Ostdeutsche Funktionäre trugen den Sowjets auch Informationen über die Lage in der Partei- und Staatsführung zu, also aus dem engsten Zirkel um Walter Ulbricht und später Erich Honecker.[26] Dass es auf DDR-Gebiet sogar illegale Residenzen des sowjetischen Geheimdienstes gab, von denen selbst die KGB-Vertretung in Berlin-Karlshorst nichts wusste, sei nur am Rande vermerkt.

Wie eng die Kooperation zwischen dem sowjetischen und dem DDR-Geheimdienst gewesen ist, wurde erst nach dem Mauerfall klar. So nannte ein früherer Mitarbeiter der Hauptverwaltung A, des Auslandsnachrichtendienstes im MfS, dem Kölner Bundesamt für Verfassungsschutz ein interessantes Detail: HVA-Gründer Markus Wolf habe dafür gesorgt, dass das sowjetische KGB ohne Wissen von Staatssicherheitschef Erich Mielke »von allen beschafften Aufklärungsmaterialien eine Ausfertigung« erhielt.[27]

Wer möchte, kann zentrale Protokolle der Zusammenarbeit von DDR-Staatssicherheit und sowjetischem Geheimdienst heute im Bundesarchiv einsehen. Sie enden mit der offiziellen Verabschiedung des Leiters der KGB-Vertretung in der DDR, des »Genossen Generalmajor Titow«, am 29. November 1989. Knapp drei Wochen nach dem Mauerfall fand diese statt – aber Titow war trotzdem nicht der letzte Abgesandte aus Moskau. Denn mit Generalmajor Anatoli Nowikow wurde an jenem 29. November noch einmal ein neuer Leiter der KGB-

Vertretung in der DDR begrüßt. Generalleutnant Wolfgang Schwanitz, Chef des nun in »Amt für Nationale Sicherheit« umbenannten Staatsicherheitsministeriums, würdigte bei dieser Feier in Raum 163 der alten Stasi-Zentrale »die Verbundenheit und Zusammenarbeit zwischen unseren Staatssicherheitsorganen« und versicherte, auch weiterhin »die Erfahrungen des KfS« [Komitee für Staatssicherheit, d. A.] zu nutzen.[28]

Nowikow blieb nicht lange in der DDR. Und auch der zu dieser Zeit noch in Dresden wirkende Leningrader KGB-Major Wladimir Putin packte bereits seine Sachen.

Wer übrigens Putins Arbeit in Dresden untersucht, stößt sofort auf eine weitere Tatsache: Nicht nur in ihrer ehemaligen Besatzungszone war die sowjetische Staatssicherheit bis 1991 aktiv (also auf dem Gebiet der DDR), sondern auch im westlichen Deutschland, in der Bundesrepublik. Der Westen und die Nato waren selbst in Dresden allererstes Zielobjekt – vor allem die Green Berets, Special Forces der US-Armee, die im bayerischen Bad Tölz lagen, sowie die Truppenübungsplätze Wildflecken und Munster. Zuständig dafür in den KGB-Filialen waren die Vertreter der dritten Abteilung (»Illegale Aufklärung«) – in Dresden: Wladimir Putin.

Wirklich ergiebige Agenten in der Nähe dieser Basen zu stationieren, gelang dem KGB allerdings nicht, beteuerte 2003 Putins früherer Kollege Usolzew mir gegenüber – und das, obwohl die Stasi ihnen sämtliche Anträge weiterreichte, mit denen Dresdner um Genehmigung von Verwandtenbesuchen aus dem Westen nachsuchten. Zehntausende dieser Papiere habe Putin durchgesehen, um Bezugspersonen aus der Gegend jener US-Basen zu finden.[29]

Mag Putin in dieser Hinsicht auch wenig erreicht haben, insgesamt war der sowjetische Geheimdienst bei seiner Wühlarbeit im Westen bis zum Ende der Sowjetunion sehr erfolgreich. Er war ein wichtiges Instrument der Moskauer Außenpolitik, vor allem in den Zeiten des Kalten Krieges. Seine Aktionen – sofern sie überhaupt bekannt wurden – sind Legende. KGB-Leute oder deren Handlanger mordeten und spionierten, lieferten Waffen und bildeten Terroristen aus oder versuchten, mit Desinformationen Verwirrung zu stiften.

Unliebsame Personen im Westen für immer zum Schweigen zu

bringen und damit warnende Exempel für potenzielle Überläufer zu statuieren, gehörte von Anbeginn zum Arsenal des Moskauer Geheimdienstes. Ende der 1950er-Jahre ermordete Bogdan Staschinski im Auftrag des KGB in kurzem Abstand kaltblütig die nach Deutschland emigrierten ukrainischen Nationalisten Lew Rebet und Stepan Bandera. 1978 starb der bulgarische Regimekritiker Georgi Markow an der Londoner Waterloo Brigde, nachdem ihm ein Mann mit einer Schirmspitze Gift ins Bein gespritzt hatte – das KGB hatte dafür Gift und Kapsel geliefert. Derartige Morde sind auch heute nicht tabu: 45 Jahre nach dem Attentat in London, im Jahr 2006, erkrankte in derselben Stadt auf rätselhafte Weise ein Mann, der dem Kreml als Verräter galt: der ehemalige Geheimdienstoffizier Alexander Litwinenko. Er starb qualvoll an einer Vergiftung mit radioaktivem Polonium. Vom Mord an dem Georgier Selimchan Changoschwili in Berlin 2019 war bereits die Rede.

Jahrzehntelang hat das KGB versucht, Spione im Westen zu etablieren. Es hatte bereits in den 1950er-Jahren Hunderte sogenannter Schläfer »unter die deutschen Kriegsgefangenen gemischt, die in den fünfziger Jahren in die Heimat zurückgekehrt waren« und dort später für Moskau aktiv werden sollten, so der deutsche Journalist Heinz Höhne in seinem Standardwerk über die deutsche und russische Spionage.[30] Der sowjetische Dienst unterwanderte den Verfassungsschutz, indem er dort etwa Vera Schwarte unterbrachte, die nach Kriegsende in einem sowjetischen Internierungslager vom MGB angeworben worden war. Selbst beim Auslandsnachrichtendienst BND in Pullach saß ein hochrangiger Moskauer Spion: der frühere SS-Obersturmführer Heinz Felfe, zuständig ausgerechnet für die Gegenspionage zur Sowjetunion und wegen seiner bis nach Moskau reichenden Informantennetze ein Vertrauter von BND-Präsident Reinhard Gehlen. 1961 wurde er enttarnt und verhaftet. Felfe »lieferte Unermeßliches aus allen möglichen Bereichen der bundesdeutschen Geheimdienste«; er soll mindestens 15 000 Geheimsachen an Moskau verraten haben.[31]

Eine gebräuchliche KGB-Methode war auch die technologische und industrielle Spionage, um die sowjetische wissenschaftliche Forschung voranzutreiben. Moskau zahlte während des Kalten Krieges zudem Millionenbeträge an kommunistische Parteien im Westen – das Geld wurde oft von KGB-Offizieren in bar übergeben. Erhebliche Summen stellte der Kreml auch für Untergrundoperationen von Terroristenbewegungen zur Verfügung, um westliche Gesellschaftssysteme zu schwächen. In Lagern in der UdSSR wurden Guerilla-Kämpfer aus Afrika ausgebildet, ebenso junge Palästinenser, und vom KGB kontrollierte Firmen lieferten in den 1970er-Jahren Waffen, etwa an die nordirische IRA.[32]

Eine immer größere Rolle spielten mit den Jahren vom KGB ausgelöste Desinformationskampagnen. Oft wurden sie so angelegt, dass sie sich die legitime Besorgnis der westlichen Öffentlichkeit über weltpolitische Probleme zunutze machten. Das hat sich bis heute nicht geändert, im Gegenteil. Unter Wladimir Putin ist die Desinformation zu einer der wichtigsten Geheimdienstmethoden geworden. So wurde im Dezember 2023 über die Rechercheorganisation Dossier Center ein russischer Geheimdienstbericht bekannt, wonach Russland plante, den finnischen und schwedischen Nato-Beitritt mittels inszenierter Demonstrationen und anderer Agitationen zu verhindern. Moskau soll das Ziel ausgegeben haben, »die Spannungen zwischen der Türkei und den europäischen Ländern sowie der NATO, die es nach den Koranverbrennungen in Schweden gegeben hatte, zu verstärken«.[33]

Dass KGB-Aktivitäten mitunter – wenn auch selten – durchaus im Sinne westlicher Regierungen sein konnten, zeigte sich in den Jahren der Bonner Ostpolitik. Der damalige KGB- und spätere Parteichef Juri Andropow erteilte 1968 dem KGB-General Wjatscheslaw Keworkow den Auftrag, vorbei an allen Instanzen des Machtapparates auf allerhöchster Ebene einen direkten Kontakt zwischen Moskau und Bonn herzustellen. Über den sogenannten *back channel*, einen inoffiziellen Kanal, der daraufhin zwischen Keworkow und dem Staatssekretär Egon Bahr entstand, konnten Bundeskanzler Willy Brandt und der sowjetische Parteichef Leonid Breschnew direkt über Fragen der Ostpolitik kommunizieren.[34]

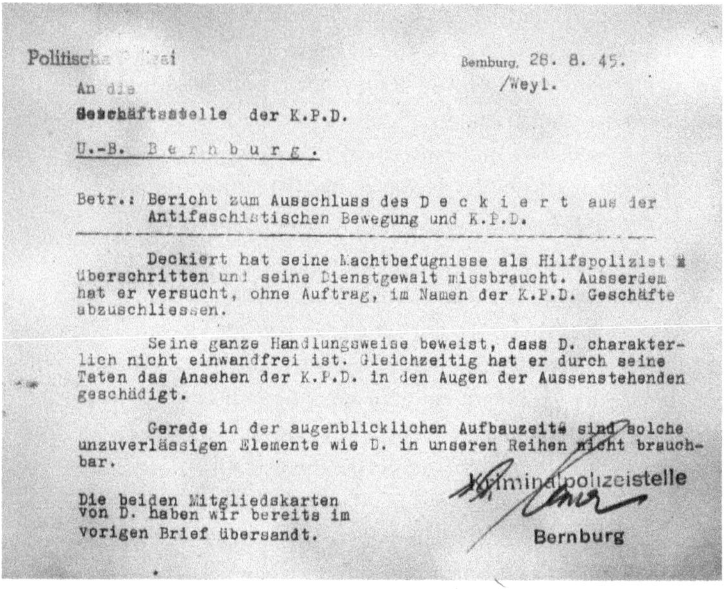

Politische Polizei Bernburg, 28. 8. 45.

/Weyl.

An die

Geschäftsstelle der K.P.D.

U.-B. Bernburg.

Betr.: Bericht zum Ausschluss des Deckiert aus der Antifaschistischen Bewegung und K.P.D.

Deckiert hat seine Machtbefugnisse als Hilfspolizist überschritten und seine Dienstgewalt missbraucht. Ausserdem hat er versucht, ohne Auftrag, im Namen der K.P.D. Geschäfte abzuschliessen.

Seine ganze Handlungsweise beweist, dass D. charakterlich nicht einwandfrei ist. Gleichzeitig hat er durch seine Taten das Ansehen der K.P.D. in den Augen der Aussenstehenden geschädigt.

Gerade in der augenblicklichen Aufbauzeit sind solche unzuverlässigen Elemente wie D. in unseren Reihen nicht brauchbar.

Kriminalpolizeistelle

Bernburg

Die beiden Mitgliedskarten von D. haben wir bereits im vorigen Brief übersandt.

Mitteilung der »Politischen Polizei« in Bernburg, August 1945

23

Das Ende hoffnungsvoller Karrieren

Was ist aus den NKWD-Männern geworden, die nach Kriegsende den Ton in der Sowjetisch Besetzten Zone angaben? Aus jenen Geheimdienstlern, die wahllos Zivilisten verhafteten und die bürgerlichen Parteien terrorisierten, die die politische Entwicklung nach ihrem Gutdünken zu steuern versuchten, ja die sich allmächtig fühlten und so taten, als wären sie die eigentliche Regierung im besiegten Deutschland, zumindest in seinem östlichen Teil? Und die sich maßlos an Beutegut bereicherten? Viele von ihnen kehrten nach ihrem Einsatz in die UdSSR zurück und übernahmen Aufgaben im Netz der sowjetischen Staatssicherheit. Für nicht wenige aber hielt das Schicksal eine bittere Wende bereit.

Erinnern wir uns an Wladimir Bibler – jenen Mann, der mit dafür sorgte, dass Heinrich George ins Lager Sachsenhausen musste. Er wurde im September 1947 in die Heimat zurückbeordert, nach Moskau – und zwei Monate darauf vom sowjetischen Ministerium für Staatssicherheit entlassen. Fortan war er arbeitslos und lebte allein von der Unterstützung seiner Frau. Erst 1951 fand er eine Stelle als Philosophielehrer an der Abenduniversität für Marxismus-Leninismus beim Moskauer Haus der Sowjetischen Armee, aber auch das nur vorübergehend. Als er am Philosophie-Institut der Akademie der Wissenschaften eine Promotion versuchte, scheiterte er ebenfalls – man stufte ihn als »Verteidiger antipatriotischer kosmospolitischer Ansichten« ein, was in jenen Jahren – und heute wieder – ein gefährliches Brandmal darstellte. Hintergrund war vermutlich seine jüdische Herkunft, denn 1948 hatte Stalin eine letzte große Kampagne gegen sogenannte Volksfeinde entfacht: jene gegen die sowjetischen Juden.

Später schaffte es Bibler zwar, seine Dissertation zu verteidigen, doch dann wurde er ins fast 4000 Kilometer entfernte tadschikische Stalinabad (das heutige Duschanbe) verbannt. Erst 1960 kehrte er nach Moskau zurück. Er machte sich in den folgenden Jahren einen Namen als unorthodoxer Philosoph, nun selbst beobachtet von der sowjetischen Staatssicherheit, denn 1968 lehnte er auf einer Versammlung den Einmarsch sowjetischer Truppen in die ČSSR ab. Bis heute wird er in Philosophenkreisen verehrt. Seine Zeit als NKWD-Ermittler im Nachkriegsberlin tauchte in keinem seiner Lebensläufe auf. Eine seiner früheren Mitarbeiterinnen erinnert sich, dass er auf direkte Fragen zu diesem Thema immer wieder auswich, »bis ich schließlich aufhörte zu fragen«.[1]

Nikolai Sljunjajew, der 1941 beim Massenmord in Orjol mithalf und als NKWD-Mitarbeiter in Sachsen eingesetzt war, kehrte erst im Sommer 1952 in seine Heimat zurück. Er wurde später Abteilungsleiter beim KGB der zentralrussischen Udmurtischen Sowjetrepublik; man beförderte ihn zum Oberstleutnant und verlieh ihm zahlreiche Auszeichnungen. Auch der Gulag-Experte Alexander Klejmenow, der nach Kriegsende die Instruktionen für die Gefängnisse und Lager in der sowjetischen Zone ausgearbeitet hatte, blieb seinem Beruf nach der Rückkehr in die Sowjetunion treu. Er stieg im System des Gulag weiter auf und wurde im März 1954 unter dem nunmehr als KGB-Chef agierenden Iwan Serow Leiter der Gefängnisabteilung der sowjetischen Staatssicherheit. Klejmenow leitete den Aufbau des berüchtigten Gefängnisses »Matrosenruhe« im Moskauer Stadtteil Sokolniki, in dem viel später, schon in Putins Russland, unter anderem der Unternehmer Michail Chordokowski und der Oppositionelle Alexei Nawalny einsaßen.

Interessanter noch sind die Lebensläufe anderer NKWD-Funktionäre, die nach Kriegsende in Deutschland dienten. Denn sie zeigen, dass auch Geheimdienstler gegen die Verfolgungswut des stalinistischen Systems nicht gefeit waren.

Das trifft zum Beispiel auf den Georgier Warlam Kakutschaja zu, der in den beiden ersten Nachkriegsjahren als Serows Stellvertreter die Operativgruppe des NKGB in Berlin leitete. Als Generalmajor kehrte er Ende 1946 nach Moskau zurück, übernahm leitende Funktionen in den Staatssicherheitsbehörden von Nowosibirsk sowie Rostow am Don und stieg kurzzeitig sogar zum Innenminister der Georgischen Sowjetrepublik auf – bis er im Juli 1953 festgenommen wurde. Ein Militärgericht verurteilte ihn zu 15 Jahren Haft, die er in den Straflagern der Republik Mordowien vollständig absitzen musste. Kakutschaja wurde die Nähe zu Beria zum Verhängnis. Er war einer jener Männer gewesen, die der georgische Parteichef 1938 zu seinem Amtsantritt an der Spitze des NKWD mit nach Moskau gebracht hatte. Als Beria nach Stalins Tod 1953 festgenommen und erschossen wurde, war auch Kakutschajas Karriere vorbei. Man lastete ihm Verletzungen der sowjetischen Gesetzlichkeit und Machtmissbrauch an – eine so übliche wie nebulöse Formel in solchen Fällen.

Auch die Generäle Sidnjew, Wadis, Beschanow und Kljopow, vier der engsten Mitarbeiter Serows in der sowjetischen Besatzungszone, blieben – wie zum Teil bereits erwähnt – nicht verschont. Sie wurden wegen »Diskreditierung der Sowjetmacht« entlassen. Sidnjew, zweieinhalb Jahre lang NKWD-Chef von Berlin, erklomm im Dezember 1947 zwar noch den Posten des Staatssicherheitsministers der Tatarischen Autonomen Sowjetrepublik, wurde aber nach nicht einmal zwei Monaten Amtszeit verhaftet. In seinem Fall lautete das Urteil: Zwangseinweisung in eine psychiatrische Klinik. Nach Stalins Tod kam er frei, starb aber bald darauf.

General Wadis, 1945 Leiter der Spionageabwehr SMERSCH in der sowjetischen Zone, setzte seine Arbeit als SMERSCH-Chef in der Gegend des Baikalsees fort und wurde schließlich stellvertretender Staatssicherheitsminister der Ukrainischen Sowjetrepublik. Ihn traf der Bannstrahl 1951: Man verstieß ihn aus den Reihen der Geheimdienstler und schloss ihn kurz darauf auch aus der Kommunistischen Partei aus – offiziell wegen »Trunksucht im Dienst und Machtmissbrauchs zu eigennützigen Zwecken«. Letzteres bezog sich auf die »Trophäen-Affäre«. Wadis wurde zwar nicht verhaftet, verlor aber Generalsrang und Pension und 1955 sogar seine Wohnung. Er mietete sich ein Zimmer in einer Gemeinschaftswohnung und arbeitete fortan als Wächter. Tiefer sinken konnte einer wie er eigentlich kaum.

Die NKWD-Chefs von Thüringen und Sachsen, Grigori Beschanow und Sergej Kljopow, wurden Ende 1947 bzw. Anfang 1948 verhaftet. Erst im Oktober 1951 verurteilte man sie zu jeweils zehn Jahren Haft. Nach Stalins Tod und Berias Verhaftung im Sommer 1953 kamen sie frei und wurden rehabilitiert, was die politische Willkür in diesen Verfahren bestätigte. Wiederaufgenommen in die Kommunistische Partei wurden sie jedoch nicht.

Selbst Generalleutnant Nikolai Kowaltschuk, Nachfolger Iwan Serows als Bevollmächtigter des sowjetischen Geheimdienstes in Ostdeutschland, kam nicht ungeschoren davon. Er wurde nach seiner Rückkehr aus Berlin im August 1949 Minister für Staatssicherheit in der Ukraine, später Innenminister in Lettland. Doch nach der Abrechnung mit Beria und seiner Mannschaft wurde auch er entlassen und degradiert; er habe sich während seiner Tätigkeit in den Organen der Staatssicherheit diskreditiert und sei des hohen Ranges eines Generals unwürdig, hieß es.

Für viele Generäle, die im besetzten Deutschland eine mächtige Position innehatten, endete die Karriere damit unehrenhaft und in großer Schande. Wie aber erging es Iwan Serow, dem unmittelbar nach dem Krieg wohl mächtigsten Mann in der sowjetischen Besatzungszone?

Trotz seiner Nähe zu dem in Ungnade gefallenen Marschall Schukow konnte Serow seine Karriere fortsetzen, vor allem dank Stalin. Der sowjetische Diktator schätzte sein Durchsetzungsvermögen in den Sicherheitsorganen. Weil die Sowjetunion 1947 von einer Welle der Kriminalität heimgesucht wurde, beorderte er Serow aus Deutschland zurück, um ihn als ersten stellvertretenden Innenminister einzusetzen. Dem früheren Geheimdienstbevollmächtigten in Deutschland unterstanden von nun an die Polizei des Landes sowie die Kriegsgefangenenlager. Beliebt war er bei seinen sowjetischen Untergebenen und Kollegen nie: Serow galt bis in höchste Parteikreise hinein als machtbesessen und rücksichtslos. Zugleich haftete ihm der Ruf eines Opportunisten an. Politisch hielt man ihn für nicht versiert: Den Intrigen innerhalb des obersten Machtzirkels, dem er als Mitglied der Parteiführung angehörte, stand er nicht selten hilflos gegenüber.

Das Jahr 1953 wurde zum heikelsten in Serows Karriere. Am

26. Juni, drei Monate nach Stalins Tod, ließ die Parteiführung bei einer gemeinsamen Sitzung Lawrenti Beria verhaften, den bis dahin allmächtigen Innenminister und früheren Geheimdienstchef. Ausgerechnet Serow bekam von Chruschtschow den Auftrag, Berias Leibwache und seine engsten Vertrauten festzunehmen. Unter ihnen befanden sich mehrere Geheimdienstleute, die in Ostdeutschland eingesetzt gewesen waren. Aber Serow, der zeitweise Berias Stellvertreter war, erledigte auch diese Aufgabe anstandslos.

Auf Verlangen Chruschtschows vernichtete er später fast das gesamte persönliche Archiv Berias. Der hatte nicht nur Material über sämtliche Politbüro-Mitglieder gesammelt, sondern auch über andere Politiker, darunter den nach Moskau emigrierten deutschen Kommunistenführer Wilhelm Pieck.[2] Was er bei der Durchsicht der Papiere fand, habe ihm »die Haare zu Berge stehen« lassen, schreibt Serow in seinem Tagebuch. Er entdeckte unter anderem, dass auch Chruschtschow frühere Parteigenossen denunziert und »Unrat« über sie ausgegossen hatte. Als habe er nie zu diesem System gehört, stellt sich Serow in seinem Tagebuch die Frage: »Wie konnte man nur sein Gewissen wechseln, um den Argwohn Stalins zu befriedigen?«[3]

Während Westeuropa 1953 den Heiligabend feierte, wurden Beria und seine engsten Mitarbeiter hingerichtet. Am 25. Dezember stand im Parteiblatt *Prawda*, was so oder so ähnlich auch nach den Schauprozessen der 1930er-Jahre in den Zeitungen zu lesen war: »Mit tiefer Genugtuung haben die Werktätigen unseres Landes das Urteil des Obersten Gerichtshofs der UdSSR in der Sache des Verräters und Spions Beria und der Teilnehmer der von ihm rekrutierten hochverräterischen Verschwörergruppe zur Kenntnis genommen. Die Entscheidung des Gerichts, die verurteilten Verschwörer zu erschießen, und die Vollstreckung dieses Urteils entsprechen der einmütigen Forderung der sowjetischen Menschen [...].«[4] Hinsichtlich der Methoden zur Machterhaltung hatte sich also auch unter Chruschtschow wenig verändert. Serow, der jahrelang mit Beria zusammengearbeitet hatte, notierte in seinem Tagebuch: »Mit einem Wort: Ein ausgemachter Schweinehund.«[5]

Dass sein Schicksal ebenfalls am seidenen Faden gehangen hatte, machte ihm eine Bemerkung seines Wohnungsnachbarn, des neuen sowjetischen Generalstaatsanwalts Roman Rudenko, klar: »Ehrlich gesagt, dachte ich, dass du, Iwan Alexandrowitsch, Beria nahestandest, aber jetzt habe ich mich davon überzeugt, dass das nicht so war.«[6] Die Tatsache, dass Serow diese Bemerkung wörtlich niederschreibt, zeigt, wie erleichtert er gewesen sein muss.

Rätselhaft ist, dass Serow in seinem Tagebuch das weitere Schicksal seines größten Widersachers, Viktor Abakumow, unerwähnt lässt. Der war bereits im Sommer 1951 verhaftet worden – er hatte angeblich die von Stalin ausgelöste Ärzte-Affäre auszubremsen versucht. Abakumow soll nach seiner Festnahme gefoltert worden sein und sich mehrmals um Hilfe an die Parteiführung gewandt haben. Nach Stalins Tod wurde er als Mitglied der »Beria-Bande« behandelt und im Dezember 1954 schließlich erschossen. Da war Serow bereits Vorsitzender des KGB.

Chruschtschow, der in jenen Tagen zum neuen Parteichef aufstieg, schätzte an Serow zweierlei: dessen unbedingte Loyalität und dass er keine politischen Ambitionen besaß. Als er den Sicherheitsapparat aus dem Innenministerium herauslösen und zum neuen Komitee für Staatssicherheit KGB umgestalten ließ – um so selbst die Kontrolle über die Geheimdienste zu übernehmen –, ernannte er Serow zu dessen ersten Vorsitzenden. Er nahm ihn fortan auf Auslandsreisen mit und beförderte ihn zum Armeegeneral.

Serow rechtfertigte Chruschtschows Vertrauen, indem er in den ersten beiden Jahren als KGB-Chef 16 000 Mitarbeiter als angeblich politisch unzuverlässig entließ. Er tauschte fast die gesamte Geheimdienst-Führung aus und degradierte vierzig Generäle, die unter Beria eine Rolle gespielt hatten.[7] Auch die berühmte Chruschtschow-Rede zu den Verbrechen Stalins auf dem XX. Parteitag der KPdSU bereitete er mit vor, indem er die Archive nach Dokumenten zum Großen Terror der Jahre 1937/38 durchforsten ließ.

Noch einmal waren Serows tschekistische Erfahrungen aus den vergangenen Jahren gefragt: im Herbst 1956. Die Erhebung der Ungarn gegen die kommunistische Führung in Budapest war für Moskau ein »konterrevolutionärer Aufstand«, den man nicht tolerieren durfte. Putin betrachtet sie heute übrigens wieder als einen solchen;

für ihn ist der Aufstand nun die erste »Blumen- (oder Farben-)Revolution« und damit der Vorläufer des Kiewer Maidan in der Ukraine.[8]

Serow spielte bei den Vorgängen im Oktober und November 1956 eine Schlüsselrolle. Er flog als erster offizieller Vertreter Moskaus ins aufständische Budapest, schlug auch als Erster die Anwendung von Gewalt vor und setzte den entsprechenden Beschluss des Kreml durch. Bei einem Treffen mit Vertretern der Regierung auf einem sowjetischen Stützpunkt bei Budapest überrumpelte er die Ungarn und ließ sie verhaften – ganz im Stile jener Aktion, bei der er gut ein Jahrzehnt zuvor die Führung der polnischen Heimatarmee ausgeschaltet hatte. Die Festnahme des ungarischen Regierungschefs Imre Nagy war ebenfalls Serows Werk. Der hatte sich nach Niederschlagung des Aufstands mit mehreren Ministern in die jugoslawische Botschaft geflüchtet. Am 22. November verließ er sie wieder, unter der Zusicherung von Straffreiheit. Aber auch das war Teil eines Spiels von Serow. Der Bus, in den Nagy und seine Männer stiegen, wurde von einem KGB-Mann gefahren, die Ungarn waren in eine Falle gelockt worden.[9] Nagy wurde später wegen versuchten Sturzes der »volksdemokratischen Staatsordnung« durch den Strang hingerichtet. Serow trug fortan den Ruf des »Henkers von Budapest«.

Als Chef des Staatssicherheitskomitees ließ er seine Geheimdienstler auch im Ausland agieren, nicht selten in Deutschland, das er aus eigenem Erleben gut zu kennen glaubte. Die versuchte Entführung und Tötung des russischen Emigrantenfunktionärs Alexander Truschnowitsch 1954 in Westberlin – eine äußerst stümperhafte und missglückte Aktion – ging ebenso auf sein Konto wie die bereits erwähnte Ermordung des ukrainischen Nationalisten Lew Rebet 1957 in München. Auch die Jagd auf Stepan Bandera, die 1959 in München ebenfalls mit dessen Tod endete, hatte Serow eingeleitet. Bandera, der seit Anfang der 1930er-Jahre die Organisation Ukrainischer Nationalisten (OUN) anführte, einen unabhängigen ukrainischen Staat anstrebte und ab 1941 mit der Wehrmacht zusammenarbeitete, steht heute im Zentrum des russischen Propaganda-Narrativs, die Ukraine werde von »Nazis« beherrscht und müsse »entnazifiziert« werden.

1958 wurde Serow als KGB-Chef abgelöst, was mit innerparteilichen Auseinandersetzungen und Intrigen zusammenhing. In jenem Jahr holte ihn seine Zeit in Deutschland nochmals ein. Am 31. Dezember tauchte auf dem Tisch von Parteichef Nikita Chruschtschow ein umfangreiches Papier über die »verbrecherische Tätigkeit Serows« in Deutschland auf. Autor war das frühere sowjetische Staatsoberhaupt Nikolai Schwernik, nunmehr Vorsitzender der Parteikontrollkommission. Er war wohl einer jener Männer in der Umgebung des Kreml, die noch eine Rechnung mit Serow offen hatten. Kraft seiner Funktion hatte er die Akten früherer NKWD-Funktionäre, die in der Sowjetisch Besetzten Zone eingesetzt gewesen waren, überprüfen lassen. Es ging zum Beispiel um die aus der Reichsbank in Berlin entwendeten zwei Millionen Reichsmark sowie um Aussagen, wonach eine Gruppe von Tschekisten mit Serow an der Spitze nicht nur deutsche Banken ausgeraubt habe, sondern auch Bildergalerien und einzelne Deutsche. Serow habe später Einfluss auf das Vorgehen gegen die entsprechenden NKWD-Offiziere genommen, um den Verdacht von sich abzuwenden. Als er KGB-Vorsitzender geworden sei, so schrieb Schwernik weiter in seinem Dossier, habe Serow »beschlossen, die Spuren seiner Plünderungen zu verwischen«, und den Auftrag erteilt, Hinweise auf ihn aus den entsprechenden Untersuchungsberichten in den Archiven zu tilgen.[10] Zum Schluss bat Schwernik Chruschtschow darum, dem Komitee für Parteikontrolle zu erlauben, sich des Falls Serow ganz offiziell anzunehmen. Aber zum wiederholten Male stellte Chruschtschow Serow unter seinen Schutz und stoppte die Angelegenheit.

Ähnlich endete ein Versuch, Serow zu belasten, drei Jahre später. Diesmal ging er vom früheren stellvertretenden Leiter der Verwaltung für Inneres der SMAD, Alexej Schkwarin, aus – einem von Serows Männern in Deutschland. Der wollte sich aus persönlichen Gründen an ihm rächen, weil er von Serow benachteiligt worden war. Schkwarin meldete in einem mehrseitigen Brief an Chruschtschow, Serow habe Mitte 1946 von der deutschen Polizei wertvollen Schmuck entgegengenommen, der bei Gräfin Agathe zu Preußen, geborene Prinzessin zu Hohenlohe-Schillingsfürst, beschlagnahmt worden sei, der Gattin von Friedrich Wilhelm Prinz von Preußen – darunter zwei Diademe mit Hunderten von Brillanten. Der Schmuck sei später teilweise verschwunden, hieß es in Schkwarins Schreiben.[11]

Serow überlebte das alles – Chruschtschow hielt trotz all dieser Hinweise an ihm fest. Nach der Absetzung als KGB-Chef übertrug er ihm die Führung der sowjetischen Militärspionage GRU, zugleich wurde Serow zum stellvertretenden Generalstabschef der Armee für Aufklärung ernannt. Doch im Grunde hatte Serows Abstieg schon begonnen, denn auch in diesen Funktionen hielt er sich nicht mehr lange. Vier Jahre später stolperte er über den Fall Oleg Penkowski. Dieser, ein Oberst in den Reihen der GRU, der zugleich für die Engländer und Amerikaner gearbeitet hatte und den Serow gut kannte, wurde 1963 in einem Schauprozess zum Tode verurteilt und hingerichtet. Penkowski gilt vielen bis heute als der größte Spion, der dem Westen in der Sowjetunion je diente, vor allem zur Zeit des Berliners Mauerbaus und der Kuba-Krise.[12] Der Oberst hatte Washington 1962 signalisiert, die sowjetischen Atomstreitkräfte seien nicht einsatzbereit, Kennedy solle dem Moskauer Druck auf Kuba also nicht nachgeben. Als die Sowjets Penkowski enttarnten, brach ein Chaos in den Geheimdiensten aus: Manche Aktionen mussten abgebrochen werden, Agenten wurden verlegt oder massenweise nach Hause beordert.[13]

Als Penkowski erschossen wurde, war Serow wegen »mangelnder politischer Wachsamkeit« bereits seines Postens enthoben und zum Generalmajor degradiert worden. Besonders bitter für ihn war, dass er auch den Titel »Held der Sowjetunion« verlor, den er 1945 für seine Beteiligung am Sturm auf Berlin erhalten hatte. Für kurze Zeit wurde der Gemaßregelte noch in den sowjetischen Militärbezirken Turkestan und Wolga eingesetzt, 1965 jedoch endgültig in die Reserve entlassen. Gleichzeitig – für Männer wie ihn die schlimmste Strafe – verstieß man ihn aus der Kommunistischen Partei.

In den verbleibenden 25 Jahren als Rentner schrieb Iwan Serow immer wieder Eingaben an die Parteiführung, um seine Rehabilitierung zu erreichen. Doch weder Breschnew noch Andropow erhörten ihn, auch Gorbatschow lehnte die De-facto-Begnadigung ab – nicht wegen Serows Eskapaden und Bereicherung beim Einsatz in Deutschland, sondern wegen seiner Rolle in der Affäre Penkowski.

In den sogenannten Penkowski-Papieren, die 1965 erschienen und angeblich von Penkowski stammen, steht übrigens eine bemerkenswerte Notiz über Serow, den der Oberst mehrmals zu Hause und auf dessen Datscha besucht hatte: »Ich war sehr überrascht, als ich sah, wie Serow mit aufrichtiger Rührung Frau und Tochter den Abschiedskuss gab. Irgendwie konnte ich nur schwer begreifen, daß dieser kalte, ausgekochte Mann mit den blutbefleckten Händen solche Wärme zeigen konnte.«[14]

Im Februar 1971 hatte es Serow geschafft, die Aufmerksamkeit der Parteiführung noch einmal auf sich zu ziehen. Inzwischen war Juri Andropow Vorsitzender des KGB. Unter dem Hinweis »Völlig geheim« schrieb er am 12. Februar eine Notiz an das Zentralkomitee der Kommunistischen Partei: »Das Komitee für Staatssicherheit hat davon Kenntnis erhalten, dass sich der frühere KGB-Vorsitzende Serow, I. A. im Laufe der letzten zwei Jahre mit der Niederschrift der Erinnerungen an seine politische und staatliche Tätigkeit befasst.« So weit, so gut. Was die Genossen viel mehr beunruhigte, zeigen die folgenden Sätze: »Den Anstoß für das Schreiben der Erinnerungen gab ihm das Erscheinen des Buches von Marschall Schukow im Februar 1969. Nach dessen Lektüre erklärte Serow I. A. in seiner Umgebung, dass er ›über weit interessantere Sachen schreiben kann und historisch genauer‹.« Und weiter:

> Bei der Arbeit an seinen Erinnerungen benutzt Serow I. A. seine Aufzeichnungen aus der Vorkriegszeit, die fertigen Teile schreibt seine Frau ab.
>
> Serow I. A. hält seine Aufgabe für schwieriger als die Schukows, denn wegen seiner früheren Posten kannte er viele Staatsgeheimnisse und hat Zweifel, »ob man das jetzt dem Papier anvertrauen kann«.
>
> Seine Erinnerungen hat Serow I. A. niemandem gezeigt, obwohl seine engere Umgebung von ihrer Existenz weiß.
>
> Vorsitzender des Komitees für Staatssicherheit
> Andropow[15]

Es dauerte 45 Jahre, bis die Erinnerungen schließlich doch das Licht der Öffentlichkeit erblickten.

Serow starb am 1. Juli 1990, anderthalb Jahre vor dem Ende der Sowjetunion. Wer heute zufällig vor seinem bescheidenen Grab im

Dorf Iljinskoje bei Moskau stehen bleibt, wird nicht die geringste Ahnung davon bekommen, was für eine Art Mensch dort beerdigt worden ist.

24

Sieben Jahrzehnte später: Russlands Drohung von der Rückkehr nach Berlin

Politisch gesehen war Serow zu früh gestorben. Möglicherweise hätte er einige Jahre später doch noch die Rehabilitierung erreichen können. In seinem Todesjahr 1990 sah es allerdings nicht danach aus, im Gegenteil.

Die Sowjetunion befand sich damals im sechsten Jahr der Perestroika. Michail Gorbatschow, seit 1985 neuer KPdSU-Generalsekretär, hatte Anfang 1986 den politischen und gesellschaftlichen »Umbau« des sowjetischen Systems ausgerufen – eine bisher nie dagewesene Reform, bei der Elemente der Marktwirtschaft eingeführt und der Staat demokratisiert werden sollten. Überall im Land öffneten sich die Archive, die Zeitungen waren voll mit Enthüllungen aus der Geschichte der vorangegangenen Jahrzehnte. Die Erschießungen in den 1930er- und 1940er-Jahren, die Gulag-Lager, selbst die letzten einsamen Stunden Stalins auf seiner Moskauer Datscha in Kunzewo – es gab kaum ein Thema, das unberührt blieb. »Stalins größtes Verbrechen war es, sich selbst zum Symbol des Sozialismus zu machen«, erklärte der Militärhistoriker Dmitri Wolkogonow, der 1989 in der Sowjetunion die erste ernsthaftere Stalin-Biografie vorgelegt hatte.[1]

Es dauerte nicht lange, bis auch ein erstes kritisches Werk über die Sowjetische Militäradministration in Deutschland und damit über die Besatzungszeit auf dem Gebiet der späteren DDR erschien. Geschrieben hatte es der Historiker und Oberst Michail Semirjaga, Mitglied der Moskauer Akademie der Militärwissenschaften. Semirjaga hatte den Krieg mitgemacht und danach als Hauptmann in der Sowjetischen Militäradministration in Thüringen gedient. Sein Buch, dessen Titel sich mit »Wie wir Deutschland regierten« übersetzen lässt, war das erste Werk, das nicht nur mit dem Vorgehen Moskaus in Deutschland, sondern auch mit dem Auftreten des NKWD in der sowjetischen Zone abrechnete, ja, das überhaupt erstmals aus sowjetischer Sicht die Rolle des Geheimdienstes während der Besatzung thematisierte.

Einerseits, so schrieb Semirjaga, habe das NKWD in den ersten Monaten nach Kriegsende erfolgreich die Fahndung nach aktiven Nazis und Kriegsverbrechern durchgeführt und auch eine Reihe von Untergrundgruppen entlarvt, die versucht hätten, die Lage zu destabilisieren. »Zugleich waren die Organe des NKWD / MGB gerade im besetzten Deutschland eine besonders krasse Verkörperung des Stalinschen totalitären Regimes. In ihren Entscheidungen völlig unabhängig von der SMAD, missbrauchten Mitarbeiter der Organe ihre Macht, mischten sich grob und skrupellos in den politischen und ideologischen Kampf in der Zone ein und stellten sich auf die Seite einer Partei, was den Buchstaben und dem Geist des Potsdamer Abkommens widersprach.«[2]

Im Klartext bedeutete das: Der Moskauer Geheimdienst hatte in der Sowjetischen Besatzungszone als Schattenregierung agiert.

Noch in sowjetischer Zeit erschienene Memoiren wie die der Marschälle Schukow, Tschuikow oder Konew dienten bestenfalls der Selbstrechtfertigung – die bittere Wahrheit des Krieges und der Nachkriegszeit erfuhr man aus diesen Büchern nicht. Der Schriftsteller und ehemalige Frontkämpfer Viktor Astafjew schrieb in den 1990er-Jahren: »Als ich viele Jahre nach dem Krieg die luxuriöse Ausgabe der Erinnerungen des Marschalls Schukow mit ihrer Widmung an den sowjetischen Soldaten aufschlug, wäre ich beinahe vom Stuhl gefallen: Wahrhaftig hatte noch nie eine zynischere und schamlosere Heuchelei das Licht der Welt erblickt [...].«[3] Schukows Vermischung von Realität und Mythos entsprach der Geschichtsschreibung der späten Stalin-Zeit.

Simirjagas Buch, das die sowjetische Besatzung unter Marschall Schukow in Ostdeutschland beschrieb, beschönigte dagegen nichts: »Die Verletzungen elementarer Bürgerrechte, die die sowjetischen Geheimdienste in Deutschland zuließen, riefen Unzufriedenheit unter der Bevölkerung hervor. Mit der Zeit wurde daraus Unwillen und danach ein offener Kampf zur Verteidigung der Gerechtigkeit. Bei der Prüfung all dieser Ungerechtigkeiten, die es, nebenbei gesagt, in dieser Form und in diesem Umfang in den Westzonen nicht gab, kamen Teilen der Bevölkerung Zweifel, ob die Rote Armee den Deutschen tatsächlich die Freiheit gebracht habe oder ob nicht ein totalitäres Regime durch ein anderes abgelöst worden sei.«

Das war eine Aussage, die der bisherigen sowjetischen Geschichtsschreibung Hohn sprach. Weiter schrieb Simirjaga: »Es bleibt festzustellen, dass die Krisenerscheinungen, die noch in der Besatzungszeit [in Ostdeutschland] zu sehen waren, die direkte Folge vor allem der destruktiven Tätigkeit der sowjetischen Geheimdienste waren.« Damit meinte er unter anderem den Aufstand vom 17. Juni 1953 in der DDR.

Nicht nur die Rolle des NKWD in der sowjetischen Besatzungszone wurde nun diskutiert. Die Verbrechen von NKWD und KGB waren überhaupt das Thema jener Jahre. Das sollte man sich in Erinnerung rufen, weil das Wirken des Geheimdienstes inzwischen wieder glorifiziert wird – bei gleichzeitiger Verfälschung der sowjetischen Geschichte. Eine Sicht wie die Simirjagas wäre unter Putin kaum noch denkbar. Heute werden der Große Vaterländische Krieg von 1941 bis 1945 und dessen Folgen für das Europa der Nachkriegszeit als ruhmreichstes Kapitel der sowjetischen Geschichte beschrieben.

Führten die damaligen Debatten dazu, dass es nach dem Ende der Sowjetunion zu einer Reform der Geheimdienste kam? Keineswegs. Zweifel daran, dass die sowjetischen Repressionsorgane dazu bewegt werden könnten, ihre Feindbilder und Methoden zu ändern, gab es schon unter Gorbatschow. Als die KGB-Führung im Sommer 1990 mit einer Erklärung an die Öffentlichkeit trat, wonach der Geheimdienst kein politischer Spitzeldienst mehr sei und auch keine ungesetzlichen Aktionen mehr durchführe, klang dieses Dementi nicht gerade überzeugend. Letztlich war diese Stellungnahme bloß als Entgegnung auf die Vorwürfe eines seiner Mitarbeiter gedacht – von Oleg Kalugin, einem der früheren Chefs der sowjetischen Abwehr. Der Generalmajor hatte jahrelang unter diplomatischem Deckmantel in den USA gearbeitet und war zuletzt stellvertretender KGB-Chef in Leningrad gewesen. Ich traf mich 1990 mit ihm in Moskau und veröffentlichte, was er mir gesagt hatte. »Es hat keine wesentlichen Änderungen beim KGB gegeben, weder in den Methoden noch im Charakter«, so Kalugin damals. »Moralischer Terror wird nach wie vor praktiziert, politisch Andersdenkende werden mitunter weiter verfolgt oder öffentlich diskreditiert, die Streikbewegung [während der letzten Perestroika-Jahre 1989/1990, d. A.] wird unterwandert. Noch immer hängt das Schicksal Tausender und Abertausender Menschen von KGB-Entscheidungen ab.«[4]

Seine Auslassungen wurden vom KGB empört zurückgewiesen, man sprach von »groben Ausfällen« gegenüber dem Geheimdienst, von der »Beleidigung der Berufsehre der Tschekisten« und diffamierte Kalugin auch persönlich.[5] Um die Bevölkerung zu beruhigen, nannte KGB-Chef und Politbüro-Mitglied Wladimir Krjutschkow immerhin erstmals offizielle Zahlen über die in den Stalin'schen Lagern ums Leben Gekommenen – Kalugin hatte auch das Beschweigen der eigenen Geschichte scharf kritisiert.

Aber er sollte recht behalten. Seine Einschätzung, das KGB habe sich nicht geändert, bestätigte sich bereits ein Jahr später: Beim Putsch gegen Michail Gorbatschow im August 1991 wirkte Geheimdienst-Chef Krjutschkow in vorderster Reihe mit.

Kalugin erzählte damals auch, was er über die ostdeutsche Staatssicherheit wusste. Von allen ausländischen Diensten habe »sie dem KGB stets am nächsten« gestanden, und das seit ihrer Gründung im Jahre 1950, erklärte er. Kein Wunder, dass Markus Wolf, der frühere Chef der Hauptabteilung Aufklärung, in den Wochen vor der deutschen Wiedervereinigung nach Moskau flüchtete, wo bereits Ex-Staatschef Erich Honecker saß. Kein Wunder auch, mit welcher Empörung konservative KPdSU-Funktionäre in jenen Monaten die Ereignisse in Deutschland verfolgten. Jener entsprang unter anderem die Forderung, das sowjetische Siegesdenkmal aus dem Treptower Park in Berlin zurückzuholen und in Moskau aufzustellen.[6]

Nach dem gescheiterten Putsch vom August 1991 und der misslungenen Machtübernahme durch reaktionäre kommunistische Funktionäre sollte das KGB in seiner alten Form tatsächlich zerschlagen werden. Kaum jemand hegte die Illusion, es reformieren zu können. Zwar wurde mit Generalleutnant Wadim Bakatin noch kurz vor dem Ende der Sowjetunion ein neuer Geheimdienst-Chef installiert, der aus dem KGB einen neuen Sicherheitsdienst formen sollte. Daran, dass er die Ideologie der Geheimdienstler ändern könne, glaubte er allerdings selbst nicht. Das sei eine der schwierigsten Aufgaben, gestand er bei einem Gespräch im November 1991. »Allein mit dem Auswechseln von Leuten ist es nicht getan. Zumal wir keine anderen haben. Das ganze System ist zusammengebrochen. Mit unserer ›neuen Revolution‹ ist das KGB in seiner alten Form nicht vereinbar – diese ganzen überholten Aufgaben, von der Verfolgung Andersdenkender bis zum Kampf gegen den internationalen Imperialismus.« Die Aufgabe heiße jetzt »Reform und Dezentralisierung«, so Bakatin bei unserer Begegnung.[7]

Doch sogar er unterschätzte den Korpsgeist des Geheimdienstes. Dieser war auch in der Phase der Auflösung aller staatlichen Institutionen nicht totzukriegen. Schon Ende der 1980er-Jahre hatten sich Partei und Armee durch Gorbatschow zurückgesetzt gefühlt – was zum Putschversuch vom August 1991 führte. Die Auflösung des KGB rief nun eine ebenso tiefe Frustration in den Reihen der Tschekisten hervor. Viele fühlten sich in ihrer »Berufsehre« verletzt. Observationen der Parteielite seien schon unter Gorbatschow verboten gewesen und Signale der Abwehr über »Einfluss-Agenten« in den Staatsorganen ignoriert worden, klagte Alexander Bortnikow viele Jahre später. Bortnikow hatte in den 1970er-Jahren in Leningrad seine Karriere im KGB begonnen, fast zeitgleich mit Wladimir Putin, und leitet heute, im Putin-Russland, den Nachfolge-Geheimdienst FSB. Das operative und analytische Material, das die Tschekisten zu jener Zeit der Parteiführung geschickt hätten, so Bortnikow, sei »unbeachtet geblieben«, und bei der Unterbindung der in verschiedenen Gegenden der Sowjetunion ausgebrochenen Konflikte habe man die KGB-Leute allein gelassen. Das habe ihr Vertrauen in die Führung des Landes untergraben. So sei das »letzte Bollwerk zur Verteidigung des Staates« zusammengebrochen.[8]

Die Geheimdienstler hatten sich bis dahin als unentbehrliche Elite des Landes verstanden – man ahnt, was Empörung und Frust damals unter ihnen anrichteten. Die chaotischen 1990er-Jahre unter

Boris Jelzin sollten dieses Gefühl nur noch verstärken. Viele ehemalige KGB-Männer hielten in dieser Zeit untereinander die alten Verbindungen aufrecht und entwickelten unterschiedlichste Überlebenstechniken.

Erst 1995 entstand der neue Geheimdienst, den wir heute kennen: der Föderale Sicherheitsdienst FSB. Weitere drei Jahre später wurde Wladimir Putin zu dessen Direktor ernannt – ein Mann aus dem Kaderbestand des früheren KGB. Er hatte bis 1989 als dessen Resident in Dresden gedient.

Welche Rolle der FSB spielt, seit Putin am 31. Dezember 1999 zuerst als amtierender, später als gewählter Präsident an die Spitze Russlands gekommen ist, ist bekannt: Er wurde neben Armee, Nationalgarde und Polizei zum wichtigsten Herrschaftsinstrument im Lande. Das liegt zum einen daran, dass Putin seinen Mitarbeitern das Gefühl von Ehre und Auserwähltsein zurückgegeben hat. Es hat aber auch damit zu tun, dass die Renaissance der Sicherheitsdienste von großen Teilen des Volkes akzeptiert worden ist. Russland bestehe nach den liberalen Entgleisungen der jüngeren Vergangenheit nur deshalb noch, so der Moskauer Theaterregisseur Eduard Bojakow, weil die Gewaltapparate es irgendwie zusammenhielten.[9] Bojakow ist kein Putin-Kritiker, sondern einer seiner Anhänger.

Dass der Geheimdienst zu seiner alten Rolle in Russland zurückgefunden hat, zeigt allein schon die Bewertung zweier KGB-Figuren – Oleg Kalugin und Iwan Serow – durch die heutige Moskauer Führung.

Ex-KGB-General Kalugin schloss sich 1990 der Bewegung »Demokratisches Russland« an, war Abgeordneter des neuen Volkskongresses und Berater des letzten KGB-Direktors Bakatin. Er zählte also zu jenen Kräften, die die noch existierende Sowjetunion reformieren wollten und heute für ihren Untergang verantwortlich gemacht werden. In den Reihen des Geheimdienstes galt er bereits damals als »Verräter«. Auch Putin gebrauchte Anfang 2000 im Fall Kalugin diesen Begriff. Da amtierte er bereits als russischer Präsident.

Dass Verrat das größte Verbrechen sei, das es auf der Welt gebe, das unbedingt bestraft werden müsse, hat Putin in den Jahren seiner Herrschaft immer wieder betont.[10] Er hat das oft im Zusammenhang mit abtrünnigen russischen Geheimdienstagenten erklärt, etwa nach der Vergiftung von Sergej Skripal 2018 im englischen Salisbury, eines ehemaligen Offiziers des sowjetischen und russischen Militärnachrichtendienstes. Nach Beginn des Krieges gegen die Ukraine belegte er auch Kritiker und Kriegsgegner im eigenen Land mit diesem Begriff. Mehrfach sprach er von »Gesindel«, »Abschaum« und »National-Verrätern«, die man ausspucken müsse, »wie man eine Fliege ausspuckt, die einem in den Mund geflogen ist«.[11] Russland könne Patrioten von Verrätern sehr wohl unterscheiden.

Kalugin, der noch in den 1990er-Jahren – wie damals viele Russen – in die USA übergesiedelt war, zählt für Putin offenbar zur zweiten Kategorie. Im März 2001 sprach die russische Militärstaatsanwaltschaft erstmals von einem möglichen Verfahren gegen ihn. 2002 wurde Kalugin in Abwesenheit vom Moskauer Stadtgericht wegen »Staatsverrats« zu 15 Jahren Haft verurteilt. Gleichzeitig erkannte man ihm den Dienstgrad eines Generalmajors des KGB ab, entzog ihm sämtliche staatlichen Auszeichnungen und die Personalrente.[12] Als Vorwand diente die Behauptung, er habe in den USA Namen von russischen Diplomaten genannt, die verdeckt als Aufklärer gearbeitet hätten. Von hochrangigen Moskauer Geheimdienstlern wurde dies bestritten.

Ganz anders entwickelte sich die Causa des KGB-Generals Serow. Der frühere Handlanger Stalins und Chruschtschows, der ganze sowjetische Völker nach Sibirien deportiert hatte und der das sowjetische Regime in den von der Wehrmacht befreiten Gebieten im Baltikum, in Polen, Deutschland, Weißrussland, der Ukraine und Rumänien etablieren half, der 1944 die Untergrundbewegung in Polen niederschlug und als Geheimdienst-Bevollmächtigter in Ostdeutschland die Straflager für verhaftete Deutsche betrieb, erlebte post mortem eine gewisse Rehabilitation – unter Präsident Wladimir Putin. Ein Beleg dafür ist die Herausgabe seiner Erinnerungen. Sie sind unter dem Dach der russischen Militärhistorischen Gesellschaft erschienen. Deren Vorsitzender, Wladimir Medinski, unter Putin viele Jahre lang Kulturminister und nunmehr sein Kulturberater, hat es sich zur Aufgabe gemacht, angebliche Fälschungen der russischen Geschichte zu bekämpfen. Er will erreichen, dass in den Medien, in

Film und Fernsehen sowie in den Museen die Entwicklung Russlands als »kontinuierlich positiv« dargestellt und ein patriotisches Bild vom Vaterland entwickelt wird.[13] Auf dem Einband des Serow-Tagebuches vermerkt er: »Bei manch einem können Zweifel aufkommen: Kann ein Mensch, der Macht ausübte, die Wahrheit schreiben, denn Memoiren und Tagebücher werden gelegentlich zu einem Mittel, um Rechnungen zu begleichen oder sich selbst zu rehabilitieren. Aber das müssen Sie entscheiden, liebe Leser.«[14]

Diese Freiheit wird ihnen dann allerdings nicht eingeräumt. Die Kommentare zu den einzelnen Kapiteln sind mit Urteilen gespickt, die keinen Zweifel an der beabsichtigten Botschaft lassen: Die Stalin-Zeit war eine schwierige Zeit, heißt es da, und das, was damals an Tragischem passierte, waren Kollateralschäden. Mehrfach wird an Stellen, wo es um die Deportation unbotmäßiger Völker innerhalb der Sowjetunion geht, darauf hingewiesen, dass dies »Befehle waren, die man erfüllen musste«. An anderer Stelle wird formuliert, dass den verbannten Völkern unter Chruschtschow »verziehen« wurde. Was genau musste ihnen »verziehen« werden? Dazu findet sich kein Wort. Gemeint war wohl unter anderem eine angebliche Kollaboration mit den Deutschen, die allerdings oft gar nicht stattgefunden hatte.

Von so manchem Vorgang, den Serow zu verantworten hatte, ist in den Erinnerungen überhaupt nicht oder nur sehr knapp die Rede – etwa von der Beschlagnahme der Reichsbankbestände in Berlin 1945 oder von den Funden, die Serow bei der Durchsicht der Archive nach Stalins Tod machte. Auch sind sie gekürzt. Nach ihrem Erscheinen gab es Zweifel, ob die sogenannten Tagebücher noch im Originalzustand sind oder nicht doch schon früh beim Geheimdienst gelandet waren – der sie dann nach seinem Gusto fälschte und in Serows Garage versteckte.[15] Diese Variante wird inzwischen ausgeschlossen, auch die Echtheit der Erinnerungen steht fest. Ich konnte sie 2023 in Moskau einsehen.

Die Kommentare, die jedem Kapitel dieses Werkes vorangestellt wurden, haben jedoch einen klaren Tenor: Serow ist kein Verbrecher und kein Henker gewesen, sondern »ein Mensch seiner Zeit«.[16]

Damit passen die Erinnerungen des Iwan Serow ideal zu Wladimir Putins Vorstellung von Geschichtsdarstellung: Historische Wahrheit, so sagt er, sei, was den Interessen Russlands diene. Die Frage nach der Schuld gehört nicht dazu. Über die Verantwortung für den Terror unter Stalin, dem Millionen zum Opfer fielen, wird weiter geschwiegen. Als 2023 ein Film über das NKWD und dessen Verbrechen in den 1930er-Jahren in die russischen Kinos kommen sollte, wurde er kurz vorher abgesetzt – er schaffte es auch danach nie mehr in den Kinoverleih.[17] Nicht um Fakten geht es beim historischen Rückblick, sondern um die Erziehung zum Patriotismus. Patriotismus ist die neue Ideologie Russlands.

Bezeichnenderweise ist der Kampf um die »historische Wahrheit« unter Putin zur Aufgabe der Sicherheitsorgane geworden. Bereits 2009 entstand eine Kommission, die »Versuchen zur Fälschung der Geschichte« entgegenwirken sollte. Ihr Initiator war der damalige Chef der Kremladministration, Sergej Naryschkin. Er leitet heute Russlands Auslandsgeheimdienst. Ebenso aktiv auf diesem Gebiet wirkt Armeegeneral Alexander Bortnikow, der seit 2008 den Geheimdienst FSB anführt. In einem Interview zum 100. Jahrestag des sowjetischen beziehungsweise russischen Geheimdienstes 2017 rechtfertigte er die Stalin'schen Säuberungen der 1930er-Jahre. Sie hätten Vertreter der Partei-Nomenklatura und der Rechtsorgane verdientermaßen getroffen, denn viele von ihnen hätten Korruption, Willkür und Selbstjustiz zugelassen. Über die Millionen Opfer unter den einfachen Russen verlor Bortnikow kein Wort.[18]

»Erstmals seit dem XX. Parteitag der KPdSU rechtfertigt ein hoher Funktionär unseres Staates die Massenrepressionen der 1930er- bis 1940er-Jahre«, stellten Mitglieder der Russischen Akademie der Wissenschaften in einem offenen Brief daraufhin fest. Dies sei »eine Revision der Vorstellungen über das unmenschliche und volksfeindliche Wesen der Repressionen«.[19]

Auch andere Ereignisse der sowjetischen sowie russischen Geschichte wurden in den vergangenen Jahren einer Revision unterzogen. Der Hitler-Stalin-Pakt von 1939 etwa wird nicht mehr verurteilt wie noch kurz vor Ende der Sowjetunion. Die Existenz des geheimen Zusatzprotokolls über die Aufteilung Polens zwischen Deutschland und der Sowjetunion wird stattdessen wieder angezweifelt.[20] Und für das Massaker von Katyn, bei dem 1940 bei Smolensk und an anderen Orten mehr als 20 000 polnische Offiziere, Polizisten und Intellektuelle von NKWD-Angehörigen ermordet wurden, wird – wie erwähnt – erneut Deutschland verantwortlich gemacht.

Den bisherigen Höhepunkt der Geschichtsbereinigung durch die russische Führung stellen die Annexion der Krim und der im Frühjahr 2022 von Putin entfesselte Krieg gegen die Ukraine dar. Die Aussage, dass Russen und Ukrainer ein Volk seien und zusammen mit den Belarussen die »dreieinige russische Nation« bildeten, ist eine der zentralen Begründungen Putins für diesen Krieg.[21] Er stellte die Existenz der Ukraine als unabhängige Nation infrage und behauptete, ihre gegenwärtigen Grenzen mit Russland seien nicht legitim. Später rechtfertigte Putin den Überfall auf das Nachbarland damit, die Ukraine werde von Neonazis gelenkt und ein Wiedererstarken des Faschismus müsse verhindert werden.

Der Geheimdienst spielt auch im Ukraine-Krieg eine zentrale Rolle. Es sei vor allem der FSB gewesen, der Putin zum Überfall auf das Nachbarland ermutigt habe, behaupten die russischen Journalisten Andrej Soldatow und Irina Borogan.[22] Der für operative Informationen und internationale Beziehungen zuständige 5. Dienst des FSB (SOIMS) habe dem russischen Präsidenten souffliert, dass die Ukrainer die russischen Truppen als Befreier begrüßen würden und der Durchmarsch nach Kiew wie auch der Sturz der dortigen Regierung leicht zu bewerkstelligen seien.

Das war, wie wir wissen, eine Fehleinschätzung. Nichtsdestotrotz fiel es dem FSB zu, nach Okkupation der ost- und südukrainischen Gebiete die politische Kontrolle in diesen Territorien herzustellen. Operative Gruppen haben seither gemeinsam mit der Spionageabwehr zu gewährleisten, dass Moskaus Truppen dort ungehindert operieren können. Das entspricht genau jener Mission, die gut sieben Jahrzehnte zuvor der NKWD-Bevollmächtigte Serow zu erfüllen hatte – beim Einmarsch der Roten Armee in Polen und Deutschland.

Die Aufgabe des FSB besteht zudem darin, die russische Bevölkerung mit ausreichenden Feindbildern zu versorgen und auf diese Weise in das Kriegsabenteuer einzubeziehen. Neben den schon erwähnten Funktionären Naryschkin und Bortnikow gehört ein dritter Geheimdienstmann zu den Ideologen dieses Überfalls: Nikolai Patruschew. Auch er war Mitte der 1970er-Jahre zum Leningrader KGB gestoßen. 1999 hatte er Putin als Chef des FSB abgelöst, derzeit ist er Sekretär des russischen Sicherheitsrates. Patruschew propagiert in einer besonders dumpfen Form die These, der Westen wolle Russland »letztendlich von der politischen Weltkarte einfach löschen [...]. Die Ereignisse in der Ukraine – das ist kein Zusammenstoß zwischen Moskau und Kiew, das ist eine militärische Konfrontation der Nato, vor allem der USA und Englands, mit Russland«, erklärte er in einem Interview.[23]

»Neonazistische Verbrecher, die in der Ukraine ihr Unwesen treiben« und die von Russland auf jeden Fall bestraft würden, sind für ihn ein zentrales Glied in dieser Auseinandersetzung. Von den Ukrainern zieht Patruschew einen Bogen zum Ende des Zweiten Weltkrieges und zum Untergang Hitler-Deutschlands: Es könne sein, so sagt er, dass einige dieser ukrainischen Neonazis ihrer Strafe entgehen und dann in anderen Ländern für die Organisation von Staatsstreichen oder Sabotageakten benutzt würden. Dieses Schema sei während der Zerschlagung des faschistischen Deutschlands ausgearbeitet worden. Nach 1945 hätten Amerikaner, Engländer und die von ihnen kontrollierten westdeutschen Machthaber zwar die Entnazifizierung ihrer Besatzungszonen verkündet; gleichzeitig jedoch hätten sie Nazis vor der Bestrafung gerettet, um sie für die Schaffung der westdeutschen Streitkräfte und für geheime Operationen gegen die Länder des sozialistischen Lagers zu benutzen.

Patruschews »Beweiskette« liefert die Begründung – oder besser gesagt: den Vorwand – dafür, dass Russland zum Status quo vor dem Ende der Sowjetunion zurückkehren will. Schon zwei Monate vor Beginn des Krieges gegen die Ukraine hatte Putin erklärt, eine Osterweiterung der Nato sei nicht hinnehmbar und sein Land werde so handeln, wie es seine Sicherheitsinteressen verlangten. Eine Sicherheitsgarantie für die benachbarte Ukraine werde er nicht geben, so Putin.[24] Moskau besteht also auf der Wiederherstellung der alten Einflusszonen in Europa, und dies nicht nur rhetorisch.

Der von Russland ausgelöste Ukraine-Krieg hat für Deutschland möglicherweise auch einen heilenden Effekt. Nicht nur, dass die Bundesregierung über viele Jahre hinweg den Ausbau der eigenen Sicherheit skandalös vernachlässigt hat und das Versäumte nun nachzuholen verspricht – sie hat zudem nicht wahrhaben wollen (oder kaum bemerkt), wie aktiv die russischen Geheimdienste in den letzten zwei Jahrzehnten nicht nur im eigenen Land, sondern auch auf deutschem Boden wieder geworden sind. In der Amtszeit von Bundeskanzler Gerhard Schröder hatte der Bundesnachrichtendienst BND die Gegenspionage komplett eingestellt. Er verzichtete darauf, die russischen Nachrichtendienste weiter auszuspähen, um ihre Vorgehensweise, ihre Methoden oder die Quellen ihrer Informationen zu verstehen. Im Prozess um den oben erwähnten, von Moskau in Auftrag gegebenen Mord an dem Georgier Selimchan Changoschwili im Kleinen Tiergarten in Berlin kamen denn auch »die entscheidenden Beweise nicht von deutschen Diensten, sondern aus Recherchen von [der Investigativplattform, d. A.] ›Bellingcat‹«.[25]

Während Berlin die Spionageabwehr abrüstete, tat Moskau in offensiver Hinsicht genau das Gegenteil. Russland manipuliert, desinformiert, infiltriert und spioniert heute in Westeuropa – und dort vor allem in Deutschland – so stark wie seit dem Ende der Sowjetunion nicht mehr.

Offenbar wurde das den Verantwortlichen erst, als der Angriff Russlands auf die Ukraine im Februar 2022 sie aufschreckte. Bereits ein Jahr später formulierte Verfassungsschutz-Präsident Thomas Haldenwang: »Wir befinden uns auf einem Niveau wie zu Zeiten des Kalten Krieges.«[26] Und sein Amtskollege vom BND, Bruno Kahl, ergänzte: »Die russischen Dienste gehen sehr, sehr rücksichtslos vor in dem, was sie hier erreichen wollen.«[27] In kaum einem Land agierten die »russischen Geheimdienste so brutal und ungeniert wie in Deutschland«, befand nun auch die *Süddeutsche Zeitung*.[28]

Dabei hatte es schon Jahre zuvor alarmierende Zeichen gegeben, dass Russland verstärkt Agenten und Spione nach Deutschland schickt und versucht, im politischen Raum Personen abzuschöpfen. Methoden und Mittel wurden immer vielfältiger. Auch Cyberangriffe nahmen zu – der bislang schwerste traf 2014 den Bundestag: Monatelang flossen Daten aus Abgeordnetenbüros nach Russland ab.

Hatte die Bundesregierung auf den Mord im Kleinen Tiergarten noch sehr zurückhaltend reagiert – sie erklärte damals lediglich zwei russische Diplomaten zu unerwünschten Personen –, wies sie kurz nach Kriegsausbruch auf einen Schlag vierzig russische Diplomaten als mutmaßliche Spione aus. Ende 2023 ließ Berlin zudem vier der fünf russischen Generalkonsulate in Deutschland schließen; sie waren neben der Botschaft in Berlin die wichtigsten Standorte der russischen Geheimdienste.

Dieser Schritt erfolgte auch als Reaktion auf ein Ereignis vom Dezember 2022. In jenem Monat wurde Carsten L. als mutmaßlicher Spion festgenommen. Der Oberst war bis dahin Referatsleiter im BND gewesen, also ein Mann direkt im Zentrum des Bundesnachrichtendienstes. Sein Fall entpuppte sich bald als einer der großen Spionageskandale in der Geschichte der Bundesrepublik Deutschland. Carsten L. hatte mehrfach und an verschiedenen Orten interne BND-Dokumente an den russischen Geheimdienst FSB übergeben und war deswegen auch mehrmals selbst nach Moskau gereist.

Die Russen hatten sich unter anderem für die dem BND bekannten Kommandostrukturen in der Ukraine und für westliche Waffenlieferungen an Kiew interessiert sowie für Positionsdaten von Stellungen der US-Raketenwerfer HIMARS sowie des von Deutschland gelieferten Flugabwehrsystems IRIS. Carsten L. soll außerdem geheime Tabellen und Daten zu russischen Opferzahlen im Ukraine-Krieg übergeben haben sowie eine Zusammenstellung, wie der BND in russische Telefonverbindungen und Funkkanäle eindringen konnte.[29] Mitten in Russlands Krieg gegen die Ukraine verriet damit wohl ein Mann aus dem Geheimdienst ausgerechnet den Russen Kriegsgeheimnisse. Nach Einschätzung von Erich Schmidt-Eenboom, einem Spezialisten für Sicherheitspolitik und Nachrichtendienste, sei die Anwerbung von Carsten L. »der größte Erfolg, den die Nachrichtendienste unter Putin je erzielt haben«.[30]

Dass die Enttarnung des BND-Mannes nur ein Teilerfolg im Kampf gegen Russlands Geheimdienste war, zeigte sich wenig später. Im August 2023 nahm die Bundesanwaltschaft in Koblenz einen Mann unter dem Verdacht fest, ebenfalls Informationen an den russischen Geheimdienst weitergeleitet zu haben. Der Verhaftete hatte im Bundesamt für Ausrüstung, Informationstechnik und Nutzung der Bundeswehr gearbeitet.[31]

Die Aggressivität der russischen Geheimdienste in Deutschland geht einher mit einer ähnlichen Aggressivität der russischen Propaganda, die über verschiedene Medien nach Westeuropa hineinzuwirken versucht und dort Stimmung gegen die Regierungen macht. Genauso aggressiv arbeiten die Staatsmedien in Russland selbst, um dem eigenen Volk Westeuropa und vor allem Deutschland als kriegslüsterne, jedoch gegenüber den eigenen Völkern unfähige Gesellschaftssysteme vorzuführen.

In den Sendungen des Staatspropagandisten Wladimir Solowjow bei Rossija-1 wird der deutsche Verteidigungsminister Boris Pistorius als »Idiot« tituliert. »Das Auftauchen von deutschen Panzern wird eindeutig dazu führen, dass wir das Gebiet Deutschlands und seine Militärbasen als legitime Ziele betrachten«, erregte sich Solowjow im Januar 2023. »Pistorius wird in die Geschichte als einer jener Idioten eingehen, die dafür gesorgt haben, dass Deutschland zur Zone des direkten Angriffs wird. Und Scholz! Und Baerbock! Und das deutsche Volk wird sehen, welche Nazi-Führer es wieder groß gemacht und an die Macht gebracht hat.«[32]

Solowjow hat also nicht die geringsten Probleme damit, die Führung des heutigen Deutschlands in die Nähe der Nazis zu rücken, ja deren Mitglieder selbst zu Nazis zu erklären. Offenbar glaubt man, Putins Krieg gegen die Ukraine auf diese Weise einen Sinn zu geben.

In einer anderen Sendung führte Solowjow aus: »Deutschland hat seine historische Schuld vergessen und denkt, es darf alles. Das heißt, dass Deutschland besiegt werden muss.«[33] Schon Monate zuvor hatte Solowjow damit gedroht, »unsere Fallschirmjäger nach Berlin« zu schicken. Moskau könne mit einer Bombardierung die gesamte deutsche Hauptstadt zerstören – die Luftstreitkräfte Russlands könnten »Berlin so hart treffen, dass nichts mehr davon übrigbleibt«.[34]

So wird in der russischen Öffentlichkeit der Eindruck erweckt, Russland führe mit seinem Krieg gegen die Ukraine fort, was die Sowjetunion im Großen Vaterländischen Krieg mit den heldenhaften Taten Schukows und Serows begonnen habe: den Kampf gegen den Faschismus, der in Deutschland nie wirklich ausgerottet worden sei.

In Wirklichkeit steht heute an der Spitze des russischen Staates ein Mann, unter dem nicht nur Mord und Repression auf der Tagesordnung sind, sondern der sich inzwischen auch selbst schlimmster Kriegsverbrechen schuldig gemacht hat. Dass nicht nur Russen, sondern auch viele Deutsche das nicht wahrhaben wollen, ist befremdlich. Ausgerechnet Ostdeutsche wollen seit einiger Zeit ihre Sympathie für Putins Russland wiederentdeckt haben. Der Historiker Gerd Koenen wundert sich in diesem Zusammenhang, wie wenige Spuren bei den Ostdeutschen »die Geschichte ihrer Misshandlung, Diskriminierung und Bevormundung« durch die Sowjetmacht hinterlassen habe. Das Narrativ von der stets engen Freundschaft mit der Sowjetunion hat jedoch einen anderen Grund, und Koenen nennt ihn auch gleich selbst: Die »Wahrnehmungsverengungen und Gefühlsverwirrungen«, in die ein Teil der Ostdeutschen im Konflikt mit Putins Russland verfällt, »dürfte […] in erster Linie einer Entfremdung von der westlich geprägten Mehrheitskultur entspringen«.[35] Anders gesagt: Die angeblich wiederentdeckte Nähe der Ostdeutschen zu Russland ist eine Schutzbehauptung. Sie bemäntelt ein weit verbreitetes Gefühl der Opposition gegen die eigene Führung und die westdeutsche Meinungshoheit. Mit Russland hat das wenig zu tun. Von den Älteren, die noch die Zeit nach 1945 miterlebt haben, wird ohnehin niemand das autoritäre Vorgehen in jenen Jahren verharmlosen wollen.

Ganz anders ist das in Russland. Dort schweigt man nicht nur über die Gewalt der Geheimdienste unter Stalin, dort wird auch das jetzige autoritäre Regime bejaht und das restriktive Vorgehen der Sicherheitsdienste als staatserhaltend angesehen. Zur Illustration führt der russische Schriftsteller Viktor Jerofejew ein besonders bitteres Detail an: Es gebe in Russland wieder ein kollektives »System des Denunziantentums, in dem Lehrer ihre Schüler anzeigen und Schüler ihre womöglich liberalen Lehrer, unter anderem mit der Anschuldigung, sie rechtfertigten den Nazismus, und in dem jeder liberale, gegen den Krieg gerichtete Gedanke, woher er auch immer kommen mag, angezeigt gehört«. Jerofejew denkt, dass sich die derzeitige Ära des russischen Denunziantentums von vorhergehenden analogen Erscheinungen in der russischen Geschichte unterscheide. Und er kommt zu einem vernichtenden Urteil: »Wir sind zweifellos Zeugen des Verfalls moralischer Qualitäten der Volksmassen, die Gefallen finden an der derzeitigen Propaganda und ihren betörenden Botschaften.«[36]

Was das mit dem Thema dieses Buches zu tun hat?

Die Sicherheitsorgane haben den Staat Russland über Jahrzehnte hinweg zersetzt und die Kultur des Denkens deformiert. So wird widerspruchslos hingenommen, dass die derzeitige russische Propaganda die Russen bis ins Jahr 1945 zurückzuführen versucht – in jene Zeit, als die Rote Armee und mit ihr die sowjetischen Geheimdienste in Deutschland einrückten und die Sowjetunion tatsächlich einen weltweit anerkannten Sieg feiern konnte. Und es wird weitläufig das Narrativ akzeptiert, dass das, was Russland heute mit seiner Armee in der Ukraine und mit seinen Geheimdiensten in Deutschland und in Westeuropa tut, ein notwendiger Kampf zur Wiederherstellung einer gerechten Weltordnung ist. Im neuen Schullehrbuch »Russische Geschichte 1945 – Anfang des 21. Jahrhunderts«, das 2023 in Moskau erschien, heißt es: »Im Jahr 1989 begann der einseitige Abzug der sowjetischen Truppen aus Ost- und Mitteleuropa. Dies war eine besonders unüberlegte Entscheidung, denn die Schwächung der sowjetischen Militärpräsenz in den verbündeten Ländern führte zu einer drastischen Verschärfung nationalistischer und antisowjetischer Stimmungen. […] 1990 annektiert die BRD Ostdeutschland. Die DDR wurde von der BRD einverleibt.«[37] Mit dieser verzerrten Geschichtsdarstellung werden künftig die jungen Menschen Russlands aufwachsen.

Das Oberhaupt der Republik Tschetschenien, Ramsan Kadyrow, ein Mann, der die Kaukasusregion mit Duldung Putins regiert und seine diktatorischen Vollmachten für Folter und Mord an Opponenten nutzt, hat im Februar 2023 sogar mit einer Rückkehr russischer Besatzungstruppen auf deutsches Gebiet gedroht. »Wir müssen zurückkehren, das ist unser Territorium«, sagte er dem russischen Fernsehen. Dass die russischen Truppen vom Gebiet der ehemaligen DDR abgezogen worden seien, sei ein Fehler gewesen. Die Verantwortlichen dafür, darunter der frühere sowjetische Präsident Michail Gorbatschow, hätten als »Verräter« bestraft werden müssen.[38]

So bekommt man das Gefühl, in Moskau werde die Zeit um mehr als siebzig Jahre zurückgedreht. Und meine kleine brandenburgische Heimatstadt fällt mir wieder ein, durch die sich einst die Mauer zog, hinter der nach 1945 »die Russen« wohnten.

Scheint es nur mir plötzlich so, als könnte sich Geschichte doch wiederholen?

Serows Erbe: Der junge KGBler Wladimir Putin während eines Betriebsausflugs der Dresdner Residentur in die Sächsische Schweiz

Dank

Dieses Buch zu schreiben hieß, mit der schwierigen Quellenlage in Moskau zurechtzukommen. Mein Dank gilt vor allem dem Historiker Nikita Petrow, den der britische Autor Simon Sebag Montefiore für den »heute besten Forscher in Sachen Geheimpolizei in Russland« hält. Petrow gab mir wichtige Hinweise, wo möglicherweise Akten des sowjetischen Geheimdienstes NKWD zu finden sind. Ich danke darüber hinaus den Mitarbeitern des Russischen Staatsarchivs und des Staatsarchivs für sozialpolitische Geschichte sowie der Enkelin des einstigen NKWD-Bevollmächtigten in Deutschland, Vera Serowa.

Auch in deutschen Archiven – in Berlin, Dessau, Dresden, Magdeburg, Merseburg, Potsdam und Schwerin – wurde mir freundliche Unterstützung zuteil, ebenso in der Bibliothek des Deutschen Historischen Museums und der Berliner Stadtbibliothek – was besonders bemerkenswert war, weil zu der Zeit die Corona-Epidemie viele Türen verschlossen hielt.

Bedanken möchte ich mich bei Elisabeth Ruge, die mir mit guten Ideen aus dem Gestrüpp der Akten half, sowie bei Christoph Steskal vom Ullstein Verlag und Ludger Ikas für die angenehme professionelle Begleitung.

Abkürzungsverzeichnis

ADN – Allgemeiner Deutscher Nachrichtendienst
AEG – Allgemeine Elektricitäts-Gesellschaft
Antifa – Antifaschistische Aktion
BAM – Baikal-Amur-Magistrale
BND – Bundesnachrichtendienst
CDU – Christlich-Demokratische Union
CIA – Central Intelligence Agency
DANA – Deutsche Allgemeine Nachrichtenagentur
DBD – Demokratische Bauernpartei Deutschlands
DDR – Deutsche Demokratische Republik
FDGB – Freier Deutscher Gewerkschaftsbund
FSB – Föderaler Sicherheitsdienst
Gestapo – Geheime Staatspolizei
Glawosobuniwermag – Hauptspezialkaufhaus
GPU – Staatliche Politische Verwaltung
GRU – Hauptverwaltung für Aufklärung (UdSSR)
Gulag – Hauptverwaltung der Lager
HJ – Hitlerjugend
HVA – Hauptverwaltung Aufklärung (DDR)
Karlag – Arbeitslager Karaganda
KGB – Komitee für Staatssicherheit
Komintern – Kommunistische Internationale
KPD – Kommunistische Partei Deutschlands
KPdSU – Kommunistische Partei der Sowjetunion
KPO – Kommunistische Partei-Opposition
KZ – Konzentrationslager

K 5 – Kommissariat 5
LDP – Liberaldemokratische Partei
Lubjanka – Adresse vom KGB- und FSB-Hauptquartier
MfS – Ministerium für Staatssicherheit (DDR)
MGB – Ministerium für Staatssicherheit (UdSSR)
MWD – Ministerium für Innere Angelegenheiten (UdSSR)
NKFD – Nationalkomitee Freies Deutschland
NKGB – Volkskommissariat für Staatssicherheit
NKWD – Volkskommissariat für Innere Angelegenheiten
NSDAP – Nationalsozialistische Deutsche Arbeiterpartei
OGPU – Vereinigte Staatliche Politische Verwaltung
OKH – Oberkommando des Heeres
Opergruppe – Operativgruppe
Opritschniki – Privatarmee Iwan des Schrecklichen
Osoawiachim – Gesellschaft zur Förderung der Verteidigung, des Flugwesens und der Chemie
OUN – Organisation Ukrainischer Nationalisten
SA – Sturmabteilung
SBZ – Sowjetisch Besetzte Zone/Sowjetische Besatzungszone
SED – Sozialistische Einheitspartei Deutschlands
SMA – Sowjetische Militäradministration in den Ländern und Provinzen
SMAD – Sowjetische Militäradministration in Deutschland
SMERSCH – Militärischer Nachrichtendienst »Tod den Spionen«
SNB – Sowjetisches Nachrichtenbüro
SOIMS – 5. Abteilung des FSB: Dienst für operative Information und internationale Verbindungen
SPD – Sozialdemokratische Partei Deutschlands
Sprawka – Auskunft, Bescheinigung
SS – Schutzstaffel
Tscheka – Allrussische außerordentliche Kommission
UdSSR – Union der Sozialistischen Sowjetrepubliken
Wtsch – Hochfrequenz-Telefonverbindung für das Regierungsnetz
ZK – Zentralkomitee
ZS – Zentralsekretariat

Literaturverzeichnis

Achutina, A. W. / Berljand, I. E. (Hrsg.): *Wladimir Solomonowitsch Bibler*, Moskau 2009

Agonija i smertj Adolfa Gitlera. Na osnowe rassekretschennych dokumentow FSB Rossii, Moskau 2000

Apparat NKWD-MGB w Germanii 1945–1953, Moskau 2009

Andrew, Christopher / Mitrochin, Wassili: *Das Schwarzbuch des KGB*, Berlin 1999

Astawjew, Viktor: *Wesjoly soldat*, Moskau 1998, http://www.lib.ru/PROZA/ASTAFIEW/soldat.txt

Bailey, George / Kondraschow, Sergej A. / Murphy, David E.: *Die unsichtbare Front. Der Krieg der Geheimdienste im geteilten Berlin*, Berlin 1997

Bald nach Hause – skoro domoi. Das Leben der Eva-Maria Stege, Nach Tonbändern, Notizen, Gesprächen aufgezeichnet von Sigrid Moser, Berlin 1993

Barron, John: KGB. Arbeit und Organisation des sowjetischen Geheimdienstes in Ost und West, München / Zürich 1978

Bechler, Margret: *Warten auf Antwort. Ein deutsches Schicksal*, Berlin 1998

Bouvier, Beatrix: *»Ausgeschaltet!« Sozialdemokraten in der Sowjetischen Besatzungszone und in der DDR 1945–1953*, Bonn 1996

Boveri, Margret: *Tage des Überlebens 1945*, Frankfurt/Main 1996

Boveri, Margret: *Wir lügen alle. Eine Hauptstadtzeitung unter Hitler*, Olten und Freiburg im Breisgau 1965

Conze, Eckart / Frei, Norbert / Hayes, Peter / Zimmermann, Moshe: *Das Amt und die Vergangenheit. Deutsche Diplomaten im Dritten Reich und in der Bundesrepublik*, München 2012

Das sowjetische Speziallager Nr. 2 1945–1950, Katalog zur ständigen historischen Ausstellung. Herausgegeben von Bodo Ritscher, Rikola-Gunnar Lüttgenau, Gabriele Hammermann, Wolfgang Röll und Christian Schölzel im Auftrag der Gedenkstätte Buchenwald, Göttingen 2008

Davies, Norman: *Rising '44. The Battle for Warsaw*, London 2004

Djogtew, Dmitri / Sefirow, Michail: *Wsjo dlja fronta?*, Moskau 2009

Drescher, Anne: *Haft am Demmlerplatz. Gespräche mit Betroffenen*, Schwerin 2004

Foitzik, Jan / Petrow, Nikita: *Die sowjetischen Geheimdienste in der SBZ / DDR von 1945 bis 1953*, Berlin 2009

Foitzik, Jan (Hrsg.): *Sowjetische Kommandanturen und deutsche Verwaltung in der SBZ und frühen DDR*, Berlin, München, Boston 2015

Friedensburg, Ferdinand: *Es ging um Deutschlands Einheit. Rückschau eines Berliners auf die Jahre nach 1945*, Berlin 1971

Genosse General! Die Militärelite der DDR in biografischen Skizzen. Im Auftrag des Militärgeschichtlichen Forschungsamtes herausgegeben von Hans Ehlert und Armin Wagner, Berlin 2003

Gerstner, Karl-Heinz: *Sachlich, kritisch und optimistisch. Eine sonntägliche Lebensbetrachtung*, Berlin 1999

Geschichte der Sozialistischen Einheitspartei Deutschlands. Abriß, Berlin 1978
Gniffke, Erich W.: *Jahre mit Ulbricht*, Köln 1966
Gordiewski, Oleg / Andrew, Christopher: *KGB. Die Geschichte seiner Auslandsoperationen von Lenin bis Gorbatschow*, München 1992
Gröttrup, Irmgard: *Die Besessenen und die Mächtigen. Im Schatten der roten Rakete*, Stuttgart 1958
GULAG: *Ökonomika prinuditelnogo truda*, Moskau 2008
Heinemann-Grüder, Andreas: *Die sowjetische Atombombe*, Münster 1992
Hilger, Andreas / Schmeitzner, Mike / Schmidt, Ute (Hrsg.): *Diktaturdurchsetzung. Instrumente und Methoden der kommunistischen Machtsicherung in der SBZ / DDR 1945–1955*, Dresden 2001
Hilger, Andreas / Schmeitzner, Mike / Schmidt, Ute (Hrsg.): *Sowjetische Militärtribunale, Bd. 2, Die Verurteilung deutscher Zivilisten 1945–1955*, Köln, Weimar, Wien 2003
Hilger, Andreas: *»Tod den Spionen«. Todesurteile sowjetischer Gerichte in der SBZ / DDR und in der Sowjetunion bis 1953*, Göttingen 2006
Hilger, Gustav: *Wir und der Kreml. Deutsch-sowjetische Beziehungen 1918–1941*, Frankfurt/Main u. Berlin 1956
Höhne, Heinz: *Der Krieg im Dunkeln. Die deutsche und russische Spionage*, Augsburg 1998
Hübner, Peter: *Konsens, Konflikt und Kompromiss: Soziale Arbeiterinteressen und Sozialpolitik in der SBZ / DDR 1945–1970*, Berlin 1994
Weber, Herman / Jahn, Egbert / Braun, Günter / Dähn, Horst / Foitzik, Jan / Mählert, Ulrich: *Jahrbuch für Historische Kommunismusforschung*, Berlin 1998
Karski, Jan: *Mein Bericht an die Welt. Geschichte eines Staates im Untergrund*, München 2011
Keiderling, Gerhard (Hrsg.): *»Gruppe Ulbricht« in Berlin April bis Juni 1945. Eine Dokumentation*, Berlin 1993
Keworkow, Wjatscheslaw: *Der geheime Kanal. Moskau, der KGB und die Bonner Ostpolitik*, Berlin 1995
Klemperer, Victor: *So sitze ich denn zwischen allen Stühlen. Tagebücher 1945–1949*, Berlin 1999
Klimow, Gregory: *Berliner Kreml*, Köln, Berlin 1952
Koslow, Wladimir / Koslowa, Marina: *»Malenkiy SSSR« i ego obitateli. Otscherki sozialnoj istorii sowjetskogo okkupazionnogo soobschtschestwa w Germanii. 1945–1949*, Moskau 2021
Le Bon, Gustave: *Psychologie der Massen*, München 2020
Leonhard, Wolfgang: *Die Revolution entläßt ihre Kinder*, Leipzig 1990
Mandelstam, Nadeschda: *Erinnerungen an das Jahrhundert der Wölfe*, Berlin 2020
Merseburger, Peter: *Aufbruch ins Ungewisse. Erinnerungen eines politischen Zeitgenossen*, München 2021
Möller, Frank: *Das Buch Witsch. Das schwindelerregende Leben des Verlegers Joseph Caspar Witsch*, Köln 2014
Morré, Jörg: *Speziallager des NKWD. Sowjetische Internierungslager in Brandenburg 1945–1950*, Potsdam 1997
Müller-Enbergs, Helmut / Wielgohs, Jan / Hoffmann, Dieter (Hrsg.): *Wer war wer in der DDR*, Berlin 2000
Naimark, Norman M.: *Die Russen in Deutschland. Die sowjetische Besatzungszone 1945 bis 1949*, Berlin 1997
Na prijome u Stalina. Tetradi (schurnaly) sapisej liz, prinjatych I. W. Stalinym (1924–1953 gg.), Moskau 2010
Noble, John H.: *Verbannt und verleugnet*, Dresden 2004
Nowak, Oleg: *Trofejnoje delo MGB SSSR 1946–1953. Archiwnyje dokumenty*, Moskau 2020
Organy gosudarstwennoi besopasnosti w SSSR w Welikoi Otetschestwennoi Wojne. Sbornik dokumentow, T. 1, Kn. 1, Moskau 1995

Petersen, Andreas: *Die Moskauer. Wie das Stalintrauma die DDR prägte*, Frankfurt/Main 2019

Petrov, Nikita: *Die sowjetischen Geheimdienstmitarbeiter in Deutschland*, Berlin 2010

Petrow, Nikita: *Iwan Serow – Predsedatelj KGB*, Moskau 2021.

Petrow, Nikita: *Kto sluschil w sowjetskich organach gosbesopasnosti w Germanii 1945–1954*, Moskau 2017

Petrow, Nikita: *Perwy predsedatelj KGB Iwan Serow*, Moskau 2005

Petrow, Nikita: *Stalin i organy NKWD-MGB w sowjetisazii stran Zentralnoi i Wostotschnoi Ewropy: 1945–1953*, Dissertation, Amsterdam 2008

Poljan, Pawel: *Schertwy dwuch diktatur*, Moskau 2002

Raeder, Erich: *Mein Leben. Von 1935 bis Spandau 1955*, Tübingen 1957

Reif-Spirek, Peter / Ritscher, Bodo (Hrsg.): *Speziallager in der SBZ. Gedenkstätten mit »doppelter Vergangenheit«*, Berlin 1999

Repatriazija sowjetskich graschdan s okkupirowannoij territorii Germanii 1944–1946, Tom 1, Moskau 2019

Repatriazija sowjetskich graschdan s okkupirowannoij territorii Germanii 1947–1952, Tom 2, Moskau 2019

Richelson, Jeffery T.: *A Century of Spies. Intelligence in the Twentieth Century*, New York, Oxford 1995

Sachartschenko, Alexej: *Ökonomitscheskaja dejatelnost NKWD SSSR nakanune i w Gody Belikoi Otetschestwennoi Woiny*, Samara 2010

Scheffer, Paul: *Augenzeuge im Staate Lenins. Ein Korrespondent berichtet aus Moskau 1921–1930*, München 1972

Scherbakowa, Irina: *Zerrissene Erinnerung*, Göttingen 2010

Schirdewan, Karl: *Aufstand gegen Ulbricht*, Berlin 1995

Selvage, Douglas/Herbstritt, Georg: *Der »große Bruder«. Studien zum Verhältnis von KGB und MfS 1958 bis 1989*, Göttingen 2022

Semirjaga, Michail: *Kak my uprawljali Germanijei*, Moskau 1995, https://www.litmir.me/br/?b=596768&p=1

Semjonow, Wladimir: *Von Stalin bis Gorbatschow. Ein halbes Jahrhundert in diplomatischer Mission 1939–1991*, Berlin 1995

Semskow, Viktor: *Woswraschenije sowjetskich peremeschennych liz w SSSR 1944–1952*, Moskau 2016

Serow, Iwan: *Sapiski is tschemodana*, Moskau 2016

Siemsen, Hans: *Rußland, ja und nein*, Berlin 1931

Smyslow, Oleg: *Wasili Stalin. Saloschnik imeni*, Moskau 2018

Sowjetskaja wojennaja administrazija w Germanii 1945–1949. Fondy Sowjetskoj Wojennoj Administrazii w Germanii (SWAG) w Gosudarstwennom archiwe Rossijskj Federazii. Tschastj I 1945–1953, Moskau 2004

Sowjetskaja wojennaja administrazija w Germanii 1945–1949. Fondy Sowjetskoj Wojennoj Administrazii w Germanii (SWAG) w Gosudarstwennom archiwe Rossijskj Federazii. Tschastj II 1945–1950, Moskau 2004

Sowjetskaja wojennaja administrazija w Germanii 1945–1949. Sprawotschnik, Moskau 2009

Sowjetskaja wojennaja administrazija w Germanii 1945–1949. SWAG i formirowanije partijno-polititscheskoj sistemy w Sowjetskoj Sone Okkupazii, Moskau 2014

Sowjetskaja wojennaja administrazija w Germanii 1945–1949. SWAG i nemezkije organy samouprawlenija 1945–1949, Moskau 2006

Springer, Hildegard (Hrsg.): *Es sprach Hans Fritzsche*, Stuttgart 1949

Stalin, J. W.: *Werke*, Dortmund 1979

Steinert, Marlise: *Zelle – Baracke – Erdloch. Aufzeichnungen von 1954 über ihre Verhaftung in Potsdam 1947, die Verurteilung und Lagerhaft in der Sowjetunion sowie ihre Rückkehr am 31.12.1953*, hrsg. von Gisela Kurze, Berlin / Potsdam 2003

Stern, Carola: *Doppelleben. Eine Autobiographie*, Berlin 2002

Suckut, Siegfried / Süß, Walter: *Staatspartei und Staatssicherheit. Zum Verhältnis von SED und MfS*, Berlin 1997

Sudoplatow, Pawel / Sudoplatow, Anatolij: *Der Handlanger der Macht*, Düsseldorf, Wien, New York, Moskau 1994

Sudoplatow, Pawel: *Pobeda w tajnoj wojne 1941–1945 gody*, Moskau 2018

Sudoplatov, Pavel / Sudoplatov, Anatoli / Schecter, Jerrold L. / Schecter, Leona P.: *Special Tasks. The Memoirs of an Unwanted Witness – A Soviet Spymaster*, Boston 1994

Talbott, Strobe (Hrsg.): *Chruschtschow erinnert sich*, Reinbek bei Hamburg 1971

Taratuta, Schan / Sdanowitsch, Aleksander: *Tainstwenny schef Mata Hari*, Moskau 2000

Anatoli Tereschtschenko: *Perepistschiki istorii. Mify o Katyni*, Moskau 2020

Trieder, Simone: *Unsere russischen Jahre. Die verschleppten Spezialistenfamilien*, Halle 2018

»Trofejnoje delo« MGB SSSR 1946 – 53 gg. Archiwnyje dokumenty, Moskau 2022

Tschuikow, Wassili: *Das Ende des Dritten Reiches*, München 1966

Tumschis, M.: *Schtschit i metsch Sowjetskowo Sojusa. Kratkije biografii rukowoditelej organow gosudarstwennoj besopasnosti SSSR i sojusnich respublik (dekabrj 1922 – dekabrj 1991 gg.)*, Moskau 2016

Uhl, Matthias: *Stalins V-2. Der Technologietransfer der deutschen Fernlenkwaffentechnik in die UdSSR und der Aufbau der sowjetischen Raketenindustrie 1945 bis 1959*, Bonn 2016

Usolzew, Wladimir: *Mein Kollege Putin. Als KGB-Agent in Dresden 1985–1990*, Berlin 2014

Weber, Petra: *Justiz und Diktatur. Justizverwaltung und politische Strafjustiz in Thüringen 1945–1961*, München 2000

Welidow, Alexej: *Krasnaja kniga WTschK*, Moskau 1989

Woiska NKWD w Welikoi Otetschestwennoi Woine, Tom 1. Moskau 2015

Wolkogonow, Dmitri: *Triumph und Tragödie. Politisches Porträt des J. W. Stalin*, Berlin 1990

Archive

BA = Bundesarchiv Berlin
BLHA = Brandenburgisches Landeshauptarchiv Potsdam
Deutsches Historisches Museum Berlin, Bibliothek
GARF = Staatsarchiv der Russischen Föderation Moskau
LA MV-Schw = Landesarchiv Mecklenburg-Vorpommern, Landeshauptarchiv Schwerin
LASA DE = Landesarchiv Sachsen-Anhalt, Standort Dessau
LASA MD = Landesarchiv Sachsen-Anhalt, Standort Magdeburg
LASA MER = Landesarchiv Sachsen-Anhalt, Standort Merseburg
Privatarchiv Vera Serowa Moskau
RGASPI = Russisches Staatsarchiv für sozialpolitische Geschichte Moskau
RGANI = Russisches Staatsarchiv für Neuere Geschichte
SächsStA-D = Sächsisches Staatsarchiv, Hauptstaatsarchiv Dresden
ZA FSB = Zentralarchiv des Föderalen Sicherheitsdienstes Moskau
Zentral- und Landesbibliothek Berlin – Berliner Stadtbibliothek

Anmerkungen

(Vollständige bibliografische Angaben zu verwendeten Kurztiteln finden sich im Literaturverzeichnis.)

1 Die Tragödie der Nachkriegszeit

1 Vgl. Jürgen W. Schmidt: »Perleberg als Garnisonstadt von 1871 bis 1997«, in: *Mitteilungen des Vereins für die Geschichte der Prignitz*, Bd. 20, Perleberg 2020, S. 76 f. Demnach wurde Perleberg 1945 zuerst von Truppenteilen des sowjetischen 3. Garde-Kavallerie-Korps besetzt. Später befanden sich in der Stadt der Stab der sowjetischen 18. mechanisierten Division und das 58. mechanisierte Regiment.
Ab 1955 war Perleberg Stationierungsort für
– den Stab der 21. motorisierten Schützendivision nebst Divisionslager,
– das 239. motorisierte Schützenregiment,
– das 1079. Fla-Raketenregiment,
– die 21. Raketenabteilung,
– das 34. Bataillon für funkelektronischen Kampf,
– das 921. Selbständige Nachrichtenbataillon,
– das 158. Bataillon für chemische Abwehr,
– das 1125. Bataillon für rückwärtige Sicherstellung,
– das 44. Sanitätsbataillon,
– die 211. Funkelektronische Aufklärungskompanie,
– die 1089. Fla-Raketenabteilung der 61. Fla-Raketenbrigade,
– die Unterkunftsabteilung Nr. 16.

2 Peter Sloterdijk im Podcast *The Pioneer Briefing* vom 26. Mai 2022

3 Wladimir Putin auf der Festversammlung von FSB-Mitarbeitern zum Tag der Mitarbeiter der Sicherheitsdienste am 20. Dezember 1999, https://www.youtube.com/watch?v=6xkLdzrniYo

4 Semirjaga: *Kak my uprawljali Germanijei*

5 Stern: *Doppelleben*

6 Kurze (Hrsg.): *Zelle – Baracke – Erdloch*

7 Jan Claas Behrends: »Das Ende der postsowjetischen Epoche oder die Bedeutung der 1990er Jahre für das 21. Jahrhundert«. Antrittsvorlesung an der Europa-Universität Viadrina in Frankfurt/Oder, 16. Mai 2022, https://www.deutschlandfunknova.de/beitrag/krieg-gegen-die-ukraine-russland-und-totalitarismus-im-21-jahrhunderts

8 Der Militärexperte Viktor Korotschenko in der Talkshow *Prjamoi Efir* im TV-Sender *Rossija-1*, 8. August 2022

2 NKWD oder KGB?

1 Andreas Hilger: »Von der Tscheka zum FSB«, in: *Osteuropa* 11/2022, S. 56
2 Petrow: *Iwan* Serow – *predsedatelj KGB*, S. 313

3 Die unbekannte Macht

1 Bericht des Landrates zu Plauen an die Landesverwaltung Sachsen vom 20. Dezember 1945, in: Landesregierung Sachsen, Ministerium für Land- und Forstwirtschaft Nr. 148; SächsStA-D, Signatur 11394
2 Boveri: *Tage des Überlebens*, S. 168
3 Bericht des Bürgermeisters von Menz an den Kreiskommandanten vom 12. Juli 1945, in: Schriftwechsel mit der Kreiskommandantur und den Ortskommandanten v. a. über unrechtmäßiges Verhalten von Angehörigen der Besatzungsmacht; BLHA, Signatur 250 Ruppin 131, Blatt 69
4 An den Herrn Landrat in Neuruppin, 5. Juni 1945, in: Schriftwechsel mit der Kreiskommandantur und den Ortskommandanten v. a. über unrechtmäßiges Verhalten von Angehörigen der Besatzungsmacht; BLHA, Signatur 250 Ruppin 131, Blatt 17
5 Politischer Stimmungsbericht an die Provinzialverwaltung Mark Brandenburg, Abteilung Inneres, vom 15. 7. 1946, in: Landratsamt Luckau, Politische Stimmungsberichte 1945–1948; BLHA, Signatur 250 Ruppin 131, Blatt 22
6 Bericht des Kreispolizeipostens Planitz-Deila an den Kommandeur der Kreispolizei Meißen vom 7. 9. 1945, in: Landesregierung Sachsen, Ministerium für Land- und Forstwirtschaft Nr. 146; SächsStA-D, Signatur 11394
7 Schreiben des Bürgermeisters und des Gutsverwalters von Binenwalde an den Landrat in Neuruppin vom 16. 5. 1945, in: Schriftwechsel mit der Kreiskommandantur und den Ortskommandanten v. a. über unrechtmäßiges Verhalten von Angehörigen der Besatzungsmacht; BLHA, Signatur 250 Ruppin 131, Blatt 3
8 Eigentlich lautet die exakte Abkürzung: OGPU: Vereinigte Staatliche Politische Verwaltung.
9 In amtlichen Schreiben der Nachkriegszeit wird das NKWD fast durchgängig mit dem femininen Artikel benannt, obwohl es korrekt »das Volkskommissariat« heißt. Möglicherweise rührt diese Praxis noch vom Gebrauch des alten Begriffes GPU her (»**die** Staatliche Politische Verwaltung«).
10 Politischer Bericht zum Schreiben des Herrn Oberlandrats in Kottbus vom 24. 9. 1945, in: Landratsamt Luckau, Politische Stimmungsberichte 1945–1948; BLHA, Signatur 250 Ruppin 131, Blatt 32
11 Ebd., Blatt 9
12 Meldung des Polizeiamtes IV, Polizeistation Coswig v. 6. 12. 1945, in: LASA DE, K 13 Kreisverwaltung Zerbst, Nr. 123, Blatt 40

4 Generalprobe Polen: Der Vorstoß Richtung Westen

1 Hilger: *Wir und der Kreml*, S. 295
2 Pawel Poljan: »Wsaimodejstwije swastiki i pjatikonetschnoi swesdy po wsem woprosam bylo prosto welikolepnym«, in: *Republic*, 28. 5. 2020, https://republic.ru/posts/96832
3 Karski: *Mein Bericht an die Welt*, S. 43 ff.
4 Serow: *Sapiski is tschemodana*, S. 43
5 Ebd. S. 46
6 https://ru.wikipedia.org/wiki/Польский_поход_Красной_армии_(1939)#СССР_3
7 Siemsen: *Rußland, ja und nein*, S. 95 f.
8 Paul Scheffer: Menschinski und Jagoda. *Berliner Tageblatt*, 11. Mai 1934. In: Boveri: *Wir lügen alle*, S. 158
9 T. J. Stepanow: *Organy i wojska NKWD SSSR w Welikoj Otetschestwennoj wojne 1941–1945*, Zarskoselskije tschenija 2010 https://cyberleninka.ru/article/n/organy-i-voyska-nkvd-sssr-v-velikoy-otechestvennoy-voyne-1941-1945 gg

10 Christian Neef/Jan Puhl: »Opfer spielten keine Rolle«, *Spiegel*-Gespräch, in: *Der Spiegel* 38/2009, S. 162
11 Daniel Koerfer: *Deutsch-sowjetische Beutepartnerschaft*. Freie Universität Berlin, https://www.geschkult.fu-berlin.de/e/fmi/institut/mitglieder/Ausserplanmaessige-_und_Honorarprofessorinnen_und_Professoren/koerfer_daniel/Pressearstikel_Daniel_Koerfer/Zeitgeschichte/Deutsch-sowjetische_Beutepartnerschaft__Langfassung_/index.html
12 Serow: *Sapiski is tschemodana*, S. 48
13 Ebd., S. 47
14 Talbott (Hrsg.): *Chruschtschow erinnert sich*, S. 129
15 Chruschtschow und Serow wurden später enge Verbündete. So war es wohl Chruschtschow, der verhinderte, dass Serow nach dem Tod Stalins ein ähnliches Schicksal erlitt wie Beria, der zusammen mit anderen Geheimdienstlern verhaftet und erschossen wurde. Serow dagegen wurde von Chruschtschow protegiert und 1954 vielleicht auch deswegen zum ersten Chef des KGB ernannt, weil er während seiner Zeit in der Ukraine viel über Chruschtschows Abrechnung mit seinen Vorgängern in Erfahrung gebracht hatte.
16 Serow: *Sapiski is tschemodana*, S. 42
17 Amnesty International: *Ukraine: Russische Streitkräfte verschleppten Zivilpersonen aus der Ukraine*, 10. November 2022, https://www.amnesty.de/allgemein/pressemitteilung/ukraine-russische-streitkraefte-verschleppten-zivilpersonen-aus-ukraine

5 Juni 1941: »Schreckliche Stimmung« beim NKWD

1 Serow: *Sapiski is tschemodana*, S. 85
2 *Organy gosudarstwennoi*, S. 80 f. Zitiert nach: *Woiska NKWD w Welikoi Otetschestwennoi Woine*, Tom 1, Moskau 2015, S. 108.
3 https://history.wikireading.ru/64678
4 T. J. Stepanow: *Organy i wojska NKWD SSSR w Welikoj Otetschestwennoj wojne 1941–1945*, S. 257 f., https://cyberleninka.ru/article/n/organy-i-voyska-nkvd-sssr-v-velikoy-otechestvennoy-voyne-1941-1945 gg. Vgl. auch Dietrich Beyrau: »Lehren aus der Niederlage«. In: *Osteuropa* 3-4/2023, S. 77.
5 Vgl. Djogtew/Sefirow: *Wsjo dlja fronta?* und https://russian7.ru/post/dezertirstvo-v-gody-vojjny-bron-i-stra/.
6 GARF, F. 9401, op. 2, d. 65, l. 396/397
7 GARF, F. 9401, op. 2, d. 94, l. 312–316
8 J. W. Stalin: Antwort auf einen Brief des Korrespondenten der englischen Zeitung »Times«, 18. Mai 1945. In: Stalin: *Werke*, S. 15
9 *Organy gosudarstwennoi*, S. 80 f. Zitiert nach: *Woiska NKWD w Welikoi Otetschestwennoi Woine*, Tom 1, Moskau 2015, S. 155.
10 Davies: *Rising '44*, S. 443 ff.
11 Woenno-istoritscheski schurnal Ministerstwa oborony RF vom 17. 1. 2018, https://history.ric.mil.ru/Stati/item/119227/

6 Einmarsch in Deutschland

1 Serow: *Sapiski is tschemodana*, S. 265 ff.
2 *Tägliche Rundschau*, 9. Juni 1945, S. 1
3 GARF, F 9401, op. 2, d. 134, l. 231/232
4 Norman Naimark: »Moskaus Suche nach Sicherheit und die sowjetische Besatzungszone 1945–1949«, in: Suckut / Süß (Hrsg.): *Staatspartei und Staatssicherheit*, S. 43
5 Serow: *Sapiski is tschemodana*, S. 386
6 GARF, F 9401, op. 12, d. 178, l. 14 ff.
7 GARF, F 9401, op. 1, d. 2223, l. 52 ff.
8 GARF, F. 7077, op. 1, d. 195

9 Die Strukturen des Geheimdienstes NKWD in der SBZ sind sehr verdienstvoll von Nikita Petrow nachgezeichnet worden. Vgl. Petrow: *Kto sluschil w sowjetskich organach gosbesopasnosti w Germanii 1945–1954.*
10 Foitzik / Petrow: *Die sowjetischen Geheimdienste in der SBZ / DDR*, S. 419 f.
11 Zitiert nach Nikita Petrow: »Die sowjetische Besatzungsverwaltung«, in: Foitzik (Hrsg.): *Sowjetische Kommandanturen*, S. 36.
12 Petrow: *Iwan Serow. Perwy predsedatelj KGB*, S. 269
13 GARF, F 7184, op. 1, d. 53, l. 144 ff. Hier zitiert nach Foitzik / Petrow: *Die sowjetischen Geheimdienste in der SBZ / DDR*, S. 404.
14 https://de.wikipedia.org/wiki/Iwan_Kolesnytschenko
15 Naimark: *Die Russen in Deutschland*, S. 493 f.

7 Lebensläufe – Das Personal des NKWD

1 Vgl. hier und die folgenden Zitate: *Der Spiegel* 49/1995, S. 236 ff.
2 Boveri: *Tage des Überlebens*, S. 144
3 Vgl. hier und die folgenden Zitate: *Der Spiegel* 49/1995, S. 236 ff.
4 Gerstner: *Sachlich, kritisch und optimistisch*, S. 229
5 Siehe Kapitel 23: »Das Ende hoffnungsvoller Karrieren«.
6 Petrow: *Stalin i organy NKWD-MGB*, S. 120
7 Für alle Angaben zu leitenden NKWD-Funktionären vgl. Petrow: *Kto sluschil w sowetskich organach Gosbesopasnosti w Germanii 1945–1954*, sowie Nikita Petrov: *Die sowjetischen Geheimdienstmitarbeiter in Deutschland*, Berlin 2010.
8 Petersen: *Die Moskauer*, S. 187
9 Welidow: *Krasnaja kniga WTschK*, Moskwa 1989, zitiert nach: https://royallib.com/read/velidov_redaktor_a/krasnaya_kniga_vchk_v_dvuh_tomah_tom_1.html«0;s. auch: https://ru.wikipedia.org/wiki/%D0%A7%D0%B8%D1%81%D1%82%D0%BA%D0%B0_%D0%B2%D0%BD%D1%83%D1%82%D1%80%D0%B8_%D0%9D%D0%9A%D0%92%D0%94_1937%E2%80%941938
10 Serow: *Sapiski is tschemodano*, S. 19
11 Ebd., S. 20 f.
12 Ebd., S. 413
13 Mandelstam: *Erinnerungen*, S. 117
14 Das Speziallager Bautzen fungierte zuerst als Speziallager Nr. 4, ab Ende 1948 als Speziallager Nr. 3.
15 Petrow: *Stalin i organy NKWD-MGB*, S. 119
16 https://ru.wikipedia.org/wiki/Расстрел_под_Орлом_(1941)
17 Vgl. Sudoplatow / Sudoplatow: *Der Handlanger der Macht*, S. 180 f.
18 Philippe Videlier: »Wie Klement verschwand. Agenten, Verschwörer, Revolutionäre – eine politische Kriminalgeschichte«, in: *Lettre International* 130 (2020), S. 59–73
19 https://zvezdaweekly.ru/news/20191217114-T3K3y.html
20 Sudoplatov / Sudoplatov / Schecter / Schecter: *Special Tasks*, S. 48.Korotkows Einsätze im Osten Deutschlands waren mit dem Jahr 1945 jedoch nicht beendet. Im März 1957, nunmehr schon Generalmajor, wurde er KGB-Berater beim DDR-Ministerium für Staatssicherheit und zwei Jahre später »KGB-Bevollmächtigter für die Koordination mit den Organen des MfS und das MdI der DDR«. Er fungierte damit als wichtigster Verbindungsmann des sowjetischen Geheimdienstes zu Staatssicherheit und Polizei in der früheren SBZ.
21 Vgl. Keiderling (Hrsg.): *»Gruppe Ulbricht«*, S. 109.
22 Müller-Enbergs / Wielgohs / Hoffmann (Hrsg.): *Wer war wer in der DDR*, S. 845
23 Ebd., S. 914 f.
24 Ebd., S. 812
25 Ebd., S. 939
26 Ebd., S. 314
27 GARF, F. 7317, op. 64, d. 2505

28 Semirjaga: *Kak my uprawljali Germanijei*
29 Foitzik / Petrow: *Die sowjetischen Geheimdienste in der SBZ / DDR*, S. 222
30 Klimow: *Berliner Kreml*, S. 225
31 Foitzi / Petrow: Die sowjetischen Geheimdienste in der SBZ / DDR, S. 222, S. 236
32 Jochen Staadt: »Die Faust in der Tasche, den Faust im Kopf, und doch mit dem Teufel paktiert«, in: *Frankfurter Allgemeine Zeitung*, 27. April 2000, S. 13
33 Semirjaga: *Kak my uprawljali Germanijei*
34 Viktor Jerofejew: »Das Vernichten von Prominenten als Volksvergnügen«, in: *Frankfurter Allgemeine Zeitung*, 17. Mai 2023, S. 14
35 Gemeinde Sachsenhausen bei Oranienburg: Missstände in der Gemeindeverwaltung, Anzeigen gegen leitende *Gemeindevertreter* und -beamte insbesondere wegen wirtschaftlicher Verfehlungen sowie Bemühungen um Rehabilitierung des vom NKWD verhafteten ehemaligen Regierungsrates Alfred Großmann, *3. 7. 1897. BLHA, Signatur: 161 NS-Archiv ZB II 2584 A. 09
36 NKWD-Spitzel, Zeitungsausschnitt mit alphabetischen Listen von Spitzeln des NKWD, in: *Der Telegraph* (1949) sowie Nr. 66/1949 S. 3. BLHA, Signatur: 16 Kracht 46 und 16 Kracht 72

8 1945: Die Jagd nach Prominenten

1 Serow: *Sapiski is tschemodano*, S. 271 f.
2 Ebd., S. 270
3 Vgl. hierzu: *Agonija i smertj Adolfa Gitlera.*
4 Semirjaga: *Kak my uprawljali Germanijei*
5 Serow, *Sapiski is tschemodana*, S. 309
6 *Tägliche Rundschau*, 28. 6. 1945, S. 4
7 Springer (Hrsg.): *Es sprach Hans Fritzsche*, S. 63
8 GARF, F 9401, op. 2, d. 552, l. 1
9 Serow, *Sapiski is tschemodana*, S. 293
10 Raeder: *Mein Leben*, S. 303
11 Serow, *Sapiski is tschemodana*, S. 315
12 Raeder, *Mein Leben*, S. 304
13 Sudoplatow / Sudoplatow: *Der Handlanger der Macht*, S. 214
14 Taratuta / Sdanowitsch: *Tainstwenny schef Mata Hari*, S. 35
15 Ebd., S. 34
16 Serow, *Sapiski is tschemodana*, S. 315
17 Taratuta / Sdanowitsch, *Tainstwenny schef Mata Hari*, S. 343
18 Ebd. S. 144
19 Ebd., S. 232 ff.
20 Ebd., S. 309
21 Ebd., S. 337
22 Serow, *Sapiski is tschemodana*, S. 316
23 GARF, F. 7317, op. 52, d. 7, l. 190
24 GARF, F. 7317, op. 52, d. 10, l. 117
25 Conze / Frei / Hayes / Zimmermann: *Das Amt und die Vergangenheit*, S. 371
26 RGASPI, F. 82, op. 2, d. 1163, l. 69
27 RGASPI, F. 82, op. 2, d. 1163, l. 62

9 Verhaftungen und kein Ende – Piecks vergeblicher Einspruch im Kreml

1 Merseburger: *Aufbruch ins Ungewisse*, S. 40 ff.
2 GARF, F. 7317, op. 7, d. 14, l. 29 ff.
3 Ebd., l. 103
4 Ebd., l. 129
5 GARF, F. 7317, op. 17, d. 29, l. 134
6 Semirjaga: *Kak my uprawljali Germanijei*
7 Foitzik / Petrow: *Die sowjetischen Geheimdienste in der SBZ / DDR*, S. 225 f.

8 Ebd., S. 220 f.
9 Ebd., S. 223 f.
10 Bechler: *Warten auf Antwort*, S. 57
11 Petrow: *Iwan Serow – predsedatelj KGB*, S. 113
12 *Tägliche Rundschau*, 23. Mai 1945, S. 4
13 Hier sei u. a. verwiesen auf: Reif-Spirek / Ritscher (Hrsg.): *Speziallager in der SBZ*; *Das sowjetische Speziallager Nr. 2 1945–1950*; Hilger / Schmeitzner / Schmidt (Hg.): *Sowjetische Militärtribunale*; Hilger: »Tod den Spionen«. In Moskau wurde 1990 die Gesamtzahl der Internierten auf 157 827 Männer und Frauen beziffert, davon 122 671 deutsche Zivilpersonen, von denen 42 889 starben. Vgl. Bettina Greiner: *Verdrängter Terror. Geschichte und Wahrnehmung sowjetischer Speziallager in Deutschland*, Hamburg 2010.
14 Siehe z. B.: Drescher: *Haft am Demmlerplatz*; *Bald nach Hause – skoro domoi*; Steinert: Zelle – Baracke – Erdloch; Bechler: *Warten auf Antwort*; Noble: *Verbannt und verleugnet*.
15 Petrow: *Iwan Serow – predsedatelj KGB*, S. 113
16 GARF, F. 7133, op. 1, d. 226, l. 199
17 Petrow: *Iwan Serow. Perwy predsedatel KGB*, S. 246
18 Semirjaga: *Kak my uprawljali Germanijei*
19 Foitzik / Petrow: *Die sowjetischen Geheimdienste in der SBZ / DDR*, S. 486 ff.
20 GARF, F. 7317, op. 7, d. 14, l. 69
21 Serow berichtet in seinen Erinnerungen (*Sapiski is tschemodana*, S. 286 f.) davon, wie er im Auftrage Stalins die kommunistischen Funktionäre Wilhelm Pieck und Walter Ulbricht in deren Wohnungen im Moskauer Hotel Lux aufsuchte, um sie vom bevorstehenden Flug nach Berlin zu unterrichten: »Auf der 4. Etage des Hotels fand ich das Zimmer von Wilhelm Pieck, ich klopfte. Heraus kam seine Schwester und sagte, er sei krank und könne nicht aufstehen. Tatsächlich war er da schon um die 70. Ich sagte ihr in Kürze, dass ich morgen abfliege und dass offensichtlich mit mir Ulbricht und andere deutsche Genossen fliegen würden. Sie bat mich ins Zimmer Wilhelm Piecks, und er sagte mir, dass jetzt Ulbricht fliegen werde und er ein paar Tage später.
Dann ging ich ins Nachbarzimmer, wo Ulbricht untergebracht war. Auf mein Klopfen öffnete eine nicht sehr große Frau, seine Sekretärin und spätere Frau, wie ich dann erfuhr. Ich erzählte ihr mein Anliegen. Sie rief: ›Walter‹, und mir entgegen kam ein bulliger Kerl von gesunder Farbe in Unterhosen. Als ich ihn begrüßte, spürte ich seine Hand. Ich übermittelte ihm die Weisung Stalins und sagte ihm, er und seine Genossen sollten sich auf den Abflug vorbereiten […].«
22 Gniffke: *Jahre mit Ulbricht*, S. 260
23 Ebd., S. 316
24 Vgl. Peter Erler: »Haft, Verrat und Widerstand. Ein »Agent« des Ostbüros berichtet«. Freie Universität Berlin, *Zeitschrift des Forschungsverbundes SED-Staat*, Nr. 11/2002.
25 Nachlass Walter Ulbricht. BArch NY 4182/851, Blatt 132 f.
26 Reif-Spirek / Ritscher (Hrsg.): *Speziallager in der SBZ*, S. 139
27 Foitzik / Petrow: *Die sowjetischen Geheimdienste in der SBZ / DDR*, S. 277
28 Ebd., S. 275
29 Semirjaga: *Kak my uprawljali Germanijei*
30 Ebd., Blatt 211 ff.
31 Ebd., Blatt 180
32 Ebd., Blatt 137
33 Ebd., Blatt 38
34 Ebd., Blatt 211 ff.
35 Ebd., Blatt 213 und LA MV-Schw, 10.34-1, 523: SED-Landesvorstand bzw. Landesleitung Mecklenburg, Volkspolizei 1949, Blatt 30

36 LA MV-Schw, 10.34-1, 95: SED-Landesvorstand bzw. Landesleitung Mecklenburg, Schriftwechsel und Besprechungen mit der Militäradministration, Blatt 69 f.
37 Bouvier: *»Ausgeschaltet!«*, S. 76
38 RGASPI, F. 558, op. 11, d. 303, l. 25–49
39 Ebd.
40 LASA MD, K 13 Burg, Nr. 130: Verfügungen über die Einsetzung von Bürgermeistern und Treuhändern, Einsprüche gegen Verhaftungen und Entlassungen und Berichte über die politische und wirtschaftliche Lage, Bl. 61
41 LASA MER, KPD-Bezirksleitung der Provinz Sachsen, Rep. P 506, Nr. 18, Bl. 34: Bericht v. 16. März 1946 über alle innerhalb der Provinz Sachsen vorgekommenen Ereignisse
42 GARF, F. 8131, op. 37, d. 3418, l. 7. Zitiert nach: Foitzik / Petrow: *Die sowjetischen Geheimdienste in der SBZ / DDR*, S. 389 f.
43 Naimark: *Die Russen in Deutschland*, S. 494

10 Die Beschlagnahme der Archive

1 *Die Welt*, 15. November 2016, https://www.welt.de/geschichte/zweiter-weltkrieg/article159502086/Stalins-Terror-kostete-eine-ganze-Armee-das-Leben.html
2 GARF, F. 7317, op. 17, d. 20, l. 4–8
3 Sowjetskije wojennoplennyje w Germanii w gody Welikoj Otetschestwennoj woiny, https://w.histrf.ru/articles/article/show/voiennopliennyie_sovietskiie_v_giermanii; s. auch: Michail I. Jerin: Rossijskije istoriki o sudbe sowetskich wojennoplennich w nazistskoj Germanii, https://ru.stsg.de/cms/sites/default/files/dateien/texte/Erin_ru.pdf
4 GARF, F. 7317, op. 17, d. 19, l. 1–3
5 GARF, F. 7317, op. 17, d. 18, l. 12
6 GARF, F. 7317, op. 17, d. 6, l. 3
7 GARF, F. 7317, op. 17, d. 21
8 GARF, F. 7317, op. 17, d. 27, l. 114
9 GARF, F. 7317, op. 17, d. 21
10 GARF, F. 7317, op. 17, d. 21, l. 252
11 GARF, F. 7317, op. 17, d. 29, l. 157–160
12 GARF, F. 7317, op. 17, d. 12, l. 196 f.
13 RGASPI, F. 82, op. 2, d. 1163, l. 92
14 Tereschtschenko: *Perepistschiki istorii*, 4, Umschlagseite
15 GARF, F. 7317, op. 17, d. 16, l. 9
16 Petrow: *Iwan Serow. Perwy predsedatelj KGB*, S. 238 ff.
17 Ebd., S. 258 ff.
18 GARF, F. 9401, op. 2, d. 175, l. 261
19 GARF, F. 9401, op. 2, d. 200, l. 154 ff.

11 Alltag beim NKWD

1 GARF, F. 7184, op. 1, d. 10, l. 116 ff.
2 Ebd.
3 Ebd.
4 GARF, F. 7317, op. 48, d. 4, l. 109
5 GARF, F. 7317, op. 12, d. 73, l. 27 f.
6 Siehe Kapitel 19.
7 GARF, F. 7317, op. 9, d. 9, l. 76
8 GARF, F. 7317, op. 9, d. 11
9 GARF, F. 7317, op. 9, d. 55, l. 377. Zitiert nach: Foitzik (Hrsg.): *Sowjetische Kommandanturen*, S. 65.
10 GARF, F. 7317, op. 48, d. 4, l. 109
11 Ebd.
12 GARF, F. 7317, op. 48, d. 4, l. 71

13 RGASPI, F. 82, op. 2, d. 480, l. 2
14 Bundesvorstand des FDGB. Abtl. Sozialpolitik. Prozess zum Explosionsunglück im Hydrierwerk in Tröglitz. BArch DY 34/27739, Blatt 2
15 GARF, F. 7184, op. 1, d. 92, l. 171
16 GARF, F. 7184, op. 1, d. 93, l. 7

12 Der Geheimdienst als Störfaktor der Politik

1 Serow: *Sapiski is tschemodana*, S. 317/339
2 Ebd., S. 285 ff.
3 Ebd., S. 339
4 Semjonow: *Von Stalin bis Gorbatschow*, S. 214
5 Ebd., S. 170 f.
6 Ebd., S. 279
7 Bailey / Kondraschow / Murphy: *Die unsichtbare Front*, S. 19
8 RGASPI, F. 82, op. 2, d. 1162, l. 122 ff.
9 Gniffke: *Jahre mit Ulbricht*, S. 137
10 Semjonow: *Von Stalin bis Gorbatschow*, S. 274
11 GARF, F. 7317, op. 17, d. 27, l. 223
12 Foitzik / Petrow: *Die sowjetischen Geheimdienste in der SBZ / DDR*, S. 40
13 RGASPI, F. 82, op. 2, d. 1183, l. 195
14 Bernd Bonwetsch / Gennadij Bordjugov: »Stalin und die SBZ. Ein Besuch der SED-Führung in Moskau vom 30. Januar–7. Februar 1947«, in: *Vierteljahreshefte für Zeitgeschichte*, München 2/1994, S. 303
15 Ebd.
16 Foitzik / Petrow: *Die sowjetischen Geheimdienste in der SBZ/DDR*, S. 335 f.
17 GARF, F. 7317, op. 7, d. 14, l. 103
18 GARF, F. 7317, op. 7, d. 21, l. 38. Auch diese Akte ist inzwischen wieder als »Geheim« eingestuft. Hier zitiert nach: Foitzik (Hrsg.): *Sowjetische Kommandanturen*, S. 459.
19 GARF, F. 7103, op. 1, d. 26, l. 217 ff.
20 RGASPI, F. 82, op. 2, d. 1164, l. 111 ff.
21 GARF, F. 7317, op. 64, d. 1685
22 Weber: *Justiz und Diktatur*, S. 215
23 GARF, F. 7317, op. 64, d. 2232
24 GARF, F. 9401, op. 2, d. 140, l. 74
25 GARF, F. 7317, op. 64, d. 2712
26 LASA MER, SPD-Provinzialvorstand Sachsen, Rep. P 509, Nr. 1, Protokoll über die 18. Vorstandsitzung des Provinzialverbandes am 17.12.1945, Bl. 61
27 GARF, F. 7103, op. 1, d. 26, l. 217 ff.
28 GARF, F. 7317, op. 64, d. 1683
29 Michael Kubina: »Alfred Weiland und die Gruppen ›Internationaler Sozialisten‹ im Visier von sowjetischer Staatssicherheit und SED. Ein Fallbeispiel«, in: Hilger / Schmeitzner / Schmidt (Hrsg.): *Diktaturdurchsetzung*, S. 73

13 Kader entscheiden alles – Was Personalakten erzählen

1 GARF, F. 7317, op. 64, d. 1623
2 GARF, F. 7077, op. 1, d. 28, l. 13
3 Nachlass Walter Ulbricht BArch NY 4182/851, Bl. 86–89
4 Keiderling (Hrsg.): *»Gruppe Ulbricht«*, S. 475 f.
5 GARF, F. 7317, op. 64, d. 52
6 Jochen Laufer: *Die Ursprünge des Überwachungsstaates in Ostdeutschland*, Berlin 1992. Zitiert nach: Foitzik / Petrow: *Die sowjetischen Geheimdienste in der SBZ / DDR*, S. 55.
7 GARF, F. 9401, op. 2, d. 138, l. 150 ff.
8 RGASPI, F. 82, op. 2, d. 1174, l. 175 f. Otschjot o rabote SWAG sa 2-e polugodije 1948 g

9 Ebd.
10 Serow: *Sapiski is tschemodana*, S. 292
11 Ebd., S. 308
12 »Zweimal ›freies Deutschland‹«, in: *Der Spiegel* 5/1947, S. 2
13 Friedensburg, *Es ging um Deutschlands Einheit*, S. 144 f.
14 Leonhard: *Die Revolution entläßt ihre Kinder*, S. 521
15 Gniffke: *Jahre mit Ulbricht*, S. 246
16 Gniffke: *Jahre mit Ulbricht*, S. 244 f.
17 Ebd.
18 GARF, F. 7317, op. 64, d. 2310
19 GARF, F. 7317, op. 64, d. 1162
20 GARF, F. 7317, op. 64, d. 70
21 Torsten Diedrich: »Bernhard Bechler – Der hemmungslose Karrierist«, in: *Genosse General! Die Militärelite der DDR in biografischen Skizzen.* Berlin 2003, S. 61 ff.
22 Ebd., S. 65
23 Bechler: *Warten auf Antwort*, S. 17
24 Diedrich: »Bernhard Bechler« a. a. O., S. 68
25 Siehe auch: Michael Brettin: »Als auf Nächstenliebe die Todesstrafe stand«, in: *Berliner Zeitung*, 18.10.2020, https://www.berliner-zeitung.de/politik-gesellschaft/als-auf-naechstenliebe-die-todesstrafe-stand-li.109658.amp.
26 Bechler: *Warten auf Antwort*, S. 413 f.
27 https://de.wikipedia.org/wiki/Margret_Bechler
28 GARF, F. 7317, op. 64, d. 222
29 Bechler: *Warten auf Antwort*, S. 102
30 Ebd., S. 27
31 Siehe Monika Tantzscher: »›In der Ostzone wird ein neuer Apparat aufgebaut‹. Die Gründung des DDR-Staatssicherheitsdienstes«, in: *Deutschland Archiv*, Köln 1998, S. 48 ff.

14 Auf der Suche nach Spezialisten

1 Serow: *Sapiski is tschemodana*, S. 286
2 S. Wladimir Usolzew: *Mein Kollege Putin*
3 Klimow: *Berliner Kreml*, S. 149; vgl. auch Kap. 19.
4 GARF, F. 7317, op. 12, d. 72, l. 3 und l. 52 ff.
5 Ebd., l. 32
6 Ebd., l. 39
7 Ebd., l. 26
8 Ebd., l. 27 ff.
9 Ebd., l. 6 ff.
10 Ebd., l. 10
11 Ebd., l. 21
12 GARF, F. 7317, op. 12, d. 60, l. 7
13 GARF, F. 9401, op. 2, d. 111, l. 1
14 GARF, F. 7317, op. 12, d. 72, l. 154
15 »Nix wissen«, in: *DER SPIEGEL* 24/1949
16 RGASPI, F. 558, op. 11, d. 106, l. 12 ff.
17 Ebd., l. 47 ff.
18 https://ru.wikipedia.org/wiki/Токати,_Григори
19 Serow: *Sapiski is tschemodana*, S. 344
20 Ebd., S. 345 f.

15 Zwei ungleiche Partner: Wassili Stalin und Geheimdienstchef Iwan Serow

1 Vgl. Smyslow: *Wasili Stalin.*
2 Ebd., S. 33
3 https://ru.wikipedia.org/wiki/Сталин,_Василий_Иосифович
4 RGASPI, F. 558, op. 11, d. 1552
5 Serow: *Sapiski is tschemodana*, S. 171
6 Albert Hoppe: »Perleberg 1945 – Tagebuchaufzeichnungen«, in: *Mitteilungen des Vereins für die Geschichte der Prignitz*, Bd. 14, Perleberg 2014, S. 121
7 Serow: *Sapiski is tschemodana*, S. 318
8 Ebd., S. 321 ff.
9 RGASPI, F. 558, op. 11, d. 1552
10 Smyslow: *Wasili Stalin*, S. 193

16 Nächtliche Verschleppung: Die Deportation vom Oktober 1946

1 Gröttrup: *Die Besessenen und die Mächtigen*, S. 15 f.
2 GARF, F. 7317, op. 12, d. 60
3 Serow: *Sapiski is tschemodana*, S. 337
4 Vgl. u.a. Uhl: *Stalins V-2*; Gröttrup: *Die Besessenen und die Mächtigen*; Trieder: *Unsere russischen Jahre.*
5 Uhl: *Stalins V-2*, S. 61 f.
6 Ebd., S. 84
7 Ebd., 101
8 Ebd., S. 96
9 Serow: *Sapiski is tschemodana*, S. 331
10 Ebd., S. 306
11 Petrow: *Iwan Serow – predsedatlj KGB*, S. 70
12 http://www.verfassungen.de/de45-49/kr-gesetz25.htm
13 Serow: *Sapiski is tschemodana*, S. 336
14 Ebd., S. 337
15 Trieder: *Unsere russischen Jahre*, S. 15 f.
16 Ebd., S. 19
17 Gröttrup: *Die Besessenen und die Mächtigen*, S. 242 ff.
18 Ebd., S. 246 ff.
19 Gniffke: *Jahre mit Ulbricht*, S. 216
20 RGASPI, F. 558, op. 11, l. 132
21 *Tägliche Rundschau*, 24. Oktober 1946, S. 1
22 *Tagesspiegel*, 24. Oktober 1946, S. 2
23 *Telegraf*, 26. Oktober 1946, S. 1 und 2
24 Gniffke: *Jahre mit Ulbricht*, S. 216
25 *Telegraf*, 27. Oktober 1946, S. 1 und 2
26 Putin sajawil, tscho k natschalu SWO na Rossiju usche napali, TASS, 3. November 2023 https://tass.ru/politika/19197341
27 *Tägliche Rundschau*, 27. Oktober 1946, S. 1
28 Le Bon: *Psychologie der Massen*, S. 117
29 *Tägliche Rundschau*, 2. November 1946, S. 8
30 Klemperer: *So sitze ich denn zwischen allen Stühlen*, S. 16
31 GARF, F. 9401, op. 2, d. 147, l. 307 ff.
32 Heinemann-Grüder: *Die sowjetische Atombombe*, S. 112 f.
33 GARF, F. 9401, op. 2, d. 207, l. 111 f.
34 GARF, F. 9401, op. 2, d. 177, l. 129
35 Schirdewan: *Aufstand gegen Ulbricht*, S. 71

17 »Überflüssige Reserven« – Katzbuckeln vor Josef Stalin

1 https://www.bpb.de/themen/deutschlandarchiv/132942/die-hungerdemonstration-in-olbernhau-am-18-juli-1946/
2 https://www.geschichte-pirna.de/Hajny-Chronik.pdf
3 Landeskriminalamt Brandenburg: Ermittlungen zum Aufruf zu einer Hungerdemonstration am 12. April 1947 in Schöneiche, Kr. Niederbarnim. BLHA, Signatur 161 NS-Archiv Obj. 04 ZB 3047
4 RGASPI F. 558, op. 11, d. 102, l. 6
5 Serow: *Sapiski is tschemodana*, S. 333 f.
6 RGASPI, F. 558, op. 11, d. 732, l. 50 ff.
7 Brief an die Sowjetische Militär-Administration in Deutschland, https://www.gvoon.de/dokumente-sed-sbz-1946-1948/seite-63-582634.html
8 Hübner: *Konsens, Konflikt und Kompromiss*, S. 20
9 *Geschichte der Sozialistischen Einheitspartei Deutschlands*, S. 149
10 Petrow: *Iwan Serow – predsedatelj KGB*, S. 151 f.

18 Demontagen für den Gulag

1 https://de.wikipedia.org/wiki/Mecklenburg-Pommersche_Schmalspurbahn#Fahrzeuge
2 GARF, F. 9401, op. 2, d. 110, l. 318
3 https://de.wikipedia.org/wiki/Deutsche_Reparationen_nach_dem_Zweiten_Weltkrieg
4 Oleg Chlewnjuk: »Ekonomika OGPU-NKWD-MWD SSSR w 1930–1953 gg«, in: *GULAG: Ökonomika prinuditelnogo truda*, Moskwa 2008, S. 67 ff., http://test8.dlibrary.org/ru/nodes/5853-glava-ii-ekonomika-ogpu-nkvd-mvd-sssr-v-1930-1953-gg-masshtaby-struktura-tendentsii-razvitiya-hlevnyuk-o-v#mode/inspect/page/1/zoom/3
5 Ebd., S. 70
6 Ebd., S. 72
7 Alexej Sachartschenko: *Ökonomitscheskaja dejatelnost NKWD-MWD SSSR w Powolsche 1937–1953 gg.*, Dissertation Moskau 2010, https://cyberleninka.ru/article/n/ekonomicheskaya-deyatelnost-nkvd-sssr-nakanune-i-v-gody-velikoy-otechestvennoy-voyny-struktura-proizvodstvennye-parametry/viewer
8 GARF, F. 9401, op.2, d.110, l. 173-176
9 GARF, F. 9401, op.2, d.110, l. 199, 205, 218/219, 244, 264/65, 299
10 GARF, F. 9401, op. 2, d. 110, l. 350/351, 361, 388 sowie d. 111, l. 27, 100, 121/122, 127/128
11 GARF, F. 9401, op. 2, d. 111, l. 302/303
12 Ebd., l. 336
13 GARF, F. 9401, op. 1, d. 747, l. 34-37
14 GARF, F. 9401, op. 2, d. 177, l. 59
15 https://de.wikipedia.org/wiki/Wismut_(Unternehmen)
16 GARF, F. 9401, op. 2, d. 207, l. 1-5

19 Verräter und Abtrünnige

1 GARF, F. 7317, op. 10, d. 21, l. 104
2 RGASPI F. 17, op. 117, d. 758, l. 164, 165, 169. Zitiert nach: Koslow / Koslowa: *»Malenkiy SSSR« i ego obitateli*, S. 32.
3 Von der Literatur zu diesem Thema seien hier besonders genannt: Poljan: *Schertwy dwuch diktatur*; Semskow: *Woswraschenije sowjetskich peremeschennych liz w SSSR 1944–1952*.
4 Petrow: *Stalin i organy NKWD-MGB*, S. 31
5 GARF, F. 9401, op. 20, d. 12, l. 309
6 GARF, F. 9401, op. 2, d. 111, l. 246 ff.
7 GARF, F. 5446, op. 48a, d. 2600, l. 11. Siehe auch GARF, F 7077, op. 1, d. 103, l. 395–

397; d. 98, l. 234–235; F. 7184, op. 1, d. 59, l. 190–192. In: *Russkij sbornik. Issledowanija po istorii Rossii*, Moskau 2013
8 GARF, F. 7317, op. 10, d. 27, l. 28
9 GARF, F. 7317, op. 10, d. 21, l. 60 ff.
10 GARF, F. 7317, op. 10, d. 21, l. 195
11 Ebd., l. 88
12 Ebd., l. 55 f.
13 Ebd., l. 60
14 Ebd., l. 61
15 Ebd., l. 89 f.
16 GARF, F. 7317, op. 7. d. 147, l. 85
17 GARF, F. 7077, op. 1, d. 103
18 Klimow: *Berliner Kreml*, S. 469
19 Scherbakowa: *Zerrissene Erinnerung*, S. 11
20 *Repatriazija sowjetskich graschdan s okkupirowannoij territorii Germanii 1944–1952*, Tom 1, Moskau 2019, S. 217. Im Projekt eines Geheimberichts des Regierungsbeauftragten für die Repatriierung an Stalin vom 25. Februar 1946 (ebd., S. 565) werden insgesamt folgende Zahlen genannt:
– in die faschistische Sklaverei getrieben: 6 810 567 Menschen, davon 2 016 480 Kriegsgefangene der Roten Armee,
– befreite sowjetische Bürger: 5 338 337 Menschen,
– darunter von der Roten Armee befreit: 2 988 852 Menschen,
– von den Armeen der Alliierten befreit: 2 349 485 Menschen.
21 Ebd., S. 232
22 GARF, F. 7317, op. 20, d. 10, l. 12
23 https://www.svoboda.org/a/30663991.html
24 GARF, F. 7317, op. 20, d. 92, l. 156 ff.
25 *Repatriazija sowjetskich graschdan s okkupirowannoij territorii Germanii 1944–1952*, Tom 1, Moskau 2019, S. 459 f.
26 Ebd., S. 389 f.
27 Ebd., S. 639 f.
28 GARF, F. 7133, op. 1, d. 226, l. 267
29 GARF, F. 7317, op. 20, d. 15, l. 40
30 GARF, F. 7317, op. 20, d. 12, l. 305
31 Ebd., l. 225
32 GARF, F. 7317, op. 20, d. 13, l. 17
33 GARF, F. 7317, op. 20, d. 12, l. 190
34 GARF, F. 7317, op. 20, d. 92, l. 65
35 GARF, F. 7317, op. 20, d. 93, l. 38
36 Ebd., l. 107
37 Vgl. Kapitel 14.
38 Möller: *Das Buch Witsch*
39 https://ru.wikipedia.org/wiki/Юрасов,_Владимир_Иванович
40 https://labas.livejournal.com/1220649.html
41 Richelson: *A Century of Spies*, S. 258

20 Der Kampf zwischen NKWD und Spionageabwehr
1 Kurze (Hrsg.): *Zelle – Baracke – Erdloch*, S. 7
2 Petrow: *Kto sluschil w sowjetskich organach gosbesopasnosti w Germanii 1945–1954*, S. 324
3 GARF, F. 9401, op. 2, d. 147, l. 260-263
4 Serow: *Sapiski is tschemodana*, S. 294
5 Petrow: *Iwan Serow – predsedatelj KGB*, S. 131
6 Petrow: *Perwy predsedatelj KGB Iwan Serow*, S. 244
7 Ebd., S. 247

8 Petrow: *Perwy predsedatelj KGB Iwan Serow*, S. 138
9 Petrow: *Iwan Serow – predsedatelj KGB*, S. 141

21 Abrechnung in Moskau

1 Nowak: *Trofeinoje delo MGB SSSR 1946–1953*, S. 29
2 *Wojennyje archiwy Rossii* 1993, S. 241 ff.
3 Verhörprotokoll des ehemaligen Adjutanten von G. K. Schukow, A. S. Semotschkin, vom 29. Dezember 1947, in: Petrow: *Iwan Serow – predsedatelj KGB*, S. 498
4 https://ru.wikipedia.org/wiki/Крюков,_Владимир_Викторович
5 Petrow: *Iwan Serow – predsedatelj KGB*, S. 159
6 *Wojennyje archiwy Rossii* 1993, Nr. 1, S. 196 ff. Zitiert nach: Petrow: *Iwan Serow – Perwy predsedatelj KGB*, S. 258 ff.
7 Ebd., S. 197 f.
8 https://military.wikireading.ru/65613
9 Petrow: *Iwan Serow – predsedatelj KGB*, S. 183
10 Siehe ebd., S. 172.
11 Petrow: *Perwy predsedatelj KGB Iwan Serow*, S. 283
12 Petrow: *Iwan Serow – predsedatelj KGB*, S. 173 ff.
13 Petrow: *Perwy predsedatelj KGB Iwan Serow*, S. 82
14 Serow: *Sapiski is tschemodana*, S. 338
15 Brief von I. A. Serow an J. W. Stalin über das unlautere Treiben des Ministers für Staatssicherheit W. S. Abakumow vom 8. Februar 1948. In: *Wojennyje archiwy Rossii*, 1993, Nr. 1, S. 208 ff. Zitiert nach: Petrow: Perwy predsedatelj KGB Iwan Serow, S. 268 ff.
16 Serow: *Sapiski is tschemodana*, S. 421
17 RGASPI, F. 558, op. 3, d. 7031, l. 5. Zitiert nach: Petrow: *Perwy predsedatelj KGB Iwan Serow*, S. 279 ff.
18 Ebd.
19 RGASPI, F. 558, op. 3, d. 8133, l. 1 – 22. Zitiert nach: Petrow: Perwy predsedatelj KGB Iwan Serow, S. 289 ff.

22 Die deutschen Erben des NKWD

1 Siehe https://rdg-historisch.de/biografien/articles/hermann-mevius-1897-1949.html oder http://www.darss-print.de/eine-neue-zeit/
2 Ermittlungsbericht der Volkspolizeidirektion Rostock, Kreiskriminalpolizeiabteilung, Kommissariat 5/C2 vom 4.8.1949. LA MV-Schw, 10.34–1, Sign. 523, »Volkspolizei 1949«, Bl. 217
3 Ebd.
4 http://www.darss-print.de/eine-neue-zeit/
5 Monika Tantzscher: »›In der Ostzone wird ein neuer Apparat aufgebaut‹. Die Gründung des DDR-Staatssicherheitsdienstes«, in: *Deutschland Archiv*, Köln 1998, S. 48
6 Monika Tantzscher: »Die Vorläufer des Staatssicherheitsdienstes in der Polizei der SBZ«, in: *Jahrbuch für Historische Kommunismusforschung 1998*, Berlin, S. 148
7 https://www.stasi-unterlagen-archiv.de/mfs-lexikon/detail/k-5/
8 LASA MER, KPD-Bezirksleitung der Provinz Sachsen, Rep. P 510, Nr. 18, Bl. 40
9 Tantzscher: »Die Vorläufer des Staatssicherheitsdienstes in der Polizei der SBZ«, a. a. O., S. 151
10 Wilfried Lübeck: »›Fortwährende Überprüfungen aller Bevölkerungsschichten‹. Der Informationsdienst der KPD/SED als Vorläufer der Staatssicherheit«, in: *Deutschland Archiv*, Köln 1998, S. 629
11 Michael Kubina: »Ifo-Dienste und andere parteiinterne ›Vorläufer‹ des MfS«, in: *Deutschland Archiv*, Köln 1998, S. 994

12 Lübeck: »›Fortwährende Überprüfungen aller Bevölkerungsschichten‹«, a. a. O., S. 634
13 ZA FSB, F. 4-os, op. 6, d. 21, l. 391–393, in: Petrow: *Stalin i organy NKWD-MGB*, S. 114
14 Ebd., S. 114 ff.
15 RGASPI, F. 558, op. 11, l. 80 ff.
16 RGASPI F. 17, op. 162, d. 39, l. 152. Zitiert nach: Petrow: *Stalin i organy NKWD-MGB*, S. 118.
17 ZA FSB, F. 4-os., op. 6, d. 21, l 391-393. Zitiert nach: Petrow: *Stalin i organy NKWD-MGB*, S. 116.
18 Tantzscher: »›In der Ostzone wird ein neuer Apparat aufgebaut‹«, a. a. O., S. 48 f.
19 Bericht der Landespolizeibehörde Schwerin an den Landesvorstand der SED vom 10. Juni 1949. LA MV-Schw, 10.34–1, Sign. 523, »Volkspolizei 1949«, Bl. 255
20 Ebd., Bl. 19
21 Nikita Petrov: *Die sowjetischen Geheimdienstmitarbeiter in Deutschland*, Berlin 2010, S. 26
22 Douglas Selvage: »Kleiner Bruder. Das Ministerium für Staatssicherheit und die SED im Licht des Mitrochin-Archivs«, in: Selvage / Herbstritt: *Der »große Bruder«*, S. 23
23 Walter Süß: »Kopien für die ›Freunde‹: Die Verzahnung der Stasi mit dem KGB«. Bundeszentrale für politische Bildung 2017. https://www.bpb.de/themen/deutsche-teilung/stasi/218423/kopien-fuer-die-freunde-die-verzahnung-der-stasi-mit-dem-kgb/
24 Ebd.
25 Selvage / Herbstritt: *Der »große Bruder«*, S. 75
26 Ebd., S. 26 f.
27 Bundesarchiv / Stasi-Unterlagen-Archiv, Quellensammlung »Das MfS und die Zusammenarbeit mit anderen kommunistischen Geheimdiensten«. https://www.stasi-unterlagen-archiv.de/assets/bstu/content_migration/DE/Wissen/MfS-Dokumente/Downloads/KGB-Projekt/89_11_29_Verabschiedung.pdf
28 »Die Gussen kommen«, *Der Spiegel* 12/1992, S. 129
29 Christian Neef: »Ein ausgemachter Konformist«. In: *Der Spiegel* 43/2003, S. 145
30 Höhne: *Der Krieg im Dunkeln*, S. 548
31 Ebd., S. 549
32 Vgl. Barron: *KGB*, S. 42
33 »Inszenierter Protest«, In: *Frankfurter Allgemeine Zeitung*, 6. Dezember 2023, S. 2
34 Vgl. Keworkow: *Der geheime Kanal.*

23 Das Ende hoffnungsvoller Karrieren

1 I. E. Berljand: »O Wladimire Solomonowitsche Biblere«, in: Achutina / Berljand (Hrsg.): *Wladimir Solomonowitsch Bibler*, S. 295. Vgl. dazu auch Sergej Zlaf: *Knischnik is SMERSCH.* [Erinnerungen des Enkels von Wladimir Bibler], Moskwa 2009, https://proza.ru/2009/09/05/820; außerdem: https://www.krugosvet.ru/enc/gumanitarnye_nauki/filosofiya/BIBLER_VLADIMIR_SOLOMONOVICH.html
2 Petrow: *Perwyj predsedatelj KGB Iwan Serow*, S. 157. Vgl. auch Wolkogonow: *Triumph und Tragödie*, S. 231.
3 Serow: *Sapiski is tschemodana*, S. 418
4 Vgl. Petrow: *Iwan Serow – predsedatelj KGB*, S. 303.
5 Serow: *Sapiski is tschemodana*, S. 422
6 Ebd., S. 418
7 Vgl. Petrow: *Iwan Serow – predsedatelj KGB*, S. 320.
8 Siehe Serow: *Sapiski is tschemodana*, S. 477. Diese Einschätzung findet sich in den Kommentaren, die das Redaktionskomitee den einzelnen Kapiteln des Serow-Tagebuchs voranstellte. Von wem sie stammt – ob vom Herausgeber, dem Duma-Ab-

geordneten Alexander Chinschtejn, oder von der Kreml-nahen Militärhistorischen Gesellschaft, die die Herausgabe des Tagebuchs begleitete –, ist nicht bekannt.

9 Serow: *Sapiski is tschemodana*, S. 499

10 RGANI, F. 3, op. 62, d. 172, l. 18 – 23. Siehe Petrow: *Iwan Serow – predsedatelj KGB*, S. 406 f.

11 RGANI, F. 3, op. 58, d. 310, l. 154. Siehe ebd., S. 415 f.

12 Vgl. »Die Penkowski-Papiere«, *Der Spiegel*, 50/1965, S. 112ff

13 Vgl. Barron: *KGB*, S. 383

14 »Des Westens größter Spion«, *Der Spiegel*, 1/1966, S. 46

15 ZA FSB, F. 5, op. 18, d. 44, l. 12. Siehe Petrow: *Perwy predsedatelj KGB Iwan Serow*, S. 339 f.

24 Sieben Jahrzehnte später: Russlands Drohung von der Rückkehr nach Berlin

1 Christian Neef: »Die schwerste Arbeit«, in: *Die Weltbühne* Nr. 4, 23. Januar 1990, S. 104

2 Semirjaga: *Kak my uprawljali Germaniej*, S. 91 f.

3 Astafjew: *Wesjoly soldat*, S. 35

4 Christian Neef: Interview mit Oleg Kalugin. Gesendet am 20. Juni 1990 im DDR-Rundfunk. Zitiert von *dpa* und *Tagesspiegel* vom 20. Juni 1990 bzw. 21. Juni 1990.

5 Erklärung der KGB-Führung, Moskau, 22. Juni 1990, Archiv Christian Neef

6 Siehe *Wetschernjaja Moskwa* vom 26. Juni 1990.

7 »Den Tschekismus ausrotten«, *Spiegel*-Interview mit KGB-Chef Wadim Bakatin über die Reform des sowjetischen Geheimdienstes, *Der Spiegel* 47/1991, S. 196

8 »FSB rasstawljaet akzenty«, Interview mit Alexander Bortnikow, in: *Rossiskaja Gaseta*, 19. Dezember 2017

9 Irina Rastorgujewa: »Krieg, Gebet, Gehorsam«, in: *Frankfurter Allgemeine Zeitung*, 22. Mai 2023, S. 13

10 Siehe z. B. sein Interview für die *Financial Times*, *Interfax* 27. Juni 2019.

11 Siehe Rede Putins vor der Regierung vom 16. März 2022, *TASS*, 16. März 2022, oder Botschaft W. W. Putins an die Föderalversammlung 2023, *TASS*, 21. Februar 2023.

12 https://ru.wikipedia.org/wiki/Калугин,_Олег_Данилович

13 Grigori Gerassimow: »Ob istoritscheskoi doktrine W. Medinskogo« (2021), https://histrf.ru/read/articles/ob-istorichieskoi-doktrinie-v-miedinskogho-1

14 »›Ein Mensch seiner Epoche‹. Sergej Buntman über den Konflikt von ›Echo Moskwy‹ anlässlich der Herausgabe der Memoiren des ersten Vorsitzenden des KGB Iwan Serow«, in: *Nesawissimaja Gaseta*, Moskau, 24. Oktober 2016, S. 9

15 Jewgeni Tschernych: Kto sfalsifizirowal memuary perwogo schefa KGB Serowa?«, in: *Komsomolskaja Prawda*, Moskau, 8. Oktober 2016

16 Serow: *Sapiski is tschemodana*, S. 6 f.

17 Der Film, der bereits auf dem Festival in Venedig gelaufen war, heißt »Hauptmann Wolkogonow entkam«. In ihm bittet ein NKWD-Offizier die Familienangehörigen seiner gefolterten und erschossenen Opfer um Verzeihung – bevor er auf der Flucht vor seinen Vorgesetzten nur noch den Ausweg im Selbstmord sieht. Vgl. *Kommersant*, Moskau, 27. August 2023

18 »FSB rasstawljaet Akzenty«, Interview mit Alexander Bortnikow, in: *Rossiskaja Gaseta*, 19. Dezember 2017

19 Obraschtschenije gruppy akademikow i tschlen-korrespondentow RAN, Moskau, *Kommersant*, 22. Dezember 2017

20 Vgl. Christian Neef: »Glückwunsch aus der Hölle«, in: *Der Spiegel*, 34/2019, S. 80 ff.

21 Wladimir Putin: »Ob istoritscheskom edinstwe russkich i ukrainzew«, Essay, Moskau, 12. Juli 2021, http://en.kremlin.ru/events/president/news/66181

22 »Sotrudniki FSB woswraschtschajutsja is kommandirowok na okkupirowannyje territorii oswerewschimi. Rasskasywajut schurnalisty Andrej Soldatow i Irina Borogan«, in: *Republic*, 4. April 2023

23 »Rossiju chotjat prewratitj w Moskowiju«. Nikolai Patruschew – o sapade i

Ukraine Interview mit Nikolai Patruschew. *Argumenty i fakty*, Moskau, 11. Januar 2023

24 Bolschaja press-konferenzija Wladimira Putina, Moskau 23. Dezember 2021, http://kremlin.ru/events/president/news/67438

25 »Moskaus Geheimdienst-Offensive«, in: *Tagesspiegel*, 28. August 2022

26 »Im Visier des Kreml«, Sendung *Kontraste*, ARD, 30. März 2023

27 Ebd.

28 »Mal unter uns«, in: *Süddeutsche Zeitung*, 30. Juni 2023

29 Vgl. u. a. »Der Verräter«, in: *Der Spiegel*, 1/2023, S. 28 ff.

30 »Im Visier des Kreml«, Sendung *Kontraste*, a. a. O.

31 »Offizier in Koblenz wegen mutmaßlicher Spionage für Russland in U-Haft«, *SWR aktuell, 11. August 2023*, https:/www.swr.de/swraktuell/rheinland-pfalz/koblenz/deutscher-in-koblenz-wegen-russland-spioange-festgenommen-100.html

32 »Wetscher s Wladimirom Solowjowym«, *Rossija-1*, 24. Januar 2023

33 »Polnyj kontakt. Solowjow live«, *Rossija-1*, 25. Januar 2023

34 »Polnyj kontakt. Solowjow live«, *Rossija-1*, 29. November 2022

35 Gerd Koenen: »Verwirrung der Gefühle«, in: *Frankfurter Allgemeine Zeitung*, 7. November 2022, S. 11

36 Viktor Jerofejew: »Das Vernichten von Prominenten als Volksvergnügen«, in: *Frankfurter Allgemeine Zeitung*, 17. Mai 2023, S. 14

37 Nikolai Klimeniouk: »Sie wollen, dass wir sie ›lieben‹«, in: *Frankfurter Allgemeine Zeitung*, 9. September 2023, S. 14

38 Ramsan Kadyrow im Interview mit Olga Skabejewa, *60 minut*, *Rossija-1*, 13. Februar 2023

Personenregister